ESQUEMA DE MORFOSINTAXIS HISTORICA DEL ESPAÑOL

Y 10 5

ESQUEMA DE MORFOSINTAXIS HISTORICA DEL ESPAÑOL

Hernán Urrutia Cárdenas
Profesor de Lingüística Hispánica
de la Universidad de Deusto-Bilbao

Manuela Alvarez Alvarez
Profesora de Lingüística Hispánica
de la Universidad de Deusto-San Sebastián

1.ª Edición

PUBLICACIONES
DE LA UNIVERSIDAD DE DEUSTO
BILBAO, 1983

PUBLICACIONES DE LA UNIVERSIDAD DE DEUSTO

SERIE LETRAS   VOLUMEN 6

ISBN: 84-7485-031-2

Depósito legal: BI- 340-83

Impreso en LEVSA - Carretera Bilbao a Galdácano, 20 - Bilbao-4

A Rafael Lapesa Melgar,
nuestro maestro

Presentación

Este texto, como lo indica su título, tiene como rasgo principal su carácter de esquema didáctico, sin otra pretensión. Pensamos que puede ser de utilidad para los alumnos que deben estudiar estas materias y también para quienes deseen introducirse en la diacronía del español.

El trabajo desarrolla los aspectos fundamentales de cada tema, con la indicación de la bibliografía pertinente para profundizar su estudio. También se presenta un análisis práctico que presupone los contenidos de este texto. Obviamente, el lenguaje y exposición se han subordinado a la comprensión de los que se introducen en estas materias.

Toda obra, al margen de su valor y alcance, implica el justo agradecimiento a las personas que con sus aportes configuran el fundamento de lo que se presenta. Hemos de agradecer, en primer lugar, a Rafael Lapesa, por sus enseñanzas y trabajos, cuyas huellas se hacen patente en este texto: especialmente, en el análisis de los restos y sustitutos en español de los casos latinos, el tratamiento del género y número, y en el estudio de la aposición; junto al suyo, los nombres de Manuel Alvar y Antonio Quilis, por las enseñanzas recibidas, también en este ámbito; a Francisco Marcos Marín y Maite Echenique, por sus ampliaciones bibliográficas. En la realización material hemos tenido la eficaz colaboración de Manuela Alvarez.

Casi no hace falta decir que, sin las orientaciones y ayudas citadas, este texto no hubiera podido ser una realidad.

Hernán Urrutia Cárdenas

1

Introducción

1.1.   El estudio de las leyes fonéticas no es suficiente para el estudio diacrónico de una lengua. Es imprescindible estudiar la morfología y la sintaxis. Aunque, por la íntima relación entre forma y función, es mejor manejar el término de morfosintaxis. Los fenómenos de la declinación, la conjugación, los mostrativos, etc. serían incomprensibles con sólo el estudio fonético, sin tomar en cuenta *la tendencia analítica y la influencia analógica*. La tendencia analítica del romance tiene sus antecedentes en el latín vulgar y se manifiesta de muchas formas (perífrasis verbales, uso de preposiciones, proliferación de mostrativos, etc.).

La influencia analógica, esto es, la tendencia a la uniformidad de las palabras según la afinidad paradigmática, tiene su principal incidencia en la morfosintaxis. Así, por ejemplo, en la reducción de las declinaciones, fijación de los paradigmas verbales, igualación de las terminaciones de género y de número. También encontramos la tendencia a la *diferenciación* en los casos de homonimia formal o funcional. Así la forma *eris* (futuro) sirve para diferenciar, en el presente, las formas *tu es, ĭlle est;* en el romance: tú eres, él es. **Tú es* es sustituido por *tú eres*.

Este texto *Esquema de Morfosintaxis Histórica del Español* se organiza en 17 temas que tienen una estructura didáctica. Su finalidad es servir de mera guía al estudiante. No puede reemplazar a las clases teóricas y prácticas, consulta de bibliografía y a la realización de los trabajos prácticos que se asignen, a nivel individual o de grupo.

1.2.   **Morfosintaxis y lexicología.** Dentro del sistema de la lengua solemos distinguir dos tipos de fenómenos lingüísticos que estudiaremos en este curso: la *morfosintaxis* y la *lexicología*. Son signos morfosintácticos aquellos que constituyen un sistema cerrado, mientras que los léxicos constituyen inventarios abiertos. La función de estos tipos de signos es distinta en el enunciado, mientras que los morfosintácticos hacen patente las relaciones entre los morfemas, los léxicos hacen referencia a una sustancia sémica delimitadora de la realidad. El uso de los elementos léxicos es más consciente que el de los morfosintácticos, que configuran una competencia más profunda en el hablante.

1.3. **Los signos morfosintácticos** están constituidos por expresión y contenido, como todo signo. En el plano de la expresión el significante se expresa por una secuencia de elementos fónicos que pueden modificarse en el eje diacrónico, ya sea por *fusión* o *escisión*. Un ejemplo de fusión es la identificación formal de rosă (nominativo) con rosā (ablativo) por la evolución fonética del latín vulgar. Un caso de escisión es la evolución de *ĭlla* que, por la evolución fonética, permite diferenciar entre *ella* y *la* (pronombre y artículo, respectivamente).

Pero no olvidemos que si las modificaciones fonéticas del significante pueden variar el significado, también las relaciones o semejanzas de los significados influyen para que no haya modificaciones en los significantes. Esta fuerza es la *analogía,* según hemos visto.

En el estudio diacrónico de los sistemas gramaticales se deben estudiar las dos caras del signo pero teniendo en cuenta que lo esencial es la variación de los contenidos. Así, por ejemplo, el sistema latino de los demostrativos tenía tres paradigmas: el de *hic* (1.ª persona), el de *iste* (2.ª persona) y el de *ĭlle* (3.ª persona). Si lo comparamos con el castellano actual, tenemos *este, ese, aquel*. En el contenido no ha habido cambio, lo que ha variado son los significantes de estos signos. Otras veces puede ocurrir lo contrario: un significante que casi no se ha modificado pero que en el contenido sí tiene muchas variaciones. Un ejemplo típico es el uso de la preposición *de* en latín y en castellano.

1.4. **Los signos léxicos** son estudiados por la *lexicología* (o mejor *lexicogenesia*), dentro de las tendencias anteriores, y tienen como objeto de estudio principal el delimitar las magnitudes lexicogenésicas (prefijos, infijos, sufijos, lexemas) como elementos para formar nuevas palabras, atendiendo al nivel del significante y del significado en el eje diacrónico, según el objetivo central de este curso.

2

Morfosintaxis histórica del nombre

2.1. Rasgos generales.

En latín, los nombres —sustantivos y adjetivos— tenían su declinación *sintética*, esto es, manifestaban las variantes propias de sus funciones sintácticas por medio de cambios en la terminación de la palabra.

Las desinencias del nombre apuntaban a tres valores: el del *número* reducido a *singular* y *plural*, con residuos del *dual* en *duo* y *ambo; el del género* en sus tres formas: *masculino, femenino* y *neutro;* y finalmente, el del *caso,* que apuntaba al oficio del nombre en la oración. Los casos en latín eran seis con algunos restos del *instrumental* y del *locativo.*

Por su declinación los nombres latinos se agrupaban en *cinco clases, sistemas o declinaciones.*

De este conjunto latino, el español redujo las cinco clases a tres, conservó reajustados los números, suprimió en los nombres el género neutro, perdió el sistema desinencial de los casos y lo sustituyó por el procedimiento analítico de las preposiciones, conservó algún resto del neutro en los adjetivos, postergó los comparativos sintéticos y desarrolló los de carácter analítico.

2.2. ¿Qué determinó la pérdida de las desinencias casuales en el sustantivo?

Las causas que dan los gramáticos son:
a) *Fonéticas:* difundidas por los neogramáticos en el siglo XIX.

Las modificaciones fonéticas sufridas por el latín hablado en la época posclásica contribuían a borrar los límites entre determinados casos:

— Desaparición de la nasal final -M del caso acusativo.
— Desaparición de las diferencias cuantitativas y de ciertas distinciones de timbre en la vocal de la sílaba final.

Así sonaban igual el nominativo y vocativo ROSĂ que el acusativo ROSĂ(M) y el ablativo ROSĀ (1.ª declinación); o el acusativo AMICŬ(M) que el dativo y ablativo AMICŌ, con los que confluyó en determinadas áreas geográficas y niveles sociales el nominativo AMICŬ(S), cuya /-s/ omitían el latín arcaico y rústico (las inscripciones hispanas ofrecen, generalmente en fin de línea, nominativos sin /-s/ interpretados como descuidos o simples abreviaciones por Carnoy: *Le latin d'Espagne* (1906); tal explicación es, según Lapesa, insatisfactoria para omisión tan repetida; se han encontrado unos 60 ejemplos).

Sería, sin embargo, erróneo suponer, según Joseph Herman: *Le latin vulgaire*, que la descomposición del sistema casual no es sino consecuencia de los cambios fonéticos.

No hay que olvidar, nos dice, que había toda una serie de formas que habrían podido preservar perfectamente su individualidad a pesar de los cambios fonéticos: la -ī final se mantuvo en gran parte de la Romania; por lo tanto, el genitivo en -ī de la segunda declinación y el dativo de la tercera no tenían ninguna razón fonética para asimilarse a otras formas. En el plural casi todas las distinciones casuales eran fonéticamente estables.

Hay que suponer que factores de orden funcional volvían caducas las distinciones casuales cuando, fonéticamente, no estaban amenazadas.

b) *Funcionales,* (Cfr. Joseph Herman: *Le latin vulgaire*).

El uso de las preposiciones fue aumentando cada vez más en latín imperial y vulgar para evitar las confusiones. Así, por ejemplo, *el genitivo* iba cediendo ante otras construcciones y particularmente ante *ablativo con de*. Ejemplo: corium de tauro por tauri corium, cupiditas de triumpo por triumpi cupiditas, etc.

Lo mismo ocurrió con el *dativo*. La tendencia a reemplazarlo por el *acusativo con ad* se venía preparando desde el latín arcaico y acabó por vencer en el latín vulgar. Ejemplos: por carnifici se dijo ad carnificem; por mihi, ad me; ad propinquos restituit por propinquis, etc.

La semejanza que ordinariamente tenían el dativo con el ablativo favorecía más aún la tendencia a sustituirlo por acusativo con preposición, para evitar las confusiones.

El *ablativo* se enriqueció con varios usos al sustituir con sus preposiciones a otros casos; pero al propio tiempo se debilitó como tal, pues la preposición atacaba la esencia misma del sistema casual. Además, las preposiciones que podían unirse con acusativo y ablativo, se unían más con el acusativo. Esto, más la igualdad fonética de ambos casos, determinó que las preposiciones se constituyeran también, en la función de ablativo, con el acusativo: cum suos discentes, cum epistolam, de terrentem, etc.

En suma, en latín vulgar pronto se confundieron algunos casos como el nominativo, vocativo, acusativo, dativo y ablativo.

El genitivo cesó de tener vida y uso en el habla desde principios del siglo III. Sólo quedó en la lengua especializada.

El dativo quedó en Dacia; hasta el siglo XIII en Francia; en Rumanía se mantiene con su oficio propio y el de genitivo en la 1.ª y en los adjetivos femeninos; en el resto desapareció del uso hacia fines del Imperio, a excepción de los pronombres.

El ablativo desapareció prácticamente a fines de la época del latín vulgar. La declinación quedó reducida al nominativo y acusativo pero esta oposición duró muy poco. En Italia y Dacia la pérdida de -r y -s la borró ya casi del todo a fines de la época imperial. En Francia duró sólo hasta el siglo XIV, aproximadamente; en España sólo prosperó el resultado del acusativo en el paradigma nominal, como elemento base de los procedimientos *analíticos* del romance.

c) *Sistemáticas:* difundidas por los estructuralistas. Con las desinencias necesitamos una distinción para cada grupo de palabras según los casos que se usen, mientras que con las preposiciones es el mismo instrumento o nexo el que señala la relación sintáctica sin que cambien las palabras en su estructura.

Lo anterior implica un principio de economía: las preposiciones son finitas.

En suma, las razones anteriores explican cómo la pluralidad de casos latinos se redujo en latín vulgar. Esta reducción en la mayor parte de la Romania fue tal que sólo quedaron el nominativo como «casus rectus» (con sus funciones antiguas) y el acusativo como «casus obliquus» (con las funciones de genitivo, dativo, acusativo y ablativo).

En castellano, al igual que en otros romances como el catalán, portugués, sardo, italiano y retorromano, esta «flexión bicasual» desapareció antes ya de la época literaria.

¿Cómo las formas del nominativo y acusativo dan una sola?

Aunque ambos casos, nominativo y acusativo, se distinguían por su forma en el plural de la 1.ª y 2.ª declinación (-ae, -as; -ī, -ōs), se confundían en los demás plurales y en el singular de la 1.ª (-a, -a(m)) y tendían a confundirse en todos los otros singulares porque, como ya hemos visto, al lado del nominativo con /-s/ se usaba ya en latín arcaico otro sin /-s/ y porque en los sustantivos imparisílabos se tendía a igualar las sílabas del nominativo con las del acusativo («mentis» por «mens», «bovis» por «bos»...), nominativos que hechos sin /-s/ se confundían también con los acusativos. Contribuían, además, a tal confusión el osco, el umbro y el celta que hacían el nominativo plural de la 1.ª y 2.ª declinación en -as y -os conservando la desinencia del indoeuropeo, que el latín había alterado.

Hay que añadir que la necesidad de marcar claramente la oposición singular/plural robusteció la posibilidad del acusativo como elemento base del léxico nominal romance.

15

1.ª declinación

sing. $\begin{cases} \text{nominativo} - A \\ \text{acusativo} \quad - AM \end{cases}$ > $\boxed{-a/-as}$ < $\begin{cases} - \text{AE nominativo} \\ - \text{AS} \quad \text{acusativo} \end{cases}$ plural

2.ª declinación

sing. $\begin{cases} \text{nominativo} -US \\ \text{acusativo} \quad -UM \end{cases}$ > $\boxed{-o/-os}$ < $\begin{cases} -I \quad \text{nominativo} \\ -\bar{O}S \text{ acusativo} \end{cases}$ plural

3.ª declinación

sing. $\begin{cases} \text{nominativo} -IS \\ \text{acusativo} \quad -EM \end{cases}$ > $\boxed{-e/-es}$ < $\begin{cases} -\text{ES nominativo} \\ -\text{ES acusativo} \end{cases}$ plural

4.ª declinación

sing. $\begin{cases} \text{nominativo} -US \\ \text{acusativo} \quad -UM \end{cases}$ > $\boxed{-o/-os}$ < $\begin{cases} -\text{US nominativo} \\ -\text{US} \quad \text{acusativo} \end{cases}$ plural

5.ª declinación

sing. $\begin{cases} \text{nominativo} -ES \\ \text{acusativo} \quad -EM \end{cases}$ > $\boxed{-e/-es}$ < $\begin{cases} -\text{ES nominativo} \\ -\text{ES} \quad \text{acusativo} \end{cases}$ plural

La distinción entre desinencias casuales de un mismo número podía desaparecer sin gran daño para la comprensión, gracias sobre todo a las preposiciones; pero la oposición singular/plural no contaba con más instrumentos que las desinencias.

En conclusión, el castellano (al igual que el catalán, portugués, sardo, italiano y retorromano), desde sus orígenes, no conoció ninguna distinción entre ambos casos, y sólo usó una forma, la propia del acusativo.

16

Frente a esto, el francés y el provenzal mantuvieron durante más tiempo la «flexión bicasual»; así tenemos en francés antiguo:

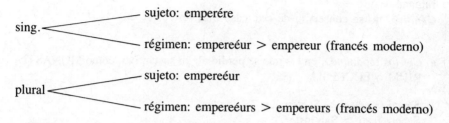

sing.
— sujeto: emperére
— régimen: empereéur > empereur (francés moderno)

plural
— sujeto: empereéur
— régimen: empereéurs > empereurs (francés moderno)

Pero tal situación de bicasualidad desaparece en estas lenguas a lo largo de la Edad Media (siglo XIV), de ahí que en el francés y provenzal modernos no quede ya más que un único caso, generalmente el oblicuo.

Los cinco paradigmas nominales del latín se reducen a tres tipos de sustantivos en castellano con oposición de género y número:

1.º Los terminados en -a procedentes de la 1.ª declinación latina.
2.º Los terminados en -o provenientes de la 2.ª y 4.ª declinación latina.
3.º Los terminados en -e o en consonante procedentes de la 3.ª y 5.ª declinación latina.

Y al desaparecer las diferencias casuales los valores que expresaban los casos serán indicados por otros procedimientos:

1.º Uso de preposiciones.
2.º Orden de los elementos.

2.2. Restos fonéticos de las formas casuales perdidas.

Aunque la inmensa mayoría de los sustantivos en castellano proceden de la forma del acusativo latino, hay otros que proceden de la forma fónica de otros casos. Ejemplos:

Ablativo: sólo con valor adverbial hallamos supervivencias de este caso:

HĀC HORĀ > agora
HOC ANNO > hogaño
LŎCO > luego
IPSA HORA > essora
TOTA VIA > todavía
MENTE > miente, mientre, -mente (castellano moderno)
...

Del ablativo plural no hay resto alguno.

Dativo: no hay supervivencias de este caso en las lenguas neolatinas, salvo en rumano.

Genitivo: no se conservan de este caso más restos que en:

a) *Ciertos topónimos,* en los que se perdió algún sustantivo, como MONASTE-RIUM o ECCLESIA.

Sancti Emeteri > Santemder, Santander
Sancti Justi > Santiuste
Sancti Quirici > Sanquirce
Castrum Sigerici > Castrogeriz
Villa Gotthoru > Villa Otoro, Villatoro
Gŭndemari > Gondomar

b) *Algunas frases petrificadas:*

Forum Judicum > Fuero Juzgo ← es un fósil linguístico que sólo tiene sentido cuando va con la palabra «Fuero».
Comite Stabŭli > condestable ← unidad significativa que ha dejado de ser compuesta.
Fil(iu) ecclesiae > filigrés, feligrés.
Auri fresu > orfrés, ant. (luego rehecho: orofrés)

c) *Los días de la semana:*

Dies Martis > martes
Dies Jovis > jueves   Contagian la -s final a los otros dos días de la
Dies Veneris > viernes   semana que no la tenían en su origen y por:

Dies Lunae se dijo *Lunae-s, de donde «lunes».
Dies Mĕrcūrii se dijo *Mércuri-s, de donde «miércoles».
«Domingo» no proviene originariamente de un genitivo. Viene de DOMINI-CUS, que es un adjetivo que significa 'día del Señor'.
«Sábado» < SABATUM, era el nombre de un día.

Puede haber, pues:

1) Aposición en: dies sabato.
2) Sustantivo + Adjetivo en: dies dominicus.
3) Sustantivo + Genitivo en el resto de los días.

Vocativo: no expresa relaciones sintácticas, de ahí que no necesite forma especial; en latín era igual al nominativo, salvo en la 2.ª declinación. De ésta, sólo algún nombre propio muy usado en vocativo conservó su forma:

Yagüe < Jacobe
Sancte Jacobe (como grito de guerra) > Santi Yagüe en el siglo XIII, mod. Santiago.
San Sixte (aparece en el refrán andaluz: «San Sixte, busca las uvas donde las viste»).
Jesucriste, vocativo que aparece en el *Poema de Fernán González.*

Nominativo: los restos de este caso son esporádicos. Podemos agruparlos en:

a) Los acabados en -s por influencia eclesiástica o gálica:

Dios < Dieos < DĔUS
Jesús, Longinos, Marcos
Carlos < CAROLUS
Los nombres rústicos: Domingos, Pabros, Toribios...
El toponímico Roncesvalles < RUMĬCIS VALLIS (un genitivo y un nominativo); y el anticuado «res» (=nada)

b) También por influencia francesa tenemos:

1. PRĔSBYTER > fr. ant. preste —— prête (fr. mod.)
prete (it.)
preste (cast.)

2. Nominativo CANTOR > chantre (fr.)
Acusativo CANTOREM > chantour > chanteur
Nuestro «chantre» viene de la forma francesa proveniente del nominativo latino.

3. Nominativo SARTOR > sartre (fr.)
> sastre (provenzal), de donde nuestro «sastre».

Estos préstamos son términos eclesiásticos. En el caso de «sastre» ¿por qué no tenía el español una palabra para ella? Existía «alfayate», palabra de origen árabe. En esta época hubo mucha inmigración francesa y la profesión de «sastre» fue preferentemente de judíos, árabes y francos; de ahí su nombre franco, «sastre».

4. MAGĬSTER —— maestre
maese

«Maestre» se usa en las órdenes militares de origen islámico. La institución de órdenes militares en España se hace según el modelo musulmán, aunque sus términos sean de origen románico. En el siglo XII y XIII se funda Alcántara, Santiago, Calatrava, Montesa. Estas órdenes de caballeros religiosos, con voto de castidad y obediencia llamaban a sus miembros «fraires» cuando aún los miembros de órdenes monacales no se designan ni «frailes» ni «fraires». Por lo cual no es de extrañar que se introduzca «maestre» con una -e extranjerizante.

«Maese» junto a «maestre» aparece como título para designar al menestral que ha adquirido el grado máximo en su oficio. También se ha designado así a gentes que enseñan ciencia.

c) El caso de VIRTUS, del lenguaje eclesiástico y jurídico:

Nominativo: VIRTUS > virtos, ant. ('ejército, tropa')
           «Virtos del Campeador»
           Junto a esto se usa «virto» como 'fuerza, violencia'
(«fuerza nin virto»).
Acusativo: VIRTUTEM > vertud, virtud (semicultismo). Existen ambas palabras: virtud y virto.

d) Los imparisílabos:

JŪDEX > júdez (ant.) > juez
PŬMEX > pómez

e) Los terminados en -o, -onis:

CURCŬLIO > gorgojo
AVIS STRUTHIO > avestruz
TĪTIO > tizo (junto a TITIONEM > tizón)
BŪBO > búho
…

El tener la terminación -on un valor especial de aumentativo, contribuyó a que se conservasen tantos nominativos en -o, pues se tomaron como positivos de un aumentativo.

f) Vocablos cultos más tardíos: cráter, vértigo, prefacio, crisis, tórax, etc.

2.3. **Evolución sintáctica de los casos latinos. Sustitución progresiva del sistema desinencial latino y giros preposicionales.**

Como se ha dicho anteriormente, la forma única del sustantivo español puede hacer los papeles de sujeto, régimen directo y término preposicional, o emplearse en la llamada. Pero a veces se encuentra sin preposición en usos que corresponden a los de un acusativo adverbial, un ablativo y, muy raramente, un genitivo latinos. Cuando la continuidad es segura o presumible se consideran *restos sintácticos* de los casos. Cfr.: Rafael Lapesa, «Los casos latinos...» (1964).

2.3.1. Sujeto o predicado nominal con preposición.

1) En latín las preposiciones AD y PRAETER (habitualmente seguidas de acusativo) podían ir acompañadas de nominativo. Ej.:

«Nihil praeter salices, ... canna fuit»

Este tipo de construcciones son el origen de las construcciones españolas en las que encontramos un sintagma nominal que funciona como sujeto o predicado nominal y que va precedido o introducido por una preposición.

El sustituto castellano de AD en estos empleos es la preposición «hasta» («fata» o «fasta» en cast. ant.) proveniente del árabe «hatta».

Semánticamente en latín servía para señalar un límite cuantitativo, por ejemplo:

«Ad mille trecenti Carthaginiensium caesi sunt»

En castellano su sustituto «hasta» además de señalar el límite cuantitativo (por ejemplo: «serían fasta 600 peones») puede servir para indicar el carácter notable o sorprendente de lo que se dice del sujeto. Ejemplos:

«Y aun hasta los mismos cabreros y pastores conocieron» (Cervantes)
«Hasta los gatos usan zapatos»

En cuanto a PRAETER su valor fue asumido por la preposición «fuera» o «fueras» usada en castellano antiguo. Ejemplo: «no es esto fuera grand vanidat» (Berceo).

2) Si bien INTER y SECUNDUM exigían acusativo en latín, las preposiciones «entre» y «según» se construyen en español con formas pronominales propias de sujeto (nominativo). Ej.:

«Entre tú y yo lo haremos»
«Según tú vamos por mal camino»
«Según él lo hace mal»

Semánticamente «entre»:

a) indica integración de las partes en un todo, que puede ser complemento o sujeto del verbo:

«*Entre franceses y españoles* serían unos dos mil»
Sujeto
«*Entre oro y plata* fallaron tres mill marcos» (Mio Cid)
Complemento
Este empleo se mantiene vigente hoy día.

b) Precede al sujeto con idea de mutuo acuerdo, cooperación o simple coincidencia. Ejemplo:

«Entre Rachel e Vidas aparte yxieron amos» (Mio Cid)
Hoy sólo se emplea para expresar la acción conjunta de varios sujetos («Entre tú y yo resolveremos la cuestión).

2.3.2 Sustitución sintáctica del genitivo.

a) *Restos sintácticos del genitivo latino sin preposición.*

Encontramos restos sintácticos del genitivo (=utilización del sustantivo sin preposición en contextos pertenecientes al dominio del genitivo latino) en textos del castellano primitivo:

«Privigna: filia *sua muliere*» (Glosas Silenses)

Más tarde es raro encontrar construcciones de este tipo, sin embargo en el siglo XIII tenemos: «Senhora, por amor Dios» (Alfonso X).

Un resto sintáctico importante del genitivo latino es el empleo del nombre propio de persona para indicar el del padre, sin preposición ni sufijo patronímico. Ejemplos:

«Urraca Hernando» ('La hija del rey Fernando')
«Fernán Gonzalo»

Asimismo encontramos en castellano moderno formas sin preposición: Aguilafuente, Pinos Puente, casapuerta...

Lo que en latín era genitivo se expresará luego por la preposición «de», que es el sustituto más general de este caso:

b) *El genitivo partitivo latino (eliminado por construcciones con «de»)*

Es un buen ejemplo para ver cómo esta construcción fue reemplazada en castellano por construcciones con «de».

En *latín* el genitivo contendió en muchas construcciones partitivas con el ablativo introducido por la preposición DE.

«pauci militum» / «pauci de nostris»

La construcción con la preposición DE se hizo más frecuente en *latín vulgar* hasta convertirse en el esquema habitual del romance. Ejemplos:

«diez de sus parientes» (Mio Cid)
«seys astas de lanças» (Mio Cid)

Este esquema también lo encontramos con cuantitativos en función sustantiva. Ejemplos:

«Un poco de logar» (Mio Cid)
«Cuánto de afán» (Diablo Mundo, Espronceda)

Estas construcciones incluso se extienden por contagio a cuantitativos en función adjetiva o adverbial.

Función adjetiva	{ «Pocas de gentes» (Mio Cid) «Atantos mata de moros» (Mio Cid)
Función adverbial	{ «Tanto son de traspuestas que nada dezir non puoden» (Mio Cid)

En la lengua moderna, estas construcciones han desaparecido casi por completo, salvo en el uso popular de España y América. Ejemplos:

«Una poca de agua»
«Una poquita de alegría»

c) *Construcciones partitivas indefinidas.*

Se caracterizan porque no hay un nombre o pronombre que indique la parte respecto del todo ni verbo que implique participación.

Aunque tuvieron precedentes en latín arcaico y clásico fue en los últimos siglos del Imperio cuando se propagaron este genitivo y más aún el ablativo con DE. Ejemplos:

«sumere thuris»
«adicere salis»
«afferte de piscibus, quos prendidistis nunc».

En castellano medieval y clásico, hasta principios del siglo XVII, tales construcciones se reemplazaban con «de», sobre todo cuando la parte implícita es objeto directo del verbo. Ejemplos:

«cogió del agua» (Mio Cid)
«Bevió mucho del vino» (Berceo)

La preposición «de» incluso se encuentra cuando la parte inexpresa desempeñaría la función de sujeto o predicado nominal. Ejemplos:

«*De los sepulcros* viejos de antiguas sazones... abriéronse
por sí, sin otros azadones» (Berceo)
«Los que nos saltearon son *de unos galeotes* que dizen que
libertó» (Cervantes).

Incluso encontramos construcciones de este tipo que se interponen entre una preposición y el complemento que ésta introduce formando conglomerados que son bastante habituales.

«Quiérolas casar *con de aquestos mis vasallos*» (Mio Cid)
«et mezclóla *con del agua* en la copa» (Prim. Crón. Gen.)

Aunque la construcción partitiva indefinida estuvo muy difundida en castellano medieval no originó como en francés un artículo partitivo («du pain», «de la bière» ...).
El castellano reaccionó contra estas construcciones a partir del siglo XVII, eliminándolas casi por completo. Sólo quedan restos en frases como:

«probar de unas cosas y no de otras»
«de esta agua no beberé»
«tener de todo»
...

El castellano moderno prefiere para representar la parte indefinida usar formas como: uno, unos, algún, algunos, otros ... (generalmente indefinidos).

«Comieron unas uvas»
«Algunos soldados protestaron»

O bien se emplea, sin compañía, el sustantivo que indica la materia o clase:

«dame agua»
«no se encuentra petróleo»

Las otras clases de genitivos fueron también sustituídas por la construcción con «de».

d) *Eliminación del genitivo en construcciones no partitivas.*

Los genitivos no partitivos son de varios tipos:

1) *Genitivo de definición o aposición:* precisa, individualiza el sentido de

un sustantivo más general al cual determina. Ejs.: «Virtus iustitiae» ('la virtud de la justicia').

Se encuentra esta construcción con:

a) *Nombres geográficos:* con estos nombres el *latín* usaba ordinariamente la aposición («Urbs Roma») y rara vez el genitivo, el cual se va generalizando en *latín tardío:* «Flumen Himellae».

Romance: en la época medieval se usó con frecuencia la aposición. Ejemplos:

> «Burgos la casa» (Mio Cid) ('La ciudad de Burgos')
> «Silos la mongía» (Berceo)

Pero también se encuentra desde el primer momento la construcción con «de». Ejemplos:

> «La casa de Berlanga» (Mio Cid)
> «La cibdat de Tiro» (Prim. Crón. Gen.)

Construcción que es la habitual en castellano moderno. No obstante, actualmente encontramos la aposición con frecuencia: «El río Tajo», «Los montes Pirineos» ... Hasta el siglo XVII muchas de estas formas se construían con «de»: «El río de Jordán», «El río de Ebro», etc.

b) *Expresiones cronológicas:* con este tipo de expresiones se generalizó en seguida la sustitución del genitivo latino por construcciones con «de». Ejemplos:

> «En la era de ochocientos et un anno» (Prim. Crón. Gen.)
> «El mes era de Mayo, un tiempo glorioso» (Alex.)

Sin embargo, se advierte una moderna tendencia a la aposición (por economía lingüística), por lo menos en la lengua oral aunque en la lengua escrita se mantenga la preposición «de».

Así, no es extraño oír «año de mil novecientos ochenta», pero poco a poco se va imponiendo «año mil novecientos ochenta», y ya nadie diría «en el año de dos mil», sino «...año dos mil».

c) *Expresiones denotativas: títulos* ...

La tendencia favorable a la aposición es aún más fuerte que en el caso anterior. Frente a:

> «Teatro del Príncipe»
> «Instituto de San Isidro»

se ha generalizado la supresión de «de», única forma posible antes:

«Paseo Colón»
«Teatro Infanta Isabel»

Las causas de esta tendencia a la aposición son:

1) El deseo de distinguir formalmente entre lo que es denominación por un lado y relaciones de posesión, origen y demás expresadas por «de», por otro.

2) El desgaste fonético de esta preposición en el habla vulgar, que tiende a suprimirla incluso cuando tiene valor posesivo:

La casa de Juan > la casa 'e Juan > la casa Juan

3) La rapidez propia del lenguaje comercial y de la vida moderna.

2) *Genitivo de cualidad (con carácter afectivo o familiar).*

Consiste en poner de relieve una cualidad o rasgo presentándolos como esencia de su poseedor. Ejemplos:

«Scelus viris» ('un crimen de hombre' = 'un hombre criminal')
«Monstrum mulieris» ('un monstruo de mujer')

Dada su fuerza expresiva, no es de extrañar que este tipo de construcciones se haya conservado en los romances peninsulares y en el resto de la Romania con la habitual sustitución del genitivo por «de». Tiene gran vitalidad en castellano, sobre todo en el lenguaje coloquial moderno; se dan dos esquemas:

a) Sustantivo + Sustantivo: «una miseria de sueldo»
«qué horror de película»

No tenemos testimonios en castellano medieval (aunque se supone que se dieron). Nebrija menciona «el asno de Sancho» y en los siglos XVI y XVII hay otras muestras.

b) Adjetivo (sustantivado) + Sustantivo:

«La fresca de tu hermana»
«el bueno de Juan»

Este esquema se da en castellano medieval: «el bueno de Minaya» (Mio Cid) ... y en el resto de las lenguas romances, lo cual hace suponer un modelo original latino del tipo «*Ille bonus Petri» formado sobre el esquema de «Scelus viri».

3) *Genitivo exclamativo latino. Exclamaciones romances con «de».*

Ciertas exclamaciones latinas llevan a veces en genitivo el nombre que representa al objeto causante de la emoción (jubilosa o de dolor). Ejemplos:

«O miserae sortis!»

Ello parece ser el origen de algunos tipos de exclamación castellanos (mediante la habitual sustitución del genitivo por «de»). Ejemplos:

«¡Ay de mí, con qué cobro tan malo me venistes!» (J. Ruiz)
«¡Ay del triste desaventurado!» (Corbacho)

Actualmente parece que hay tendencia a usar la preposición «de» en las exclamaciones de lamento, pero en las de alegría desaparece. Ejemplos:

«¡Bienaventurados los pacíficos!»
«¡Felices vosotros!»   «¡pobre de mí!»

4) *Genitivo de origen, materia o término de referencia de adjetivos y verbos.*

El genitivo y el ablativo con «de» alternaban en latín literario para introducir complementos de origen y materia o para indicar el término de referencia de adjetivos y verbos. Ejemplos:

«templum de marmore»
«generis Graeci est»
«digni de caelo»

«En latín tardío el genitivo o el ablativo con «de» fue reemplazado por la construcción con «de», generalizada ya desde los textos romances más antiguos. Ejemplos:

«*De natura* somos de comdes de Carrión» (Mio Cid)
«Comdes *de prez e de valor*» (Mio Cid)

5) A veces la determinación con «de» corresponde en romance a empleos del genitivo cuya sustitución por «de + ablativo» no consta expresamente en época latina (paso directo del genitivo latino → construcción romance con «de»). Así:

a) Al *genitivo latino de cantidad o duración* corresponden:
«Jornada *de quince días*» (Romancero)
«Una niña *de nuef* años» (Mio Cid)

b) Al *genitivo de concepto o rúbrica:*
«Non quiero far en el monasterio un dinero *de daño*»   (Mio Cid)

«Moros e moras, avienlos *de ganançia*» (Mio Cid)

c) Al genitivo ponderativo (de nombre reiterado):

«Enos siéculos *de los siéculos*» (Glosas Emilianenses)
«Flor *de las flores*» (J. Ruiz)

Según algunos autores este uso proviene del latín eclesiástico que a su vez lo calcó del hebreo.

2.3.3. Concurrencia entre «de» y otras preposiciones en los complementos nominales.

Las áreas del genitivo latino y de la preposición española «de» no son las mismas: el genitivo tenía empleos donde hoy ha sido reemplazado por otras soluciones; a su vez «de» introduce complementos que corresponden a otros casos, sobre todo al ablativo.

En castellano medieval y clásico se advierte una tendencia que consiste en utilizar la preposición «de» para todo tipo de complementos nominales, donde hoy se requieren, o por lo menos se admiten, otras preposiciones. Así, por ejemplo, con nombres verbales de movimiento:

«Subida del monte Carmelo» (S. Juan de la Cruz)
«Viage del Parnaso» (Cervantes)

Hoy se utilizaría la preposición «a» y no «de» para evitar la anfibología entre procedencia y destino.

La construcción con «de» resulta también anfibológica cuando puede ser equivalente del genitivo subjetivo latino o del genitivo objetivo también latino. Ejemplos:

«Por amor *de mio Çid* esta cort yo fago» (Mio Cid)
«Desaté la lengua en tantas maldiciones *de Luscinda y de don Fernando*» (Cervantes).

En general, con todo tipo de nombres verbales se tiende a sustituir la preposición «de» por aquella que acompaña habitualmente al régimen del verbo respectivo. Ejemplos: «olor a rosas», «obediencia a los superiores», «tengo confianza en Juan», etc.

2.3.4. Sustitución del dativo nominal latino.

El castellano, desde sus primeros tiempos, no conoce restos del dativo fuera del pronombre.

El dativo nominal latino fue reemplazado en romance por construcciones con «A, PARA, EN, POR» o por la construcción sin nexo propia del objeto

28

verbal (con aquellos verbos que en latín rigen dativo, por ejemplo «auscultare»). Tales sustituciones tienen su origen en las alternancias que ya se daban en el mismo latín. Alternancias:

1) El latín clásico decía: «huic puero ... metuit» / «metus pro republica».

Este ablativo con PRO es el origen de las construcciones españolas del tipo: temer por el niño, miedo por la república, morir por la patria...

2) Asimismo, alternaban en latín el *dativo de dirección* y *el de finalidad* con el *acusativo con IN*. Ejemplos:

«Se recipere *castello*»	«In oppidum recipere»
('refugiarse en el castillo')	('entrar en la ciudad')
«venire *auxilio*»	«venire in auxilium»

2.3.5. Dativo y acusativo con «ad».

1) No obstante, para los complementos de dirección y finalidad, anteriormente citados, el mayor rival del dativo, ya desde el latín Imperial, fue la construcción: *AD + acusativo*. Ejemplos:

Dirección: «ad bellum exire» → «marchar a la guerra»
Finalidad: «castra ad praedam relinquere» → «abandonar el ejército al pillaje»

En el Mio Cid tenemos el mismo esquema tomado del latín.
Ejemplo:

«Casar queremos con ellas *a su ondra* e *a nuestra pro*»

2) Como complemento de adjetivos del tipo: utilis, bonus, aptus, necessarius, inutilis...
Tal complemento iba en dativo si designaba personas y en AD + acusativo si designaba cosas. Ejemplo:

«Ad agrum utile» ('útil para el campo'). «Domino utile». ('útil para el hombre')

En *castellano* tal distinción se ha borrado generalizándose la preposición «a» como término de relación de estos y otros adjetivos. Ejemplos:

«Falsso *a todos*, e más al *Criador*» (Mio Cid)
«Contrario *a los mandamientos* de Dios» (Zifar)

3) Como complemento de verbos:

En *latín* algunos verbos como accedere, aspirare, exponere... podían, sin alterar su significado, ir con un complemento en dativo (expresando el objeto indirecto de la acción) o bien con AD + acusativo, añadiéndose entonces cierto matiz de intencionalidad o finalidad.

En *castellano,* la construcción con «a» desplazó por completo al dativo nominal como término indirecto de estos verbos y de todos los demás. Así se explica el uso de «a» con objeto indirecto en castellano. Ejemplos:

> «Oui dat *a los misquinos*» (Gl. Emil.)
> «Mucho pesa *a los de Teca*» (Mio Cid)
> «En la su quinta *al Çid* caen cient cauallos» (Mio Cid).

4) Del mismo modo el complemento con «a» sustituye al dativo latino en ciertos giros cultos o latinizantes que imitan construcciones latinas con el verbo ESSE.

«est mihi» = tengo
ej.: «*a las ánimas siniestras* es tal terror o temor» (Marqués de Santillana).

Abunda también la construcción con «a» en usos correspondientes al dativo de interés latino con ESSE: 'servir de', 'ser causa de'... Ejemplo:

«Es grande descanso *a los afligidos* tener con quien puedan sus cuytas llorar» (Celestina).

Finalmente, sin el verbo SER se encuentran complementos de referencia con «a» en vocativos o aposiciones a vocativos. Ejemplo:

> «Divino Sueño, gloria de mortales, regalo dulce
> *al mísero afligido*» (Herrera).

Podemos concluir que la preposición «a» se hace cada vez más frecuente en romance para expresar la finalidad o el destino del antiguo dativo latino, desplazando incluso a la preposición «para» que también sirve como introdución de tal construcción.

No todas las construcciones con «a» derivan necesariamente de AD + acusativo, como a continuación veremos:

2.3.6.   Dativo, acusativo con «ad» y ablativo con «a» o «ab».

El latín, junto a la preposición AD > a, tenía A, AB (→ 'de') con sentido de procedencia, origen y distancia.

Además la expresión del sujeto agente se hacía mediante el ablativo precedido de A o AB. Pero con la pérdida de las consonantes finales la confusión AD-AB fue constante en latín vulgar. Ejemplos:

Se toma
AD por AB

«Accepi *ad te* pretium»
«Sit separatus *ad corpus et sanguinem* Domini»
«fuit edificata eglesia ipsa *ad avio nostro domno Aurelio*»

Esta misma confusión es muy frecuente en la Edad Media. Ejemplo:

«espidiensse al rey» (Mio Cid) → corresponde a la construcción latina «expedire se ab aliquo» a través de la confusión AD-AB (Hoy se ha rectificado: «despedirse *de* alguien»).

Otras veces nos encontramos ante la posibilidad de un doble origen para explicar la forma romance. Así en: «*pedist* las feridas primeras al *Campeador leal*» confluyen dos usos latinos:

-el clásico: «petere aliquid ab aliquo» ('pedir algo de alguien')
-el tardío: «petere aliquid ad aliquem» variante de «petere aliquid alicui» ('pedir algo a alguien').

Esta posibilidad del doble origen alcanza también a otros ejemplos con verbos de separación y de ruego.

Especialmente problemático es el complemento con «a» que acompaña a infinitivos dependientes de verbos como «dexar, mandar, fazer, ver, oír» o a infinitivos encuadrados en construcciones de carácter intermedio entre las reflexivas y las de pasiva refleja. Ejemplos:

«*A todos sos varones* mandó fazer una cárcava» (Mio Cid)
«La llaga non se me dexa *a mí* catar nin ver» (J. Ruiz)
«Los hombres... non se pueden... domeñar *a lo que la razón quiere*» (Alfonso de Valdés).

Interpretaciones, según R. Lapesa («Los casos latinos...»):

a) «La interpretación tradicional entendía que el infinitivo de estos ejemplos es activo y tiene por sujeto (en latín en acusativo) el término introducido por «a»; y que el uso de la preposición obedecería a contagio de las construcciones latinas de doble acusativo en que el acusativo de persona ha pasado a ser objeto indirecto.

b) Otras teorías explican el infinitivo como procedente del infinitivo pasivo latino y heredero de su carácter. En este caso, el complemento con «a» es para unos continuación del ablativo agente latino con A o AB.

31

c) Para otros se trata de la sustitución habitual del dativo agente por AD + acusativo. Es de notar que el dativo agente continuó usándose en latín tardío y perdura cuando el complemento es un pronombre: «Dexós*le* prender» (Mio Cid); «Façie*li* el demonio deçir grandes locuras» (Berceo).

El sentido lingüístico del hablante ve en estas construcciones un infinitivo activo. Pero es innegable, nos dice R. Lapesa, que algunos de los ejemplos medievales se explican mejor partiendo del infinitivo pasivo. El cambio ha de relacionarse con el progresivo descenso que ha experimentado a lo largo de los siglos el uso de la voz pasiva.

2.3.7 Confluencia latina de dativo y acusativo sin preposición.

Muchos verbos en latín podían construirse como intransitivos con objeto indirecto en dativo o como transitivos con el objeto directo en acusativo sin preposición.

En general estos verbos han pasado a ser transitivos en castellano, llevando de ordinario un objeto directo sin preposición cuando se trata de cosas y una «a» cuando se trata de personas. No obstante, algunos de estos verbos transitivos llevan el objeto directo con «a» sea persona o cosa. En tales casos hemos de pensar que la construcción castellana: a + objeto directo de cosa responde al modelo intransitivo latino (con dativo). Ejemplos:

En latín: $\begin{cases} \text{ADJUTARE} > \text{ayudar} \\ \text{ASSISTERE} > \text{asistir} \end{cases}$ llevan «a» ante cualquier complemento:

«asistir a las necesidades» / «El médico asistió al enfermo»
«ayudar a la realización de un proyecto» / «Ayudó a María».

Otros ejemplos: OBOEDIRE y RESISTERE intransitivos en latín y, por tanto, construídos con dativo. Vacilan en:

«resistir las amenazas» / «resistir a las amenazas»
«obedecer las órdenes» / «obedecer a las órdenes».

Estos verbos en español son transitivos pero conservan restos de su construcción intransitiva.

2.3.8 El objeto directo de persona con «a».

Nos encontramos con el hecho de que en español y en rumano se ha desarrollado más que en ninguna otra lengua románica la distinción entre el objeto directo personal y no personal. Esto se hace anteponiendo al primero una preposición que en rumano es «p(r)e» (< PER o SUPER) y en español «a» (< AD).

No obstante, no todo objeto directo de persona lleva «a» en español: sólo el que designa un ente personal o grupo de personas en su individualidad concreta. Ejemplos:

«buscar a los amigos» / «buscar amigos», el sustantivo en el segundo ejemplo no se refiere a individuos determinados sino a una noción categórica equivalente a «amistades».

Pero no hay límites tajantes para el uso u omisión de la «a» en el objeto directo:

a) En ocasiones la presencia de la preposición responde a matices o peculiaridades de distinto orden (sintáctico, significativo...), referidas no sólo al sustantivo sino también al verbo que lo rige.
Ejemplos:

«Lo quería como *a* padre» / «Lo quería como padre», «a» tiene un valor distintivo, aclaratorio; el sustantivo lleva preposición a pesar de designar un ente genérico, ya que la ausencia de ésta conllevaría un cambio de sentido.

«Pedro tiene *a* su mujer enferma» (carac. transitorio)   «Pedro tiene una mujer inteligente» (carac. permanente)

Es potestativo el uso de «a» ante sustantivos de persona cuando van precedidos de un cuantificador. Ejemplos:

«Vimos (a) tres chicas en el parque»
«Mataron (a) veinte soldados»
«Encontramos (a) mucha gente en el camino».

b) La preposición se encuentra a veces ante objeto directo de cosas:

1) Cuando se trata de nombres propios u objetos personalizados.
Ejemplos:

«gañó a *Colada*» *(*Mio Cid) (espada personificada)
«non pueden desmentir *a la astrología*» (J. Ruiz)

2) Para evitar confusiones entre sujeto y objeto directo. Ejemplo: «el deseo vence al miedo» (Mateo Alemán)

3) El uso de «a» es potestativo cuando la acción del verbo se ejerce habitualmente sobre entes personales. Ejemplos:

«besó al/el muñeco»
«ama (a) la libertad»

La presencia de «a» ante el objeto directo de persona se da también, aunque con menos desarrollo que en castellano y rumano, en el Centro y Sur de Italia, en Sicilia y Cerdeña, en retorromano, en algunos dialectos provenzales, en algunos franceses, y sobre todo, en catalán y portugués.

En suma, según R. Lapesa, el uso de «a» es un rasgo característico en que concuerdan las lenguas iberorrománicas con los dialectos del Sur de Italia. Otros rasgos morfológicos y sintácticos coincidentes son:

-sistema y forma de los tres demostrativos.
-uso de TENERE por HABERE para la posesión.
-FUI como perfecto de IRE (por IVI)...

Para Lausberg aquellas lenguas que perdieron en fecha temprana la distinción fonética entre nominativo y acusativo (pérdida de la bicasualidad) fueron las que desarrollaron el empleo de la preposición ante el objeto en los contextos ambiguos, es decir, cuando el objeto era una persona y se podía confundir con el sujeto.

● *Cronología del empleo de «a».*

Bourciez supone que el uso de «a» ante el objeto directo debió desarrollarse en el período primitivo del romance (siglos V-X). Los primeros ejemplos no aparecen hasta comienzos del siglo XI en documentos latinos españoles. Ejemplo: «Decepit ad suo germano»

En castellano medieval se emplea con menos frecuencia que hoy. Ejemplos: en el Mio Cid alternaban: «recibe a Minaya»/«recebir las dueñas», «veré a la mugier»/«veremos vuestra mugier». En Juan Ruiz también son numerosos los ejemplos de objeto directo de persona sin «a»: «vinieron ver su señor», «ella otro amará»...

En los siglos XVI y XVII predomina el empleo de «a», pero todavía es frecuente la omisión. Así Lope de Vega usa:

«no disgustemos mi abuela»
«quiere doña Beatriz su primo»

Desde el siglo XVIII rigen ya las actuales normas, aunque encontramos, incluso en el siglo XIX, casos sin preposición en los que hoy no se toleraría la omisión.

● *Teorías acerca del origen de «a».*

El hecho de acompañar la preposición «a» al objeto directo de persona es algo característico del romance. En latín existía la construcción AD + acusativo, pero para otras funciones: como complemento de dirección

(QUO?) o bien, sobre todo en latín vulgar, como sustituto del dativo nominal latino, nunca como sustituto del mero acusativo. Es claro, pues, que la explicación de su origen ha de estar en el propio romance.

1) Una serie de autores (DIEZ, BRAUNS, HILLS) lo entienden como un procedimiento para evitar posibles confusiones entre sujeto y objeto.

En una lengua que tenga un orden de palabras muy poco flexible, como el francés por ejemplo: «Marie aime Jean», no cabe duda de que el sustantivo que precede al verbo es el sujeto y el que le sigue es el objeto directo. En cambio en español una frase como «María ama Juan» se puede tomar en dos sentidos; para evitar tal ambigüedad es necesario distinguir formalmente el sujeto del objeto directo, anteponiendo a este último la preposición «a».

Sin embargo, cuando el objeto es una cosa, el sentido de la frase, en la mayoría de las ocasiones, basta para entender que la cosa es el objeto. Ejemplo: «Pedro compró un libro».

El uso de «a», pues, sólo es necesario en el objeto de persona.

2) MEYER-LÜBKE señala que el uso de «a» junto al objeto de persona debe de entenderse como una sustitución con AD del dativo de interés latino. Considera que la persona o el ser animado está interesado en la acción del verbo y la cosa no está interesada, sino que recibe la acción del verbo sin más.

3) Otros lingüistas han intentado explicar esto diciendo que la persona es imaginada por el hablante como poseedora de un ámbito o esfera a su alrededor y que la preposición AD de dirección señalaría la intrusión de la acción verbal en el ámbito de la persona que la recibe.

Así Leo SPITZER sostiene que en su origen el uso de la preposición «a» se daba principalmente en casos que representaban esta agresión a la persona.

Asimismo Anna G. HATCHER acepta la existencia de esa esfera personal, pero, por el contrario, advierte que en el Cantar de Mio Cid la construcción: «a» + objeto directo de persona responde a un sentido de respeto hacia la persona más que de agresión.

Frente a este tipo de interpretaciones que coinciden en pensar en el origen de «a» como procedimiento formal que distingue una nueva categoría persona/no persona en el objeto, hay otra línea de interpretaciones que ven el empleo de «a» como surgido bajo la presión de otros factores lingüísticos y que más tarde adquiriría la función de oponer el objeto personal al de cosa. Veamos algunas opiniones:

1) HARRI MEIER: para este lingüista el punto de partida está en los pronombres átonos de 1.ª y 2.ª persona, que en casi toda la Romania tienen una sola forma para el dativo y el acusativo:

Latín: acusativo MĒ → cast. me → *me* llevó a casa: O.D.

me dio un libro: O.I.

Por otro lado los pronombres tónicos correspondientes evolucionados a partir de la forma de dativo habían tomado la preposición «a» como sustituto habitual del dativo cuando hacían función de objeto indirecto.

Latín: dativo MĬHĪ → cast. mí → «a *mí*» - O.I.

A partir de esta situación ocurrió que los pronombres tónicos por influencia de los átonos (que sólo tenían una forma para dativo y acusativo) pasaron a funcionar también como objeto directo con la misma forma que empleaban para el indirecto, es decir, con la preposición «a».

Por lo tanto, la preposición «a» se utilizó con objeto directo en los pronombres tónicos.

Más tarde esta «a» se propagó a los nombres propios y a los apelativos de persona en función de objeto directo: en primer lugar se emplearía «a» sólo con los nombres propios (como sustitutos directos del pronombre personal), luego se extendería su uso también a los apelativos personales; tal penetración se hizo por determinadas vías:

a) Por paralelismo de construcción cuando un pronombre o nombre propio y un apelativo estaban coordinados. Ejemplo:

«Reciben a Minaya e a las dueñas e a las niñas e a las otras compañas» (Mio Cid)

b) En comparaciones que puntualizan que el término de la comparación se refiere al objeto y no al sujeto. Ejemplo:

«Dos cavalleros quel aguardan cum *a señor*» (Mio Cid)

c) Inserción, también aclaratoria, de «a» cuando el objeto directo precede al verbo. Ejemplo:

«El león premió la cabeça, *a mio Cid* esperó» (Mio Cid)

Así se dió la preposición «a» ante apelativos de persona en determinados contextos (como los anteriores). Aquí se han detenido el portugués y el catalán; el retorromano y los dialectos provenzales y franceses que hoy usan «a» ante objeto directo de persona no lo rebasan tampoco.

Más tarde el español y el rumano alcanzaron una generalización mayor, empleando «a» en cualquier contexto (3.ª etapa de generalización).

Apoyando esta teoría R. Lapesa aduce que en las jarchas el único ejemplo seguro de objeto directo con «a» es: «a mibi tú no queres», es decir, con pronombre.

En el Cantar de Mio Cid el uso de «a» no tiene excepción ante las formas tónicas del pronombre en función de objeto directo y domina ante los nombres propios, mientras que ante apelativos es grande la vacilación.

2) REICHENKRON limita su estudio al Cantar de Mio Cid y otros textos antiguos españoles y manifiesta que el uso de «a» ante objeto directo de persona obedeció en un principio a motivaciones rítmicas. En contextos como: «que *mataras el moro* e que fizieras barnax», el artículo que marca la autonomía del apelativo, es rítmicamente una sílaba átona que lo aparta de la palabra acentuada que le precede.

Como los nombres propios y los pronombres tónicos no tienen artículo, «a» vino a realizar la misma función rítmica que efectuaba el artículo ante apelativos. Así:

«Mató *a Bucar...* e ganó *a Tizón*» (Mio Cid)

Pero al usarse ante nombres propios y pronombres adquirió un valor nuevo que le permitió extenderse ante apelativos con artículo o determinativo cuando designaban «individuos portadores de nombre propio». Ejemplo:

«Veré *a la mugier* a todo mio solaz» (Mio Cid)
«Dios salve *a nuestros amigos*» (Mio Cid)

La preposición «a» se propagó también ante objeto directo de persona a través de construcciones en que el doble acusativo latino fue sustituido por un objeto directo y otro indirecto, y en aposiciones, contagiada de un término a otro. Ejemplo:

«Verán *a sus esposas, a don Elvira e a doña Sol*» (Mio Cid)

A los usos de «a» procedentes de AD vinieron a sumarse los que arrancan de AB, por ejemplo en los casos en que un ablativo agente originario acabó siendo interpretado como objeto directo. Ejemplo:

«Uos vedes *a Munno Salido* assí me desondrar» (Mio Cid)

Todo ello dio lugar a que, según REICHENKRON, la construcción con «a» perdiera su función rítmica, rebasara las antiguas limitaciones y asumiera su valor actual.

Todas estas interpretaciones tienen su parte de razón pero no han llegado a explicar totalmente el fenómeno.

Hay sin embargo, concluye R. Lapesa, tres hechos que parecen indudables:

1) El entronque del uso de «a» + objeto de persona en español con la construcción latina de AD + acusativo, competidora primero y heredera después del dativo latino.

2) La aplicación de un sintagma heredero del dativo al acusativo personal se sitúa en la misma línea que la confusión de dativo y acusativo en los pronombres átonos de 3.ª persona mediante el leísmo, laísmo y loísmo, fenómeno peculiar del castellano.

3) El español ha creado de hecho una categoría especial que distingue persona/cosa en el objeto directo; también manifiesta su peculiaridad en los neutros lo, ello. Fenómenos, entre otros, que permiten hablar de una «forma interior» en el español.

2.3.9 Leísmo, laísmo, loísmo.

Necesitamos salirnos de la esfera del sustantivo para ver el desarrollo de los puntos 2) y 3):

PRONOMBRES PERSONALES

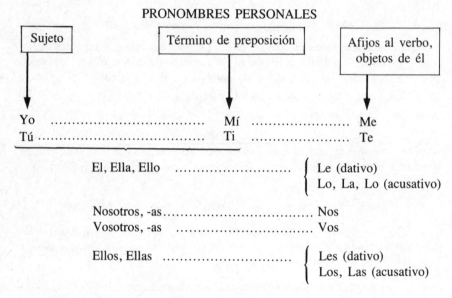

Sujeto	Término de preposición	Afijos al verbo, objetos de él
Yo	Mí	Me
Tú	Ti	Te

El, Ella, Ello .... { Le (dativo)
Lo, La, Lo (acusativo)

Nosotros, -as................................ Nos
Vosotros, -as .... Vos

Ellos, Ellas .... { Les (dativo)
Los, Las (acusativo)

Esto se ha conservado sin alteración notable en Andalucía, Aragón, Canarias e Hispanoamérica.

● *Transgresiones:*

— Uso de «le» para objeto directo, acusativo masculino.

«le ví ayer»

También en el plural: «les visité».

A este uso de «le» antietimológico se le llama *leísmo*. El leísmo (singular, masculino) no está condenado por la Academia.

— Empleo de «la» para el dativo femenino. Ejemplo: «la dí el libro». El *laísmo* es coloquial y vulgar.

— Empleo de «lo» o «los» para el dativo: *loísmo*. Ejemplos: «lo pegué una bofetada», «los dió noticias».

«Lo» neutro no ha pasado a usarse nunca como dativo.

En los fenómenos anteriores ha habido contienda entre dos tendencias:

1) Primero estos cambios comienzan con la extensión del dativo para el objeto directo personal.

2) Junto a la anterior tendencia aparece otra que tiende a eliminar la distinción casual y sustituirla por una distinción genérica, de tal manera que:

> le, la, lo; los, las tengan un paradigma semejante al de:
> este, esta, esto; estos, estas
> ese, esa, eso; esos, esas
> aquel, aquella, aquello; aquellos, aquellas
> el, ella, ello; ellos, ellas

Tal distinción genérica no ha podido cumplirse. Es un fenómeno en el que se mezclan factores históricos, estéticos, elementos gramaticales, fonéticos, etc.

Por ejemplo, en la confusión de dativo y acusativo pronominales masculinos ha influido el fenómeno de la apócope:

> «dixol estas palabras» (le)
> «matól» (lo)

La interpretación de este hecho puede ser doble:

1) para unos, toda forma apocopada procede de LE. Interpretación ésta muy extendida.

2) La apócope de LE y la de LO han confluido en un mismo resultado.

La -e desaparece en español detrás de R, S, L, N, D, Z, mientras que la -o de ordinario se conserva.

La -o final se apocopa en español moderno en el caso del artículo «uno»: «un sillón», «un tren».

Lo mismo ocurre con BUENO, ALGUNO, etc.

En castellano antiguo, el nombre propio de varón perdía su -o final cuando le seguía un patronímico:

> «Don Alvaro» → «Alvar Fáñez»
> «Don Fernando» → «Fernán González»

Siempre que hay una palabra de apoyo en el contexto que sigue, hay apócope de la -o, proclisis semántica y fonética.

¿Hay que admitir, por esto, que el LO de acusativo, que está en enclisis semántica y fonética, perdiera también la -o?

¿Bastó esta confluencia para deshacer la distinción entre acusativo y dativo?

El fenómeno de la apócope tiene su intensidad máxima en los siglos XII y XIII, continúa durante el XIV y va desapareciendo en el XV. Al desaparecer se van reponiendo las formas plenas.

Obviamente, el fenómeno de fonética sintáctica pudo influir, pero nunca fue la causa mayor. Por ejemplo:

El artículo:

$$\left.\begin{array}{l} \text{ĬLLE} > \text{el} \\ \text{ĬLLA} > \text{ela} > \text{el (ante vocal)} \end{array}\right\} \text{coincidían}$$

Y durante siglos se ha dicho: «el espada», «el alma», «el arena», etc.

Sin embargo esto no ha borrado la distinción entre masculino y femenino. La confluencia de dos morfemas en uno ambivalente no basta para eliminar una distinción gramatical.

● *Factores principales de la confusión:*

Hay que tener en cuenta en qué casos se emplea LE como objeto directo en el Poema de Mio Cid y en Berceo, por ejemplo.

En el Cantar de Mio Cid hay un solo caso de LE para acusativo de cosa. En cambio para el acusativo de persona se encuentran 21 ejemplos, frente a 39 de LO. Para animales, hay 5 de LE, frente a 4 de LO. Por tanto, se da un uso minoritario pero muy desarrollado del leísmo.

Lo mismo ocurre en Berceo con el uso de LE o LI (variante riojana) para lo que hoy nos parece acusativo masculino.

Muchos de los que ahora nos parecen acusativos son la perduración del dativo regido en latín por ciertos verbos: «amenazar, ayudar, enbair, obedeçer, parçir...» se emplean siempre con LE, nunca con LO, ya que en latín se construían con dativo.

Alternan en el empleo de LE (li)/LO verbos como: «acorrer, servir, (h)uviar ('salir al encuentro') < OBVIARE < OBVIAM IRE...»

Hay otra serie de verbos que en latín ya no tenían dativo pero que aquí alternan LE/LO. Verbos de relaciones humanas: «echar, dejar...».

En el objeto de persona alternan LE y LO, pero no en el de cosa: la vacilación latina entre dativo y acusativo y luego la relación romance explican la alternancia.

Se ha formado un núcleo de casos como consecuencia de la conservación del dativo regido por ciertos verbos latinos y se ha producido una extensión de este dativo a todas las esferas de lo personal, de las relaciones humanas. Ese núcleo primero que vemos en el Cantar de Mio Cid y en Berceo se conserva en los siglos desde el XIII al XV.

Hasta mediados del siglo XV, el uso de LE, LES para lo que nosotros sentimos hoy como objeto directo era minoritario. Todavía predominaba el uso de LO, LOS. En alguno de los manuscritos del Libro de Buen Amor se advierte una vaga frecuencia del leísmo. La extensión fuerte del leísmo hasta convertirse en mayoritario no aparece hasta el Corbacho y después en Juan del Encina y en la Celestina.

La existencia de *LEISMO* referido al *femenino y al plural* (los femeninos son infinitamente menos que el masculino y el plural es también menos intenso que el singular) corrobora que este fenómeno tiene su causa en la tendencia a diferenciar la persona de la cosa. Por otra parte, ha habido obstáculos para que esa tendencia cundiera en el femenino y en el plural.

Esos obstáculos proceden de la tendencia a restablecer la distinción entre el masculino, femenino y neutro en singular. Es decir, tendencia a reforzar la diferenciación genérica a costa de la casual.

Esa tendencia a reforzar el género a costa del caso se manifiesta con la aparición del *leísmo* masculino para la cosa.

A lo largo de los siglos XIII y XIV surgen muestras sueltas del *leísmo de cosa*, pero en el siglo XV, y justamente en el Corbacho se advierte notable incremento, aún cuando todavía no hay predominio del leísmo de cosa hasta la edición burgalesa de La Celestina. Así pues, predominio de LE para cosa en La Celestina.

De ahí pasamos al uso excesivo en Boscán. Para éste todo objeto directo masculino, sea de persona o cosa, se expresa con LE. El leísmo se hace cortesano. El influjo de la corte hace que hasta el siglo XVIII haya un dominio abrumador del leísmo. Escritores que no son madrileños incluso intentan remedar el uso de la corte.

En el siglo XVIII el castellanismo y la parte señalada por los clásicos del XVI y XVII hace que se imponga el LE exclusivo en el *Diccionario de Autoridades,* pero no se llegó a desterrar la preferencia por LO en el Sur y en la periferia.

Reacción *anti-leísta:* es muy fuerte cuando se trata del leísmo de cosa (60 casos de LE contra 558 de LO referidos a cosas en autores madrileños y vallisoletanos).

Si el leísmo de cosa está documentado desde el siglo XIII, el *LAISMO* o empleo de LA para el dativo no se encuentra en ejemplos seguros hasta mediados del XIV (Libro de Buen Amor). Aparece con más frecuencia en el siglo XV y las ediciones de La Celestina nos muestran el contraste: los burgaleses ofrecen el laísmo, los sevillanos lo corrigen.

Durante el Siglo de Oro continúa un moderado progreso de LA en el Norte y Centro de España, sin llegar a ser mayoritario hasta la generación de Quevedo y de Calderón. Ese auge del laísmo duraba todavía a principios del XVIII, cuando la Academia publica su *Diccionario de Autoridades*.

Antes de que acabase el siglo XVIII, en 1776 la Academia rectificó declarando incorrecto el laísmo. Esa condena no ha logrado desterrar el laísmo del habla diaria de las dos Castillas y de León, pero ha contribuido a restringir su empleo literario.

LOISMO es el uso de LO, LOS para dativo masculino. Ha sido minoritario y aparece más en plural que en singular. Hay ejemplos desde El Cantar de Mio Cid. La abundancia es mayor en textos dialectales, como en el Fuero Juzgo (del siglo XIII), en Santa Teresa, Cervantes, Lope y sobre todo en Quevedo. Después sólo en el *Fray Gerundio* del Padre Isla.

No ha tenido mayor extensión porque contendía con la tendencia laísta: se ha conservado más la distinción en singular y el LO para dativo es muy raro en todos los tiempos. En época moderna sólo aparece en ambientes populares.

En resumen, la tendencia que primero aparece ha sido la de distinguir la persona y la cosa, empleando el pronombre de dativo para la persona, de manera semejante a como vimos en «a + acusativo». Esta tendencia se vió limitada por la conveniencia de que los pronombres lleven una indicación genérica, que permita entender fácilmente a quién representan. De ahí que el leísmo personal se usase principalmente para el masculino singular y mucho menos para el femenino y no tan raramente pero sí con escasez para el plural.

Ahora bien, con estas limitaciones el *leísmo* logró gran arraigo en el habla de las dos Castillas y en su literatura, e incluso con el ejemplo de los clásicos influyó en autores de otras regiones, en otros países. Hoy día nadie puede considerar incorrecto el leísmo para el objeto directo masculino de persona, aunque en la mayor parte del mundo hispánico se prefiere la distinción.

La *2.ª tendencia* desvirtuando la primera intentó eliminar el caso en beneficio de la distinción del género. Esta originó primero el *leísmo de cosa*, dominante en la literatura castellana para el masculino, desde fines del siglo XV hasta el XVIII inclusive, y no declarado incorrecto por la Academia aún cuando ni en las dos Castillas mismas tenga el arraigo y la vitalidad que el leísmo de persona.

La segunda manifestación de esta tendencia fue el *laísmo*, con arraigo también en las dos Castillas, pero con vigencia literaria mucho más breve.

Y por último, el *loísmo*, tercera manifestación de esta segunda tendencia que tuvo muy escaso desarrollo y no ha logrado arraigo general en ningún momento.

2.3.10 El sujeto del infinitivo subordinado.

En *español*, cierto tipo de verbos pueden regir, según uso heredado del latín, una oración subordinada con verbo en infinitivo, aunque el sujeto de ella no sea el mismo del verbo principal (infinitivo no concertado). Ejemplos:

«te oí llegar»
«nos ordenó aguardar»

Se trata de ver cómo se construye el sujeto de tales infinitivos (te, nos) y sus antecedentes latinos.

Latín: el sujeto del infinitivo no concertado iba habitualmente en acusativo. Sin embargo, algunos verbos como «imperare», «permittere», «concedere»... regían dativo. Ejemplo:

«permittere *aliquid* facere *alicui*» ('permitir que alguien haga algo').
  Ac.   Dat.

Latín tardío: se encuentra el dativo con verbos que antes exigían acusativo, como por ejemplo iubere, sinere...

Castellano:

1) Si el sujeto del infinitivo subordinado es cosa, aparece como objeto directo sin preposición. Ejemplos:

«Oíamos crujir las maderas del suelo»
«Iremos a La Granja para ver correr las fuentes»

Se dan, no obstante, ejemplos esporádicos de «a»:

«Verán a las estrellas caer de su logar» (Berceo).

2) Si el sujeto del infinitivo es personal o animado:

En castellano antiguo:

a) si el infinitivo no tiene objeto directo propio, el sujeto aparece como objeto directo del verbo principal y va sin preposición. Ejemplos:

«Aquí veríedes quexarse ifantes de Carrión» (Mio Cid)
«Otras tenién el punto, errar no las dexavan» (Berceo)

b) si el infinitivo tiene objeto directo, su sujeto aparece como objeto indirecto del verbo principal, y así va introducido por «a»; si es pronombre en dativo. Ejemplos:

«Tu muert oí conssejar a ifantes de Carrión» (Mio Cid)
«Mandávale dexallo» (J. Ruiz)

No obstante, la regla es transgredida frecuentemente en los dos sentidos:

«Quiere fer *los christianos* a Christo denegar» (Berceo) (sujeto sin «a» con infinitivo que lleva objeto directo).
«Vido venir *a Diego e a Ferrando*» (Mio Cid)
«Fizieron *les* syn grado en las naues entrar» (Alex.)

Ejemplos, estos dos últimos, en los que se encuentra la preposición «a» o el pronombre de dativo con infinitivos sin objeto directo.

A partir del siglo XVI desaparece la distinción anterior y el sujeto personal se construye generalmente con la preposición «a» independientemente del hecho de llevar o no objeto directo:

«hizo llorar a toda la gente»

Cuando el sujeto es un pronombre de 3.ª persona, hay vacilación entre acusativo y dativo: «lo ví llegar/le ví llegar».

2.3.11   Construcciones latinas de doble acusativo:

Mientras verbos latinos como: petere, rogare, interrogare, docere, poscere... regían doble acusativo de persona y cosa, los correspondientes verbos romances llevan objeto directo de cosa e indirecto de persona.

La transición de una construcción a otra está atestiguada en latín: lo más habitual era el empleo del doble acusativo. Ejemplo:

«Docere pueros grammaticam»

pero ya en latín se encuentra el objeto de persona en dativo:

«Celare alicui aliquid»

Este esquema se va generalizando en los últimos tiempos de la Antigüedad y comienzos de la Edad Media, sustituido a veces el dativo por la construcción AD + acusativo: «Gratiam ad Johannem expetit».

El proceso no se había consumado todavía en el castellano del siglo XII.

En el Mio Cid, por ejemplo, el verbo «rogar» lleva acusativo pronominal de persona aun habiendo objeto directo de cosa: «ruégalos de coraçon que prendan de sus averes».

Pero cuando los dos objetos son pronominales el de persona va siempre en dativo: «rogar *gelo* emos»
y ante nombre de persona se encuentra siempre la preposición «a»: «ruego a San Pedro que me ayude».

Esta «a», todavía en el siglo XII, era más propia del objeto indirecto que del directo de persona. Igual ocurre en Berceo:
«Mostrar el Pater Noster a uuestras creaturas» (Sto. Domingo, Berceo)

2.3.12 Construcciones con objeto directo de persona y un complemento predicativo referido a éste.

La construcción latina era de doble acusativo. Con verbos como: nominare, vocare, iudicare, facere, habere…

«Numan Pompilium Romani regem creaverunt» ('los romanos nombraron rey a Numa Pompilio').

En español se encuentra desde muy antiguo la preposición «a» ante el objeto si es un nombre de persona:

«Seth… ouo fillo ad Enós» (Cronicón Villarense)

y el pronombre átono de 3.ª persona es de acusativo:

«Hyo *las* he fijas»

El doble régimen directo se sustituye desde muy temprano por una construcción en la que el predicado latino pasa a ser objeto directo y el objeto directo latino está representado por un objeto indirecto.

Sin embargo, hay en general gran vacilación: en algunos ejemplos es claro que el antiguo objeto directo aparece como régimen directo en castellano:

«uno *que* dizién mio Çid» (Mio Cid)

Pero cuando aparece la preposición «a» puede interpretarse como indirecto o como directo de persona:

«*a essos* dezía fijos el nuestro Salvador» (Berceo)

Mientras que si «a» precede a un objeto de cosa es seguro el régimen indirecto:

«Libra dizen en latín *a este signo*» (Alfonso X)

En el *español actual* la preposición es imprescindible ante nombres de persona («a Juan le nombraron concejal») y domina ante los de cosa.

En los pronombres hay vacilación entre dativo y acusativo para el masculino (le nombraron/lo nombraron). La vacilación parece ser menor para el femenino (y neutro) donde predomina el acusativo («*A las hidalgas las* llaman doñas») (Moratín).

2.3.13 Complementos directos especiales.

a) *Acusativo interno latino.*

Se trata de un acusativo de la misma raíz o de significado próximo al del verbo que acompaña. Ejemplos:

«Fortunatam vitam vixit»
«Mirum… somniaui somnium»

Tal construcción subsiste en castellano. Fue muy usada en el período medieval. Ejemplos:

> «*valen* grant *valor*» (Mio Cid)
> «*peccariemos* en ello *peccado* criminal» (Berceo).

Caso especial es el de las fórmulas latinas: «viam ire», «redire viam», que perduran en castellano antiguo «ir su vía»:

> «Pensemos de *ir vuestra vía,* esto sea de vagar» (Mio Cid)

Del mismo tipo son:

> «*Yendo camino* el conde de Ureña» (Diálogo de la lengua, Valdés)
> «Cómo nuestro capitán Cortés *fue una entrada*» (Bernal Díaz)

Hoy sólo se usan estas construcciones con carácter expresivo, enfático. Ejemplos: «*Vivir* la vida», «*soñar* un sueño»...

Verbos que la gramática define como intransitivos, pero que en estos casos se usan como transitivos con acusativo interno.

La importancia de estas construcciones es de estilo más que de rango gramatical.

b) *El llamado «acusativo griego».*

Bajo este nombre se suelen agrupar dos tipos diferentes de construcción:

1) *Acusativo de relación o parte* que, normal en griego, fue imitado por los poetas latinos desde la época de Augusto.

Consiste en poner en acusativo la parte de la cual se predica una atribución referida a un ser determinado. Ejemplos: «Nuda genu» ('desnuda en cuanto a la rodilla'), «feminae nudae bracchia» ('las mujeres desnudas de brazos').

Este giro de carácter culto no tuvo en latín raigambre popular.

Asimismo como giro artificioso fue introducido en la literatura castellana por los poetas renacentistas y cultivado por la poesía culterana. Ejemplos:

> «Lasciva *el movimiento,* mas *los ojos* honesta» (Góngora)
> «Los alemanes, *el fiero cuello* atados» (Garcilaso).

Ahora bien, al lado de este uso culto importado del griego parece que se dió una tendencia espontánea a la creación de un acusativo de relación o parte a través de construcciones de doble acusativo del tipo:

> «Ut *te*... Venus eradicet *caput*» ('para que Venus te arranque la cabeza').

apunta al   apunta a la
todo   parte

En esta tendencia parece tener su origen una serie de compuestos románicos cuyo primer término es un sustantivo que indica la parte del cuerpo o vestido a que se refiere un participio o adjetivo (el 2.º término). Ejemplos: «tocanegrada» ('toca o capa negra'), «color mudado» ('mudado en cuanto al color'), «testarudo» ('rudo de testa'), «cuelloalbo», etc.

2) El otro tipo del llamado «acusativo griego» parece ser autóctono en latín, aunque se viera favorecido después por influjo helenizante. Es el *acusativo de «cosa vestida»*, proveniente del uso de verbos como: cingere, vestire, despoliare, induere, etc.

«Vestivit eum *tunicam*»

Tales construcciones son muy abundantes en la Edad Media y en el Siglo de Oro. Ejemplos:

«La primavera, vestida *abriles* y calzada *mayos*» (Góngora)
«De un blanco armiño *el esplendor* vestida» (Góngora)

En castellano moderno y contemporáneo se reemplaza el acusativo de la parte por un complemento instrumental o material. Ejemplo: «Caballeros ceñidos con espadas» (=«caualleros espadas cintos»).
En otros casos la equivalencia, según algunos autores, se daría mejor mediante el ablativo agente: «Vestida por abriles», etc.

2.3.14   Restos del acusativo adverbial y del ablativo sin preposición.

a) Para expresar los *complementos de distancia, medida, peso y precio* en latín alternan el acusativo y el ablativo. Ejemplos:

«*libram* valebat» ('valía una libra')
«longo *spatio* distare»

Como resto de tales acusativos o ablativos hay complementos sin preposición en las diversas lenguas romances.
En concreto, el español de todos los tiempos los ha empleado y emplea. Ejemplos:

«Quanto dexo no lo preçio *un figo*» (Mio Cid)
«Darlis an sendas saias de un áspero sayal, que cada una dellas pesará *un quintal*» (Berceo)
«*Un trecho de vallesta* es en alto el muro» (Alexandre).

En castellano medieval y clásico estos complementos estaban más generalizados, así en ocasiones encontramos complementos sin preposición donde hoy es necesario el uso preposicional. Ejemplo:

«No estauan los Duques *dos dedos* de parecer tontos» (Cervantes).

La construcción con adjetivo («Arbores crassas pedes duos, altas pedes sex») no ha dejado en español más restos que en comparaciones como:

«una torre *diez metros* más alta»
«un libro *tres duros* más caro».

En este contexto hay que señalar el empleo en la lengua medieval del sustantivo «cosa» en complementos de cantidad indeterminada. Ejemplos:

«Con muchas naues *fiera cosa*»
«hueste mui grand *fiera cosa*»
«*Fiera cosa* les pesa desto que les cuntió» (Mio Cid).

Aún hay restos como:

«no se ha molestado *gran cosa* por atendernos»
«eso vale *poca cosa*»

b) En la misma línea que lo anterior, para expresar en latín los *complementos temporales de duración* alternan el *acusativo y el ablativo*. El ablativo se va haciendo cada vez más frecuente. Aunque en latín popular se prefería para indicar el momento en que ocurre la acción del verbo el ablativo con IN, el ablativo sin preposición siguió vigente en expresiones como: EO TEMPORE, ILLA TEMPESTATE, DIE, NOCTE, PRIMA LUCE... Algunas de estas expresiones se han adverbializado en castellano: HĀC HORĀ > agora
HŌC ANNŌ > hogaño
IPSĀ HORĀ > essora, ant.
('entonces').

Ahora bien, continuación del ablativo temporal latino son muchos complementos romances sin preposición. Ejemplos:

«He visto a Pedro *el lunes*»
«*Esta tarde* resolveremos el asunto»
«*Aquel año* llovió mucho»
«*Esa vez* todo nos salió bien».

A pesar de que esta construcción se mantiene hoy en día con mucha vitalidad, el español medieval y clásico la usaba con más frecuencia. Así encontramos en numerosas ocasiones casos donde ahora la preposición domina ya o es absolutamente necesaria:

«*Otro día mañana* pienssan de cavalgar» (Mio Cid)

    ↑'al día siguiente por la mañana'

«Los que *mala* nazieron, falssos e traidores» (Berceo)

    ↑'en mala hora'

c) *Restos del ablativo de lugar.*

Los restos sintácticos del ablativo de lugar se limitan en romance a dos tipos de estructura:

1) sustantivo espacial (como «exida, camino, ribera, orilla...») + determinación con «de» (rara vez con «a»). Ejemplos:

«Uedía me en suennos de un fiero lugar, *oriella de un flumen* tan fiero como mar» (Berceo).
«Ssenbré avena loca *ribera de* Henares» (J. Ruiz)
«*Camino de* Navafría».

2) sustantivo común o propio + un adverbio (como «arriba, abajo, ant. ayuso, adelante, afuera, adentro...»). Ejemplos:

«Vansse *Fenares arriba*» (Mio Cid)
«Tornaron a correr el *rrío abaxo*» (Corbacho)
«camino adelante», «puertas afuera», «escaleras abajo», «cuesta arriba»...

En suma al analizar un texto hay que cuidar de los complementos circunstanciales que implican valoración comparativa o que manifiestan una circunstancia sin preposición para evitar la confusión con otros complementos.

2.3.15 Ablativo de causa latino.

Raros son los restos de este ablativo latino; únicamente descienden de él las fórmulas medievales:

1) «Fe que devedes», muy usada en la Edad Media para encarecer ruegos o mandatos. Ejemplos:

«Díxol el omne bueno: Duenna, fe que devedes, ...quiero saber quí sodes» (Berceo).

Alguna vez va con la preposición «por»:

«Varones, seyet firmes, por la fe que deuedes» (Alexandre)

2) La fórmula de lamentación: «malo nuestro pecado» o «mal pecado» ('por desgracia'):

«Así fue, mal pecado, que mi vieja es muerta» (J. Ruiz)
«En todos omnes es asentado, malo nuestro pecado» (Sta. María Egipciaca)

Alguna vez aparece también con «por»:

«Iamás por mal pecado, / Non deu[íe] de mí padre seyer clamado» (Apolonio).

2.3.16 Restos del ablativo latino de circunstancia concomitante.

Un importante grupo de complementos circunstanciales sin preposición corresponden a lo que en latín se llamaba ablativo de circunstancia concomitante (es decir, la disposición o el ánimo con que el sujeto realiza la acción del verbo):

1) El primer grupo importante es el constituído por los *adverbios en -mente*. Se los clasifica como «modales». Aparecen en romance. Vossler en su obra *Espíritu y cultura en el lenguaje,* (Madrid, 1959, págs. 100-102) dice que se debe a la influencia del cristianismo, doctrina que presta mucha atención a la conciencia y acciones del individuo.

La conciencia de la composición de estos adverbios, muy viva en todo tiempo, se manifiesta en castellano medieval mediante la separación gráfica del adjetivo y MENTE, MIENTRE o MIENT, MENT. En el siglo XVI los dos elementos podían estar separados por una pausa final de verso. Ejemplo:

«Y mientras miserable / mente se están los otros abrasando...» (Fray Luis de León).

El castellano actual en las series de adverbios coordinados evita la reiteración de -mente, dejándola sólo con el último adjetivo. Ejemplos:

«Muy entera y cumplidamente»
«Lisa y llanamente»

Sin embargo, en la Edad Media, sobre todo en textos navarro-aragoneses, no es raro que aparezca -mente en el primer término de la serie y se omita en los demás. Ejemplos:

«Falsamente et malvada»
«Lealmente e complida»...

Igual construcción que las formaciones con -mente tuvieron en castellano medieval algunas con el germanismo «guisa» (< WISA) 'manera'. Ejemplo: «fiera guisa».

2) Expresan también, sin ayuda de preposición, circunstancia concomitante fórmulas como:

a) «gracias a» (antes «grado a»), «merced a» + nombre o pronombre que indica la intervención de un agente o circunstancia favorables a la acción del verbo. Ejemplos:

«*Grado a Dios,* lo nuestro fo adelant» (Mio Cid)
«Ya no tengo ningún libro, *merced a la malicia* de los malos y embidiosos encantandores» (Cervantes).

b) «mal grado» que indica que la acción ocurre contra el gusto o la voluntad de alguien. Ejemplo:

«Los falssos con enbidia mandaron la matar, / mas mal grado a ellos houo a escapar» (Apolonio).

Este «mal grado» no ha tenido en español tanta fortuna como en el francés «mangré, malgré» o el provenzal y catalán «mal grat» que han llegado a convertirse en preposiciones o locuciones preposicionales.

3) Asimismo son restos del ablativo latino de circunstancia concomitante las construcciones en que un sustantivo sin preposición seguido de un adjetivo, participio, complemento o adverbio expresa la circunstancia del sujeto u objeto verbal al efectuarse la acción o disponerse a realizarla.

Aunque se emplean con frecuencia las preposiciones «con» o «de» («estar con el agua al cuello», «ir de punta en blanco») es abundantísimo el uso sin ellas. Ejemplos:

«Cavalgó Minaya *el espada en la mano*» (Mio Cid)
«Recibiólo el Çid abiertos amos los braços» (Mio Cid)
«Por lo perdido non estés *mano en mexilla*» (J. Ruiz)
«Ir *viento en popa*» (cast. moderno).

Cuando tales construcciones se acumulan en serie descriptivas la dependencia de éstas respecto del verbo se debilita, e incluso puede llegar a anularse coincidiendo entonces con las construcciones absolutas, que a continuación estudiaremos; como tales las suelen considerar casi todos los tratadistas españoles.

2.3.17 El ablativo absoluto.

El ablativo absoluto latino («Hoc facto», «Cicerone consule»...) es el origen de agrupaciones romances de sustantivo con participio pasivo o adjetivo equivalente, las cuales no expresan circunstancias concomitantes de la acción principal, sino previas a ella. Tales construcciones pueden expresar una idea temporal de anterioridad. Ejemplos:

«*Estas palabras dichas*, la tienda es cogida» (Mio Cid)
«*La missa dicha*, penssemos de cavalgar» (Mio Cid).

A veces, esta idea de anterioridad expresada en el participio se refuerza con adverbios o locuciones temporales como: desque, ya, apenas, una vez, después de... Ejemplos:

«*Después de sentados*, Sabino... començó a dezir assí» (Fray Luis de León)
«*Una vez acabada* la fiesta, marchó cada cual a su casa».

Asimismo pueden expresar una idea de condición. Ejemplos:

«*Todos vuestros bienes puestos en un peso* / más pesan los míos maguer son movientes» (Cancionero de Baena).
«Bien mirado» ('si bien se mira').

La sintaxis latinizante del siglo XV muestra predilección por estas construcciones. Son también muy abundantes en la poesía gongorina. Sin preferencia tan marcada la restante literatura de los Siglos de Oro, así como la moderna, cuentan estas estructuras entre sus recursos habituales. El refranero prueba que tampoco son extrañas a los dichos populares. Ejemplos:

«*Hecha la ley*, hecha la trampa»
«*Comida hecha*, compañía deshecha».

— Orden de colocación de estos dos elementos: la lengua antigua admitía la anteposición del sustantivo, sin embargo la clásica y la moderna prefiere colocar en primer lugar el participio o el adjetivo. Ejemplo:

«*Terminadas las horas canónicas*, el Magistral salió» (La Regenta)

— Restos fosilizados de participios o adjetivos en construcción absoluta son los empleos de «incluso, excepto, salvo» como adverbios o preposiciones; en los siglos XVI y XVII se encuentran concordancias como: «Todas las ciudades déstos fueron arrasadas... *exceptas* tres»; y todavía en el siglo XIX se encuentra «*inclusas* mil seiscientas sesenta y cuatro *mujeres*».

— La construcción absoluta con participio de presente expresando una idea temporal de coincidencia aparece en textos medievales. Ejemplo:

«*Un sábado esient, domingo amanezient*. / ui una grant visión en mio leio dormient» (Disputa del alma y el cuerpo)

Fósiles de tales participios en frases absolutas son: «durante, mediante, no obstante, no embargante» que antiguamente como auténticos participios, concordaban con los sustantivos. Ejemplos: «durantes las guerras», «mediantes los ruegos», «no obstantes cualesquier leyes»... y que hoy funcionan la mayoría de las veces como preposiciones o locuciones conexivas, aunque en alguna ocasión conservan todavía su valor originario, por ejemplo: «Dios mediante».

2.3.18   El agente de la pasiva.

En *latín* el sujeto agente se expresaba mediante el ablativo solo si era cosa o acompañado de A o AB si era persona.

En *latín vulgar* empieza a generalizarse la preposición «de», sustituto habitual de A-AB + ablativo, para todo tipo de sujeto agente. Así en *castellano medieval* y hasta el siglo XVI y principios del XVII el uso de «de» predomina en este contexto. Ejemplos:

> *«Del rey* só ayrado» (Mio Cid)
> *«De Dios* seré reptado» (Berceo)
> «La qual será *de muchos* leída y *de pocos* entendida» (Guevara)

La *lengua moderna* ha ido restringiendo el uso de «de» a la pasiva de verbos de conocimiento, afecto, compañía, estimación y otras acciones generalmente inmateriales. Ejemplos:

> «Es sabido de todos»

«De todos es apreciado», «querido, llorado, aborrecido, desdeñado...», en los demás casos se usa la preposición «por». El origen de esta construcción con «por» está en las latinas de PER + acusativo, que expresaban el agente como instrumento o intermediario. Ejemplos:

> «Sacra per mulieres confici solent» ('los sacrificios suelen hacerse por (medio de) las mujeres').
> «Hac re per exploratores cognita» ('conocida esta cosa por ('a través de') los exploradores).

El uso de «por» estuvo restringido en castellano hasta el siglo XVI a construcciones como las anteriores. Más tarde se generalizó al resto de los casos hasta llegar a la situación actual en que es casi absoluta con los verbos de acción material y compite cada vez con mayor frecuencia con los verbos de acción inmaterial como los indicados más arriba.

BIBLIOGRAFIA

BOURCIEZ, E., *Éléments de linguistique romane*, Librairie C. Klincksieck, París, 1967.

BRAUNS, J., *Uber den präpositionalen Accusativ im Spanischen mit gelegentlich Berücksichtigung anderer Sprachen*, Hamburg, 1909.

BÜHLER, K., *Teoría del lenguaje*, Rev. de Occidente, Madrid, 1950.

CARNOY, A. J., *Le latin d'Espagne d'après les inscriptions*, Louvain, 1906.

DIEZ, F., *Grammatik der romanischen Sprachen*, Bonn, 1882.

GARCIA DE DIEGO, V., *Gramática histórica española*, Edit. Gredos, Madrid, 1961.

HANSSEN, F., *Gramática histórica de la lengua castellana*, Edit. El Ateneo, Buenos Aires, 1945.

HATCHER, A. G., «The use of a as a designation of the personal accusative in Spanisch», MLN, LVII, Baltimore, 1942.

HERMAN, J., *Le latin vulgaire*, Col. PUF, Que sais-je?, París, 1967.

HILLS, E. C., «The accusative «a», Hispania, III, París, 1920.

LAPESA, R., *Historia de la lengua española*, Edit. Gredos, Madrid, 1980.

— «Los casos latinos: restos sintácticos y sustituidos en español», B.R.A.E., tomo XLIV, Cuaderno CLXXI, Madrid, 1964.

— «Sobre los orígenes y evolución del leísmo, loísmo y laísmo», Festschrift Walter von Wartburg, I, Max Niemeyer Verlag Tübingen, 1968, págs. 522-551

LAUSBERG, H., *Lingüística romámica*, tomo II, Edit. Gredos, Madrid, 1973.

MEIER, H., «Sobre as origens do acusativo preposicional nas línguas românicas» en *Ensaios de Filología Românica*, Lisboa, 1948.

MENENDEZ PIDAL, R., *Manual de Gramática histórica española*, Edit. Espasa-Calpe, Madrid, 1952.

MEYER-LÜBKE, W., *Grammaire des langues romanes*, 3 vol., Edit. H. Welter, París, 1890-1906.

REICHENKRON, G. «Das präpositionale Akkusativ-Objekt im ältesten Spanisch», RF, LXIII, Erlagen Köln, 1951.

SPITZER, L., «Rum. p(r)e, span, a vor persönlichem Akkusativobjekt», ZRPh, XLVIII, Halle, Tübungen, 1913.

VOSSLER, K., *Espíritu y cultura en el lenguaje*, Madrid, 1959.

3

Morfemas de género y número en el nombre

3.1. Introducción.

Por incidir en los morfemas de género y número, recordemos que en la reducción a tres de las cinco declinaciones hay que puntualizar los siguientes aspectos:

3.1.1. La 4.ª declinación se confundió con la 2.ª. Ya en latín clásico había nombres que vacilaban entre la 4.ª y la 2.ª: domus, laurus, primus, etc.; en latín vulgar se multiplicaron: cornum, gelus, genum, etc.

3.1.2. La 5.ª, fonéticamente debería ir a la 3.ª, pero se repartió entre la 1.ª, que se llevó la mayor parte y la 3.ª, que retuvo muy pocos.

La 1.ª tenía como puente de paso con la 5.ª la existencia de formas dobles en -ies y en -ia desde el latín clásico: effigies y effigia, luxuries y luxuria, materies y materia, etc.

En latín vulgar se multiplicaron estas formas en -ia: dies y dia, Romania, barbaria, especia, malitia, planicia, etc.

Los pocos nombres de la 5.ª, que no tuvieron la forma en -ia y los que por influjo culto conservaron la forma en -ies no pudieron distinguirse de los en -e de la 3.ª: fidem - fe; faciem - faz, haz; ant. res, ren, etc.; *especie* junto a *especia* son ambos cultos.

3.1.3. Además de lo anterior, hubo cambios entre las tres que quedaron:

a) Los neutros en -us de la 3.ª. Al principio quedaron por la evolución fonética: pectus - pechos, pignus - peños, tempus - tiempos, etc.; pronto, sin embargo, la pérdida del neutro y la semejanza de su terminación con la de los plurales de la 2.ª declinación hizo tomar por plural su antigua forma singular y darles otro singular nuevo en -o, con lo cual los antiguos neutros en -us de la 3.ª quedaron masculinos en -o de la 2.ª: IMPIGNUS > empeños, empeño; CORPUS > cuerpos, cuerpo; LATUS > lados, lado; TEMPUS > tiempos, tiempo; PECTUS > pechos, pecho; etc.

57

Todavía en el Arcipreste de Hita encontramos «cató contra sus pechos» y en el habla popular actual se escucha «el Cuerpos Cristi»; como en toda la Edad Media conservaron su antiguo singular en -os algunas voces de mucho uso: uebos < opus; pechos, peños, etc. Hoy perduran algunos en frases hechas: «tomar a pechos», «en tiempos de Alfonso XII», «en mis buenos tiempos», etc.

b) Al perderse las consonantes latinas finales, los que quedaron acabando en -o pasaron a masculinos de la 2.ª: caput > cabo, etc.

c) Más numerosos fueron los en -o, -onis que conservaron el nominativo, porque su acusativo se tomó como aumentativo: BUBO, BUBONEM > búho, bobón (arag.); TITIO, TITIONEM > tizo (ant.), tizón; COMPANIO, COMPANIONEM > compaño, compañón; y así «gorgojo» de CURCULIO, «esperteyo» (ast.) de VESPERTILIO, etc.

d) En cambio la 1.ª declinación recibió generalmente los terminados en -a en sus varias clases: los neutros en -ma quedaron por su final femeninos de la 1.ª; epitema > bizma; phlegma > flema; apostema, diadema, cima, etc.

e) Los neutros del plural, como acabados en -a, se hicieron singulares femeninos de la 1.ª, generalmente con sentido colectivo: LIGNA > leña, FOLIA > hoja, FESTA > fiesta, PIGNORA > pendra, prenda, etc.
La correspondencia leño-leña, brazo-braza, huevo-hueva, etc. hizo que se formaran, al lado de antiguos masculinos en -o, femeninos colectivos en -a: fruto-fruta, ramo-rama, huerto-huerta, lomo-loma, río-ría y aun se formaron otros independientes de los en -o: «la buena» ('conjunto de bienes'), «la dona» ('conjunto de regalos'), etc.
Aun los cultos usan estos nombres en -a como femeninos: vestimenta, nómina, etc.

f) Los nombres griegos de la 3.ª usados en latín con forma griega por tener su acusativo en -a, se incorporaron también a la 1.ª declinación como femeninos: lámpara, sirena, Iliada, etc.

g) Otros nombres se rehicieron con cambio de declinación:

1) Ya en latín VASA hizo nacer el singular VASUM > vaso por VAS; OSSA produjo el singular OSSUM > hueso, por OS, etc.

2) En la decadencia latina los nombres propios femeninos y los que señalaban persona tuvieron (por influjo de la declinación consonántica de los vocablos griegos, que estaban entonces muy de moda) una declinación varia. Para el español la importante es la en -a, -anis, a favor de la cual salieron de la 1.ª y pasaron a la 3.ª algunos masculinos de oficio, cambiando su terminación antigua en -a por la nueva en -an: SACRISTA, SACRISTANIS > sacristán; CAPELLA, CAPELLANIS > capellán, etc; SCRIBA, SCRIBANIS cedió el puesto a SCRIBANUS > escribano.

3) En latín vulgar y en la Edad Media hubo cambios de declinación provocados por la influencia del género gramatical, pero no en clases

enteras sino en nombres aislados, tanto sustantivos como adjetivos; desde el *Appendix Probi* hallamos:

palumbes non palumbus > palomo; nurus non nura > nuera; socrus non socra > suegra; tristis non tristus > tristo (arag.), etc., a los cuales se añaden otros como gruem > grua, grulla; puppium > popa y en la Edad Media amĭtes > las andes, las andas; cocleare > la cuchar, la cuchara; smaragdus > esmeralda, etc.

4) En otros, el cambio de declinación fue fruto de leyes fonéticas: apóstol, ángel, prez, etc.

3.1.4 En suma, como marco hay que destacar los siguientes puntos en la reducción de las declinaciones:

1) La declinación española en -a comprende:

a) el conjunto de nombres en -a de la 1.ª declinación latina: dominan > dueña.
b) nombres en -ia sustitutos de los de la 5.ª latina en -ies: sanies, sania > saña.
c) neutros plurales hechos singulares y femeninos colectivos: ligna > leña.
d) antiguos neutros en -ma, femeninos si son populares, masculinos si son cultos: cima, reuma.
e) nombres sueltos atraídos a ella por la terminación griega: lampada >
• lámpara o por el género gramatical: andes (ant.) > andas.
f) formas femeninas de adjetivos sustantivados: manzana, media, gruesa, etc.
g) formas verbales en -a sustantivadas: vista, junta, fecha, cura, etc.

2) La declinación española en -o abarca:

a) masculinos de la 2.ª latina: dominum > dueño.
b) neutros de la 2.ª latina, hechos masculinos: templum > tiemplo, templo.
c) femeninos de la 2.ª hechos masculinos: fraxinum > fresno.
d) nombres de la 4.ª latina hechos masculinos todos menos: manum > mano.
e) neutros en -us de la 3.ª, hechos masculinos traspuesto el singular en plural: pectus > pechos, pecho.
f) nombres sueltos que por leyes fonéticas acabaron en -o: caput > cabo.
g) nombres que conservaron en uso su nominativo en -o: curculio > gorgojo.
h) otros rehicieron su singular por varias causas: os, ossum > hueso.

3) La declinación tercera contiene:

a) el conjunto de nombres en consonante y en -e de la 3.ª latina: leonem > león; pellem > piel; patrem > padre, etc.
b) algunos nombres de la 5.ª latina: faciem > faz, haz.
c) nombres de la 1.ª y 2.ª latinas hechos consonánticos por la pérdida de la vocal final: apóstol, ángel, etc. o por la metátesis del nominativo: presbiter > preste; magister > maestre.
d) nombres forasteros en -á, -ó, -í, -ú, sobre todo árabes: alfaquí, maravedí, tetuaní, tisú, sofá, rondó, ambigú, etc.
e) nombres masculinos de la 1.ª, pasados a la declinación del bajo latín -a, -anis: sacristanem > sacristán.
f) nombres cultos en -u: espíritu, tribu, ímpetu, etc.
g) formas verbales de final vario, sustantivadas: trueque, pagaré, levante, etc.

3.2. Análisis del morfema de género

En *latín* se distinguían tres géneros gramaticales: masculino, femenino y neutro. La distribución de los sustantivos en uno u otro género estaba basada, al parecer por herencia del indoeuropeo, en una concepción naturalista que distinguía los seres animados de los inanimados, y dentro de los animados, los masculinos de los femeninos.

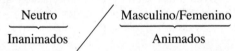

A esta distribución obedece, por ejemplo, aunque resulte extraño a nuestra mentalidad, la consideración de las plantas como femeninas, por ser generadoras de fruto, mientras que éste era considerado inanimado, y por lo tanto, gramaticalmente neutro (PIRUS 'peral' femenino y PIRUM 'pera' neutro).

No obstante, género gramatical y género natural coincidían con poca frecuencia. Así, por ejemplo, sustantivos como FOCUS, VENTUS... eran masculinos, mientras que AQUA, TERRA... eran femeninos, aunque todos designaban objetos asexuados.

Por tanto, es difícil saber a priori cuál es el género de un sustantivo dado.

En realidad, el género gramatical no se reconocía por el examen del sustantivo mismo, sino que era indicado, sobre todo, por el comportamiento sintagmático (es decir, por la concordancia con los elementos adyacentes): así un sustantivo masculino era aquel que iba acompañado de la forma masculina del adjetivo con el que se relacionaba y un sustantivo femenino aquel que pide la forma femenina del adjetivo, por ejemplo: «Bonus nauta», «alta fagus»... Sin embargo, no siempre el adjetivo indicaba de una manera clara el género del sustantivo, ya que había adjetivos como ATRŌX que tenían la misma forma para los tres géneros en el nominativo singular y otros como FORTIS que confunden el masculino y el femenino.

En cuanto al género neutro sabemos que se caracterizaba por tener formas especiales en el nominativo, vocativo y acusativo de ambos números, pero también se confundía con los casos correspondientes del masculino.

Por todo esto, y además porque la distinción de los géneros correspondía a diferencias semánticas no claramente sentidas por los latinos, había confusiones entre los tres géneros.

Además, puesto que en la mayoría de los casos el género estaba determinado por el cambio de lexema, las oposiciones de género tenían un rendimiento funcional muy reducido. Así la oposición masculino/femenino se limitaba a un escaso número de seres sexuados. Ejemplos:

Dominus/domina; lupus/lupa.

En definitiva, «para los latinos el mantenimiento del género es en la mayoría de los casos una supervivencia sin objeto» (Meillet, *Linquistique historique et linguistique générale*).

En *castellano*, con la desmitologización de la naturaleza, desaparece la distinción genérica fundamental del latín: animado/inanimado, perdiéndose la categoría del neutro. Quedan, pues, para el sustantivo dos géneros: masculino/femenino. Salvo en los nombres sexuados el género romance se va a entender como mero indicador de una categoría gramatical privado de cualquier referencia semántica.

3.2.1.   Origen de los morfemas genéricos (-O/-A).

a) En latín la mayoría de los sustantivos de la 1.ª declinación eran femeninos, de ahí que el fonema -a se haya habilitado como morfema indicador de género femenino en castellano. Ejemplos:

PORTA(M) fem. > puerta, fem.
MENSA(M) fem. > mesa, fem.

Naturalmente, habría que incluir aquí a los sustantivos de la 5.ª declinación que pasaron a la 1.ª.

MATERIES → MATERIA > madera (fem.)
RABIES → RABIA > rabia (fem.)

Dentro de la 1.ª declinación había, no obstante, sustantivos masculinos en -a: POETA, NAUTA, PROPHETA, PATRIARCHA... La influencia culta, que mantiene la estructura fonética de la palabra, ha favorecido también el mantenimiento del género etimológico, en contra incluso de la distribución según la terminación. Se han mantenido, pues, como masculinos. Sin embargo, la lengua

61

medieval y clásica utilizaba estos sustantivos como femeninos. Ejemplos: «David la profeta», «las patriarcas»...

Se documentan como masculinos ya desde Berceo.

b) Del mismo modo el fonema -o < -U(M) de los sustantivos de la 2.ª declinación (y los asimilados a ella) se propagó como morfema genérico del masculino. Ejemplos:

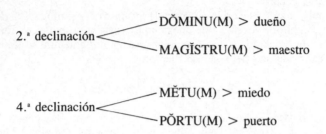

2.ª declinación

DŎMINU(M) > dueño

MAGĬSTRU(M) > maestro

4.ª declinación

MĔTU(M) > miedo

PŎRTU(M) > puerto

Se asimilan a este tipo también los sustantivos neutros de la 2.ª declinación en -UM y de la 3.ª en -US, que estudiaremos más adelante.

Los sustantivos masculinos y femeninos de la 3.ª declinación con acusativo en -EM, dan lugar a formas españolas en -e y, si ésta se pierde, a formas en consonante.

masc. HŎMINE(M) > hombre, masc.
fem. MULIERE(M) > mujer, fem.

También entrarían en este grupo algunos sustantivos de la 2.ª declinación por apócope o cambio de -o en -e. Ejemplos:

APOSTŎLUS > apóstol
CŎLĂPHUS (1. clásico) > *COLŬPUS (1. vulgar) > golpe.

c) *Conservación del género etimológico y cambios de género en las terminaciones -a, -o.*

Normalmente los sustantivos conservan el género etimológico. No obstante, se han producido cambios en el género y ello por dos razones: -fonéticas
-semánticas.

En general se observa una fuerte tendencia a distribuir los sustantivos según su terminación en masculinos (-o) y femeninos (-a). Cuando el sustantivo escapa a esta norma general se produce el cambio: o bien se acomoda el género a la forma o bien la forma al género.

Sólo dos sustantivos: mano (fem.) y día (masc.) escapan espontáneamente a este doble proceso analógico; los estudiaremos más adelante.

1) *Acomodación del género a la forma.*

a) En primer lugar tenemos los sustantivos neutros en -UM (2.ª declinación), en -US (3.ª declinación) y en -U (4.ª declinación) que pasaron al masculino y los plurales neutros en -A que pasaron al femenino de acuerdo con su terminación. Ejemplos:

TEMPLUM > templo
CAELUM > cielo
CORPUS > cuerpos } luego por su apariencia de plurales dieron un singular analógico, como luego veremos al
TEMPUS > tiempos } estudiar el neutro.

FOLIA > hoja
FESTA > fiesta

b) Los nombres de árboles y plantas eran generalmente femeninos en latín clásico. Por acomodación a la forma se hicieron masculinos. Ejemplos:

> FRAXINU(M) fem. > fresno (masc.)
> ULMU(M) fem. > olmo (masc.)
> PINU(M) fem. > pino (masc.)

2) *Acomodación de la forma al género.*

Se produce sobre todo con sustantivos sexuados.

a) Algunos nombres de parentesco como SOCRUS (fem.) y NURUS, -US (fem.) de la 4.ª declinación habían pasado en latín tardío a la 1.ª: SOCRA y *NŎRA de donde los resultados «suegra y nuera».

Lo mismo ocurrió, por ejemplo, con el sustantivo de la 3.ª declinación NEPTIS, -IS (fem.): NEPTA > nieta.

b) Este segundo proceso analógico también se observa en algunos nombres de piedras preciosas:

Latín SMARAGDUS, -I (masc. y fem.). En latín la vacilación entre masc. y fem. se debía a la aposición con LAPIS (masc.) o con GEMMA (fem.). En castellano, en cambio, la tendencia al femenino se debe sin duda a la aposición con «piedra». De este modo hubo una acomodación de la forma al género: castellano «esmeralda».

Sin embargo, SAPHIRUS, -I (fem.) en castellano antiguo fue utilizada a veces como femenino («de las piedras las çaffires», Alfonso X). Finalmente se acomodó, siguiendo el anterior proceso analógico, al masculino por la terminación: «el zafiro».

Hay que tener presente que los nombres de piedras preciosas están sometidos a influencias extrañas. En latín eran helenismos, y al griego habían llegado desde el cercano Oriente.

c) Otros sustantivos que han variado su terminación por mantener el género original son:

PŪLEX, -ICIS (fem.) → *PULICA, -AE → «pulga»
GRUE(M) → GRUA(M) > grua > grulla
TURTURE(M) → TURTURA(M) > tórtola
...

Fuera de este doble proceso analógico, que representa la fuerza reguladora del sistema, hay algunas voces que han pasado del masculino en -u (> -o) al femenino en -a y viceversa, cambiando a la vez de género y terminación. Los casos son realmente pocos y las causas no siempre claras. Ejemplos:

Latín TALPA, -AE era tradicionalmente masculino, pero por acomodación a la forma se hizo femenino ya en el mismo latín. En latín vulgar se desarrolló analógicamente un masculino *TALPUS, -I de donde se explica el castellano «topo» (masc.).

Latín CALCEUS masc. ('calzado') ha dado en castellano «la calza»; hay que suponer un latín vulgar *CALCEA fem. ('media') quizá como cree Meyer-Lübke por influencia de SOLEA ('sandalia').

El primer proceso analógico que hemos visto, es decir, el de acomodación del género a la forma es el que tiene, con mucho, la primacía en la evolución del latín al español. Tal acomodación, se ha producido también en los cultismos; así por ejemplo, en latín eran femeninos sustantivos como CATHETUS, DIALECTUS, DIPHTHON-GUS, PHARUS... mientras que en español son masculinos: cateto, dialecto, diptongo, faro...

3) *La mano y el día.*

Como hemos dicho son las únicas formas que se han salvado del doble proceso analógico visto. Para explicar tal irregularidad se han aducido argumentos diversos.

a) lat. MĀNUS, -US (fem.) → MANU(M) > mano (fem.)

Esta forma anómala no presenta vacilación en toda la historia de la lengua.

Meillet: «la mano en general se designa en femenino porque sirve para recibir los objetos».

mano (fem.) / pie (masc.)

b) Lat. clásico DIĒS, -EI → lat. vulgar *DĪA, -AE → *DĪA(M) > día (masc.).

Parece ser que este sustantivo fue originalmente masculino. En latín alternaba en el singular con el femenino, sin duda por analogía con los dobletes ya existentes MATERIES/MATERIA, LUXURIES/LUXU-RIA... pero en plural seguía siendo masculino. El mantenimiento de «el día» es, pues, más extraño que el de «la mano» ya que en latín clásico existió vacilación de género y porque el paso a *DĪA hace pensar en una acomodación inequívoca al femenino.

Es posible que la persistencia del masculino se haya visto favorecida por el frecuente uso proclítico (en el nombre de los días de la semana).

Otra interpretación que se ha dado es que «el día» ha conservado su masculino por oposición a «la noche». Oposiciones de este tipo (el día/la noche, el pie/la mano, el sol/la luna, el cuerpo/el alma...) tienen su origen lejano en las creencias de los indoeuropeos primitivos. La oposición de género se mantendría así como un elemento más de la oposición semántica. Es decir, la morfología como elemento de oposición expresiva, sicológica.

Por otra parte, cabe observar que la anomalía de «el día» se ha mantenido en el diminutivo «el diíta» y en el compuesto «mediodía», mientras que la irregularidad desaparece en los diminutivos: «la manita», «la manecilla», «la manilla»... y en el aumentativo «la manaza». No obstante, en parte del dominio hispánico (en gran parte de Hispanoamérica y en Andalucía) junto a «la manita», se usa «la manito», y aun en el habla culta.

c) El resto de los sustantivos que podamos encontrar con este grado de anomalía, es decir, femeninos en -o y masculinos en -a, se deben a influencia culta o extranjerizante: no pertenecen propiamente al fondo lingüístico del castellano. Se trata de préstamos ajenos a la evolución espontánea de la lengua.

4) *Algunos ejemplos de femeninos en -o.*

— «La nao» < cat. nau (< NAVEM) se ha usado en castellano desde el siglo XIII hasta el período clásico sistemáticamente como femenino; hoy es voz limitada al lenguaje retórico.

«La seo» < cat. seu (< SEDEM) está documentado desde Calderón, pero es de uso muy limitado y casi con valor toponímico (la Seo de Urgel).

«La libido» (< LIBIDO), es un latinismo introducido recientemente por la literatura psicoanalítica; con mucha frecuencia se lee y se oye en España y América «la líbido» con falsa acentuación esdrujulista, favorecida sin duda por la anomalía morfológica.

Hay que agregar algunos más, de vida circunstancial o efímera como: «la sínodo», «la método», «la cartílago»... que han terminado por acomodarse al masculino.

— Otros femeninos en -o: «la moto», «la foto» formas abreviadas de «la motocicleta» y «la fotografía», en los que la conciencia etimológica mantiene inalterable el género. En otros casos como «la radio» (abreviación de la radiotelefonía), «la dinamo» o «la dínamo» (de la «máquina dinamoeléctrica») «la magneto» (de la «máquina magneto-eléctrica»)... no es vivo el sentimiento etimológico. Además, es probable que las formas reducidas hayan llegado a algunas regiones hispánicas ya hechas, como aportaciones del francés o del inglés.

— Otro grupo de femeninos en -o lo constituyen los nombres de ciudades, regiones...: en latín eran generalmente femeninos, aun los terminados en -O, -US, sin duda porque presuponían URBS, CIVITAS... Ejemplo:

$$CARTHAGO \rightarrow CARTHAGO \ NOVA$$

Algunos de ellos acomodaron su forma al género, como: lat. TARRACO, hoy Tarragona; lat. BARCINO, hoy Barcelona. No obstante, en castellano son usados con frecuencia como femeninos, sin esa acomodación de la forma al género, por prevalecer la tradición latina o el sentimiento implícito de «ciudad» o «villa». Ejemplos:

«En Toledo la buena, essa villa real» (Berceo)
«Assí fue destruyda Tiro, la muy preciada» (Alexandre)

También en el uso literario actual el femenino es bastante frecuente: «la mercantil Cartago», «la antigua Corinto», «la histórica Sagunto»...
Asimismo se da el masculino analógico: «el Toledo de hoy», «el rodeado Leningrado»...

— Hay un importante femenino en -o de uso popular: «la sinhueso», forma de carácter eufemístico en la que se siente todavía la palabra eludida («la lengua»).

— Y por último, podríamos citar un cultismo femenino en -u que ha presentado vacilaciones: «la tribu» < TRIBUS fem.
En español antiguo y clásico era frecuentísima la acomodación al masculino: «todos los doce tribos» (Alexandre).
La lengua culta moderna ha impuesto el femenino.

5) *Algunos ejemplos de masculinos en -a.*

— Helenismos en -MA (-MATIS).
Los neutros griegos en -$\mu\alpha$ se incorporaron en general al neutro latino. Pero al pasar al habla popular, algunos, arrastrados por la terminación, se hicieron femeninos.
En romance, la atracción hacia el femenino por influencia de la -a, ha sido mucho más decidida que en latín popular. Ejemplos:

«la calma» (< lat. CAUMA)
«la cima» (< lat. CYMA)
«la coma», signo de puntuación (< lat. COMMA).

Estos femeninos se apoyan en una serie de sustantivos en -ma de diversa procedencia, que son originalmente femeninos: cuaresma (< lat. QUADRAGE-SĬMA), goma (< lat. GŬMMA), grima (de origen germánico), crema (fr. crème), rima (prov. rima)..., una cantidad de arabismos como: retama, tarima, maroma… y voces de origen desconocido como: sima, redoma, carcoma… Son en general nombres de mucho uso, de las esferas más variadas de la vida del lenguaje. Para el hablante español no podía haber un criterio que los distinguiera de los helenismos en -ma.

Con todo, la erudición moderna trató de imponer en los helenismos el género masculino, más afín con el neutro etimológico y lo logró en una serie de voces que eran femeninas en el uso medieval y clásico. Ejemplos: «el aroma», «el cisma», «el enigma»… voces documentadas como femeninas:

> «suavísimas aromas» (Calderón)
> «la mala cisma» (Alexandre)
> «enigmas obscuras» (Góngora)

A esa reacción se debe que la mayoría de los helenismos en -MA, que son de uso casi exclusivamente culto, se hayan impuesto en la lengua con el género masculino (algunos han presentado vacilación o la·presentan en el habla regional): axioma, diafragma, diagrama, drama, dilema, diploma, dogma…

Han surgido así, por el doble juego de la tendencia analógica y del respeto erudito a la etimología, dos grandes grupos de helenismos en -ma. Ambos grupos de sustantivos en -ma (masc. y fem.) ejercen atracción recíproca y a eso se debe una serie de vacilaciones en el habla popular y culta de todas las regiones hispánicas. Tal vacilación llega, incluso, hasta las gramáticas y diccionarios, que manifiestan a veces un criterio muy divergente. No obstante, la analogía se manifiesta a favor del masculino, que indudablemente tiene más prestigio en la lengua culta.

— Helenismos en -TA.

En griego eran masculinos y también en latín. En castellano antiguo la acomodación al femenino fue general: la planeta (← PLĂNĒTA, -AE masc.), la cometa (← CŎMĒTA, -AE).

El uso erudito de la época clásica logró imponer el masculino en los dos casos, si bien se siguen utilizando ambos nombres como femeninos, por influencia de la -a (tendencia analógica). Tal vacilación de género se ha resuelto con una diferenciación semántica:

> el cometa / la cometa
> ↑ 'astro' ↑ 'juguete infantil'
> el planeta / la planeta
> ↑ 'astro' ↑ 'una especie de casulla'

Además de estos masculinos en -a, podríamos mencionar otros muchos, como los nombres de origen oriental: el nirvana, el karma…, términos de las ciencias naturales: el puma, el gorila…, nombres de montes: el Himalaya…, nombres de ríos: el Volga, el Sena…, todos ellos estudiados por A. Rosenblat en «Morfología del género en español: comportamiento de las terminaciones -o, -a».

En el mencionado trabajo solamente se estudian los nombres en que no hay referencia al sexo. No obstante, también hay nombres de persona femeninos y masculinos terminados en -o y -a respectivamente. Ejemplos:

Femeninos en -o: la reo, la testigo, la modelo, la soprano... Nombres de profesiones ejercidas en su generalidad por varones: médico, abogado... Hoy día cabe esperar que precisamente por el hecho de que estas profesiones son ejercidas por mujeres, habrá que terminarlas en -a: la médica, la abogada... Ya hay: la bibliotecaria, la farmacéutica...

Masculinos en -a: el poeta, el atleta... sustantivos de origen culto. También hay masculinos en -a de formación popular a través de toda la historia de la lengua: el cabecilla, el recluta, un gallina, un calavera, el corneta... Asimismo hay masculinos en -a en nombres de oficios ejercidos por varones o mujeres, pero predominantemente por varones: el electricista, el taxista...

3.2.2. Cambios de género en los sustantivos de la tercera clase.

Lo dicho hasta ahora hace referencia a los sustantivos de las clases I y II (femeninos en -a y masculinos en -o).

En lo que concierne a los sustantivos de la tercera clase, procedentes de la 3.ª declinación y de la 5.ª no asimilados a la 1.ª hay que advertir que, dado que en latín tales sustantivos eran masculinos o femeninos —sin que se diera un predominio claro de uno de los dos géneros— la terminación -e o consonante no se asoció a ningún género en particular quedando los sustantivos habitualmente con el género etimológico. No obstante, como es de suponer, fue en este terreno donde se produjeron las mayores vacilaciones y cambios en cuanto al género.

A. Rosenblat en «Género de los sustantivos en -e y en consonante» (E.D.M.P.) trata de llevar a cabo una sistematización del género de tales sustantivos, teniendo en cuenta no solamente la significación y la terminación, sino también un tercer criterio: el proceso formativo. Y además en el estudio de las terminaciones va a considerar, no la simple -e o la -r, o la -d, etc. como ha hecho la gramática tradicional, sino terminaciones más determinantes como -aje, -ción, -ón, -ar, -al...

A través de la multiplicidad de vacilaciones que estos sustantivos tienen respecto al género y que a primera vista dan impresión de anarquía, se percibe una tendencia de la lengua a construir en sistema, a reducir lo individual a lo general: las palabras que terminan del mismo modo se atraen las unas a las otras analógicamente, evolucionan de manera semejante.

Para ver como esto ocurre así, estudiaremos algunos sufijos y terminaciones:

1) *-UMBRE, -AMBRE, -EMBRE, -IMBRE.*

Los neutros latinos en -MEN -*MINEM han vacilado en español en cuanto al género. Ejemplos:

ARAMEN > arambre, ant. > alambre ⎫
EXAMEN > enjambre ⎬ son masculinos
NOMEN > nombre ⎭

LUMEN > lumbre ⎫
LEGUMEN > legumbre ⎬ son femeninos

VIMEN > mimbre ⎫
STAMEN > estambre ⎬ vacilan

Tales sustantivos debían ser masculinos por su procedencia neutra, no obstante algunos han pasado al femenino y otros vacilan. Rosenblat trata de documentar y sistematizar todos estos cambios y vacilaciones:

a) El sufijo latino -TUDO, -TUDĬNEM (fem.) se confundió ya en latín vulgar con el sufijo UMEN -*UMINEM (neutro) y se hizo -TUMĬNEM > -dumbre. Ejemplos:

CERTITUDINE(M) → *CERTITUMĬNE(M) > certidumbre
MULTITUDINE(M) → *MULTITUMĬNE(M) > muchedumbre

El sufijo -TUDINE(M) (> -dumbre) tuvo además en latín vulgar y en castellano gran valor formativo: podredumbre, pesadumbre, dulcedumbre... y los desusados: espesedumbre, gravedumbre, libredumbre... Es el sufijo más productivo.

También el sufijo -umbre (< *-UMINEM) tuvo valor formativo en español: quejumbre, techumbre, salumbre...

Los femeninos etimológicos en -dumbre atrajeron analógicamente a las formas en -umbre procedentes de neutros latinos, por considerar la terminación -umbre como sufijo: lumbre, cumbre... Solamente dos sustantivos con esta terminación «alumbre» y «cazumbre» son masculinos.

Pero ha habido o hay vacilaciones en otros casos. Así, por ejemplo «lumbre» era masculino en el Alexandre alternando con el femenino; es femenino en el Arcipreste de Hita y Lope de Rueda...

No obstante, podemos decir que dentro del conjunto de femeninos en -umbre las vacilaciones son escasas.

En gallego, por el contrario, el proceso analógico parece que se ha producido en sentido contrario, a favor del masculino; así, aun al hablar castellano, se da a esas palabras el género gallego: el lumbre, el costumbre, el legumbre...

A estos femeninos han venido a agregarse analógicamente las formaciones nuevas en -IMBRE: urdimbre (que figura como masculino en el Diccionario de Autoridades; hoy es femenino), curtimbre...

Sin embargo, conserva sus vacilaciones «mimbre» (< VIMEN, neutro): el mimbre/la mimbre, hoy es ambiguo; no obstante, parece generalizado el masculino en la lengua culta.

b) En -ombre sólo tenemos «nombre» que se ha mantenido invariablemente como masculino, ya que la terminación no se ha sentido como sufijo (-ombre no ha tenido valor formativo).

c) Los sustantivos en -ambre, son los que han sufrido mayor vacilación.

De estos sustantivos hay que destacar «hambre» que conservó el femenino de FAMES (antiguo español «fame» o «fambre») y en el que no hubo, sin duda, sentimiento de sufijo (la vacilación moderna se debe a la á-).

A parte de este sustantivo, en general, mantienen el masculino (como: alambre, fiambre ...) aunque casi todos han vacilado o vacilan por influencia analógica de los sustantivos en -UMBRE, -IMBRE.

En resumen, a pesar de todas las vacilaciones puede verse cierta tendencia a un orden:

1) Los sustantivos en -umbre se han hecho femeninos o han conservado el femenino etimológico.

2) Han sido atraídos al femenino los sustantivos en -imbre.

3) Los sustantivos en -ambre, aunque casi todos han vacilado por atracción analógica hacia el femenino, mantienen en general el masculino.

El proceso analógico sigue hoy en curso y no sólo vacila en muchos casos la lengua culta, sino la misma norma académica, que oscila de una edición a otra del Diccionario.

No obstante, a pesar de todas las vacilaciones, puede hablarse de una tendencia a considerar -umbre como femenino y -ambre como masculino. Y quizás sea significativo en este sentido que «azumbre» de origen árabe, haya pasado al femenino, y «calambre», de origen germánico, al masculino, y que en Bogotá al cambiar «quejumbre» por «quejambre», sin duda por confusión de terminaciones, el cambio de terminación haya implicado un cambio de género.

2) *Abstractos en -OR.*

Los abstractos en -or (CALOR, COLOR, LABOR...) eran masculinos en latín. Pero al parecer en el latín vulgar de Galia e Iberia se desarrolló una fuerte tendencia a hacerlos femeninos, quizá, como dice Väänänen, para diferenciar estos abstractos de los concretos masculinos en -or: auctor, censor, suasor...

De ahí la gran vacilación que presentan todos estos sustantivos abstractos en castellano antiguo y clásico. La vacilación más persistente, hasta en un mismo autor, es la de «calor» y «color». Tal vacilación llega hasta hoy, pero ya con tendencia al equilibrio; tiende a generalizarse la creencia de que el femenino de «calor» y «color» es incorrecto y va quedando relegado a los campos o al habla vulgar de las ciudades.

La lengua culta ha impuesto el masculino en todos los abstractos en -or, a excepción de «labor» (que se ha incorporado como femenino a la lengua culta) procedente de LABORE(M) (masc.).

Si la tendencia al femenino no triunfó, más probablemente que a reacción culta (un autor tan cultista como el Marqués de Santillana usa regularmente el femenino y además hay voces muy populares en que abunda tempranamente el masculino: sudor, sabor...) se debe posiblemente a un deseo de establecer una distinción genérica entre los dos tipos de abstractos en -or y -ura (a menudo participan del mismo lexema): dulzor/dulzura

amargor/amargura

blancor/blancura

Masc.   Fem.

Esta alternancia era mayor en la lengua antigua: ardor/ardura, calor/calura, horror/horrura...

Quizás haya contribuído a fijar este sentimiento diferenciador el hecho de que los demás sustantivos en -or (tambor, alcanfor, babor.., y entre ellos el grupo de los agentes verbales como: prendedor, mostrador.., sin contar los muchísimos de persona como: actor, autor...) son exclusivamente masculinos.

Así pues, «labor, color, calor» serían el resto de una vieja tendencia contra la cual ha reaccionado la lengua moderna en un intento no enteramente logrado de diferenciación morfológica.

3) *Sustantivos en -AL, -AR.*

En latín los sufijos -ALIS, -E (→ «al» o «ar» por disimilación) y -ARIS, -E (→ «ar» y «al» por disimilación) servían para formar adjetivos a partir de sustantivos:

DĬGĬTUS → DĬGĬTĀLIS, -E

Estos adjetivos, a su vez podían sustantivarse en neutro:

BRĀCHĬUM → BRĀCHĬĀLIS, -E (adj.) → BRĀCHĬĀLE, -LIS (sust.

neutro).

En castellano este tipo de adjetivos sustantivados se emplearán en masculino: el dedal, el puñal, el brazal, el collar...

No obstante, algunos sustantivos en -al o -ar conservan su femenino etimológico, bien porque se trate de sustantivaciones recientes o bien porque la conciencia del hablante siente el sustantivo implícito al que se ha aplicado:

la catedral (de «la iglesia catedral)
la circular (de «la carta circular» o «la orden circular»)
la moral (de «la ciencia moral», «la filosofía moral», sustantivado ya en femenino en la Edad Media; en cambio «el moral» 'árbol de la mora').
la capital (de «la ciudad capital») /«el capital» < CĂPĬTALEM / «el caudal» antiguamente adjetivo «cabdal» = «principal»).

Algunos de estos sustantivos presentan vacilación en la historia de la lengua. Así por ejemplo: «decretal», femenino en la lengua moderna, era masculino en castellano antiguo.

En resumen, puede decirse que los sustantivos en -al, -ar son en general masculinos; quedan como femeninos algunos adjetivos sustantivados de uso relativamente reciente en la lengua o con recuerdo aún del sustantivo femenino que les servía de base.

En definitiva, se puede decir que además de la oposición-o, -a hay una tendencia organizativa en las otras terminaciones. La forma tiende a determinar el género; el género tiende a organizarse en español como un complejo sistema de oposiciones formales.

3.2.3. Desaparición del género neutro latino.

Según Iordan, la desaparición del género neutro se debe a la acción de factores diversos:

1) *Factores extralingüísticos:* el abandono de la concepción animista.

2) *Factores fonemáticos:* la caída de las consonantes finales y la identidad de tratamiento de la mayoría de las vocales finales contribuyeron a la nivelación de las diferencias entre los formantes del masculino y del neutro; el proceso se cumplió antes en singular que en plural.

3) *Factores morfemáticos:* al reducirse la declinación tendió a imponerse el tipo flexivo masculino para conseguir el fortalecimiento de la distinción de los nuevos casos: sujeto y régimen, de modo que se borró toda diferencia de comportamiento entre los temas neutros y masculinos.

La generalización posterior de la forma del acusativo (sincretismo acusativo/nominativo) hizo que desapareciera la principal distinción entre sustantivos neutros y masculinos o femeninos (es decir, la identidad formal del nominativo y acusativo).

Además la desinencia específica del neutro plural [a] fue sustituida la mayoría de las veces por los formantes de los sustantivos masculinos o femeninos [s] porque [a] se identificaba con el formante femenino singular (1.ª declinación).

El refuerzo de las distinciones entre singular y plural se produjo a costa de las diferencias de género.

Entonces, al perderse la categoría del neutro en le sustantivo, los neutros latinos pasaron en romance al masculino o al femenino de acuerdo a su estructura morfológica: se acomodaron al género de los sustantivos de igual terminación (-o → masc./-a→fem.). Los que no tenían ninguno de estos fonemas se les atribuyó cualquiera de los dos géneros, según razones que dependen de la historia especial de cada palabra.

1 NEUTRO SINGULAR:

a) *Los acabados en -U(M):* coincidían con el acusativo de los masculinos de la 2.ª declinación cuyo género adoptaron. Algunos están documentados como masculinos ya en latín: VINUS, MOMENTUS...

Ejemplos:

TEMPLUM > templo
PRATUM > prado
GAUDIUM > gozo
....

Lo mismo ocurre con CAPUT (3.ª declinación) > cabo y CORNU (4.ª declinación) > cuerno.

b) *Los acabados en -MA (-MATIS)* de origen griego.

SCHISMA > cisma
CLIMA > clima
CAUMA > calma
...

Como estos nombres tenían una forma igual a los de la 1.ª declinación se hicieron femeninos en un principio y como tales se emplearon hasta finales del siglo XVI.

En general esos helenismos llegaron al castellano a través del latín. Algunos se incorporaron en seguida al habla popular que tendió a considerarlos como femeninos y aún subsisten como tales: calma, cima (< CYMA)...

Otros, en cambio, son de penetración reciente y erudita → tendencia a hacerlos masculinos por considerar que este género refleja mejor la categoría del neutro (es decir, la indeterminación sexual).

Así, se dieron vacilaciones (según el uso culto o vulgar) que subsisten hoy día:

el/la reúma (fem. incluso en el habla culta de algunos países hispanoamericanos).

el/la fantasma (fem. en la lengua antigua y clásica; hoy tiende a utilizarse como masc. aunque lo emplean como fem. Baroja, Valle-Inclán...).

el/la asma (indistintamente en tratados de Medicina «los asmas parasitarios», «asma contagiosa»...).

c) *Los acabados en -US* (3.ª declinación).

PĔCTUS, TĔMPUS, CŎRPUS, ŎPUS...: en castellano antiguo conservan la -s etimológica haciendo «pechos, tiempos, cuerpos, huebos»; a pesar de la terminación (que hubiera podido identificarse con el morfema de plural) conservaban su valor original de singulares. Así la frase latina «ŎPUS EST MIHI» corresponde a la del castellano antiguo «uebos me es» (nunca «uebo»). En el Poema de Fernán González se escribe: «escudo contra pechos, en mano su espada...». Hoy quedan restos de este tipo en expresiones como: «en tiempos del rey Alfonso», «abierto de pechos»...

Pero naturalmente, la -s acabó por identificarse como morfema de plural, creándose entonces singulares analógicos: tiempo, pecho, cuerpo, huevo...

d) *Los acabados en -R y -N:* presentaban gran vacilación de género; en castellano, fijando definitivamente su género han pasado terminando en -e (aunque en la Edad Media vacilan). Esta terminación -e puede tener dos explicaciones:

1) Dentro del latín vulgar este tipo de neutros terminados en -R, y -N crearon un acusativo analógico de los masculinos o femeninos acabados en -EM.

2) Las formas originarias latinas presentaron una metátesis de la consonante final -R o -N que pasan a posición interior.

Ninguna de las dos explicaciones está atestiguada, son hipótesis. Ejemplos:

Latín RŌBUR, ŎRIS: a) *ROBŎRE(M) > robre > roble
                   b) *ROBRU > robro > robre > roble

ŪBER, RIS : a) *UBERE(M) > ubre
             b) *UBRE > ubre

NŌMEN, -ĬNIS: a) *NOMĬNEM > nomne > nombre
               b) *NOMNE > nombre

INGUEN, -ĬNIS: a) *INGUĬNE(M) > *ingne > ingle
              b) *INGNE > ingle
Otros ejemplos: LEGUMEN > legumbre, LUMEN > lumbre, CULMEN > cumbre, VIMEN > mimbre, EXAMEN > enjambre...

e) *Neutros de varias terminaciones:*

CŎCHLĔARE > cuchar, cuchara fem.
PUTEĂLE > pozal masc.
Los monosílabos: MĔL > miel, FĔL > hiel... probablemente ya eran femeninos en latín vulgar.
MARE > mar ha vacilado a lo largo de la historia del español y aún hoy se sigue empleando con ambos géneros. La tendencia culta al masculino se deja sentir ya en Nebrija que emplea «mar Oceanum» frente a Juan de Mena: «mar Océana». Hoy se emplea habitualmente en masculino, mientras que el lenguaje marinero tiende al femenino, así como los tecnicismos: «mar gruesa», «bajamar», «mar rizada»...

Neutros que tenían dos formas en el nominativo/acusativo, una monosílaba y otra bisílaba. Junto a VAS, VASIS se decía también VASUM, -I (el plural siempre VASA, -ORUM) de donde procede «vaso». Junto a ŎS, -ŎSIS había OSSUM, -I de donde «hueso». Y en vez de LAC, LACTIS se usaba en latín arcaico LACTE > leche (aunque hay quien supone un acusativo analógico *LACTE(M)).

2 NEUTRO PLURAL

El plural castellano de los neutros se formó sobre el singular y no según la terminación -A del plural latino.
Ejemplos:

PRATUM > prado/prados
CAPUT > cabo/cabos

Las formas del plural en -A que se conservaron lo hicieron con valor de femeninos singulares y no plurales como en latín. A este respecto hay que recordar que ya en latín junto al neutro plural ARMA, -ORUM había un femenino ARMA, -AE y junto a ŎPERA, -UM había ŎPERA, -AE, español antiguo «huebra» → «obra» por influencia de «obrar» < ŎPĔRARI.

Así hay neutros que dejaron doble descendencia de sus formas singular y plural:

PĬGNUS > peños (= prendas, usado sólo en plural).
PĬGNORA > prenda
BRACHIUM > brazo / BRACHIA > braza.

— En general, los femeninos procedentes de neutros plurales en -A, dado su valor original de plurales, conservan en castellano un sentido plural o colectivo:

FŎLIA > hoja ('la caída de la hoja')
GESTA > gesta ('conjunto de hechos o hazañas')
ĬNTERANEA > entraña ('conjunto de vísceras')
BŎNA > buena, ant. «la buena» ('conjunto de bienes')
DONA > dona, ant. «la dona» ('conjunto de regalos').

— En algunos casos se opone masc./fem. procedentes de neutro sing./ plural en el sentido de concreto/colectivo. Ejemplos:

brazo/braza (BRACHIUM, -A); leño/leña (LIGNUM, -A)

Sobre este esquema se formaron otros dobletes analógicos no procedentes del neutro, en que el femenino designa, frente al masculino, idea de pluralidad, colectividad o tamaño mayor. Ejemplos:

FRUCTUS, -US (masc. 4.ª declin.) → fruto
*FRUCTA (analógico, lat. vg.) → fruta
HŎRTUS, -I (masc. 2.ª decl.) → huerto
*HŎRTA (analógico) → huerta

En el mismo caso están: saco/saca, cesto/cesta, bolso/bolsa... (el femenino es mayor).
A veces la distinción cuantitativa originaria ha podido acentuarse hasta llegar a una diferenciación semántica, a una lexicalización: manto/manta, cubo/cuba, cuenco/cuenca, anillo/anilla, barco/barca, río/ría...

Merece atención especial el caso de los nombres de fruta. En latín el nombre del árbol era habitualmente *femenino,* mientras que el fruto, de igual raíz, era neutro. Así, son abundantes los nombres de fruta *terminados en -a procedentes del plural neutro latino,* en que la terminación ha impuesto el *género femenino,* frente al nombre del árbol en -o, procedente del singular femenino de la 2.ª declinación en que, también por la terminación, se han convertido en *masculinos.* Ejemplos: cerezo/cereza, manzano/manzana, tilo/tila, avellano/avellana... Esta oposición se extendió luego a nombres indígenas de América: taparo/tapara, guayabo/guayaba... De este modo, en cuanto a la función semántica del género se puede observar la desaparición de la oposición animado/inanimado, perdiéndose la categoría del neutro, y la aparición de distinciones de tipo cualitativo (árbol/fruto) y cuantitativo (sing.-concreto/colectivo-dimensional), manteniéndose con pleno vigor la distinción cualitativa de sexo.

3.2.4. Variación formal y función semántica en los sustantivos con respecto al género.

Los sustantivos, según su modo de variación en la forma de la expresión, pueden ser: heterónimos, comunes, variables, heteróclitos, ambiguos, invariables, epicenos. Los invariables y epicenos no tienen variación de género, frente a los demás, y los heterónimos, comunes y variables tienen función semántica, frente a los demás, que no la tienen. Cfr.: Ana M.ª Echaide, «El género del sustantivo en español...»(1969).

	Con función semántica	Sin función semántica
Con variación genérica	Heterónimos Comunes Variables	Heteróclitos Ambiguos
Sin variación genérica		Invariables Epicenos

1. *Sustantivos con variación genérica.*
   a) Heterónimos.
   Son los que tienen diferente lexema para el masculino y el femenino. Ejemplos:

   padre/madre
   fraile/monja
   toro/vaca
   yerno/nuera

   La terminación, en los casos en que es propia de masc. o de fem. (-o/-a), es una marca redundante.

La heteronimia no es un procedimiento productivo de formación genérica. La tendencia de la lengua es la de diferenciar el género a través de los morfemas regulares -o/-a aplicados al mismo lexema. Siguiendo esta tendencia, que A. Martinet denomina la «economía paradigmática», el español ha formado «nieto» por moción de «nieta» y «suegro» por moción de «suegra», y no ha continuado las formas latinas NEPOTEM y SOCEREM.

En el terreno de la expresividad, la moción genérica de heterónimos es una de las posibilidades de mayor eficacia. Así, se encuentran ejemplos como «ovejo», «macha» o «tora».

Ana M.ª Echaide recogió en Orio: «se puso como una tora», 'se puso furiosa'.

La parición de la forma «recordwoman» procedente del inglés, opuesta a «recordman», que se ha empleado como común, da lugar a una nueva pareja de heterónimos, es decir, se da un proceso contrario a la moción; sin embargo, esta nueva pareja no está fijada en la lengua y es previsible que nunca llegue a fijarse.

b) *Comunes* (referidos a personas).

Tienen idéntica forma para el masculino y el femenino. La variación genérica se establece gracias al *género del artículo y elementos adyacentes*.

Una gran parte de estos sustantivos son los formados con sufijos del tipo: -ista, -ante, -ente, -iente: el/la novelista, el/la dependiente, el/la estudiante, el/la combatiente...; otros son adjetivos sustantivados que terminan en -e o consonante: el/la intelectual, el/la joven, el/la salvaje...; y por último, algunos terminados en -a: el/la aristócrata, el/la atleta, el/la camarada...

Por razones sociológicas algunos sustantivos de terminación regular en -o, o en -a entran también dentro de esta categoría; nombres de oficios desempeñados tradicionalmente por hombres: médico, abogado, ingeniero, o por mujeres: la modista...

De ser considerados exclusivamente de un género pasan a ser comunes por la variación del adjunto:

el/la médico
el/la abogado...

Pero la tendencia regularizadora del sistema hace que tales sustantivos adquieran moción genérica, es decir, adquieran variación formal según el género:

modisto/modista
médico/médica ——————— voces admitidas ya por la Academia
abogado/abogada

La misma tendencia se observa para los acabados en -e y consonante; habitualmente es el femenino el que adquiere forma regular. Ejemplos:

el estudiante/la estudianta
el comediante/la comedianta
el vendedor/la vendedora

c) *Variables*.

Son los sustantivos más regulares en cuanto al género: el masculino y el femenino tienen idéntico lexema pero se distinguen en el morfema.
En cuanto a la función semántica de tales sustantivos:

1) el mayor número de ellos varía con respecto al sexo: niño/niña, lobo/loba, abuelo/abuela...
2) algunos pueden establecer una oposición cualitativa del tipo árbol/fruto: cerezo/cereza, avellano/avellana, manzano/manzana...
3) otros pueden establecer una oposición cuantitativa: cesto/cesta, huerto/huerta, fruto/fruta...

En cambio, los heterónimos y los comunes sirven únicamente para la distinción del sexo.

d) *Heteróclitos*.

Son sustantivos con variación genérica a través del morfema, pero sin que tal variación conlleve alteración semántica. La única función que tiene la variación de forma es sintáctica: capucho/capucha, paraguayo/paraguaya (los dos hacen referencia al fruto), fregadero/fregadera, azucarero/azucarera...

e) *Ambiguos*.

Son sustantivos sin variación de género, pero que pueden llevar adjuntos masculinos o femeninos, sin corresponder esta variación en la forma de la expresión a una diferencia en la substancia del contenido: el/la color, el/la calor...
No obstante, ciertos sustantivos ambiguos han especializado uno u otro género para acepciones diversas: el cometa/la cometa, el margen/la margen (de un río).

2. *Sustantivos sin variación genérica* (ni en el morfema ni en el adjunto).

a) *Epicenos*.

Referidos a seres sexuados. Normalmente se trata de nombres de animales cuyo sexo se desconoce por caer fuera del interés de la comunidad lingüística: ruiseñor, atún, rinoceronte...
No obstante, en el plano del habla pueden adquirir variación genérica: atuna, elefanta, cotorro... En el lenguaje científico se suele recurrir a la posposición de sustantivos que designan sexo, como «macho» y «hembra», en algunos casos «madre».
También hay ejemplos de epicenos referidos a personas: criatura, persona, vástago...

b) *Invariables*.

Designan a seres asexuados: armario, pared, camino... Constituyen el 84% del total de los sustantivos. Pueden ser considerados invariables aquellos sustantivos con moción genérica cuyas acepciones masculina y femenina no tienen relación lexicológica entre sí: coso/cosa, libro/libra...

3.2.5. El neutro en calificativos y determinativos.*

a) Sólo en el pronombre y el artículo han quedado formas específicas para el género neutro: los pronombres personales *ello* y *lo*, los demostrativos *esto, eso, aquello*, los indefinidos *algo, nada*, cuyos usos se estudiarán más adelante. *Que* tiene empleos heredados del *quid* latino o correspondientes a *quod*. En los restantes determinativos y en el adjetivo calificativo la evolución fonética igualó las formas del masculino y del neutro. La desaparición del género neutro en el nombre sustantivo acarreó su eliminación en el adjetivo concordante. Pero cuando el calificativo, el posesivo o algunos indefinidos desprovistos de forma diferenciada para el neutro se hallan en función sustantiva, conservan ciertos usos sin artículo que proceden claramente del neutro latino. Hay además, las construcciones con el artículo neutro *lo*, ricas en matices y problemas, actualmente tienen gran desarrollo las formadas por un *lo* + calificativo.

b) *Calificativo neutro sin artículo.—* No escaso en Berceo: «Quanto aquí vivimos en *ageno* moramos» (Milag. 18 a); «Mas nol enpedecieron *valient* una erveia» (Ibid. 505 d); «Mas fui demandar *meior* de pan de trigo» (Ibid. 759 c).

El mismo valor sustantivo general de 'algo' o 'cosa' se sigue encontrando en los siglos XV y XVI: «Más prouocaua a *bueno* e *onesto*/la grauedad de su claro gesto/que non por amores a ser requerida» (Mena, Laberinto, 21 f); «Sin perdonar *profano* ni *sagrado*» (Hurtado de Mendoza, Carta VI, v. 45); «El alma...no tiene *alto* ni *bajo*, ni más *profundo* ni menos *profundo*» (S. Juan de la Cruz, Llama, 392, 1. 28, k.). Y aún después se registran: «Discierne *bueno* y *malo* en la armonía» (Iriarte, La Música, I); «Las tortas un poquito tostadas, pero oliendo *a bueno*» (Casona, *Los árboles mueren de pie*, 134).

En todas las épocas abundan locuciones adverbiales como las antiguas *en vero, de vero* y las actuales *en serio, en limpio, de firme.* Asimismo hay en todos los tiempos del idioma construcciones partitivas como «¿Qué hay de nuevo?», «Nada de particular», «No tiene nada de raro»; en este caso puede darse el adjetivo concordante en femenino o plural: «No tienen nada *de feas* esas muchachas» (1)

El neutro sustantivado sin artículo se da también en participios: «Yendo so hermano Fernán Pérez pora tierra de León con *so poseído*...» (1316, Oviedo, Vigil, Colec. pág. 167).

c) *Determinativos neutros sin artículo.-* El posesivo sin artículo forma con la preposición *de* complementos partitivos de procedencia: «Dios mostró gran vondat et grant piadat en cómmo las bestias gubierna cada día, non abiendo ellas ninguna cosa *de suyo*» (D. Juan Manuel, Caballero, 50, 1. 79); «Sy lo dixiese *de*

---

* Según las notas y ejemplos de clases de R. Lapesa (Universidad Complutense, 1972-73 y 1975-76)

mío sería de culpar/dízelo grand filósofo, non so yo de rebtar» (J. Ruiz, 72 a); «Ni que tú me des nada *de tuyo*» (Jim. de Urrea, Penitencia de amor, 42, 1.5); «Que no pongáis el verbo al fin de la cláusula cuando el *de suyo* no se cae» (Juan de Valdés, Diál. de la lengua, 154,1.21) (2). Hoy sólo se conserva *de suyo* 'por sí mismo'. 'de por sí': «la cuestión es difícil *de suyo*», «el muchacho es *de suyo* rebelde».

Los indefinidos *uno* y *otro* se usaron mucho hasta el siglo XVII con el respectivo valor de 'una cosa', 'otra cosa': «Comendéme a Cristo e a Sancta María/ca pora mi conseio *otro* non entendía» (Berceo, Milag. 447d); «Uno piensa el bayo y *otro* el que lo ensilla» (Santillana, Dezir contra los aragoneses); «Non vos engañen los vultos minaçes,/ca *vno* a las vezes por *otro* se entiende» (Mena, Laberinto, 158d); «Traen en la cola *uno* que suena como cascaveles» (Bernal Díaz del Castillo, Bib.AE, XXVII, 162); «*Otro* aquí no se ve que frente a frente/animoso escuadrón moverse guerra» (F. de Aldana); «Si suma bondad se llaman/los dioses, siempre es forzoso/que a querer lo mejor vayan; /pues ¿cómo unos quieren *uno*/y otros *otro?*» (Calderón, *El mágico prodigioso*, I, esc.III).

Se han usado *otro tal* y *otro tanto* como equivalentes de 'lo mismo': «*Otro tal* faré de vos otros como de aquél» (Tristán, 116, 1.29); «Hiçierades vos *otro tanto* conmigo, si dello tuvieran neçesidad» (Diego de Hermosilla, Diál. de los pajes, 31,1.4); otro tanto sigue siendo corriente hoy. (3). El simple *tal, atal* como sustantivo neutro es frecuente en la lengua medieval y clásica: «Qui buena dueña escarnesçe e la dexa despu[ó]s/*atal* le contesca, o siquier peor» (Cid 3707); «Mal venga a tal padre que *tal* faze a fijo» (Berceo, Milag. 363 d); «Quien *tal* fizo, *tal* aya» (J. Ruiz, 1126 d); «No creo yo *tal*» (Jim. de Urrea, Penitencia de amor, 23,1.32); «No hará *tal*» (Cervantes, Quijote, I,4). El uso literario y regional mantiene hoy día «si *tal* haces», «no digo *tal*», «no hay *tal*», pero con sabor arcaizante cada vez más acentuado, frente a *tal cosa* o *cosa semejante* (4). Los cuantitativos *todo, mucho, poco, bastante, demasiado, tanto, cuanto* y antiguamente *assaz, harto* abundan en función de pronombres sustantivos neutros.

d) *El adjetivo.* Desde la Edad Media existe en español el empleo del artículo *el* ante calificativos y determinativos con los cuales forma grupos de función sustantiva y de sentido colectivo o abstracto que equivalen a un neutro latino. A veces estos grupos son parte integrante de locuciones adverbiales, pero en muchas otras ocasiones se ofrecen como muestra de un procedimiento sintáctico en pleno vigor. Véanse ejemplos de uno y otro caso: «Nol osarién vender *al menos* dinarada» (Cid, v.64); «Nin saben quál es *el blando,* menos de saber quál es el áspero» (Buenos Proverbios, 17); «*El poco* que yo me he abonda más que a tí *el mucho* que has» (Bocados de Oro, 145); «Tiene logar de nuestro señor Dios en tierra para fazer justicia en su regno quanto en el *tenporal*» (Alfonso X, Espéculo, 14); «¿Quien lo dubda?/-Yo, que veo/ *el contrario* e non lo creo» (Santillana, Bías, estr.17). En los siglos XVI y XVII se advierte algún incremento de estas construcciones por influjo italiano: «Assí a 'arriscar' como a 'apriscar', que también me contenta, creo avemos desechado porque tienen *del pastoril*» (Juan de Valdés, Diál. de la lengua, 102,6); «Que los que miran en guardar el arte/nunca *del natural* alcanzan parte» (Lope de Vega, Lo fingido verdadero, 57 b); «En el Debuxo *del desnudo* ciertamente yo seguiría a Micael Angel» (Pacheco, Arte de la pintura, 242).

Italianismos y galicismos actúan conjuntamente durante el siglo XVIII en favor de *el sublime, el sumo posible, el patético, el mero necesario,* pero después hay una reacción contraria. Larra se reprocha haber usado *el ridículo* y Bello advierte que se trata de «locuciones excepcionales y es preciso irse con tiento en ellas». Esta actitud refractaria, que responde al auge de lo + adjetivo, no ha impedido la sustantivación completa de *el infinitivo, el absoluto, el absurdo, el largo y el ancho* de una cosa, *el entramado, el encintado,* «jugarse *el físico»,* ni la conservación de *al contrario, al descubierto, al presente, al menos,* frente a *de lo contrario, a lo menos, por lo menos.* De todos modos no se trata «de una eliminación gradual de *lo* por *el* que no ha penetrado todavía completamente en la lengua escrita», según creía Meyer-Lübke; la creciente pujanza de *lo* es indudable (5).

e) *Construcciones con lo.-* Peculiar del español entre las lenguas romances (6) es poseer un artículo específicamente neutro, *lo < illud,* que se agrupa con adjetivos y con palabras, locuciones u oraciones de función adjetiva: *lo bueno, lo suyo, lo otro,* «vivir a *lo príncipe»,* *lo de hoy* y *lo de mañana, lo que tú prefieras.* Mucho se ha discutido acerca de la naturaleza y función de este *lo,* principalmente sobre si es portador de la noción sustantiva o mero índice de que el adjetivo está sustantivado. La opinión favorable a la sustantividad de *lo* es la de Bello, Unamuno, Herzog, García de Diego, Kalepky y Salvador Fernández, y parece la más sólida (7). A los argumentos en su apoyo podría añadirse el de que en el uso medieval predominan con mucho los ejemplos en que *lo* tiene innegable función sustantiva. En el Cantar de Mio Cid (8) *lo* aparece 67 veces agrupado con *que* (a *lo quen* semeia», v.157), 6 ante complementos introducidos por *de* («*lo de Siloca, lo de antes, lo del león,* 635, 980,3330) y 3 ante superlativo relativo *(lo más alto, lo mijor,* 612,1942); frente a estos 76 casos de *lo* sustantivo seguro, sólo ascienden a 33 aquéllos en que también se podría defender la sustantividad de la palabra acompañada por *lo:* 17 de *lo* + posesivo *(lo mio, lo to, lo so, lo nuestro, lo vuestro),* 1 de *lo ageno,* asimilable a *lo* + posesivo (v.3248), 14 de *lo uno, lo otro, lo ál* y un único ejemplo con adjetivo propiamente calificativo en grado positivo, *lo agudo,* véase párrafo f) (9).

En el texto de Berceo y en algunos más del siglo XIII falta por completo lo + calificativo positivo, mientras se documentan abundantemente *lo que, lo de, lo mío, lo vuestro, lo ajeno, lo uno, lo ál, lo más, lo menos, lo meior, lo peor,* pero en otras obras medievales no sólo aparece *lo* en estos grupos y semejantes (10), sino además con participios o con calificativo positivo: *lo passado* (Apolonio, 644 d); «Por *lo perdido* non estés mano en mexilla» (J. Ruiz 179 d); «Como ladrón veniste de noche, a *lo oscuro»* (id., 1192 a); «Todo *lo* contrario» (D. Juan Manuel, Lucanor, 129,21); «Así como la muger puso en dubda *lo cierto,* que así sancta María pusiese *lo dubdoso* por cierto» (Id., Estados, I, cap. 40, fol, 61b); «El Papa e el Enperador deuian mantener el mundo en *lo spiritual* e en *lo temporal»* (Ibid., cap. 49, fol. 66c); «Que del dar *lo más honesto/*es brevedad» (Santillana, Proverbios, estr. 63 c); «Sabia en *lo bueno*, sabia en maldad» (Mena, Laberinto, estr. 137 c) (11); *lo presente, lo no venido,* junto a *lo que espera, lo que vio*» (J. Manrique, Coplas, estr. 2); «El cantar que dizen: 'Quita allá que no quiero...' endereçado a *lo espiritual*» (Alv. Gato, Cancionero, pág. 142), anuncio de la expresión *a lo divino,* tan afortunada después.

En la prosa del XVI son corrientes *lo bueno, lo malo, lo posible, lo imposible, lo dulce, lo amargo,* «*lo alto* de la casa», «*lo llano* de la calle», *lo dicho, lo no acertado,* etc. En los últimos decenios del siglo y primeros del siguiente cunde la construcción modal *a lo letrado, a lo moro, a lo pulido, a lo niño* (12). «Alegre sobremanera de verse tratar tan *a lo señor*» (Cervantes, Quijote, II, 63); «Los cojos *a lo valiente*/iban perdonando vidas» (Lope de Vega, El caballero de Olmedo, I, v. 83). En el XVII los usos con *lo* aumentan considerablemente en frecuencia y variedad. Se pone entonces de moda con sustantivos adjetivados, recurso de que se valen los conceptistas para acrobacias sintácticas como «andando *a lo columpio*», «bigotes buídos *a lo cuerno*» (Quevedo, Buscón, págs. 282 y 283); «El serenísimo rey de Inglaterra... dijo...: 'Ingerí en rey *lo sumo pontífice*» (Id., Hora de todos, 411 b).

También surge entonces la agrupación de *lo* con adjetivo no neutro, sino femenino o plural en concordancia con el poseedor de la cualidad; no es seguro el ejemplo de Cervantes «con vestidos tan hermosos/que admiren por *lo costosos*» (La gran sultana, pág. 175, 1. 22) (13); pero las rimas dejan fuera de duda algunos de D. Antonio Hurtado de Mendoza, cortesano de Felipe IV: «Mas que en tema vergonçosa/pongas en tanta aventura/una hermana, peor segura/en lo mujer que en *lo hermosa*» (Los empeños del mentir, II, ed. 1690, 280 a); «¡O quántos en *lo insolentes*/fundan sólo el ser valientes!» (Querer por sólo querer, I, ed. 1690, 355 a).

En casos como estos no ha desaparecido por completo el uso de *lo* con adjetivo neutro singular (14), pero se suele preferir la concordancia, que se siente más expresiva y más de acuerdo con el genio del idioma (15). Gracias a este procedimiento la cualidad puede ser representada no en su total abstracción, sino radicada en los seres y conformada o condicionada por la naturaleza y número de éstos. Y ello está de acuerdo con el «integralismo» característico de la vida y mentalidad españolas (16). Nos hallamos ante un caso claro de «forma interior» del lenguaje.

f) Herzog y Cuervo han estudiado con detalle los matices significativos de las construcciones con *lo.* Reduciendo la clasificación a las líneas principales tendremos en primer lugar usos de valor *colectivo* en que *lo* abarca todo el conjunto de realidades inclusas en una determinación, caracterizadas por una cualidad o afectadas por una acción: «O me dexaredes de *lo vuestro* o de *lo mio* levaredes algo» (Cid vv. 1072-3); «Como de *lo biuo* a *lo pintado,* ...tanta diferencia ay del fuego que dizes al que me quema» (Celestina, I, 27); «Materia diste al mundo y esperanza/de alcanzar *lo imposible y no pensado*/y de hacer juntar *lo diferente*» (Garcilaso, Egloga I, vv. 156-7); «*Lo bueno,* si breve, dos vezes bueno; y aun *lo malo,* si poco, no tan malo» (Gracián, Oráculo, 207); «No siempre *lo peor* es cierto» (Calderón); «Mis ojos/Que volverán a ver *lo extraordinario:* todo» (J. Guillén, Cántico 17).

Cuando el conjunto englobado forma parte de una unidad de cuyo resto se diferencia por la cualidad o condición que el adjetivo expresa, la construcción con *lo* tiene valor *delimitativo:* «Recibiól con el espada/un colpel dio de llano, con *lo agudo* nol tomava» (Cid, v. 3661); «Subió a *lo alto* de la casa» (Lazarillo, fol. 29 v); «Aunque la maleta venía cerrada... por *lo roto y podrido* della vio lo que en ella auía» (Cervantes, Quijote, I, 35); «Le falta por contar *lo amargo* desta hasta aquí dulce historia» (Ibid., II, 39).

Con frecuencia lo que se indica no es una parte, sino un aspecto de la realidad referida; entonces la cualidad o condición quedan puestas de relieve y la construcción con *lo* suele tomar carácter *intensivo o ponderativo:* «Un colchón que en *lo sutil* parecía colcha» (Quijote, I, 16); «Conocerse ha en *lo realçado* del gusto... en *lo maduro* del juizio, en *lo defecado* de la voluntad» (Gracián, Oráculo,22).

La ponderación se hace más patente cuando el grupo de *lo* + adjetivo o equivalente va seguido por una oración de relativo: «Y susurrar elogios inmortales/de *lo ingenioso* que era» (Iriarte, Obras, 1805,I,9); «No sabe V. *lo asustada* que estoy» (Moratín, El sí de las niñas, BibAE, II,439 b). La construcción con adjetivo femenino y plural sólo es posible en estos usos delimitativos y ponderativos. Finalmente el grupo de *lo* + adjetivo designa con frecuencia *una cualidad abstracta:* «Que tengo gusto de español en esto,/y como me lo dé *lo verosímil,* /nunca reparo tanto en los preceptos» (Lope de Vega, Lo fingido verdadero, 57 b); «Se afila tanto con la sutileza de la poesía que después se embota y tuerce en *lo duro y áspero* del gobierno» (Saavedra Fajardo, Empresas,I,125); «*Lo cortés* no quita *lo valiente»; lo bello, lo sublime,* etc. En estos casos el significado es muy próximo al de los sustantivos abstractos *verosimilitud, dureza, aspereza, cortesía, valentía.* (17)

g) Ciertas fórmulas con *lo* adquieren carácter adverbial en determinadas circunstancias. Ocurre así desde muy antiguo con cuantitativos, ordinales y otros determinativos: «Çerca podié de terçia *a lo menos* estar» (Apolonio, 354 a); «Los romanos *lo más* que se entrameten... es en mayestrías sutiles» (Alfonso X, Libro Cruzes, 9 a, 9); «*Lo quinto* defendiste a omne non matar» (Ayala, Rimado, 36 a); «*Lo primero* eres hombre y de claro ingenio» (Celestina, I, 32); «A ellos me llama y incita, *lo uno* tu valor, *lo otro* averle dado cruda muerte» (Pz. de Hita, Guerras civiles, I, 112, 31); «*Lo mismo* me le he figurado yo» (Moratín, La comedia nueva BibAE, II, 362 a).

De análoga composición son *a lo sumo, por lo menos, por lo demás, de lo contrario.* Con calificativos predominan las fórmulas modales como *por lo bajo* y *a lo rústico, a lo valiente,* ya mencionados, *e);* pero también los hay de otra índole, como *a lo mejor, a lo largo, a lo ancho, por lo visto.* Es frecuente asimismo la agrupación de *lo* con adverbios: «Que por ninguna cosa del mundo dexe de venir *lo más presto* que pudiere» (Cisneros, Cartas, 127, 23); «Yo le satisfize de mi persona *lo mejor* que mentir supe» (Lazarillo, fol. 22); «Y viendo *lo bien* que canta/Luego al instante le dieron/En la capilla una plaça» (Cáncer, Obras varias, 1675, p. 27); «Conozco *lo mal* que hago» (Moratín, La escuela de los maridos, BibAE, II, 444 a) (18).

h) El español, como las demás lenguas románicas, emplea frecuentemente artículos, pronombres y adjetivos femeninos sin sustantivo expreso, con un valor indefinido equivalente del neutro en muchos casos: «Nos vengaremos *aquesta* por *la* del león» (Cid 2719); «Non *la* lograrán ifantes de Carrión» (Id. 2834); «De muerto o de preso non podrás escapal*la*» (J. Ruiz, 1076 d); «Si mala me *la* dijere, peor se *la* he de tornar» (Romancero, Primav. 13 a); «Faz de *las tuyas,* que yo callaré» (Celestina, VII, 134, 1. 9); «Dáuales cuenta vna y otra vez assí de *la* del jarro como *la* del razimo» (Lazarillo, fol. XI); «*Una* hice en el año, y *esa* con daño» (Muñón, Lisandro y Roselia, 225, 1. 14); «Es condición de villanos querer siempre salir con *la suya*» (Hermosilla, Diál, de pajes, 145, 1. 28); «Mi madre *a todas éstas* no hablaba» (Alemán, Guzmán, I, 81, 1. 24); «Ni por *éssas* boluió» (Cervantes, Quijote, I, 18); en el coloquio actual «habérse*las* con alguien», «en *buena* nos hemos metido», «están pasando *las negras*», «*esa* es *otra*», etc.

Se ha intentado explicar estas construcciones suponiendo elipsis de sustantivos como 'ocasión', 'cosa', 'palabra' u otros semejantes. Tal referencia a términos implícitos es probable en algunos casos como «fueron desbaratados el rey de Navarra e él en *la de Panpliega*», 'en la batalla de Pampliega' (Crón. de D. Alvaro de Luna, cap. LIX, 178); «llevar *las* de perder» 'las cartas', «tomar *las* de Villadiego» 'las calzas', pero no es admisible en muchos otros y no basta para explicar un desarrollo sintáctico tan amplio y variado. Si tenemos en cuenta que éste se da en todas las lenguas románicas (fr. «*la* bailler *belle* a quelqu'un», it. «*l*'ha fatta *bella*», «me *la* paghera caro», port. «*essa* era boa», etc. Parece acertado buscarle origen latino. Así lo ha hecho M. Sandmann que señala como punto de partida los plurales neutros *illa, ipsa, ista, altera,* cuya forma coincidía con la del singular femenino. Las construcciones con sus descendientes *la, esa, esta, otra,* asimilados a singulares femeninos romances, sirvieron de modelo para las abundantes fórmulas elípticas posteriores; y así como los sustantivos en -a procedentes de plurales neutros tomaron la -s del plural, así también surgieron «ni por esas», «prometérse*las* muy felices», «se *las* arregló como pudo», etc. (19).

Como ocurre con *lo* + adjetivo (véase párrafo g)), las construcciones con femenino procedentes de neutro o elípticas toman con frecuencia carácter adverbial; tal es el caso de *a todas éstas* y de las locuciones modales *a la castellana, a la ligera, a las claras, por la tremenda, por las bravas, a ciegas, a derechas, a osadas, de veras* y semejantes (20).

NOTAS

1. Véase Rufino José Cuervo, nota 54 a la *Gramática* de Bello; Keniston, *Syntax*, 25.57; Salvador Fernández, *Gramática*, §§ 69 y 70.
2. Más ejemplos del siglo XVI en Keniston, *Syntax*, 19.99.
3. Véanse Keniston, *Syntax*, pág. 137, y Salvador Fernández, *Gramática*, pág. 451 n.4
4. Keniston, *Syntax*, pág.140; Salvador Fernández, *Gramática*, § 138.
5. Véanse Bello, *Gramática*, § 58; Cuervo, nota 54 a Bello y *Dicc. de construcción y régimen*, III, págs. 65-7 y 78-79; Meyer-Lübke, *Gramaire des I.r.*, III, § 8; Lenz, *La oración y sus partes*, § 76; Salvador Fernández, *Gramática*, § 72.
6. En Italia meridional hay un artículo neutro *lo, ro, o* distinto del masculino, pero no reservado, como en español, para acompañar al adjetivo y equivalentes, sino también empleado con nombres sustantivos neutros. Véase Gerhard Rohlfs, *Historische Grammatik der Italienischen Sprache*, II, Bern, 1949, § 419.
7. Bello § 277, 971, 973-981; Bugen Herzog, *Zusammenfassendes 'lo' im Spanischen*, en ZfrPh, XXV, 1901, págs. 718-9; García de Diego, pág. 250; Theodor Kalepky, *Vom Sinn und Wesen des sogenannten «bestimmten Artikels» im Französischen*, en *Zeitsch. f. franz. Sprache und Literatur*, L, 1927, págs. 135-147; Salvador Fernández, § 71 y 158; Unamuno expresó su parecer en carta dirigida a Adolf Tobler, que no comprendió sus argumentos (v. Tobler, *Vernischte Beiträge*, II, 1906, pág. 210). Contra la sustantividad de *lo* se han manifestado entre otros Cuervo, nota 54 a la *Gram.* de Bello y *Dicc. de contr, y rég.*, III, pág. 69 b; Marco Fidel Suárez, *Estudios gramaticales*, 1881 (en *Obras*, I, Bogotá, 1958, págs. 38-40); y Lenz, *La oración y sus partes*, §§ 75, 199-201, 205.
8. De época anterior las Glosas Silenses, 38, ofrecen de *«lo icentitu»* y un documento altoaragonés de hacia 1090 *ero de Monteson* 'lo de Monzón' (R. Menéndez Pidal, *Orígenes*, 1950, págs. 13 y 43).
9. Todos los pasajes en que aparece *lo* en el Cantar, han sido examinados por R. Lapesa según la concordancia de Victor R. B. Oelschläger, *Poema del Cid*, New Orleans, 1948.
10. *Lo que*, Milag. 16a, 22b, Sta. Oria 170, etc.; *lo de*, Milag. 16 d, 787 d, etc.; *lo ál*, Sta. Oria 37b, etc. En dos obras alfonsíes, el Libro de Açedrex y el Libro de las Cruzes, *lo uno, lo ál, lo más, lo meior, lo que* (eds. de Steiger, 1941, pág. 408 y Kasten-Middle, 1961, págs. XXIII y XXX).
11. *Lo medio* 'la mitad' en Apolonio 420 c y J. Ruiz 180 c; *lo peyor, lo peor*, Apolonio 7 a, J. Ruiz 220 d; *lo ajeno*, J. Ruiz 221 c; *lo segundo, lo quinto*, Ayala, Rimado, 24 a, 36 a.
12. Cuervo, *Dicc, de constr. y rég.*, III, pág. 78 b.
13. Keniston, *Syntax*, págs. 240-241.
14. En la ed. de 1615, *los costosos*. Podría tratarse de simple errata, pero conviene tener en cuenta que en Don Juan Manuel, Estados, I, cap. 66, se lee también: «Que aya muy buenos oficiales *τ los onrados que pudieren ser*» (ms. 6376 de la Bibl. Nac. de Madrid, fol. 76 b). En el tomo LI de la BibAE, pág. 315 b, Gayangos transcribió *lo honrados*, inexactitud que ha pasado a estudios posteriores.
15. Véanse muestras de los siglos XVII y XVIII en Cuervo, *Dic. de const. y rég*, III, pág. 68 a, y alguna moderna en Salvador Fernández, *Gramática*, § 71.

16. Cuervo, loc. cit.: «Es tan genial del castellano la concordancia, que causa extrañeza el adjetivo invariable».
17. Véase Américo Castro, *La realidad histórica de España*, México, 1954, págs. 232-354.
18. Sobre la proporción de frecuencia entre el sustantivo abstracto y la construcción *lo* + adjetivo, véase Salvador Fernández, § 71, págs. 109-110.
19. Algunos de los ejemplos citados proceden de Keniston y R. J. Cuervo.
20. Meyer-Lübke, *Grammaire des 1.r.*, III, § 88; Keniston, 5.17, 7.26, 11.39, 11.521, 12.14; L. Spitzer, *Feminización del neutro*, RFH, III, 1941, 351 y sigts.; Salvador Fernández, *Gramática*, § 92; M. Sandmann, *Zur Frage des neutralen Feminimums in Spanischen*, Vox Romanica, 1956, págs. 54-32. La antigüedad de las construcciones adverbiales con femenino sin artículo es muy grande; *ad sabendas* está documentada en 1189, *por ueras*, en el Auto de los Reyes Magos, v. 136; y *a pocas, a derechas, a osadas*, son frecuentes ya en los siglos XIV y XV. Algo posteriores parecen ser *a la ginovesa, a la morisca*, etc., registradas desde el XVI. Véanse el primer fascículo del *Diccionario Histórico de la Lengua Esp.* de la Academia, 1960, págs. 15, y Keniston, 25.449. y 25.581.

3.3. Constitución del morfema de número.

3.3.1. En *latín* la mayoría de los sustantivos tenían la posibilidad de entrar en la alternancia singular/plural, por lo que esta categoría gramatical era de un rendimiento funcional mucho mayor que el del género.

La expresión formal de la categoría de número en el sustantivo era de carácter sincrético y por lo tanto los formantes eran muy variados ya que dependían no sólo de la declinación sino también de los morfemas de género y caso.

Ejemplos:

ROS-AE
↑ Nominat. plural 1.ª decl.
PUER-I   No había uniformidad en la expre-
↑ Nominat. plural 2.ª decl.   sión del plural.
TEMPL-A
↑ Nominat. plural 2.ª decl.

3.3.2. En *romance,* con la reducción de los casos latinos, se dio una tendencia a acentuar la diferencia formal entre singular y plural.

Así en el grupo occidental (portugués, español, catalán, provenzal, francés, italiano septentrional y retorrománico) la generalización de las formas correspondientes al caso régimen (< acusativo) dio como resultado la habilitación de la marca -s del acusativo plural como morfema exclusivo (no sincrético) de plural, creándose la oposición: Ø / -s. Ejemplos:

CASA(M) > casa/casas < CASAS
LUPU(M) > lobo/lobos < LUPŌS
HŎMINE(M) > hombre/hombres < HŎMINES.

En consecuencia las marcas del castellano para expresar la pluralidad son -s cuando el singular termina en vocal átona y -es cuando el singular (debido a la apócope de -e tras N, L, R, S, Z, D) termina en consonante o en algún tipo de diptongo. En los casos en los que el singular acaba en vocal tónica hay vacilación. (-s y -es son variantes contextuales).

— Cuando *el sustantivo tiene una -s etimológica* en el singular pueden darse varias soluciones:

a) Crear un plural analógico. Ejemplo:

sing. DĔUS > dios → resto fonético del nominativo sing.
plural DĔOS > dios → evolución regular del acusat. plural

Antiguamente se decía «los dios» como plural. Posteriormente se creó un plural analógico redundante: dios + -es → dioses.

En oposición a esto, los judíos de Turquía reconstruyeron un singular analógico: «dio».

b) Tomar la forma etimológica del singular como plural y crear un singular analógico. Es el caso de los neutros de la 3.ª en -us: TEMPUS, PECTUS...

TEMPUS > tiempos → †tiempo, sing. analógico.

c) Los cultismos en -s generalmente hacen uso de la misma forma para el singular que para el plural. Ejemplos:

la crisis/las crisis
el brindis/los brindis (extranjerismo ← alemán).

No obstante, con el intento de diferenciar formalmente el número se han producido vacilaciones:
En ocasiones la lengua técnica ha adoptado la variación -is(sing.) / -es(plural) sobre el modelo de los nominativos griegos -ιζ / -εζ. Ejemplo:

antíthesis / antítheses

Otras veces se formó un falso singular:

antíthesi / antíthesis
necrópoli / necrópolis.

Esta última solución ha perdurado en el sustantivo «metrópoli».

— Cuando el *singular acaba en diptongo con -i final,* se añade -es para formar el plural.

REGE(M) > ree > rey + -es > reyes $\left.\right\rbrace$ plurales
BOVE(M) > *boe > buee > buey + -es > bueyes $\left.\right\rbrace$ analógicos

En la Edad Media, sin embargo, la oposición singular/plural era: rey / reys, buey / bueys.

Tales plurales se explican desde la etimología latina:

REGES > rees > reys
BŎVES > *boes > buees > bueys

No obstante, la norma actual no está completamente fijada, decimos «convoyes», «ayes»... pero también «jerseys», «guirigays», es decir, añadiendo simplemente -s al singular según el esquema etimológico que se seguía en castellano medieval.

— *Sustantivos acabados en vocal tónica:* desde la Edad Media han vacilado en la formación del plural. En principio la solución más espontánea es añadir simplemente -s al singular: jabalís, bambús, sofás... Pero por analogía a los sustantivos terminados en -s en singular, con acento en la última sílaba, del tipo país/países o monosílabos en -s como mes/meses se generalizó la terminación -es para los acabados en vocal tónica: jabalí/jabalíes. La segunda solución es considerada como más culta y la primera de mayor espontaneidad. Así:

-á: sofás/sofaes
-é y -ó: según la Real Academia Española estos sustantivos ya han consolidado el plural en -s: cafés, canapés, dominós, gachós... No obstante, en castellano antiguo se encuentran formas como: cafees, corsees...
-ú: vacilación bambús/bambúes. Los sustantivos de mayor uso se emplean casi siempre con -s: champús, canesús...

A veces encontramos plurales redundantes del tipo: cafeses, champuses.., plurales que la Real Academia Española considera vulgares, excepto en el caso de «maravedises», que se encuentra frecuentemente en textos antiguos y clásicos junto a «maravedís».

— *Sustantivos compuestos:* como norma podemos decir que el plural tiende a expresarse una sola vez.

a) Compuestos de elemento verbal + elemento nominal: la variación con respecto al número se da en el nombre:

pasacalle → pasacalles
quitasol → quitasoles

Algunos sustantivos de este tipo son invariables: tocadiscos, guardagujas, picapleitos...

b) Compuestos de dos elementos nominales *(sustantivo+sustantivo, adjetivo+sustantivo, adjetivo+adjetivo):* generalmente sólo pluraliza el segundo término: agridulces, sordomudos. No obstante, algunos admiten el plural en los dos términos: mediascañas, ricoshombres. Hay otros que vacilan: «guardiacivi-les» o «guardiasciviles».

c) Compuestos de elementos unidos en régimen *(sustantivo + elemento determinante):* plural único. Ejemplo: hidalgo/hidalgos.

Cast. ant. fijodalgo/fijosdalgo (aunque también se encuentra «fijosdalgos»).

— Acomodación al sistema morfológico castellano de *voces de origen extranjero.*

El problema se plantea con los préstamos acabados en consonante (o grupos de consonantes extraños al sistema castellano). La Real Academia Española se empeña en ajustarlos al sistema y así propone para «club» el plural «clubes». Sin embargo, la tendencia del hablante es añadir una -s al singular «clubs». Este tipo de fenómenos ha hecho proponer a Emilio Lorenzo en *El español de hoy, lengua en ebullición,* un nuevo esquema de plural para el español: consonante + -s para todas las voces de apariencia extraña. Ejemplos:

boicot/boicots (no boicotes)
soviet/soviets
vermut/vermuts
somier/somiers
coñac/coñacs
...

En castellano medieval podían darse situaciones irregulares en la formación del plural a causa de la modificación de la consonante que quedaba en situación final tras producirse la apócope. Así:

sing.   plural
naf / naves

↑ ensordecimiento → posteriormente se restituye la consonante etimológi-ca: nave/naves, por analogía con el plural.

piel / pielles → piel / pieles
CALLE(M) > cal / calles → calle / calles

En el primer caso el plural perdió posteriormente la palatal por analogía con el singular y en el segundo caso el singular recupera la palatal por analogía con el plural.

3.3.3.   Sintaxis y semántica del número.*

1. La distinción entre singular y plural ofrece en el uso gran cantidad de interferencias cuya causa estriba unas veces en el alcance que el hablante dé a la

---

* Según las notas y ejemplos de R. Lapesa (Univ. Complutense, 1972-73 y 1975-76)

significación del sustantivo, y otras a que en su representación mental de la realidad designada predomine una visión unitaria o prevalezcan las notas de composición, variedad o discontinuidad. De aquí que el empleo de uno u otro número gramatical se asocie frecuentemente a diferencias semánticas. Casi todas las particularidades que vamos a exponer tienen precedentes en latín (1).

2. *El número según el alcance y representación del sustantivo.*—El sustantivo apelativo que designa realidades numerables y está tomado en *sentido individual* va en singular o plural según sean uno o más de uno los entes designados: «Esto la niña dixo e tornós pora su casa» (Cid 49): «E él a las niñas tornólas a catar» (Ibid., 371); pero cuando el sustantivo está pensado en *sentido genérico o colectivo,* el uso de uno u otro número gramatical depende de que el hablante imagine como unidad el género o conjunto o se lo represente como suma de unidades. Lo mismo que en latín, con sentido genérico han alternado siempre en español los dos números: «Chica es la calandria e chico el ruyseñor, pero más dulce canta que otra ave mayor» (J. Ruiz, 1614 a); «Como la materia acontece a la forma, assi la muger al varón» (Celestina, 34, 27); frente a «los cuervos carniceros et los milanos et los quebranta huesos blancos... non caçan» (Manuel, Caballero, 54, 141); «Oye a Salamón do dize que las mugeres y el vino hazen a los hombres renegar» (Celestina, 30, 20).

El singular colectivo referente a personas se encuentra también en todas las épocas: «Este la su espada ha fecho sentir/ al grand africano (Santillana, Comedieta, 29); «Veinte presas/ hemos hecho/a despecho / del inglés» (Espronceda, Canc. del Pirata); en la actualidad son corrientes «hay que dar satisfacción al obrero», «el enemigo atacó nuestras posiciones»...

Con sustantivos de cosa el singular colectivo toma frecuentemente valor de nombre de materia o muy próximo a él: «casas de ladrillo», «collares de abalorio», «separar el grano de la paja», «no comer pescado».

3. Los apelativos que designan *realidades no numerables* —esto es, materias, fenómenos, cualidades, acciones, sentimientos, etc., concebidos en general— van ordinariamente en singular: «Mala cuenta es, señores, aver mingua de pan» (Cid, 1178); «¿Quál es en humanidad/ tan pecador/ que judgado con amor/ e caridad/ se falle la su maldad/ intolerable?» (Santillana, Proverbios, 31); «los labradores desean la lluvia».

Pero si lo designado son variedades de una materia, objetos hechos de ella, manifestaciones de un fenómeno, cualidad o sentimiento, actos independientes o reiterados, el sustantivo suele ir en plural; en latín se decía *vina, frumenta, pluvias, nives, furores;* en español, *los vinos, los azúcares, las harinas, los aceites, la estación de las lluvias, los apuros, las envidias, las prisas:* «A mi luego me venieron muchos miedos e temblores» (J. Ruiz 659 b).

Las representaciones que implican movimiento o renovación favorecen también el uso del plural; en latín *aquae* 'fuentes', *aeres locorum, tempora;* en español «corrientes aguas, puras, cristalinas» (Garcilaso); «los aires de este lugar son saludables», «los tiempos que corren», «en tiempos del rey don Sancho». Es posible que el plural *tiempos* tenga su punto de partida en la *s* final del singular latino *tempus* (como *pechos, huebos, peños, virtos); pero tiempo* es la forma que domina desde los textos más antiguos. En todo el mundo hispánico se dice: «¡A buenas horas llegaron!», «¿Cómo vienes *a estas horas?*», y en América «¿Qué horas son?», «Son la una» (2).

Con mucha frecuencia el uso del plural es meramente expresivo, ya para destacar la abundancia o extensión de lo que se nombra, ya como refuerzo de la intensidad: «Raquel e Vidas en uno estavan amos/ en cuenta de sus averes, de los que avién ganados» (Cid, 101); «Refrescáronme todo, e perdí los sudores» (Berceo, Milag. 5 c); «Irme he yo por esas tierras/ como una mujer errada» (Romancero, Primav. 36); «andar por esos mundos de Dios», «estar por los suelos», «entrada en carnes», y tantos más.

4. *Los nombres propios* (2 bis) toman plural cuando se refieren a dos o más individuos u objetos. Así ocurre con nombres de dinastías y familias *(los Flavios, los Omeyas, los Austrias, los Manriques, los Pizarros)* (3); con nombres de individuos agrupados sólo por su homonimia: «Allí ví pintados por orden los fechos/ de los Alfonsos.../ e lo que ganaron los reyes Fernandos: / ... la mucha prudencia de nuestros Enriques» (Mena, Laberinto,145); con nombres aplicados a cuantos por sus cualidades o su proceder se asemejan a un personaje conocido *(los zoilos, los tenorios)* y en usos metonímicos en que nombres de escritores o artistas designan la obra, edición, manuscrito, etc. *(los Beatos, los Grecos de Illescas, los Zurbaranes de Guadalupe).* Paralelamente se usan en plural —casi siempre sin singular— los nombres propios geográficos de grupo *(las Antillas, las Baleares, las Azores; las Somoças de León,* Prim. Crón. Gen. cap. 788; antes *las Asturias,* con oposición entre las de Oviedo y las de Santillana) (4).

El plural sobrevive al sentimiento de variedad en *las Batuecas, las Bárdenas, las Villuercas, los Argüellos* y otros nombres de comarca. Nombres de entidades geográficas o históricas que normalmente van en singular llevan plural cuando se quiere poner de relieve la diversidad de sus componentes *(las Españas, las Castillas, las Américas)* o de sus aspectos, épocas, etc. *(En las Grecias, las Romas* y *las Francias,* Rubén Darío, Divagación). La visión como unidad o como diversidad determina también alternancias en dos nombres de lugar único: *el cielo* y *los cielos* (lat. *caeli), el infierno* y *los infiernos.* No ocurre igual con *limbo* y *purgatorio* ni con *paraíso* a no ser en expresiones metafóricas *(los paraísos artificiales).*

5. *Singular y plural en sentido distributivo y de reciprocidad.*—Cuando cada uno de varios individuos es afectado en la misma cosa o la pone en juego para una acción común, el sustantivo puede ir en singular o plural. El español antiguo prefería el plural: «De las sus bocas todos dizían una razón» (Cid, 19); «Cortandos las cabeças, mártires seremos nos» (Ibid.2728); «Se lavaron y refrescaron sus caras» (Pérez de Hita, K.3.24). El singular se registra ya en el siglo XVI («los moços cortesanos aun no tienen en el cuerpo dolores», Guevara, *Menosprecio,* 39,18) y prevalece, sin exclusividad, en la lengua moderna; el equivalente de «ívanlos ferir de fuertes coraçones» (Cid 718) sería hoy «iban a

atacarlos con ánimo resuelto». En América el plural distributivo conserva más vigor que en España: «Hablaron dos hombres, *las cabezas* descubiertas», «Los indios se habían teñido *las caras*» (4 bis).

De carácter distributivo parece ser en su origen el plural de «tener mientes», «parar mientes», «meter mientes», usados luego con sujeto singular; el tránsito se ve en casos como «Cada uno dellos mientes tiene al so» (Cid 3620). Análoga explicación se ha propuesto para las fórmulas de saludo «buenos días», «buenas tardes», «buenas noches», suponiendo que el plural surgió cuando iban dirigidas a varias personas o a una tratada de *vos* (5); añádase que el hablante se incluye frecuentemente como partícipe del beneficio que desea («Buenos días nos dé Dios»).

No obstante el plural puede obedecer a que las venturas deseadas no se limitan a un solo día: el Marqués de Santillana saludaba a las serranillas del Moncayo con un *Dios vos dé buen año entero*.

Suelen ir en plural ciertos sustantivos que significan *vinculación recíproca: las paces, las bodas, los desposorios, los esponsales, tomarse los dichos, ponerse en relaciones.* La alternancia amor/amores va acompañada de matices semánticos muy variables (6).

6. *Plural masculino para personas de ambos sexos.*—Suele darse como peculiar de los romances peninsulares el uso representado en español por *los padres* 'el padre y la madre', *los reyes* 'el rey y la reina' *los duques* 'el duque y la duquesa', *los guardas* 'el guarda y la guardesa', etc.; tratándose de grupos que pueden comprender más de dos personas, *los hermanos, los hijos, los sobrinos, los primos*, incluyen frecuentemente a varones y hembras. El que fuera de la Península no haya lengua románica donde este uso tenga un desarrollo tan amplio (7) ha hecho pensar en influjo árabe (8). Pero el latín conocía *reges* para 'el rey y la reina', *fratres* para 'el hermano y la hermana', *filii* para 'los hijos y las hijas' y hasta *patres* como sinónimo de *parentes* (9). Se trata, pues, de una herencia latina.

7. *Nombres de objetos físicos compuestos.*—Suelen ir en plural muchos sustantivos que designan realidades físicas compuestas de dos partes simétricas: en latín *fauces, nares* (junto a *nas), bracae;* en español *fauces, narices, espaldas, bigotes, bragas, calzones, pantalones, gafas, tenazas, tijeras, esposas, andas, angarillas, alforjas,* etc. En el caso de *pechos*, que por lo menos hasta el siglo XVI no designó sólo el pecho femenino, sino también el tórax varonil (10), el plural resulta de la -s final del singular latino *pectus* apoyada por la duplicidad simétrica; el singular *pecho* es desconocido en los textos españoles más antiguos.

Con idea de composición tríplice o múltiple hay *trébedes, meninges, sesos, barbas, tripas, entrañas* y muchos otros. De todos estos sustantivos, unos se usan exclusivamente en plural *(fauces,* por ejemplo); otros admiten también el singular para designar el objeto entero *(nariz, bigote, barba, espalda, tijera,* «el Caballero de la Tenaza» quevedesco, *calzón, pantalón, braga)* o sólo una de las partes gemelas *(anteojo);* finalmente algunos poseen en singular acepciones que el plural no tiene (cf. § 8).

En español antiguo y clásico *palacios* y *casas* se empleaban frecuentemente para indicar un solo edificio o vivienda: «al salir de Vivar el Cid vio los sus palaçios desheredados e sin gentes» (Crón. de Castilla, Menéndez Pidal, Cantar, III, p.1025 nota 6); «Cata palacios del rey/ cata los de don Beltrán» (Romancero, Primav. 176); «los palacios de Galiana», «el cura de los palacios»; «vendo... vnas casas... que sse tienen con casas que fueron de donna Mencía Tellez et con casas de Domingo García, et con casas de Iohan García... et con la calle» (1368, Toledo, Doc.Ling.298). En el habla rural de Chile y Argentina sigue en vigor *las casas* para una sola vivienda, y como en algunas regiones de España, *los palacios* del rey.

Estos plurales han de atribuirse a que los singulares respectivos significaban, además de 'edificio' o 'vivienda', habitación' o 'cámara' (11). Uso análogo al español se da en portugués *(pacos, casas)* y en rumano *(palsturi, casele);* también hay en italiano ejemplos de *palazzi* 'palacio' (12). Añádanse «los altos y los bajos de la casa», «baños» («Ya se sale Guiomar de los baños de bañar», Romancero, Primav. 178), «fronteras», «ejidos», «límites», etc.

8. *Divergencias semánticas entre singular y plural.*—Ya se han hecho notar casos en que uno de los números puede usarse en acepciones ajenas al otro. Cabe agregar buena cantidad de ejemplos: la oposición latina entre *littera* y *litterae* ('actividad literaria','cultura') continúa entre los españoles *letra* y *letras;* sólo el plural *las armas* ha heredado el sentido de 'ejercicio o profesión militar' que tenía el plural latino *arma* y del que carece nuestro singular *arma.* Asimismo poseen significados exclusivos suyos los plurales *restos* 'restos mortales', *cenizas, ruinas, celos , mocedades* 'hazañas o libertades juveniles', *lares '* casa, cadenas', *vísperas* 'hora canónica del atardecer', *contornos, cercanías, luces* 'inteligencia', *derechos* (de inscripción, de matrícula, de aduana), etc. *Comienzos, principios, finales* tienen valor temporal más vago que los singulares respectivos. Por otra parte no admiten plural ciertas acepciones de algunos singulares, como el *espejuelo* de cazar alondras, *seso* 'sensatez', *entraña* 'lo íntimo y esencial de una cosa'. Los matices distintivos se atenúan muchas veces y entre *propósito* y *propósitos, intención* e *intenciones, fin* y *fines, modo* y *modos, manera* y *maneras,* etc., es muy frecuente la equiparación. Para amor/amores, véase apartado 5.

9. *Pluralia tantum.*—En los párrafos anteriores se ha mencionado ya algún sustantivo que carece totalmente de singular. En igual caso se encuentran *maitines, enseres, bártulos, víveres, comestibles, vituallas, alrededores, aledaños, afueras, entendederas, modales* y muchos otros. El uso exclusivo del plural que en latín tenían *annales, execulae, nuptiae, manes, penates* prosigue en nuestros cultismos *anales, exequias* u *obsequias, nupcias, manes, penates.* Aunque *tiniebla* es frecuente, lo es más *tinieblas,* de acuerdo con el latín *tenebrae;* y frente a los singulares *albisara* y *albricia,* registrados en textos arcaicos (13), se generalizó después *albricias.* En los siglos XII y XIII los plurales *huebos* 'necesidad', *peños* 'prenda' y *virtos* 'fuerzas militares, hueste' procedían de haberse conservado la -s final de los singulares latinos *opus, pignus*

y *virtus*. Junto a *virtos* el singular *virto* 'fuerza, violencia' ofrecía una diferencia como las estudiadas en el apartado 8. Para *tiempos* y *pechos*, véanse los apartados 3. y 7.

10. *Plural en locuciones.*—Son muchas las locuciones que llevan en plural un sustantivo o adjetivo sustantivado sin admitir nunca el singular que en algunos casos no existe *(de bruces, con creces, hacer añicos, hacer trizas)* y que en otros ha perdido la acepción correspondiente (llevar o echarse algo a cuestas). Aun existiendo singular de igual sentido, se requiere el plural en las locuciones *a veces*, antiguo *a las vegadas, dar largas, echar las muelas*, etc. Tipo especial constituyen las locuciones adverbiales con plural femenino *(a sabiendas, a osadas, a oscuras, a mujeriegas, a horcajadas, en volandas, por las bravas).* (14)

NOTAS

1. Para la sintaxis del número véase Meyer-Lübke, *Grammaire*, §§ 19-34; Hanssen, *Gramática Histórica*, §§ 453-456; v. García de Diego, *Gramática Histórica* § 89; Salvador Fernández, *Gramática*, §§ 94-101; J. F. Ianucci, *Lexical Number in Spanish Nouns*, Philadelphia, 1952.
2. Véase Salvador Fernández, *Gramática*, I, § 99 y Kany, *American Spanish Syntax*, pág. 9-10.
2. bis. Véase E. Coseriu, *El plural de los nombres propios*, en la revista Brasileira de Filología, I, 1, 1955.
3. En el uso más espontáneo el signo de plural figura en el artículo y en el apellido; pero la lengua culta prefiere a veces el apellido invariable *(los Argensola, los Quintero).*
4. Se usa el singular en «la gran Antilla» 'Cuba' y otras expresiones semejantes.
4 bis. Ejemplos de Mallea y Acevedo Díaz citados con otros muchos por Kany, *American Spanish Syntax*, pág. 6-8.
5. Meyer-Lübke, *Grammaire*, III, § 32; Hanssen, *Gramática Histórica*, § 454. El singular *buen día* es de uso frecuente en América (Kany, Syntax, pág. 12).
6. Junto a *amor* 'sentimiento amoroso' se encuentra *amores* para el lazo de mutua correspondencia y también para designar a la persona amada: «Parto yo, triste amador,/de amores desamparado,/de amores, que no de amor» (Jorge Manrique, NBAF, XXII, pág. 253 b). Sin embargo, *amores* abunda para indicar el sentimiento: «Si los delfines/mueren de amores,/¡triste de mí!/¿qué harán los hombres?» (Canción anónima del siglo XVI, Dámaso Alonso, *Poesía española, Edad Media*, Madrid, 1935, 193); y *amor* es frecuentísimo para referirse al amado o amada: «durmióseme mi lindo amor/siempre del sueño vencido» (Canción anónima del XV, Ibid. 153).
7. Recuérdese, no obstante, que en italiano hay *i padri* 'i genitori' «I promessi sposi», etc.
8. H.R. Lang, en *The Romanic Review*, II, 1911, pág. 339.
9. *Reges*, Tito Livio, I, 39, 1 y 27, 4; fratrum incestus amor, Tácito, Annales, 12, 4: «marem feminamque filios dicimus» Quintiliano 9, 3, 63: patres. Corpu Inscriptionum Latinarum, XI 516, XII 1196. Véase Löfstedt, *Syntactica*, I, 1942, págs. 65-70, con abundante bibliografía.

10. Pero Vermúdez *metiol la lança* por los pechos a uno de los infantes de Carrión (Cid, 3633); el hidalgo del Lazarillo *començo* de sacudir con las manos vnas pocas de migajas... que en los pechos se le auían quedado (ed. Alcalá 1554, fol. XXIV v), etc.
11. Véanse Menéndez Pidal, *Cantar*, II, s/v palaçio; A. Castro, BFE, XII, 1925, págs. 407-8; Kany, *American Spanish Syntax*, págs. 13-14.
12. Meyer-Lübke, *Grammaire*, II, § 32.
13. Albisara en una jarchya de Jehuda Halevi (S.M. Stern, *Les chansons mozarabes*, Palermo, 1953, págs. 3-4); *albriçia*, Cid, 14, etc.
14. Salvador Fernández, *Gramática*, § 97.

BIBLIOGRAFIA

BELLO, A., *Gramática de la lengua castellana*. Notas de R. J. Cuervo, Edit. Sopena, Buenos Aires, 1970.
CASTRO, A., *La realidad histórica de España*, México, 1954.
COSERIU, E., «El plural de los nombres propios» en Rev. Brasileira de Filología, I, 1, 1955.
CUERVO, R. J., *Diccionario de construcción y régimen de la lengua castellana*, París, 1886-1893.
ECHAIDE, ANA M.ª, «El género del sustantivo en español: evolución y estructura» en Ibero-romania, I, 1969.
ERNOUT, A., *Morphologie historique du latin*, Librairie C. Klincksieck, París, 1953.
FERNANDEZ, S., *Gramática Española*, Rev. Occidente, Madrid, 1951.
FOLEY, S., «Spanish Plural Formation», en *Language* XL, III, Philadelphia, 1967.
GARCIA DE DIEGO, V., *Gramática histórica española*, Edit. Gredos, Madrid, 1961.
HANSSEN, F., *Gramática histórica de la lengua castellana*, Edit. El Ateneo, Buenos Aires, 1945.
HERZOG, B., «Zusammenfassendes lo im Spanischen», en ZfrPh, XXV, 1901.
IANUCCI, J. F., *Lexical number in Spanish nouns*, Philadelphia, 1952.
IORDAN, I. y MANOLIU, M., *Manual de lingüística románica*, Edit. Gredos, Madrid, 1972.
KALEPKY, Th., «Vom Sinn und Wesen des sogenannten 'bestimmten Artikels' im Französischen, nebst Erlänterung einer besoderen Gebranchweise im Spanischen», en ZFSpr, L, Leipzig-Chemnitz-Jena, 1927.
KANY, Ch. E., *American-Spanish Syntax*, University of Chicago, «Press Chicago», Illinois, 1945.
KENISTON, H., *The Syntax of Castilian Prose. The Sixteenth Century*, Univ. Chicago Press, 1938.
LANG, H. R., The Romanic Review, II, 1911.
LAPESA, R. *Historia de la lengua española*, Edit. Gredos, Madrid, 1980.
LAUSBERG, H., *Lingüística románica*, tomo II, Edit. Gredos, Madrid, 1973.

LENZ, R., *La oración y sus partes,* Centro de Estudios Históricos, Madrid, 1925.

LÖFSTEDT, E., Syntactica, I, Lund, 1942.

LORENZO, E., *El español de hoy, lengua en ebullición,* Edit. Gredos, Madrid, 1971.

MEILLET, A., *Linguistique historique et linguistique générale,* Libraire C. Klincksieck, París, 1936.

MENENDEZ PIDAL, R., *Manual de gramática histórica española,* Edit. Espasa-Calpe, Madrid, 1952.

MENENDEZ PIDAL, R., *Orígenes del español,* Edit. Espasa-Calpe, Madrid, 1950.

MEYER-LÜBKE, W., *Grammaire des langues romanes,* 3 vol., Edit. Welter, París, 1890-1906.

MONREALE, M., «Aspectos gramaticales y estilísticos del número», B.R.A.E. LI-CXCII, Madrid, 1971.

OELSCHLÄGER, V. R. B., *Poema del Cid,* New Orleans, 1948.

QUILIS, A., *«Morfología del número en español» TLL,* Estrasburgo, 1968.

REAL ACADEMIA ESPAÑOLA, *Esbozo de una Nueva Gramática de la lengua española,* Edit. Espasa-Calpe, Madrid, 1978

REAL ACADEMIA ESPAÑOLA, *Diccionario histórico de la lengua española,* Ed. Hernando, tomo I, Madrid, 1933, tomo II, Madrid, 1936.

REAL ACADEMIA ESPAÑOLA, *Diccionario de Autoridades,* 6 vol., Madrid, 1726-1739.

ROHLFS, G., Historische Grammatik der Italienischen Sprache, II, Bern, 1949.

ROSENBLAT, A., «Morfología del género en español. Comportamiento de las terminaciones -o, -a», N.R.F.H., XVI, 1962.

ROSENBLAT, A., «Género de los sustantivos en -e y en consonante» en *Estudios dedicados a Menéndez Pidal,* III, Madrid, 1952.

SANDMANN, M., Zur Fragedes neutralen Femininums in Spanischen», Vox Romanica, Zürich-Leipzig, 1950.

SPITZER, L., «Feminización del neutro», RFN, III, Buenos Aires, 1941.

SUAREZ, M. F., *Estudios gramaticales,* 1881, en *Obras,* I, Bogotá, 1958.

TOBLER, A., *Vermischte Beiträge zur französischen Grammatik,* II, Leipzig, 1906.

VÄÄNÄNEM, V., *Introducción al latín vulgar,* Bibl. Universitaria, Gredos, Madrid, 1979.

4

El adjetivo: género, número, gradación y colocación

4.1. Clasificación de los adjetivos en latín:

1) Atendiendo a la declinación se pueden distinguir dos clases de adjetivos en latín:

a) Los que siguen la 1.ª y 2.ª declinación. Ejemplos:

BONUS, -A, -UM
NIGER, -GRA, -GRUM

b) Los que siguen la 3.ª declinación. Ejemplos:

FORTIS, -E
PRUDENS, -NTIS

2) Atendiendo al número de formas que presenta el nominativo para la distinción de género se pueden distinguir tres clases de adjetivos:

a) Los que tienen tres terminaciones (una para cada género). Ejemplos:

BONUS, -A, -UM
NIGER, -GRA, -GRUM
ACER, ACRIS, ACRE

b) Los que tienen dos terminaciones (una para el masc. y fem. y otra para el neutro). Ejemplos:

FORTIS (masc. y fem.), FORTE (neutro)
TRISTIS (masc. y fem.), TRISTE (neutro)

c) Los que tienen una terminación (para los tres géneros):

PAUPER, -RIS
PRUDENS, -NTIS

97

Los adjetivos de dos terminaciones y los de una realizaban sólo la oposición animado/inanimado. Incluso los de una terminación distinguían dos formas en el acusativo singular:

pauperem (masc. y fem.) / pauper (neutro)
prudentem (masc. y fem.) / prudens (neutro)

Así como en el nominativo, vocativo y acusativo plural:

prudentes (masc. y fem.) / prudentia (neutro)

Además, los adjetivos de tres terminaciones de la 3.ª declinación en -er, -ris, -re (ACER, ACRIS, ACRE; CELER, CELĔRIS, CELERE; SILVESTER, SILVESTRIS, SILVESTRE...), que constituían un número reducido (13), sólo distinguían el masculino del femenino en el nominativo singular, si bien se confundían con frecuencia. Ejemplos:

«acer hiems» (fem.)
«acris somnus» (masc.)

4.2.   **En latín vulgar,** al igual que veíamos en el sustantivo, se produce también en el adjetivo una tendencia a regularizar los paradigmas. Esta tendencia regularizadora trae como consecuencia la extensión del tipo flexivo -US, -A, -UM, extensión que probablemente se explica tanto por el carácter regular de las declinaciones primera y segunda como por la mayor importancia que los hablantes concedieron a la oposición masc./fem. en detrimento de la de animado/inanimado. Esta hipótesis está confirmada por el hecho de que en ninguna lengua románica se realiza la oposición animado/inanimado. Así aparece en el Appendix Probi:

«acre non acrum»
«tristis non tristus»
«sacer non sacrus»
«pauper mulier non paupera mulier»

No obstante, en español los adjetivos de la 3.ª declinación presentan, en general, un carácter más conservador que en otros romances, pues no admitieron extensiones analógicas («triste hombre» - «triste mujer»; sin embargo, en aragonés medieval «tristo»).

4.3.   **En Romance,** al ser adjetivo un elemento adyacente al sustantivo, no autónomo, su evolución se desarrollará siguiendo las pautas marcadas por éste. En cuanto al caso y al número lo único que cabe señalar es que el adjetivo deriva siempre del caso acusativo, sin que muestre, como hace el sustantivo, rastro alguno del nominativo u otro caso.

Al perderse la concordancia casual (la más importante en latín) bastó con una única forma del adjetivo que acompañaba al sustantivo independientemente del papel de éste en la sintaxis de la oración.

4.4. Género del adjetivo.

Es en esta categoría morfológica donde se dan las mayores diferencias entre el sustantivo y el adjetivo.

Como hemos visto, frente al sustantivo latino que apenas manifestaba variación genérica (excepto unos pocos, como dominus /-a, lupus / -a...), el adjetivo poseía normalmente la posibilidad de alterar su terminación en función del sustantivo al que acompañaba. Ejemplo:

puer bonus/ puella bona/ templum altum

No obstante, con la desaparición del género neutro en el sustantivo, no quedará en romance ningún resto de la forma neutra del adjetivo, si bien se conserva el sentido neutro en los abstractos sustantivados. Ejemplos:

BONUM → «lo bueno»
MALUM → «lo malo» } el artículo es lo que indica el cambio de significado: el bueno (masc. = concreto) / lo bueno (neutro = abstracto).

En consecuencia los adjetivos latinos de tres terminaciones pasarán a tener dos y los de dos, una:

1) *Adjetivos latinos de tres terminaciones:*

BONUS, -A, -UM
NĬGER, -GRA, -GRUM } los dos tipos de flexión confluyen en el acusativo:

BŎNUM > bueno   NĬGRUM > negro
BŎNAM > buena   NĬGRAM > negra

Estos adjetivos de tres terminaciones son el origen de los adjetivos regulares en cuanto al género en castellano: -o/-a y -os/-as.

No obstante, excepcionalmente, hay un reducido número de adjetivos que en latín eran regulares, de tres terminaciones, y han pasado al castellano como invariables respecto al género. Ejemplos:

DŬPLUS, -A, -UM → «doble»
SĬMPLUS, -A, -UM → simple (culto)
FĬRMUS, -A, -UM → firme (culto)
LĪBER, -RA, -RUM → libre

Sin embargo, lo más normal es la tendencia contraria, es decir, dotar de distinción genérica entre masculino y femenino a los adjetivos que en latín no lo diferenciaban.

No se ha de contar como excepciones los derivados de los doce o trece adjetivos de la 3.ª declinación que en latín hacían el masculino en -ER, el femenino en -RIS, y el neutro en -RE, ya que estos no distinguían el masculino del femenino más que en el nominativo, y no siempre (-RIS se usaba también para el masculino); así que en el acusativo no tenían más que -REM para ambos géneros. Ejemplos:

SILVESTREM > silvestre
ALĂCREM → lat. vg. ALECREM > alegre

2) *Adjetivos latinos de dos terminaciones* quedan con una sola, por tanto dan como resultado adjetivos invariables respecto al género en castellano. Ejemplos:

FORTIS, -E → fuerte
BREVIS, -E → breve

Sin embargo, hay una tendencia a crear formas analógicas para el femenino (aunque menos fuerte que en otras lenguas romances. Así, italiano povero/-a ← PAUPER; 3.ª declinación → 1.ª / 2.ª).

Casos en que se ha creado un femenino analógico:

1. Los adjetivos terminados en -or < lat. -ORE(M) que antiguamente eran invariables. Ejemplos:

«espada traidor» (Mio Cid)
«alma sentidor»

Pero a partir del siglo XIV comienza a generalizarse la terminación femenina, que hoy es obligatoria salvo para los comparativos.

2. Los adjetivos terminados en -on < lat. -ONE(M):

Poema de Fernán González: «gentes españones» (< *HISPANIONES) ... Pero después se dijo: español/-a (disimilación de nasales), bretón/-a, ladrón/-a...

3. Los adjetivos terminados en -és < lat. -ENSE(M). Aunque ya desde el siglo XII se dan ejemplos como «burgeses e burgesas», «cortesana»... todavía en época clásica se decía «provincia cartaginés», «la leonés potencia». Actualmente es preceptivo el femenino en -a para los gentilicios (francesa, portuguesa, cordobesa...). En otros casos se vacila: montés/-a y queda invariable en «cortés».

100

La tendencia a crear femeninos analógicos es mayor en otros romances, así por ejemplo en aragonés antiguo se dice: simpla, granda, dolienta... y en español coloquial y popular: cuala, granda.

4.5. El número en el adjetivo:

Como en el sustantivo persiste la diferencia entre singular y plural, según lo visto en el sustantivo.

4.6. Gradación del adjetivo calificativo.

A) En *latín,* como en castellano, el adjetivo calificativo admite tres grados de significación (tres grados de intensidad en la cualidad expresada por el lexema): positivo, comparativo, y superlativo.

1) *COMPARATIVO:* tenía en latín construcciones que han continuado en español:

a) *Superioridad:* para expresar el comparativo de superioridad lo más común era un procedimiento de tipo sintético u orgánico, es decir, a través de desinencias específicas: -IOR para el masculino y femenino e -IUS para el neutro. Ejemplo:

FORTIS, -E → FORTIOR, FORTIUS (= más fuerte)

Comparativos irregulares:

BONUS → MELIOR ⎫
MALUS → PEIOR ⎪ El cambio de grado implica además de un
PARVUS → MINOR ⎬ cambio de terminación, un cambio de lexema.
MAGNUS → MAIOR ⎭

Un segundo procedimiento para expresar el comparativo de superioridad era la construcción analítica por medio de perífrasis: en latín clásico se utiliza el adverbio MAGĬS y a partir de la época imperial también PLŪS.

El empleo de la perífrasis era obligatoria con adjetivos que terminaran en -EUS, -IUS, -UUS. Ejemplos:

IDONEUS → MAGIS IDONEUS
DUBIUS → MAGIS DUBIUS
ARDUUS → MAGIS ARDUUS

b) *Igualdad e Inferioridad:* para expresar los comparativos de igualdad e inferioridad el latín utilizaba exclusivamente el procedimiento analítico:

Igualdad: TAM...QUAM
Inferioridad: MĬNUS...QUAM

El segundo término de la comparación:

— Va en el mismo caso que el primero precedido de QUAM.
— Si el primer término va en nominativo o acusativo el segundo puede ir simplemente en ablativo. Ejemplos:

«Petrus est fortior quam Paulus»
«Petrus est fortior Paulo»

No obstante, la construcción con QUAM es obligada cuando el segundo término es un adjetivo. Ejemplo:

«Petrus est prudentior quam fortis»

2) *SUPERLATIVO.*

Puede ser:

a) *Absoluto:* expresa una cualidad poseída en el más alto grado, sin comparación ni referencia a término alguno. El latín, para expresarlo, podía utilizar un procedimiento sintético, es decir, por medio de desinencias: -ISSI-MUS, -A, -UM y en casos especiales:

-ERRIMUS (< -ER + SIMUS)
-ILLIMUS (< -IL + SIMUS)

Superlativos irregulares:

BONUS → OPTIMUS
MALUS → PESSIMUS   } cambio de lexema.
PARVUS → MINIMUS
MAGNUS → MAXIMUS

Otro procedimiento para expresar el superlativo absoluto es por medio de perífrasis: se utilizan adverbios como MĀXIMĒ (de uso más clásico), VALDĒ, BENE, MULTUM, FORTITER... (más de uso vulgar).
Como ocurría en el comparativo, también en el superlativo el procedimiento analítico es obligatorio para los adjetivos terminados en: -IUS, -EUS, -UUS. Ejemplo: MĀXIMĒ IDONEUS...

b) *Relativo:* expresa una cualidad poseída en alto grado, pero en comparación o referencia a un término que designa el conjunto del cual sobresale el individuo al que se atribuye la cualidad («el más...de»). En latín se podía expresar:

1) La forma del superlativo + genitivo en plural:
«Cicero eloquentissimus oratorum»
2) La forma del superlativo + acusativo con INTER:
«Felicissimus inter imperatores»
3) La forma del superlativo + ablativo con E o EX:
«Felicissimus ex imperatoribus»

B) *Romance.*

COMPARATIVO:

a) *Superioridad.*

En castellano se generaliza el uso del procedimiento analítico con el adverbio más < maes < MAGĬS y la conjunción *que*. No obstante, en Berceo y en las Glosas Emilianenses aparece también la forma «plus» (PL- > pl-, forma navarro-aragonesa) y alguna vez «chus» < PLUS (PL- > ĉ, forma gallego-portuguesa).

Del otro procedimiento utilizado en latín para expresar el comparativo de superioridad solamente han sobrevivido. cuatro formas:

MELIOREM > mejor
MINOREM > menor
PEIOREM > peor
MAIOREM > mayor

Además, hay una serie de adjetivos introducidos por vía culta: anterior, posterior, inferior, superior, interior, exterior... que presentan el morfema -ior de comparativo, pero que, sin embargo, no pueden ser considerados comparativos ya que:

— Mientras todos los comparativos en español sean perifrásticos u orgánicos tienen un régimen sintáctico con QUE, estos llevan A.

— Todos los comparativos se refuerzan con MUCHO, mientras que estos lo hacen con MUY.

— Todos los comparativos, si se les pone delante un artículo, toman valor de superlativo relativo; esto no se puede hacer con los adjetivos mencionados.

— Salvo «inferior» y «superior», que aparte de su significación locativa («el estrato inferior», «la planta superior») pueden funcionar como comparativos de «malo» y «bueno» (inferior = peor; superior = mejor), los demás no tienen absolutamente ningún sentido comparativo: más interior que...
más exterior que...

b) *Igualdad o Inferioridad.*

Continúa vigente el modelo latino.
Igualdad: TAM...QUAM sustituido por tan ...como.
Tan < adv. TAM o del adjetivo TANTUS, -A, -UM en uso proclítico y como < QUOMODO.

Inferioridad: MĬNUS ...QUAM → Menos ...que

El segundo término de la comparación.

En castellano medieval y clásico es frecuente que el segundo término de la comparación sea introducido por la preposición «de». Ejemplo:

«Non avie dél más rico en esa vecindad».

Asimismo es frecuente que algún término de la comparación no esté mencionado o esté sobreentendido, sobre todo en el caso de TAN, por ejemplo:

«Si don Adam oviesse de tal fructo comido,
De tan mala manera non serie decibido» (Berceo).

Berceo da por entendido que el lector sabe de qué manera fue castigado Adán.

Por otra parte, en *castellano actual* lo normal es que el segundo término de la comparación de inferioridad o superioridad vaya introducido por la conjunción comparativa QUE.

El «que» comparativo parte de la partícula latina QUAM, que debió dar «ca» en su origen y así lo atestiguan textos leoneses hasta el siglo XIV. Posteriormente se confundiría con la conjunción «que» < QUĬD (pronombre indefinido neutro) o con el pronombre relativo homónimo procedente del acusativo QUĔM (en posición inacentuada no diptonga y pierde la -m final).

Hoy subsiste algún resto de la preposición «de» como introductora del segundo término de la comparación, cuando éste es «lo + adjetivo». Ejemplos:

«es mayor de lo conveniente»
«es mejor de lo que esperaban»

Asimismo se debe usar «de» en las oraciones afirmativas, si después de «más» viene un numeral. Ejemplo:

«Se perdieron más de trescientos hombres».

En las oraciones negativas podemos emplear «que» o «de». Ejemplo: «no se fue a pique más de la mitad de la flota» o «no se fue a pique más que la mitad de la flota».

104

SUPERLATIVO:

a) Absoluto para expresar el superlativo absoluto se pueden utilizar dos tipos de procedimientos:

1) *Procedimiento analítico:* con el adverbio muy < MULTUM más el adjetivo en grado positivo.
En el Mio Cid aparece en ocasiones la forma plena del adverbio, sobre todo con participios adjetivados. Ejemplos: «mucho acordado», «mucho repisos»...
En castellano antiguo el superlativo absoluto puede formarse asimismo con la partícula «tan», propia del comparativo, seguida del adjetivo en grado positivo, pero sin segundo término de la comparación. Ejemplos:

«Unos tan grandes colpes» (= muy grandes)
«Fabló bien e tan mesurado».

No han subsistido perífrasis con VALDE o con MĀXIMĒ, pero sí con BĔNE. Ejemplos:

«bien frías» (Berceo)
«bien pensativo» (Cervantes)

Otra forma analítica de expresar el superlativo absoluto, y que ya se da desde los primeros textos del idioma, consiste en anteponer el artículo a la forma comparativa del adjetivo: Bueno → mejor → el mejor

«La mayor cuita que aver un amador» (Santillana).

A veces, hay en lugar de artículo otro determinante. Ejemplos: «su peor defecto», «su mejor amigo»...

2) *Procedimiento sintético:* es siempre culto. Podemos distinguir tres tipos:

a) Superlativos cuyo lexema es diferente al del grado positivo del adjetivo:

OPTIMUM > óptimo
PESSIMUM > pésimo
MAXIMUM > máximo
MINIMUM > mínimo.

Estos adjetivos tienden a perder su valor de superlativos, empleándose como positivos en construcciones analíticas, por ejemplo: «lo más mínimo».
Además, hay una serie de adjetivos que supuestamente están en grado superlativo, pero que no tienen tal valor: ínfimo, supremo, íntimo, extremo, postremo, sumo, último, próximo. Solamente «ínfimo» puede funcionar como superlativo de «bajo» (en su acepción estimativa) o de «malo», y «sumo» de «alto» (en su acepción estimativa) o de adjetivos análogos.

b) Superlativos creados a través de la desinencia: -ísimo (y su variante -érrimo). Tales superlativos apenas fueron empleados en la Edad Media (así, por ejemplo, en el Mio Cid no hay ningún ejemplo); solamente aparecen esporádicamente en textos latinizantes, así, por ejemplo, Berceo, Sancho IV... los emplean al referirse a la Virgen y a Dios.

El uso de tales superlativos se incrementó durante el Renacimiento, por influencia culta, para decaer en siglos posteriores. Es sobre todo a partir de finales del siglo pasado cuando su empleo se hace abundante.

El carácter culto de estas formas sufijadas se observa en el hecho de que frecuentemente el sufijo se aplica a la forma no evolucionada del adjetivo. Ejemplos:

FIDĒLIS → FIDĒLE(M) > fiel → fidelísimo

Otros ejemplos: paupérrimo, amabilísimo, sacratísimo...

c) Superlativos construidos con prefijos:

En latín la cualidad de un adjetivo podía reforzarse mediante los prefijos PER-, SUPER-. Ejemplos:

ELOQUENS → PERELOQUENS
GRANDIS → PERGRANDIS

En castellano conservamos adjetivos derivados de tales formas, pero sin conciencia de su formación, por ejemplo: «perdurable».

En leonés, sin embargo, es un procedimiento vigente: perbobo, perciego, perblanco...

En cuanto al prefijo SUPER:

1) Resultado vulgar → «sobresaliente»

2) Resultado culto → «superbueno», «superfino».

También en castellano se usan otras partículas para insistir en la cualidad expresada por un adjetivo: «rebueno», «requetemalo», «archipobre», «archipícaro»... y frecuentemente se dan formas que expresan el grado superlativo a través de una acumulación de procedimientos, por ejemplo: «requetebuenísimo».

— También es un procedimiento vigente para expresar el superlativo absoluto, si bien ya no un procedimiento orgánico o sintético, el uso de diversos adverbios ante el positivo: «extraordinariamente bueno», «increíblemente malo»...

— Asimismo puede expresarse el superlativo mediante una reiteración: «hay muchas, muchas almas». A veces, se da la reiteración con la conjunción copulativa «y»:

«sufre muchas y muchas y muchas flaquezas»

b) *Relativo:* rige con «de»: «el mejor de»... Ejemplos:

«el mejor de la clase»
«el más alto de los dos».

4.7. Colocación del adjetivo calificativo atributivo

Adjetivo atributivo es el que modifica al sustantivo dentro del sintagma nominal.

En *latín clásico* se anteponía normalmente el adjetivo atributivo al sustantivo calificado. Ejemplos:

«summa prudentia»
«naturalis sensus»

Excepciones:

a) El adjetivo derivado de un nombre propio se posponía al sustantivo: «populus Romanus», «bellum Gallicum»...

b) Otra excepción se daba cuando el sustantivo tenía una sola sílaba, en cuyo caso el adjetivo iba detrás: «spes bona», «res nova»...

Una colocación inversa era enfática, daba especial relieve al adjetivo (fórmulas religiosas etc.).

Este estado de cosas cambió radicalmente en *latín vulgar*. La posición excepcional en latín clásico, en latín vulgar deja de serlo. En la «Peregrinatio» es habitual la posposición para todo adjetivo que no esté cargado de expresividad o valoración.

En *castellano* encontramos adjetivos prenominales y posnominales. No obstante, el orden del atributivo respecto del sustantivo no es arbitrario. Según Lapesa, depende de una serie de factores (que determinan o favorecen la colocación del adjetivo):

1) El carácter de la atribución (lógica, objetiva: pospuesto/afectiva, subjetiva: antepuesto). Ejemplos:

«la casa nueva de...» (la novedad es objetiva).
«la nueva casa» (la novedad es subjetiva)

2) La necesidad de tal atribución (si especifica al sustantivo determinando a qué clase se refiere o si se limita a explicar añadiendo una cualidad no necesaria para la identificación del sustantivo). Ejemplos:

«El *joven* pastor cuidaba las *blancas* ovejas» (los adjetivos «joven» y «blancas» añaden unas cualidades no necesarias para la identificación de los sustantivos «pastor» y «ovejas»).

«El pastor *joven* cuidaba las ovejas *blancas,* el viejo, las manchadas» (los adjetivos «joven» y «blancas» especifican a los sustantivos «pastor» y «ovejas»).

ponderación — adjetivo prescindible (antepuesto)
especificación — adjetivo imprescindible (pospuesto).

3) El carácter semántico del adjetivo (puede considerarse la cualidad como inherente al sustantivo o como no inherente).

Teniendo en cuenta tales factores Lapesa distingue varias clases de adjetivos:

a) *Adjetivos valorativos.*

Son adjetivos que normalmente expresan cualidades susceptibles de valoración subjetiva (estados de ánimo, actitudes diversas...), por lo tanto son los que más a menudo preceden al sustantivo. Ejemplos:

> «Tiene mala fama»
> «Bonita jugada nos han hecho»
> «Buscaba tiempo para rehacer la endiablada falta»

Muchas veces el uso frecuente de la anteposición como expresión de nociones subjetivas ha hecho que el significado del adjetivo sea diferente según su posición. Ejemplos:

> «un pobre hombre» # «un hombre pobre»
> «una gran mujer» # «una mujer grande»

Estos adjetivos valorativos pueden posponerse cuando la atribución es de carácter más objetivo o tiene propósito especificador. Ejemplo:

> «El hombre *honrado* es buen trabajador»
> ↑ especifica la clase de hombre.

Sin embargo, hay casos en que el adjetivo designa la clase de sustantivo a la que se refiere y va antepuesto. Tal ocurre con los superlativos relativos que necesariamente son seleccionadores y no obstante tienden a ir antes del nombre. Ejemplos: «el peor camino», «los mejores alumnos».

b) *Adjetivos descriptivos.*

Expresan cualidades objetivas. Son menos propensos que los anteriores a colocarse delante del nombre, sobre todo si son especificadores: «caballo corredor»; solamente se antepone cuando se trata de dar relieve expresivo al adjetivo: «tanta gruessa mula».

Cuando el adjetivo descriptivo no especifica sino que añade una cualidad no necesaria para entender a qué objeto se refiere puede colocarse antes del nombre: «la verde hierba».

A pesar de ser una cualidad objetiva «verde», en este caso es inherente al sustantivo, luego tiene valor más expresivo que seleccionador.

c) *Adjetivos de relación o pertenencia.*

No expresan propiamente cualidad sino situación, nacionalidad, materia o clase a la que pertenece el sustantivo. Estas nociones, al ser más conceptuales, más objetivas, que las expresadas por los adjetivos descriptivos, hacen que estos sean los que más se resisten a ir delante de un sustantivo. Ejemplos: «varones castellanos», «la familia real», «la pintura flamenca»... (aparecen generalmente detrás del sustantivo).

Las anteposiciones se deben a desviaciones semánticas: frente a «vía férrea» / «la férrea mano».

d) *Cuasi determinativos.*

Son adjetivos y participios cuyo significado y función son muy semejantes a las de ciertos demostrativos, ordinales o cuantitativos, por lo tanto tienden a la posición habitual de los determinantes, es decir, la anteposición. Ejemplos:

«la referida historia»
«la siguiente estación»
«la próxima temporada»

Hay ciertas *anteposiciones formularias,* ciertos grupos de palabras cuyo orden está fijado por la costumbre y es invariable:

1) El adjetivo más un sustantivo a veces equivale a un solo sustantivo, por designar una misma cosa. Ejemplos:

«La Sagrada Escritura»
«El Romano Pontífice»

Sin unidad de contenido hay también cantidad de ellos, como: «libre albedrío», «patria potestad», etc.

2) El grupo a veces forma parte de locuciones, que son sustantivo, como: «alta mar» ... Adjetivos como: «de alta tensión», «de cortos alcances»... El orden no se puede alterar.

3) Hay calcos de fórmulas extranjeras:

«libre cambio»
«alta costura»
«alto nivel»

4) Otras veces son locuciones anquilosadas: «prolongados aplausos», «leve mejoría»...

Por último hay que tener en cuenta, además, los gustos literarios y los distintos niveles del lenguaje, así como las circunstancias sintácticas en que aparece el adjetivo, circunstancias que favorecen o impiden la anteposición o la posposición.

1. Desarrollo de la anteposición por influjo literario.

En la lengua escrita han influído factores culturales para acrecentar la anteposición del adjetivo. El punto de partida ha sido el estudio del «epitetum ornans».

El término «epíteto» se aplica en diversos sentidos; aquí lo usaremos para designar todo adjetivo o equivalente de adjetivo empleado con finalidad estética.

Una tradición literaria secular ha situado el epíteto atributivo delante del sustantivo. Esta apenas asoma en textos romances y dialectales de los siglos XII y XIII. En esos textos se emplean pocos adjetivos y casi no anteponen sino los valorativos realzados por el afecto o ponderación. Ejemplo:

«Sodes ardida lança» (Mio Cid)

En el Cantar hay solamente un ejemplo de anteposición donde el propósito estético es indudable:

«un vergel con una *limpia font*»
↑   tiene un propósito de belleza y es un tópico
retórico de composición de la Edad Media.

A partir del siglo XIV el influjo retórico y latinizante fomenta la anteposición del adjetivo, no sólo de los epítetos explicativos sino incluso de algunos especificativos.

Ejemplos: «la ordenada caridad», «humanal cosa»...(Arcipreste de Hita).

Cuando la anteposición es más frecuente es en el siglo XV, cuando se gusta del empleo de muchos adjetivos.

En el siglo XV con el gusto por miembros largos en la frase, entran en el idioma multitud de adjetivos innecesarios para la lógica y que se colocan ante el sustantivo:

«los buenos fechos de los pasados e vertuosos caballeros»
«las sonoras melodías».

En suma, la adjetivación hasta entonces parca, empieza a prodigarse, con frecuente anteposición al sustantivo. No siempre hay diferencia de función entre los calificativos antepuestos y pospuestos como se aprecia en el ejemplo:

«La eloquencia dulçe e fermosa fabla» (Santillana).

Todo el siglo XV está lleno de estos usos. En el Siglo de Oro, culmina —en la época de Carlos V— la tendencia a eliminar el amaneramiento latinizante. La norma general del lenguaje era la expresión llana, libre de afectación, pero depurada según el gusto cortesano. En la adjetivación esta naturalidad y precisión se refleja en el uso de los epítetos para destacar, dentro de la visión

110

platónica, las cualidades con las que los seres y cosas respondían mejor a sus arquetipos:

> «el solitario monte»
> «dulce primavera»
> «el blanco lirio y colorada rosa».

La anteposición selectiva es el medio para lograr este propósito, esto es, permitir que la descripción bella de la naturaleza le acerque a la idea platónica. Esta tendencia se exagera por algunos autores en el Barroco y en el español moderno resulta empalagosa, porque a fuerza de repetirse pierde su valor originario y pasado el platonismo queda como una imitación artificiosa.

En general, entre los autores modernos hay una tendencia a rehuir la anteposición excesiva.

2. *Acción de las circunstancias sintácticas contextuales.*

a) Si aparece más de un adjetivo, bien yuxtapuestos, bien unidos por conjunción pueden aparecer por delante o detrás del sustantivo como si se tratara de un solo adjetivo. Ahora bien, cuanto mayor sea el número de adjetivos más posibilidades habrá de que estos se pospongan al sustantivo. Ejemplos:

> «mezquino y avariento hombre»   Si son más de dos aumenta la situación
> «la negra malmascada longaniza»   forzada.

b) Que el adjetivo vaya modificado por algún complemento, es decir, adjetivos con adverbios: los que son de gradación no dificultan la anteposición, como «muy», pero otros la fuerzan:

> «el tarde arrepentido amigo»   .

por ser más forzada la anteposición se puede emplear con más intención retórica: «¡O fuerte y sobre todo encarecimiento animoso Don Quixote» (Cervantes).

c) Que el sustantivo vaya acompañado de algún complemento: el calificativo adjunto a un sustantivo con preposición tiende a colocarse ante dicho sustantivo:

> «la noble ciudad de Cartago»
> «una delgada tortilla de cera» (Lazarillo)

Hay tendencia a dejar el sustantivo en el centro, primero el calificativo y después la determinación con «de».

No obstante, no es forzosa la anteposición: «con la falta grande de virtud».

Hay autores que, en contra de la anteposición del adjetivo, usan la posposición, incluso cuando el sustantivo lleva «de»:

«silencio reducido del eclipse»
«los velos incoloros del oriente»

d) Puede suceder también que se interpongan otras palabras entre el calificativo y el sustantivo. Así, por ejemplo, por expresividad es frecuente en el Mio Cid la interposición del verbo:

«gentes se le allegan grandes»
«aver trae monedado»
«un sueño prisol dulce»

El descuido o vivacidad contribuyen también a este tipo de estructuras.

Junto a esta separación expresiva hay otra estilística procedente de la imitación del hipérbaton latino. Enrique de Villena inicia estos desplazamientos:

«las heroicas alcançaron virtudes»
«Divina me puedes llamar Providencia» (Juan de Mena)
«largas se sufren tristezas» (La Celestina).

En los siglos XVI y XVII sólo hay ejemplos en poesía; en Garcilaso, Herrera y Góngora se usa esto: «luminosas de pólvora saetas» (Góngora). Incluso Quevedo: «Los relámpagos de risa carmesíes».

4.8. El adjetivo calificativo no atributivo.

Lapesa estudia, además del atributivo, otras construcciones en que aparece el adjetivo calificativo en castellano. Distingue:

1. Adjetivo predicativo.
2. Adjetivo adverbializado.
3. Adjetivo en claúsulas absolutas.
4. Adjetivo incidental.

1) *Adjetivo predicativo:* es el que modifica al sustantivo a través de un verbo. Este verbo puede ser copulativo (simple nexo de unión) o no. El adjetivo predicativo puede referirse tanto al sujeto como al objeto directo de la oración.

a) *Adjetivo predicativo referente al sujeto.*

— Desde los primeros textos romances se encuentra el adjetivo en función predicativa con el verbo «ser» como nexo. Ejemplos:

«gaudioso [s] segamus» (Glosas Emilianenses)
«Antes fu minguado, agora rico so» (Mio Cid).

El verbo «ser» fue, pues, el primero en utilizarse como copulativo. En cuanto al verbo «estar», aparecen ejemplos, aunque escasos, desde el siglo XII:

«Firme estido Per Vermudoz» (Mio Cid)

— Como construcción particular, peculiar del castellano antiguo, se pueden destacar las perífrasis formadas por adjetivos terminados en -or y el verbo «ser», que equivalen a un tiempo del verbo correspondiente al adjetivo. Ejemplos:

«Torneste de Egipto, do eras morador» (donde vivías)
«ser recibidor» equivale a «recibir»
«ser sabedor» equivale a «saber»

Incluso se registra «ser poderoso» (aunque no acaba en -or) como sinónimo de «poder».

También se encuentran perífrasis de este tipo con adjetivos terminados en -ant(e), -ient(e) que aún no habían perdido su originario valor participial.

«Todo ombre que sea tenient» (= que tenga)

— Además, el adjetivo en función predicativa puede unirse a cualquier otro tipo de verbos:

● Unas veces el verbo mantiene su valor semántico originario:

«limpia salié la sangre» (Mio Cid)
«espantáronse todos porque tan triste veníe» (Apol.)
«iba distraído», «llegó puntual»...

● Otras veces el significado del verbo se atenúa o se desvía de su sentido original y cumple una función semejante a la de los verbos copulativos. Hay ejemplos atestiguados desde el siglo XII.
«Los otros bien pueden fincar pagados» ('quedar contentos') (Mio Cid)
Es lo que ocurre, por ejemplo, con el verbo «andar» («anda ocupado»), del que tenemos ejemplos (en esta función atributiva, -copulativa-) desde el castellano medieval:

«Iffantes de Carrión mucho alegres andan». (Mio Cid).
Otros ejemplos actuales: el verbo «caer» en «me cae antipático», «caer enfermo»...

b) *Adjetivo predicativo referente al objeto directo del verbo.*

Abunda también en todas las épocas del idioma y con verbos de muy variada significación. Lapesa distingue varios tipos englobados en dos apartados:

1) Cuando el adjetivo expresa cualidades o estados no provocados ni mantenidos por la acción verbal: «lo cogieron desapercibido». Uno de los

ejemplos más típicos es el de la cualidad referida a una parte del cuerpo que es representada por el O.D.:

«tiene las manos blancas»
«el cuerpo ha bien largo».

2) Cuando el adjetivo expresa una cualidad o estado provocados o mantenidos por la acción del verbo. Es el caso, por ejemplo, del verbo «hacer» en:

«Por siempre vos faré ricos, que non seades menguados»
«Me han vuelto loco»
«Cosas así hacen grata la vida»

A veces, el objeto directo puede no expresarse, cuando corresponde a una idea general:

«Las riquezas no hazen rico, mas ocupado; no hazen señor, mas mayordomo» (La Celestina).

• En cuanto al *orden de colocación* del adjetivo predicativo: tiene gran libertad. La mayoría de las veces aparece a continuación del verbo, como hemos visto en los ejemplos anteriores. Puede situarse entre el verbo y el sujeto («sube alegre la serrana»), o entre el verbo y el objeto («tiene azules los ojos»). También se encuentra a menudo tras el sujeto, objeto o complementos pospuestos al verbo: «entró Sancho en la sala todo asustado», «salió de la venta tan contento», «puso a la marquesa tan angustiada», etc.

El que aparezca ante el sujeto, objeto y verbo es mucho más infrecuente; sólo se atestigua en el lenguaje poético o en la prosa muy elaborada: «azules los ojos tenía», «la fortuna contraria se mostraba», «inquieto don Juan estaba»... Lo que no puede el predicativo es situarse entre el artículo (u otro elemento determinante) y el sustantivo, o entre el sustantivo y un elemento determinante, lugares que están reservados al adjetivo atributivo: *«estaba el bochornoso tiempo», *«ví al hombre cambiado aquel».

• Hay que advertir que el *sustantivo* puede aparecer en *función predicativa*. Por ejemplo, el sustantivo que indica el parentesco que une al sujeto con el objeto directo. En castellano antiguo con el verbo «haber» el sustantivo predicativo solía ir sin preposición: «yo las he fijas», «Madre te a e fija», etc.

Junto a este uso se desarrolló el de «haber por» («por hermanos me los hube»), que, con sustitución de «haber» por «tener» es el hoy vigente («tener por mujer»).

• Hasta ahora, hemos estudiado el adjetivo (o sustantivo) predicativo directamente ligado al verbo; pero con gran frecuencia, el enlace se produce mediante las preposiciones «por», «de» o la conjunción «como». Estas partículas que unen el predicativo y el verbo pueden tener diversas funciones.

114

Unas veces se integran con el verbo en fórmulas fijas, capaces de significados que los verbos solos no poseen (así por ejemplo «tener por», 'considerar, estimar', frente a «tener» 'poseer, mantener').

Otras veces puntualizan cómo ha de entenderse la predicación («dexáronlas por muertas», «estar como loco» frente a «dejarlas muertas», «estar loco»).

En muchas ocasiones introducen predicativos como determinación obligatoria o habitual del verbo («acusar de», «quedar por», «jactarse de»...) o de un conjunto de verbo y pronombre afijo («echárselas de», «dárselas de»...). Y abundan casos en que no añaden nada a la predicación sin partícula, según se ve en dobletes como «elegir por / elegir», «nombrar por o de / nombrar», «juzgar por / juzgar», etc.

2) *Adjetivo adverbial.*

Es el adjetivo usado con valor de adverbio. Ya desde el latín se usaba con valor de adverbio el acusativo neutro del adjetivo. Ejemplos:

«Inmanis, -e» 'mostruoso, desmesurado...' / «inmane» 'horriblemente'.
«fortis, -e 'fuerte, robusto' / «forte» 'por casualidad'

Por otra parte, existían en latín adverbios como «falso, multo, quanto, subito...» cuyos resultados romances coinciden, en cuanto a la fonética, con los correspondientes adjetivos.

La afinidad funcional entre el adjetivo predicativo y el adverbio producía frecuentes alternancias. Así por ejemplo, lueñe < LŎNGE, que si bien ha mantenido su uso adverbial, se encuentra como adjetivo desde Alfonso el Sabio («Aquel rey de lunnes logares»). No obstante, en castellano es más poderosa la tendencia a adverbializar el adjetivo.

Lapesa distingue entre adverbializaciones consolidadas: primero, claro, pronto, alto, fácil, seguro..., y adverbializaciones ocasionales, abundantes en todo tiempo:

«Fabló mio Çid bien e *tan mesurado*» (Mio Cid)
«*Fermoso* sonrisava» (Mio Cid)
«Y nuestros fuertes *súbito* cessaron» (Herrera)
«Sus ojos grises nos miraban *fijo*» (Ana M.ª Matute)

Son adjetivos que, como en estos casos, cumplen la función de adverbios.

La diferencia entre el adjetivo adverbializado y el adjetivo predicativo (que de algún modo tiene sentido adverbial) está en que el primero aparece como palabra invariable, sin marcas de género y número, mientras que el adjetivo propiamente dicho ha de concordar necesariamente con el término que modifique. No obstante, las fronteras entre adjetivo y adverbio no están del todo claras.

Así, por ejemplo, en el Mio Cid se dan casos en que, a pesar del sentido exclusivamente adverbial, subsiste la concordancia con el sustantivo.

«nuevos son llegados» (=recientemente)
«dos peones solos» (=solamente).

Asimismo habría que mencionar las *locuciones adverbiales* que en latín estaban formadas por una preposición y un adjetivo neutro en acusativo o ablativo: «de novo», «de improviso», «ad ultimum», «in publicum»... Muchas de estas construcciones perduran en castellano, pero además, a imitación de éstas, se han creado otras muchas. Así en el Mio Cid encontramos: «a derecho» ('según justicia'), «afarto» ('sobradamente'), «en cierto» ('ciertamente'), etc.

Ejemplos actuales: «a menudo», «a salvo», «de pronto», «en vano», «de seguro», etc.

3) *Adjetivo en claúsulas absolutas.*

Son las formadas por adjetivos o participios que acompañan a sustantivos en construcciones herederas del ablativo absoluto o ablativo de circunstancia concomitante, por ejemplo: «las espadas desnudas, a la puerta se paravan» (Mio Cid).

Como ya vimos al estudiar «Los casos latinos: restos sintácticos y sustitutos en español», el adjetivo o participio puede anteponerse o posponerse al sustantivo. La posposición predominó hasta mediados del siglo XVI («la misa dicha»), pero desde entonces se prefiere la anteposición.

4) *Adjetivo incidental.*

Lapesa llama incidental al adjetivo que mantiene cierta autonomía, marcada formalmente por su libertad de colocación y por estar separado mediante pausas, sin llegar a formar claúsulas absolutas. No está ligado al nombre tan estrechamente como el adjetivo atributivo, ni tiene con el verbo la clara conexión del predicativo. Ejemplos:

«Don Endrina es entrada, bien loçana e orgullosa» (Juan Ruiz).
«Mal herido y bien curado, / se alverga un dichoso jouen» (Góngora).

A este tipo de adjetivos se les ha llamado «apositivos», pero Lapesa prefiere reservar el término de «aposición» para la modificación de un sustantivo por otro («el rey don Pedro», «hombre rana»...).

Puede anteponerse al cuerpo de la oración, interrumpirla como paréntesis, o añadirse después. Los escritores modernos suelen separar con comas el adjetivo incidental, pero cuando no lo hacen, como no hay signo gráfico para su peculiar entonación, no siempre es fácil distinguirlo del atributivo o del predicativo. En textos de otras épocas, no punteados o con puntuación diferente a la nuestra, el margen de interpretación puede ser grande.

El adjetivo incidental puede ir precedido por las conjunciones «como», «aunque», «mientras», «si» y en castellano antiguo «maguer», «maguera», «pero que», etc.

«querié, pero que malo, bien a Sancta María» (Berceo)
«Metióse Apolonio, maguer mal adobado / con ellos al trebeio» (Apolonio).

Suele admitirse que en estas construcciones hay elipsis de los verbos «ser» o «estar» con pronombre relativo o sin él. Ejemplos:
    «Elena (que estaba) muy bizarra»
    «la dueña (que es) parlanchina»
    «aunque (soy) labrador».

BIBLIOGRAFIA

ERNOUT, A., *Morphologie historique du latin*, Librairie C. Klincksieck, París, 1953
IORDAN, I. y MANOLIU, M., *Manual de lingüística románica*, tomo I, Edit. Gredos, Madrid, 1979.
LAPESA, R., «La colocación del calificativo atributivo en español» en Homenaje a la memoria de D. Antonio Rodríguez Moñino, Edit. Castalia, Madrid, 1975.
LAPESA, R., «Sintaxis histórica del adjetivo calificativo no atributivo» en Homenaje al Instituto de Filología y Literaturas Hispánicas, «Dr. Amado Alonso» en su cincuentenario 1923-1973, Buenos Aires, 1975.
MENENDEZ PIDAL, R., *Manual de gramática histórica española*, Edit. Espasa-Calpe, Madrid, 1977.
VÄÄNÄNEN, V., *Introducción al latín vulgar*, Bibl. Universitaria, Edit. Gredos, Madrid, 1972.

5

Aposición, adjetivación y sustantivación

5.1. Hay nombres que por naturaleza valen tanto para desempeñar la función de sustantivos como la de adjetivos. Otros, adscritos de ordinario a una de las dos categorías, asumen funciones de la otra, ya ocasionalmente, ya con cierta fijeza consolidada por la costumbre. Los grados de tales tránsitos son muy variados, desde la aposición a la sustantivación o adjetivación completas. Además, junto a cambios funcionales del sustantivo o del adjetivo se encuentran construcciones donde el papel sustantivo está encomendado a un artículo.

5.2. La aposición.

Empleamos aquí el término de aposición en un sentido estricto, es decir, en el de explicación, comentario o especificación de un sustantivo o equivalente por otro sustantivo o equivalente, sin que entre ellos medien preposiciones. Las aposiciones pueden ofrecer una estructura bimembre o unimembre, según haya o no pausa entre sus dos componentes. Las estructuras bimembres suelen corresponder a comentarios o precisiones ocasionales, mientras que las unimembres son propias de fórmulas más estables, cuya cohesión se aproxima algunas veces a la de los nombres compuestos. Pero la estructura prosódica no depende sólo de la mayor o menor consistencia del grupo: basta que uno de los componentes esté acrecido por atributos o complementos de cierta longitud para que sea necesaria la pausa y con ella la estructura bimembre.

5.2.1. Estructuras apositivas bimembres.

Las hay de diversa composición:
a) En los grupos de nombre propio o apelativo actualizado +apelativo con adjetivo o equivalentes, la aposición suele servir de aclaración o comentario sin carácter especificativo:

«¡Ya doña Ximena, la mi mujer tan complida!» (Mio Cid 273)
«Martín Muñoz, el que mandó a Mont Mayor» (Mio Cid 738)
«Félix Muñoz, so sobrino del Campeador» (Mio Cid 741)

119

«Molina, buena e rica casa» (Mio Cid 1550)
«El sancto arçobispo, un leal coronado» (Berceo 58)
«Movióse la tempesta, una viella brava» (Berceo 591)

b) La construcción inversa, con apelativo en el primer término y nombre propio en el segundo, confiere a éste un papel de especificación o por lo menos de recordatorio identificador:

«Verán a sus esposas, a don Elvira e a doña Sol» (Cid, 2181)
«Con él va ese traidor, el traidor de Pero Gil» (Romancero)

c) En las estructuras bimembres cuya segunda parte está constituída por artículo+adjetivo o equivalente de adjetivo, el artículo representa anafóricamente al sustantivo mencionado en la primera parte; por lo tanto, ejerce función sustantiva. Estas aposiciones pueden ser *especificativas*:

«¿Dó mi gallina, la ruvia de la calça bermeja o la de cresta partida?» (Corbacho, 124)

Pero también las hay *ponderativas*, destinadas a poner de relieve una cualidad o aspecto:

«La Muerte, la celosa, por ver si me querías, como a una margarita de amor te deshojó» (Rubén Darío)
«Pedro, el infeliz, no supo qué contestar»

5.2.2. Estructuras apositivas unimembres

Comprenden gran variedad de tipos:
a) Entre las de dos sustantivos están las de título+nombre propio (don Rodrigo; mío Çid Ruy Díaz; Minaya Alvar Fáñez; San Pedro; Maese Pérez; Fray Juan) y las de título+nombre común (don abbat, señor gobernador). Es notable la desviación semántica de *don*, habitual signo de respeto, cuando subraya por antífrasis un insulto: don descortés, don ladrón; igual ha ocurrido con señor > seor > seó > so, en los actuales denuestos so fresco, so idiota, so sinvergüenza.
Cuando el título es un nombre común, capaz de tener uso independiente va —al igual que cualquier apelativo— precedido por el artículo, salvo en vocativos: el rey Alfonso, el conde don García, el señor Martínez, el doctor Letamendi; lo mismo que «la pastora Marcela» o «el señor ministro»; pero en la lengua antigua es frecuente la ausencia de artículo: «por amor de rey Alfonso» (Cid, 1240), «Señor Sancto Domingo de primas fue pastor» (Berceo, Sto. Domingo, 31a); «Conde Claros por amores no podía reposar» (Romancero).

b) En denominaciones geográficas la aposición «el río Duero», «el monte Calvario» contendió en la Edad Media con la determinación con *de*: «el río *de* Ebro».

c) En textos épicos y otras narraciones medievales hay estructuras unimembres con nombre propio seguido de artículo+apelativo. Unas son del tipo «entrand commigo en Valençia la casa» (Cid, 1606), «por llevar el enfermo a Silos la mongía» (Berceo, Sto. Domingo, 407), «Montes de Oca el castillo» (Romancero, Durán 737), donde el apelativo parece precisar el sentido del nombre propio (Valencia, no la región ni la huerta, sino «la casa», esto es, 'la ciudad'; Silos, no la villa, sino 'el convento'), pero que en otros casos como «París, la ciudad» (Romancero, Primav. 175) son mero equivalente de *la ciudad de París, la casa de Vivar, el robredo de Corpes*, atestiguados desde los orígenes como uso general. La contienda entre las dos construcciones parece arrancar de la alternancia latina entre la aposición clásica *urbs Roma* y el genitivo *urbs Romae*, extendido en la época imperial y sustituido en latín vulgar o en los albores del romance por **civitate(m) de Roma*.

d) Otro tipo es el de las aposiciones «Carlos el Emperante» (Roncesvalles, 7), «David el varón» (Berceo, Milag. 34 c), «Tarsiana la infanta» (Apolonio 489 a), «Celectrix la reyna» (Alexandre 0, 1710), «Teodor la donzella», en minoría siempre respecto a «la reyna Dido» (Pim. Crón. Gen., 39), «la infante Tarsiana» (Apolonio 365 a), «la doncella Teodora», etc.

e) En los dos tipos, con nombre propio en primer lugar, se encuentran a veces demostrativos en vez de artículo: «De Gozimás aquell varon» (Sta. María Egipciaca, 1066), «Toledo esa ciudad», «Paris esa ciudad» (Romancero Primav., 69, 172, etc.).

f) Sin artículo, reproduciendo exactamente la construcción latina *Romulo rex*, *pro Archia poeta*, hubo hasta el siglo XVII ejemplos como: «don Paulo apóstolo» (Gl. Emil. 137), «Erasístrato médico» (Celestina, I), «David rey», «Isaías profeta», y aún hoy, como supervivencia, «Santa María Virgen», «Paulo Diácono».

g) Grupo especial es el de las estructuras unimembres de nombre propio+artículo+adjetivo o equivalente de adjetivo. En ellas, como en las bimembres de igual composición, el artículo desempeña una función sustantiva. Como las bimembres, también pueden ser especificativas o ponderativas. Ejemplos de especificación: «Alfonso el castellano», (no el Batallador) (Cid, 495), «Mío Cid el de Bivar» (no otros personajes que llevaron el título de Mío Cid, Ibid, 1140), «María la Egipciaca», «don Juan el Segundo», «Castilla la Nueva», «Margarita la Tornera», etc. Ejemplos de ponderación: «Castiella la gentil», «Valencia la clara» (Cid 572, 2611), «Zamora la bien cercada», «Francia la bien guarnida», etc. (Romancero, Primav. 36, 154, 165, etc.), «Angélica la bella», «Camacho el rico» (Quijote, I, 10; II, 19). Los límites entre la especificación y la ponderación no siempre están claros: los sobrenombres de «Alfonso el Sabio», «Pedro el Ceremonioso« o «Juliana la Cariharta» son a la vez distintivos y exaltadores de cualidad.

h) Finalmente hay que considerar los grupos de dos sustantivos en que uno de ellos toma un significado traslaticio que lo habilita para calificar al otro, con lo que asume un papel cercano al de un adjetivo. En la época barroca, por afán de expresión novedosa, rápida y aguda, nuestros escritores prodigan aposiciones como «truxeron toros leones para Hércules cavalleros» (Lope de Vega, El Marqués de las Navas, 883); «¿Para qué te escondes niña gallarda/ que mis linces deseos paredes pasan?» (Id. Fuenteovejuna, II, esc. 16), «¡Oídos, desde hoy cerrad/ puertas a vozes sirenas» (Tirso, Cigarrales, 73); «clérigo cerbatana», «prez mercadería» (Quevedo); «la dama duende» (Calderón).

En la época moderna el ritmo rápido del vivir ha favorecido el desarrollo de agrupaciones como «madre patria», «hombre masa», «ciudad jardín», «hombre rana».

Muchos de ellos son compuestos imperfectos, esto es, son conjuntos fijos que corresponden a significaciones unitarias, aunque cada elemento conserve su acento propio y se escriba separado del otro (pájaro mosca).

En otras ocasiones el sustantivo apuesto se puede aplicar a distintos sustantivos para designar siempre la misma cualidad, con lo que se acerca mucho a la función de adjetivo: buque fantasma, etc.

5.3. **Adjetivación de sustantivos.**

El sustantivo que representa ordinariamente un ser o cosa que se caracteriza por una cualidad determinada puede habilitarse para expresar directamente la cualidad y admite entonces usos de predicado, menos frecuentemente de atributo; asimismo puede emplearse con gradación propia del adjetivo. En el tránsito del latín al romance tuvieron este proceso ACETUM 'vinagre' > acedo; FUNDUS 'fondo, fundamento' > hondo, etc. y en diversas épocas del idioma ha ocurrido igual con buen número de sustantivos en acepciones metafóricas: majadero, calavera, pelmazo... Abunda también la adjetivación de nombres de animales tomados en sentido traslaticio: zorro, mono, lagarto, cochino. Los que como sustantivos en su sentido directo no tienen variación desinencial de género pueden tomarla en sentido figurado o como adjetivos (lechuzo, cuco, -a), o permanecen con una sola forma para los dos géneros (gallina, pelma). Los nombres propios de persona suministran también adjetivos ocasionales: «Conocí que era muger,/ si ansí merece llamarse/ una cara Polifema/ y unos ojos Sacripontes» (Tirso, Cigarrales, 73); quijote, tenorio, etc. Sin cambio semántico, sino sólo gramatical, tenemos «ser muy hombre», «Antonia es muy mujer de su casa», o, en el autorretrato de Rubén Darío: «y muy siglo dieciocho y muy antiguo/ y muy moderno, audaz, cosmopolita».

Caso especial es el de los sustantivos que, en aposición a *color*, lo especifican («color rosa, naranja, grana, violeta, púrpura, corinto»), pero que también se emplean como adjetivos invariables o con sólo variación desinencial numérica («Novia alegre de los labios grana» (Juan Ramón Jiménez); «dos paños violetas», etc. A veces se oponen a un adjetivo de color para precisar el matiz: verde botella, azul pastel, amarillo limón, llegando en ocasiones a formar compuestos: verdemar.

Por otra parte, todo adjetivo de color puede sustantivarse, cosa que sucede con gran frecuencia: «En el azul, la estrella» (A. Machado, Soledades). Un ejemplo de la prensa: «parece que va a haber dos federaciones (asociaciones políticas) de ese tipo. Una agrupará a los hombres del Movimiento de *menor azul* en la camisa fundacional, y la otra, a *los azules* más definidos» (Luis Apostua, *Jornada Española*: «Los primeros», pág. 13, 16 de enero de 1975).

5.4. Sustantivación de adjetivos.

Hay nombres de persona que funcionan indistintamente como sustantivos o como adjetivos: amigo, vecino, joven, viejo, rico, pobre, moro, cristiano, español, francés, etc., y sus correspondientes plurales. En latín la sustantivación del plural se daba fácilmente, sin necesidad de ningún instrumento específico, cuando el nombre estaba empleado en sentido genérico: docti, indocti, probi, improbi, mortales, pauperes, etc. Más rara era la sustantivación del singular, aunque stultus, sapiens, insanus podían valer como «el necio», «el sabio», «el loco»; también con valor genérico.

Refiriéndose a individuos concretos, la sustantivación de participios, escasa en el período clásico, se intensificó en el latín imperial: missi, coniurati, etc.

La literatura cristiana abunda también en otros adjetivos de persona sustantivados: «*Leprosi* mundantur, *surdi* audiunt, *mortui* resurgunt, *pauperes* evangelizantur» (Vulgata, San Mateo, 11,5.).

El español medieval conservaba, en mayor grado que el moderno, esta libertad latina de sustantivación, que podía producirse sin artículo: «Ca non pasan *sobervios* por ende delanteros» (Ayala, Rimado, N, 933); «Apenas uerás que *menesteroso* sea dellas acorrido» (Corbacho, 122).

El artículo se encuentra desde los textos más antiguos y domina en la literatura y el coloquio posteriores: «Qui dat a los *misquinos*» (Gl. Emil., 48); «A los gentiles» (Gl. Sil. 51); «Acorri a los *vivos*, ruega por los *passados*,/ conforta *los enfermos*, converti los *errados*» (Berceo, Loores, 227); «Espantosa cosa es enseñar *el mudo, guiar el çiego*, saltar *el contrecho*» (D. Juan Manuel, *Lucanor*, 332); «Incitar *al tibio*, provocar *al casto*» (Cervantes, Nov. Ejemp.).

El español moderno limita la sustantivación sin artículo a enumeraciones, distribuciones, contraposiciones y empleos en que el nombre sustantivado tiene sentido virtual o categórico: «*ricos y pobres*» «pagar *justos* por *pecadores*», «estar entre *amigos*», «finezas de *enamorado*». La sustantivación con artículo supone algunas veces bilateralidad antitética: «El buen Sancho, pensando ser *el engañador*, es *el engañado*» (Cervantes, Quijote, II, 33). Otras veces sirve para designar por antonomasia a determinados seres personales y, por extensión, a instituciones, movimientos políticos, etc.: «don Ihesuchristo, Fijo de la Gloriosa» (Berceo, Sto. Domingo, 15); el Todopoderoso; el Consolador; «El malo, que todo lo malo ordena» (Cervantes, Quijote, II, 61); el Libertador; la Gloriosa 'la revolución de septiembre de 1868', etc.

De gran eficacia expresiva es la construcción *el pobre de Juan, la taimada de tu prima*, que presenta la cualidad como totalidad y esencia del ser calificado. Se encuentra desde los primeros textos literarios: «El bueno de Minaya» (Cid, 1430): «El negro de mi padrastro» (Lazarillo); «El pobre del juez» (Cervantes, Quijote, II, 49); tiene paralelos exactos o con variantes en las demás lenguas románicas (fr. la coquine de Toinette), lo que postula una base latina común. Probablemente arranca de una construcción *ille bonus Petri*, que hubo de surgir como variante de *Petrus ille bonus* o *ille bonus Petrus* paralelamente al desarrollo de *urbs Romae* junto a *urbs Roma*; en los dos casos el genitivo aposicional fue reemplazado más tarde por la determinación con *de*: *ille bonus de Petro, *civitate de Roma.

El adjetivo sustantivado se resiste más o menos a ser modificado por palabras que desempeñan función adjetiva. Esta mayor o menor resistencia depende, por una parte, de que la sustantivación sea, en el caso concreto de cada adjetivo, fenómeno habitual, frecuente o raro; por otra parte depende también del carácter de la palabra modificadora. Los adjetivos usados frecuentemente como sustantivos admiten toda clase de determinativos: el sabio, un sabio; nuestro, aquel, cualquier, algún sabio; «*los pocos sabios* que en el mundo han sido» (Fr. Luis de León). Cuando la sustantivación está menos consolidada, se da con el artículo *el, la,* pero no con otros determinativos (*el humilde, el inteligente, el sincero;* o en plural, *los humildes,* etc., pero no *un humilde, unos inteligentes, aquel sincero*).

Más facilidad hay para la aplicación de calificativos, posible en toda sustantivación: «un ignorante soberbio» (Lope de Vega), «un sabio distraído», «ciertos irritables eruditos», «el inteligente obcecado puede llegar a la insensatez».

BIBLIOGRAFIA

LAPESA, Rafael. *Historia de la lengua española*, Gredos, Madrid, 1980.

6

Los numerales

Desde el punto de vista funcional eran adjetivos en latín. El que se agrupasen separadamente entonces y ahora se basa en el valor semántico que tienen en relación con los calificativos. Mientras que estos expresan cualidades, los numerales limitan el contenido semántico del sustantivo, al que añaden un valor numérico más o menos preciso. Se dividen en:

6.1. **Cardinales.**

Limitan el contenido semántico del sustantivo de modo preciso. En latín, solamente los tres primeros y los plurales de CENTUM eran declinables:

1. UNUS, -A, -UM.

En castellano, solamente en este cardinal se da la oposición de género masc./fem., por influjo de los adjetivos calificativos de tres terminaciones (BONUS, A, -UM) en cuya flexión fue incluido.

ŪNUM > uno/una < ŪNAM

Cuando está en posición proclítica se da la apócope de «uno» («He comprado un libro»). Asimismo la forma «una» pierde la -a final, cuando se halla en posición proclítica y le sigue una palabra que empieza por á- tónica («no ví ni un alma»).

Es importante el hecho de que UNUS, UNA hayan asumido en romance la función de artículo indeterminado. No obstante, esta opinión no es compartida por todos los lingüistas. Así, hay algunos autores que piensan que «uno», «una» no son más que adjetivos numerales.

Otros, sin embargo, señalan que si sólo actualizan un elemento desconocido tendríamos un artículo, mientras que si hay una idea de orden dentro de un subconjunto o conjunto mayor tendríamos un numeral.

Estas formas «uno», «una», carecen de plural si se limitan a significar la unidad. No obstante, hay formas en plural que mantienen el significado de unidad («unos pantalones», «unas gafas»), es el llamado «pluralia tantum» (forma plural, contenido singular).

2. DUO, DUAE, DUO.

Tiene una sola forma para ambos géneros: DŬOS > *doos > dos.

En castellano antiguo existía la forma femenina: DUAS > duas, dues, donde la «a» se cierra por asimilación a la «u». Esta distinción desaparece a lo largo del siglo XIII. En el siglo XIV ya no se encuentra.

3. TRĒS, TRIA.

Tiene una sola forma. TRĒS > tres.

4. DEL 4 AL 10.

QUATTŬŎR > cuatro

Pérdida del 2.º wau por disimilación. Metátesis de la consonante final. Simplificación de la consonante geminada. Conservación del 1.er wau porque le sigue una vocal tónica y abierta.

QUĪNQUE > cinco

Pérdida del 1.er wau por disimilación (oclusión velar seguida de una labio-velar semiconsonante), que ya parte del latín vulgar; es absorbida por la consonante velar pues no va seguida de vocal de media o máxima abertura. El 2.º wau también se pierde por la misma razón. Esto es: [kwiŋ Kwe] > [kiŋ kwe] «cinque» > cinco. La -o final se explica por analogía con el resto de los numerales que acaban en -o.

SĔX > seis

Desarrollo normal del grupo «ks» en posición implosiva. La «k» ha generado una «i» semivocal que ha impedido la diptongación de Ĕ breve tónica.

SĔPTEM > siete

Diptongación de Ĕ breve tónica. -PT- > -TT- > -t-. En la Edad Media se da la variante «siet» apocopada.

ŎCTO > *oito > ocho

La Ŏ breve tónica no diptonga por el grupo KT > ịt > ĉ.

NŎVEM > nueve. Diptongación de Ŏ breve tónica.

DĔCEM > *dieze > diez.

5. DEL 11 AL 19.

Presentaban irregularidades en su formación. Hasta el 17 el procedimiento empleado era la composición directa (yuxtaposición): cardinales del uno al siete y la forma DĒCIM. Este procedimiento es reemplazado en el caso del 18 al 19 por la composición no directa a través de un elemento de unión («de»): procedimiento de resta y no de suma: VĪGINTĪ: DUODEVĪGINTĪ= 20 − 2= 18. UNDEVĪGINTĪ= 20 − 1= 19.

Junto a estas formas se empleaban variantes analíticas como: dĕcim et sex, dĕcim et septem, etc., que explican los cardinales modernos del 16 al 19.

Once < ŬNDĔCIM (lat. vg. ŬNDECĔ). Pérdida de la nasal final -M.

-k^e > [ẑ] «z» dento-alveolar africada sonora: *ondeze → ẑ=ŝ → ŝ > θ, interdental fricativa sorda. Pérdida de la vocal postónica: *ondze. Eliminación de la consonante intermedia: onze → once.

Otra explicación sería que k^e haya evolucionado después de la pérdida de la vocal postónica, dando un resultado sordo [ŝ] «ç», que posteriormente se sonorizó por influencia dialectal: los alomorfos «dolze, trelze» (formas leonesas usadas también en castellano antiguo) han podido influir para sonorizar analógicamente la sorda.

Doce < DUŌDĔCIM (lat. vg. DŌDĔCE).

Pérdida de la nasal final -M. Eliminación del wau desde el latín vulgar para deshacer el hiato. Pérdida de la vocal postónica: *dodçe > dolze, trueque de la dental en líquida y sonorización de la dentoalveolar africada sorda [ŝ] al quedarse en posición intervocálica, ya que las líquidas para los efectos funcionan como vocales.

Otra explicación sería que -k^e hubiese evolucionado antes de la caída de la vocal postónica: *dodeze > dodze > doze > doce.

Trece < TREDĔCIM

Pérdida de la nasal final -M. Pérdida de la vocal postónica: *tredçe > trelze, trueque de la dental en líquida y sonorización de la dento-alveolar africada sorda [ŝ] al quedarse en posición intervocálica, ya que las líquidas para los efectos funcionan como vocales.

Otra explicación sería que -k^e hubiese evolucionado antes de la vocal postónica: *tredeze > tredze > treze > trece.

Catorce < QUATT(U)ORDĔCIM

Desaparece el wau por no seguirle una vocal tónica. Reducción de la consonante geminada. Eliminación del 2.º wau desde el latín vulgar para deshacer el hiato. No se produce metátesis de la vibrante, pues no va en posición final como en QUATTUOR. Pérdida de la «e» postónica. Sonorización de la dento-alveolar africada sorda.

Quince < QUĪNDĔCIM

Pérdida del wau por no seguirle una «a» o una «o» tónica (la «u» es sólo grafía). Pérdida de la vocal postónica. Sonorización de la dento-alveolar africada sorda.

Dieciséis < DĔCIM ET SEX lat. vg. (la forma del lat. clásico no prosperó: SĒDĔCIM > sedze, seze, formas que se dan en castellano antiguo).

Esta tendencia analítica invadió en castellano antiguo hasta el número 12, y así se dijo en algunas regiones: «diez e dos», «dizedós», «dizetrés»... pero en la lengua moderna solamente se usa desde el 16 al 19, y en vez de SEPTENDĔCIM se adoptó la forma analítica DĔCEM ET SEPTEM, y lo mismo, por OCTODĔ-CIM y NOVENDĔCIM se dijo DĔCEM ET OCTO, DĔCEM ET NOVEM. En castellano antiguo se reduce el diptongo de «diez» diciendo «dizesiete», «dizeocho»...

6. LAS DECENAS.

Se conservan los numerales latinos correspondientes:

Véinte < VĪGĬNTĪ

La velar sonora en posición intervocálica se pierde. La -Ī inflexiona la vocal tónica de tal modo que -Ĭ- que debería dar «e» se conserva como «i»: veínte.

La Ī da «e» por disimilación: veínte > véinte, desplazamiento del acento a la vocal más abierta, destruyéndose el hiato y formándose un diptongo.

Formas del cast. antiguo: veínte, veente, vente, veyente.

Tréinta < TRĒGĬNTA o TRĪGINTA alomorfos del latín vulgar.

Ī > e por analogía con «tres» o por disimilación con la segunda «i». -G+i-velar sonora que en posición intervocálica se pierde. Ĭ > i por analogía con «véinte».

Dialectalmente encontramos formas como: treínta, trenta.

Cuarenta < QUADRAGĬNTA.

No desaparece el wau por analogía con «cuatro». -DR- > -r-, desaparición de la oclusiva sonora. Desaparición de la velar sonora -G-. Ĭ > e; la secuencia «ae» («quaraénta», variante del castellano antiguo) pasa a ser un diptongo *ai por la ley antihiática del castellano y posteriormente se reduce a «e»: ae (hiato) → *ai (diptongo) > e.

La explicación que da M. Pidal es que «a» se reduce a «e» (variante: «quareénta») y posteriormente se suprime por el frecuente uso proclítico (cuarenta y dos, cuarenta y tres...).

Cincuénta < QUĪNQUAGĬNTA.

Pérdida del primer wau, lo que implica que el sonido velar se asibile y después dé el mismo resultado que el dígito (cinco). Desaparición de la velar sonora -G-. Mantenimiento del segundo wau, -waénta, porque el acento se desplaza a la «a»: -wáenta y así iría ante vocal «a» tónica. Posteriormente, reducción -wáenta > -wénta, como en cuarenta.

Sesenta < SEXAGĬNTA.

Pérdida de la velar sonora -G-. Evolución anómala del grupo -KS- «x», que tendría que dar la velar fricativa sorda [x] *sejenta, y da [s] por influencia de «seis». Variantes del cast. ant.: sesaenta, seseenta.

Setenta < SEPT(U)AGĬNTA.

-PT- > -TT- > -t-, asimilación de la consonante bilabial y simplificación de la geminada. El wau se pierde. Asimismo se pierde la velar sonora -G-. La Ĭ > e: setaenta > setenta por la ley antihiática.

Ochenta < OCT(U)AGĬNTA.

Evolución normal del grupo kt > ĉ palatal africada sorda. Desaparición del wau y de la velar sonora -G-: ochaenta > ochenta por la ley antihiática.

Noventa < NONAGĬNTA: en castellano medieval «nonaenta».

En cast. actual «noventa», forma que se explica tomando como base el dígito.

Finalmente, en cast. medieval se encuentran restos de un sistema de numeración vigesimal. Ejemplo: «tres vent» (60), Berceo. Puede ser por influjo del euskera o del celta.

7. LAS CENTENAS.

Ciento < CĔNTUM

En muchos textos medievales encontramos ya apócope de la vocal final «cient» y más tarde «cien» con la pérdida de la dental final.

Para formar el resto de los numerales se utiliza la forma «ciento» sin apocopar y sin nexo copulativo, por yuxtaposición: ciento uno, ciento dos...

De los otros numerales de las centenas solamente conservan la forma latina: DŬCĔNTOS, -AS > dozientos, -as, rehechos en «doscientos, -as».

TRĔCĔNTOS, -AS > trezientos, -as, rehechos en «trescientos, -as».

QUINCĔNTOS, -AS > quinientos, -as.

SEXCENTOS, -AS > seiscientos, -as.

Para el resto de las centenas, el español siguió el mismo procedimiento, aunque sin antecedente latino: cuatrocientos, setecientos, ochocientos y novecientos.

8. MIL.

MĪLLE > mill > mil. La palatal lateral / l / final se transforma en alveolar lateral /l/. Esta despalatalización probablemente ocurrió mucho antes que se reflejara en la grafía. Hasta el siglo XVI se encuentran ejemplos de «mill».

Junto a esta forma tenemos un derivado de «mille»: MILLIARIUS ('piedra que indica mil pasos'). MILLIARIUM > mijero (forma popular), millar (forma culta), donde se observan dos fenómenos:

a) En lugar del sufijo -ARIU > -ero tenemos el final -ar. Explicaciones:

— que venga del sufijo -ARE (para formar sustantivos): MĪLLIARE

— que sea una reducción culta y consciente de -ARIU.

b) LY > / ḷ / palatal lateral, cuando tenía que haber dado la prepalatal fricativa sonora [ž]; es un fenómeno culto.

Los demás numerales a partir del «mil» se forman también por yuxtaposición; ahora bien, en los siguientes millares, a diferencia de lo que ocurre en las centenas, tenemos la invariabilidad: dos mil, tres mil, cuatro mil, etc.

La voz «millón» es relativamente moderna y deriva del italiano «milione»; de ahí se sacaron «billón» y «trillón».

9. CERO.

El número «cero» fue creado por la matemática india y fue introducido en Occidente por los árabes. La voz árabe «ṣifr» 'vacío' como denominación de 'cero' y de 'cifra' se extendió por Europa en dos formas básicas:

a) en su forma plena, en español «cifra».

b) en una forma reducida, en italiano «zero» (siglo XV), que modernamente penetra en los demás idiomas europeos: español, «cero» (S. XVII).

6.2. Ordinales.

Sitúan dentro de un principio convencional de orden al sustantivo al que acompañan.

La mayoría de los ordinales son resultados cultos.

PRIMARIUM, -AM > primero, primer; primera.

SECŬNDUM, -AM > segundo, -a. La forma «según» enclítica, apocopada de «segundo», en la Edad Media tenía valor latino 'el que sigue', hoy tiene valor preposicional.

TERTIARIUM, -AM > tercero, tercer; tercera.

QUARTUM, -AM > cuarto, -a

QUINTUM, -AM > quinto, -a

A partir del siguiente ordinal la lengua moderna usa las formas cultas:

SĚXTUM > sexto

SEPTIMUM > séptimo

OCTAVUM > octavo

NŌNUM > nono, forma que coexistió con «noveno», siendo ésta última la que prosperó.

DECĬMUM > décimo

Las formas populares de estos ordinales (del 6º al 10º) se perdieron o se conservaron sustantivadas: SĚXTUS, vulgar SĚSTU > siesta, con desplazamiento semántico. SĚPTIMUM > sietmo en la Edad Media. OCTAVUM > ochavo, voz que en el Siglo de Oro adquiere el valor de moneda. DĚCĬMUM > diezmo, forma que coexistió hasta el Siglo de Oro con «décimo» como ordinal, pero al revitalizarse la culta se desplaza la forma «diezmo».

También se usa el recurso de la composición para expresar algunos ordinales: decimotercero, decimocuarto, etc. La lengua hablada, también frecuentemente la literaria, evita los ordinales y emplea en su lugar los cardinales: el capítulo dieciséis.

En algunos textos medievales hay formas como: seteno, noveno, centeno, dezeno, veynteno..., formas en las que se aplicaba el sufijo ordinal -ĒNUS a todos los números desde el 2, especialmente desde el 7 en adelante. Todas estas formas se perdieron salvo «noveno», si bien este paradigma se emplea en la actualidad para expresar algunos sustantivos colectivos: docena, centena, decena, etc.

De las formas cultas latinas (del 11.º en adelante) encontramos dos resultados, sólo como sustantivos:

1) Cuaresma, quaraesma < QUADRAGĒSĬMA. Todavía perdura.
— Se conserva el wau por analogía con «cuatro». Pérdida de la dental. También de la oclusiva sonora intervocálica. Por la ley antihiática se desplaza el acento de la «e» a la vocal más abierta «a»: aé > *ae > *ai > e. Pérdida de la vocal postónica.

2) Cinquaesma < QUINQUAGĒSĬMA. Sólo en la lengua antigua.
— Pérdida del 1.er wau por no seguirle una vocal tónica («ó» o «á»). Pérdida de la velar intervocálica. También de la vocal postónica. Conservación del 2.º wau por desplazamiento del acento de «é» a la «á».

6.3. Fraccionarios.

El *latín* no tenía forma especial para expresar los fraccionarios salvo DIMIDIA (fraccionario de «dos» o de «segundo» en cuanto la unidad tiene dos partes divididas); esa forma se sustituyó en latín vulgar por MEDIETATEM > mitad (meedad, metad, meitad: variantes del castellano medieval). /dj-/ se pierde junto a vocales anteriores o palatales, y así se produjo regularmente en castellano antiguo: «meedad» y con disimilación «meadad», pero estas formas no prevalecieron, vencidas por el semicultismo «meetad», que de una parte se disimiló en «meatad» y de otra redujo el hiato a diptongo, «meitad», forma desde la que se explica el castellano actual «mitad».

Para los demás fraccionarios usaba el ordinal, sobreentendiendo «pars»: TERTIA, QUARTA, de donde se tomaron «tercia» (cultismo por su -cia), «cuarta».

En castellano se usan asimismo los ordinales: dos quintos, tres séptimos... Pero a partir del décimo (ordinal y fraccionario) se ha generalizado el sufijo -avo < -AVUM como terminación fraccionaria: doceavo, treceavo, etc.

6.4. Múltiplos.

En general siguen el esquema del latín.

SIMPLUM > simple

DUPLUM > duplo (forma culta) y doble (forma popular).

TRIPLEX > triple (for. culta) y treble (for. popular que dura hasta el siglo XVIII).

QUADRUPLEX > cuádruplo.

En castellano medieval hay también formas perifrásticas, hoy desaparecidas: «cuatro doblado», «cinco triplicado»...

La perífrasis latina con el adverbio numeral «BIS TANTUM», «QUINQUIES TANTUM», es la que da el múltiplo vulgar más usual: «eran diez tanto de ellos», «cuatro tanto», que hoy son anticuadas.

BIBLIOGRAFIA

IORDAN, I. y MANOLIU, M., *Manual de lingüística románica*, Edit. Gredos, Madrid, 1972.

LAUSBERG, H., *Lingüística romántica*, tomo II, Edit. Gredos, Madrid, 1973.

MENENDEZ PIDAL, R., *Manual de gramática histórica española*, Edit. Espasa-Calpe, Madrid, 1977.

7

Lexicogenesia nominal

7.1. Procedimientos. Todos los romances han aumentado considerablemente el caudal de sustantivos y adjetivos, modificando de diversas formas las palabras latinas para crear otras nuevas. Los procedimientos seguidos para formar los nuevos nombres del romance son:

— la *habilitación* de palabras de otra clase para ejercer funciones de nombre.
— la *derivación*, añadiendo al radical de una palabra un sufijo o una terminación nominal.
— la *prefijación*, anteponiendo a la palabra un elemento que determina su significado.
— la *composición*, juntando dos palabras en una para expresar una idea única.
Ejemplos:

1) *Palabras habilitadas* como sustantivos:
— *nombres propios como comunes:* quijote, tenorio, lazarillo, adán, quevedos, simón, perillán, rioja, málaga, etc.
— *adjetivos:* estío (tempus aestivum), periódico, capital, bajo, estrecho, etc.
— *verbos:* haberes, dares y tomares, recibo, pagaré, pésa(me), pláce(me), etc.

2) *Derivación por sufijos:* es el recurso más abundante de formación de palabras nuevas. Para que en romance un sufijo pueda vivir y producir nuevas palabras necesita ser *tónico;* los sufijos inacentuados fueron sustituidos por otros; así -ŭlus fue sustituido por -ĕllus, -ĕlla: en vez de anŭlus, anĕllus > anillo.

El sufijo diminutivo se une al nombre a veces mediante una -c-, cuyo origen es latino: navicella > navecilla, monticellus > montecillo, avicella > avecilla. El sufijo viviente tiende a hacer resaltar la forma propia de la palabra a que se une; así frente a pedrezuela y ternezuelo, tenemos piedrecilla, nuevecito.

La forma del sufijo puede ser alterada por confusión con otro: así el sufijo -udine (consuetudinem, mansuetudinem) fue reemplazado por -umine (m'n=mbr, costumbre, mansedumbre).

La casi totalidad de los sufijos romances son procedentes del latín. Algunos revisten doble forma por haberse introducido por el doble camino de la tradición oral y de la escrita. Así el sufijo *-ariu, -aria,* de las voces populares primero, somero, saetero, monedero, usurero, frente a primario, sumario, monetario, etc., y aun hay otra tercera forma galicista en -er o -el (ésta por disimilación): lebrel, mercader, bachiller, vergel, cuartel. El sufijo *-áticu* tiene también dos formas, una popular: portazgo, montazgo, almirantazgo, hallazgo, y otra procedente del provenzal o del francés: salvaje, portaje, ramaje, viaje, etc. El sufijo *-iccu* del diminutivo no es de origen latino. Parece ser de origen ibérico el sufijo *-ĕcu* o *-aecu:* andariego, labriego, veraniego, etc.

El sufijo *patronímico* -ez, -iz, -z es una evolución, a través del euskera, de la terminación latina *-onis* (genitivo).

3) *La prefijación.* Al contrario que los sufijos, los prefijos en romance son *átonos;* son todos de origen latino; pueden ser preposicionales o adverbiales: procónsul, intervalo, antaño, pestorejo (postauriculu), ultramar, antepecho, entrecejo, sobremesa, bizcocho, compadre, contraorden, deshonra, disgusto, sinrazón, etc.

Los compuestos de prefijo y sufijo a la vez se llaman *parasintéticos:* desalmado, soterraño (subterraneus), trasnochador, pordiosero, embolado, etc.

4) *La composición.* Se da cuando dos o más palabras que conservan en la lengua su significado aparte se unen formando una sola, que representa una idea única; el acento cae en romance sobre el segundo elemento; el plural afecta de ordinario sólo al segundo formante. Hay compuestos por *yuxtaposición* de carácter *endocéntrico:* vinagre, musaraña, pezuña, hidalgo, sordomudo, casatienda, etc.

Compuestos *elípticos:* no son una simple suma de dos términos, sino que expresan más ideas que las contenidas en sus dos elementos; se sobreentiende una relación entre ambos; se forman mediante la elipsis de una relación. Tienen un carácter *exocéntrico:* patitieso, pelirrubio, boquiabierto, piel roja, etc.

7.2. **Los diminutivos.**

1) Los *apreciativos* son formas derivativas que no crean palabras distintas de la original a nivel del lexema de base, a no ser cuando tienen una peculiar evolución semántica. En *pañuelo* tenemos un buen ejemplo de independencia semántica: en paño-pañuelo, no se siente al segundo sustantivo como diminutivo. Mientras que en hombre-hombrón-hombrecito tenemos variaciones formales y apreciativas de la palabra original.

Los sufijos no representan una categoría gramatical como las de género, número, persona, etc. Son variaciones de orden semántico, con o sin cambio de la función de la palabra: casa - casita / seco - secante.

Los sufijos *diminutivos, aumentativos, despectivos* aportan *valores* semánticos muy variados a la palabra primitiva:

a) *nocionales:* casita 'casa pequeña'.

b) *afectivos* o c) *imaginativos:* «como en *casita* no se está en ninguna parte» (aunque sea una casa grande y destartalada).

Durante mucho tiempo se creyó que la idea empequeñecedora o agrandadora de los apreciativos era el origen de su connotación afectiva. Amado Alonso lo ha puesto en duda, y hace notar, por ejemplo, que el diminutivo destaca la cualidad del nombre, mediante la individualización interesada del ser u objeto y el relieve afectivo del mismo. En esta línea los *apreciativos* deben analizarse en el eje de las funciones del lenguaje que deslindó Karl Bühler:

Apreciativos
— nocionales - función representativa.

— afectivos o imaginativos - función manifestativa.

— de captación - función apelativa.

El contenido *afectivo* es evidente en los *apreciativos*. Los matices pueden ser variados:

«ancheta de caderas» ('regusto sensual') (J. Ruiz)

«¡qué asuntito me ha caído!» ('ironía')

«Por sus cosillas no dejo yo las importantes» ('desprecio')

«¡mal geniete!», «picarillo» (reproche afectuoso).

Los matices anteriores no sólo pueden afectar a una palabra (sustantivo, adjetivo, o adverbio) sino también a toda la oración:

«Ya tendremos que aguardar unos añitos».

Obviamente, lo *imaginativo* puede tener un fuerte papel en el uso de los *apreciativos:*

«está como nuevecito»

«oler a pino y a pan calentito».

Lo *apelativo* es patente en algunos apreciativos. Así, por ejemplo, en los diminutivos que prodiga el mendigo: «¡Una limosnita!» ('captatio benevolentiae'). La función activa de la *cortesía* se aprecia en estos ejemplos:

«espera un momentito»

«Venga deprisita».

2) Los sufijos *diminutivos* más empleados en castellano antiguo son:

a) -ĕllu > -iello > -illo

b) -ŏlu > -uelo.

El primero es más frecuente en castellano desde sus orígenes, atestiguado en los documentos más antiguos, ora en latín, ora en romance. Ejemplos:

nombres propios: Lapiello

nombres comunes: ribiella

La reducción de -iello > -illo es temprana en la parte septentrional de Castilla (la Montaña, norte de Burgos) pues encontramos ejemplos desde el siglo X. No obstante, la generalización tardó mucho: la literatura de los siglos XII, XIII e incluso parte del XIV emplea casi exclusivamente -iello.

El sufijo -illo empieza a usarse en la literatura con cierta frecuencia desde Juan Ruiz. Entre éste y D. Juan Manuel, el último permanece fiel a -iello, forma aristocrática en su tiempo; Juan Ruiz alterna -iello, -illo con predominio del segundo. A lo largo del siglo XIV va cundiendo el uso de -illo. Así en el siglo XV su dominio es absoluto. Hoy -iello queda sólo en el dominio leonés (Asturias, O. de León, O. de Zamora) y en el Alto Aragón.

El sufijo -ŏlu > -uelo solía aplicarse a bases terminadas en yod:

filíŏlu (fi- lí- ŏ- lu)

avíŏlu

Auríŏla

Esta acentuación originaria, con ŏ átona, cambió en latín vulgar, al pasar de hiato a diptongo y convertirse la *i* en semiconsonante:

filjólu > hijuelo
avjólu > abuelo
Aurjólu > Orihuela
Este sufijo pierde su vitalidad en la lengua moderna.

c) El sufijo -ĭc(ŭ)lu > -ejo es un diminutivo latino atestiguado también desde los tiempos más antiguos:

vallĭcŭlum > vallejo [baļéžo]

Actualmente -ejo ha tomado sentido peyorativo. Pero todavía en tiempos de Berceo funcionaba como diminutivo. En la *Vida de Sta. Oria* dice «en su portalejo» ('en el portalito de su casa'). Ahora bien, cuando en otra parte habla de «lugarejo» no sabemos si es diminutivo o despectivo.

d) Los sufijos -ito e -ico son sufijos de origen discutido, aunque están atestiguados desde la épica latina. Desde los ejemplos más antiguos presentan un carácter afectivo: Julitta, karika, Bodicca.

e) El sufijo -ino, -in no es en principio un sufijo diminutivo:

palumbus ('palomo')

palumbinus (es un *adjetivo* 'perteneciente o relativo al palomo')

cicaninus ('perteneciente o relativo a la cigüeña').

Los derivados pasan a *sustantivos* y así coexisten dos valores:

a) palomino 'del palomo'
cigoñino 'de la cigüeña' ⟩ adjetivos

b) palomino 'palomo pequeño'
cigoñino 'cigüeña pequeña' ⟩ sustantivos con diminutivo

El valor diminutivo se extiende por toda la Romania. En la Península adquiere relevancia en el Noroeste y Oeste:

Asturias, León: -in, -ino, -ina.

Gallego-port.: -iño, -a
-inho, -a

f) El sufijo -ĭttu, ĭtta > -et; -ete, -eta (en castellano) tiene preferencia en Cataluña, Valencia, y Baleares: blanquet > blanquete

g) En el Norte (Santander) también se da el sufijo -uco, de origen ibérico, probablemente.

3) *La repartición actual de los diminutivos peninsulares* se puede representar en el esquema siguiente:

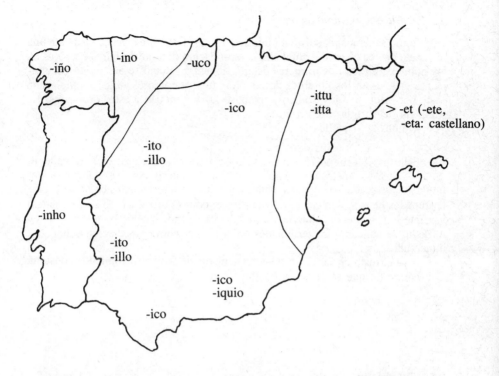

-iño

-ino

-uco

-ico

-ittu
-itta

> -et (-ete,
-eta: castellano)

-ito
-illo

-inho

-ito
-illo

-ico
-iquio

-ico

Como puede apreciarse, en el centro predominan -ito e -illo. En Aragón -ico, también en Murcia y Granada. En Murcia y Granada toma la variante -iquio. En Andalucia hay -ito e -illo, con mayor abundancia de -illo que en Castilla.

En los orígenes del idioma castellano la situación fue muy variada:
— uelo: pronto queda como uso literario y en usos ya fijados. Junto a -iello > -illo tiene cierto valor en la Edad Media y en el Siglo de Oro.
—illo: es muy frecuente en el habla y literatura hasta el Siglo de Oro.
—ito e -ico: irrumpen en la segunda mitad del siglo XV en la literatura, cuando ésta refleja el habla popular. Ejemplos hay en Gómez Manrique (poquito, chiquito), Encina, Nebrija, *La Celestina*, etc. El sufijo -ico aparece como más popular y menos frecuente en el castellano del Siglo de Oro. -ito sigue creciendo pero no supera a -illo hasta el siglo XIX.
— ino, -iño: aparecen esporádicamente en algún texto castellano como rasgo regional. No han tenido vigencia en castellano.
— et > -ete, -a: se usan más bien con sentido irónico o despectivo en castellano moderno.

En general, el diminutivo no se ha prodigado en la literatura castellana, a excepción de la popular y el romancero. Es notoria la parquedad de Boscán en el uso de diminutivos frente a Castiglione por citar un ejemplo ilustre.

4) *El infijo -c- en algunos diminutivos.*

Como sabemos, el sufijo diminutivo se une al nombre a veces mediante una -c-, cuyo origen es latino, sin duda; la terminación diminutiva latina era -ŭlus en los nombres de las dos primeras declinaciones, a la cual se anteponía generalmente una -c- en los nombres de las otras tres, y como el vulgar reemplazaba -ŭlus por -ĕllus u -ŏlus (tónico), antepuso la -c- también a estos derivados. La situación de partida es entonces:

$$-(\text{ĭ})\text{cŭlu} > \underbrace{-(\text{ĭ})\text{cĕllus} > \text{ĭcŏlu}}_{\text{analogía}}$$

Esta -c- se generalizó a otros sufijos: dolorcito, avecica, etc. En general, -cillo, -cito y -zuelo, precedidos de una *e* interfijada, se aplican a los monosílabos acabados en consonante, a los disílabos terminados en *ia, io* y a los terminados en *a, o* con *ei, ie, ue* en el tema, como florecilla (con *e* interfijada o variante *ec*), geniecillo, huertecillo, etc. -cillo, -cito, -zuelo, sin *e* interfijada o infijada, se aplican a los terminados en *e, n,* o *r,* como especiecita, cañoncito, mujerzuela, etc.

Para el resto de los constituyentes lexicogenésicos se recomienda consultar la bibliografía que se señala a continuación:

BIBLIOGRAFIA

ALONSO, A., «Noción, emoción, acción y fantasía en los diminutivos», en *Estudios lingüísticos. Temas Españoles,* Edit. Gredos, Madrid, 1961.
GARCIA DE DIEGO, V., *Gramática histórica española,* Edit. Gredos, Madrid, 1961.
MENENDEZ PIDAL, R., *Manual de gramática histórica española* Edit. Espasa-Calpe, Madrid, 1952.
URRUTIA CARDENAS, H., *Lengua y discurso en la creación léxica,* Edit. Planeta, Barcelona, 1978.

8

Los elementos pronominales

Los pronombres son palabras que se usan en sustitución del nombre. Como sucedáneos que son del nombre pueden usarse desempeñando el papel de *sustantivos* o *adjetivos*, con la excepción de los pronombres personales, que se usan sólo como *sustantivos* y de los posesivos que tienden a comportarse más como *adjetivos*.

Atendiendo al tipo de mostración, pueden ser:

a) *Situacionales:* identifican una persona u objeto en el espacio circundante, equivaliendo a un gesto (mostración «ad oculos», lenguaje + situación extralingüística).

b) *Anafóricos:* la identificación no rebasa la esfera textual, señalando una persona o cosa ya mencionada (anáfora) o que va a mencionarse (catáfora).

En latín, los pronombres personales son situacionales; el relativo, los demostrativos IS, IDEM, IPSE son anafóricos. Los restantes pueden asumir ambas acepciones.

Aunque funcionalmente equivalen al nombre, normalmente se comportan de modo extraño a lo nominal:

a) El pronombre tenía en *latín* una flexión algo diferente que el nombre, diferencia que se acentúa en *romance*.

b) El nombre sólo mantuvo el caso acusativo (excepción hecha de los restos fonéticos, formales o desinenciales de los casos latinos), mientras que el pronombre además del acusativo mantuvo otras desinencias casuales.

c) A diferencia del nombre el pronombre conservó el género neutro singular.

d) El pronombre distingue con el caso régimen, dos formas: una acentuada o tónica y otra inacentuada o átona (distinción que no se daba en latín).

8.1. Pronombres personales.

A) *Latín clásico:*

1.ª pers. singular ĔGO ⎫
2.ª pers. singular TŪ ⎬ *No Reflexivos* / SĒ *Reflexivo* y *apersonal* es decir, no
1.ª pers. plural NŌS ⎪ tenía clasificación dentro de la persona.
2.ª pers. plural VŌS ⎭

139

— Tienen variaciones de caso:

N.	ĔGO	TŪ	NŌS		VŌS
Acs.	MĒ	TĒ	NŌS		VŌS
G.	MEI	TUI	NOSTRUM,(1)-I		VESTRUM,(1)-I
D.	MĬHĪ	TĬBĪ	NŌBĪS		VŌBĪS
Abl.	MĒ	TĒ	NŌBĪS		VŌBĪS

— Tiene variaciones de caso:

Acs.	SĒ	
G.	SUI	
D.	SIBI	sing. = plural
Abl.	SE	

— No tienen diferencias de género.

— Tienen diferencias de número.

— No tiene diferencias de género.

— No tiene diferencias de número.

La diferencia sing./plural se expresa con el cambio de raíz:

ĔGO / NŌS
TŪ / VŌS

y tiende a no significar lo que significa el número gramatical, es decir, el singular repetido un número indeterminado de veces, así, NŌS = yo + tú o yo + él, no yo + yo.

B) *Latín Vulgar.*

Se producen una serie de cambios en el plano formal y funcional:

— Se crea la *3.ª pers.*: en realidad SĒ es apersonal, indefinido, pero se parece más a la 3.ª pers. que a ninguna otra, y además como la 3.ª pers. es también indefinida, a este pronombre se le llama de 3.ª persona.

Latín clásico: 2 personas → latín vulgar: 3 personas.

— El valor *no reflexivo* alcanzará a la 3.ª persona, por lo tanto las tres personas podrán expresar este valor. Por analogía el *valor reflexivo* también se extiende a las otras personas.

¿Cómo se expresarán estos valores?

● La 1.ª y 2.ª pers., para expresar ambos valores (reflexivo-no reflexivo) usarán formas de su propio paradigma.

● Por el contrario, la 3.ª persona recurre a formas diferentes de su paradigma original para expresar el valor no reflexivo.

---

(1) NOSTRUM y VESTRUM se emplean con acepción partitiva ('de entre vosotros')

NOSTRIS y VESTRIS se usan con sigdo. objetivo ('de vosotros')

— Para el valor *reflexivo* usará: SĒ, SĬ (BĪ), 3.ª pers. reflexiva.

— Para el valor *no reflexivo* y por carecer de formas propias, usará cualquiera de estos demostrativos:

$$\left.\begin{array}{l} \text{IS} \\ \text{ĬLLE} \\ \text{ĬPSE} \end{array}\right\}$$ el romance castellano especializará ĬLLE.

Después de todos estos cambios producidos en latín tardío tendremos tres personas, que pueden utilizarse con ambos valores: reflexivo/no reflexivo.

C) *Análisis específico de los pronombres personales.*

1. *Formas tónicas o acentuadas.*

Pueden tener dos comportamientos diferentes: sujeto y forma transpreposicional.

El *nominativo* es la etimología de las formas que funcionan como *sujeto* y el *dativo* lo será de las *formas transpreposicionales* en castellano (en oposición a otras lenguas románicas).

1.ª y 2.ª Persona del Singular

Nominativo

● ĔGO >(1) ĕo > *ieo >(2) ío >(3) ió

(1) Se abrevia en lat. vg.
(2) El diptongo «ié» se reduce a «i» cuando está en hiato con otra vocal, probablemente por simplificación del diptongo.
(3) Desplazamiento acentual.

Explicación dada por M. Pidal, en la que supone pasos intermedios.

ĔGO >(1) ĕo >(2) *ío >(3) ió
(1) Reducción de la forma latina, base del desarrollo posterior.
(2) La vocal intensiva (tónica) en hiato con otra vocal tiende a cerrarse.
(3) Desplazamiento acentual

Explicación dada por Lausberg, en la que no supone pasos intermedios.

● TŪ > tú

Dativo

● MĬHĪ >(1) MĪ > mí
(1) contraído en latín clásico.
● TĬBĪ >(1) tī > ti
(1) Contraído en lat. vg. a imitación de MĪ.

En *español primitivo* tenemos los alomorfos: tive, tibe (< TĬBĪ); -Ī inflexiona la vocal tónica precedente (Ĭ > e→i), pero a su vez por estar en posición final se transforma en -e (todas las vocales finales palatales o de la serie anterior dan «e»).

Por analogía con estas formas (tive, tibe) se crean: mive, mibe (correspondientes a la 1ª persona MĬHĪ). Aunque en romance tuvieron uso ambas formas, ni una ni otra han dejado descendencia.

Estos 2 pronombres: mí y ti, procedentes del dativo latino, tendrán siempre un comportamiento transpreposicional, es decir, se usarán siempre precedidos de preposición. Cuando es la preposición «con» (< CŬM) la que les precede, estos pronombres se funden con ella, formando una sola palabra: «conmigo» y «contigo», formas que proceden de las latinas MECŬM y TECŬM, a las que se le ha antepuesto de nuevo la preposición CŬM:

MECŬM→MĪCŬM > migo→CŬM- migo > conmigo
TECŬM→TĪCŬM > tigo→CŬM- tigo > contigo

Hay que destacar:

1) El cambio de las formas procedentes del acusativo latino por las que tienen por etimología el dativo, ya que el romance castellano reservó aquellas para usos átonos, prefiriendo estas últimas para un uso intensivo como es el transpreposicional.

Este cambio ya se verifica en los documentos vulgares.

2) En castellano, el orden de colocación de la preposición respecto del término que rige, es más fijo que en latín: ésta deberá siempre anteponerse. Hasta tal extremo llega esta rigidez que en el caso de estos pronombres se antepone de nuevo la preposición que va pospuesta. Con el tiempo se pierde conciencia de que la partícula pospuesta a estas formas pronominales funciona como preposición, de ahí que la evolución fonética dé como resultado: «-go». Una variante de «conmigo» en castellano antiguo es: «comigo».

1.ª y 2.ª *Persona del Plural*

Nominativo-Acusativo

- NŌS > nos ⎫ formas usuales hasta el S. XIV; a partir de entonces comienzan
- VŌS > vos ⎭ a ser reemplazadas por:

NOS+ALTEROS, -AS > nosotros, -as ⎫ estas formas se encuentran
VOS+ALTEROS, -AS > vosotros, -as ⎭ por 1.ª vez en las obras de Juan Manuel y Juan Ruiz.

Tenían en un principio carácter de exclusividad, es decir, se empleaban sólo enfáticamente para poner la 1ª ó 2ª pers. en contraste con otra, algo parecido a lo que ocurre en francés:

Nous ~ Nous autres
Vous ~ Vous autres

Pero generalizadas en el siglo XVI, se utilizan en todo caso como formas únicas, perdiendo ese carácter de exclusividad.

Dativo-Ablativo

Las formas de dativo y ablativo: NŌBĪS y VŌBĪS desaparecen. Al igual que ocurría en el singular, estas formas de dativo-ablativo plural también podían llevar la preposición CŬM pospuesta:

NŌBĪSCŬM→(1)NŌSCŬM→(2)CŬM-NŌSCŬM > connosco
VŌBĪSCŬM→(1)VŌSCŬM→(2)CŬM-VŌSCŬM > convosco

(1) En latín vg. se tendió a construir todas las preposiciones con acusativo, olvidando el ablativo (pérdida de las desinencias casuales).
(2) Se duplica la preposición CŬM por la misma causa que en la 1.ª y 2.ª pers. sing.

En *castellano antiguo* también aparecen otras formas como: connusco, convusco.
M. Pidal explica la «u» como disimilación de las dos o...o contiguas, sugerida por la vocal cerrada de -migo, -tigo.
García de Diego piensa que esa «u» en ambas formas aparece a imitación de la «u» de «tú».
Ninguna de las variantes ha dejado descendencia.

Pronombre Reflexivo

Carece de nominativo y tiene el plural igual al singular.

Dativo

- SĬBĪ >(1) SĪ > sí

(1) Contraído al igual que MĪ y TĪ.

Del mismo modo que los pronombres de 1.ª y 2.ª pers., éste también podía ir unido a la preposición CŬM en latín:

SĒCŬM(1)→SĪCŬM > sigo(2)→CŬM-sigo > consigo

(1) y (2) se producen los mismos cambios que con los pronombres de la 1.ª y 2.ª pers.

Variante: consico (aparece ya en las Glosas Silenses).

3.ª Persona del Singular

Como ya hemos visto, en latín vg. se crea la 3.ª persona, cuyas formas de expresión en romance español proceden del demostrativo latino ĬLLE, -A, -UD, demostrativo que en latín seguía la 1.ª y 2. declinación, de ahí que dé como resultado formas variables y además regulares en cuanto al género y al número.

Nominativo

- Masculino: ĬLLE > él, forma apocopada que se impuso como general desde el siglo XIII.

Variante: elle (usada en Mio Cid y textos de la 1.ª mitad del S. XIII:

Berceo, Alexandre y Fuero Juzgo). Esta variante delante de vocales se halla en castellano antiguo a veces ell, elli (usada por Berceo). La terminación en -i, M. Pidal la explica por dialectalismo. Hanssen y García de Diego por analogía con «qui».

- Femenino: ĬLLA > ella
- Neutro: ĬLLUD > ello

3.ª Persona del Plural

Procede del *acusativo* latino:

- Masculino: ĬLLOS > ellos
- Femenino: ĬLLAS > ellas

144

Mientras que la 1.ª y 2.ª pers. del sing. tienen formas diferentes para la expresión de los comportamientos sujeto y transpreposicional (yo-mí; tú-ti), la 3.ª pers., así como el plural de la 1.ª y 2.ª tienen las mismas formas para expresar ambos comportamientos.

nosotros / as	él
vosotros / as	ella / ellos
	ello / ellas

2. Formas átonas o inacentuadas

Estas formas procederán del *acusativo* latino, la otra desinencia casual que conservan los pronombres.

1.ª y 2.ª Persona del Singular

- MĒ > me
- TĒ > te

1.ª y 2.ª Persona del Plural

- NŌS > nos
- VŌS > vos, forma que empezó a reducirse a «os» a finales del siglo XV en algún caso de enclisis verbal con el imperativo (levantadvos > levantados > levantaos). Esta forma se propaga hasta hacerse general en el siglo XVI.

  Variantes: mos→m-», en vez de «nos», por influencia de la consonante inicial de «me», variante que aún hoy se conserva en el habla vulgar general; tos→«t-», en vez de «vos» u «os», por influencia de «te», variante que aún hoy se usa en parte de Aragón; sos (=os) pertenece al castellano vulgar.

Mientras que en *latín* las funciones objeto directo y objeto indirecto eran desempeñadas por formas diferentes:

Acus. MĒ→Objeto directo
Dat. MĬHĪ→Objeto indirecto

En *romance castellano* ambas funciones van a tener una forma de expresión única en la 1.ª y 2.ª pers., tanto del singular como del plural, ya que como hemos visto la forma de dativo se reservó para el comportamiento transpreposicional.

1.ª pers. sing. me	
2.ª pers. sing. te	caso acusativo y dativo.
1.ª pers. plural nos	
2.ª pers. plural os	

Acusativo

● SĒ > se, sing. y plural

3.ª Persona del Singular

A diferencia de lo que ocurre en la 1.ª y 2.ª pers., en la 3.ª se dan formas diferentes para expresar las funciones de objeto directo y objeto indirecto, por lo tanto los casos acusativo y dativo sólo se diferencian entre sí en el pronombre de 3.ª persona sing. y plural.

Para diferenciar ambas funciones se recurre al acusativo y dativo latinos. Estos casos no se utilizan para expresar el comportamiento transpreposicional como en la 1.ª y 2.ª pers. ya que en esta persona las formas de sujeto pueden expresar el comportamiento transpreposicional.

Acusativo

● Masculino: ĬLLUM > *ello, lo
● Femenino: ĬLLAM > la
● Neutro: ĬLLUD > lo

Dativo

● Masculino y Femenino: ĬLLĪ > *ille, le (dialectal «li»).

3.ª Persona del Plural

Acusativo

● Masculino: ĬLLOS > los
● Femenino: ĬLLAS > las

Dativo

● Masculino y Femenino: ĬLLIS > les, lis (←dialectal, Alta Rioja, patria de Berceo).

En todos los casos.
— Se pierde la vocal inicial, por efecto de la posición enclítica.
— La -ll-se redujo a -l- por el uso átono y por influencia de la forma tónica «él».

● Cuando se juntan 2 pronombres de 3.ª persona átonos y no reflexivos llegan a una solución no regular sino especial. Ejemplos:

«dédit - ĭlli/ĭlla» carta←hay dos grupos tónicos
«dédit- ĭlli- ĭlla»←hay un grupo tónico

De ahí el diferente resultado en español.

En el *primer ejemplo:* ĭlli / ĭlla son elementos inacentuados y pertenecen a dos grupos tónicos diferentes; así «illi» se apoya enclíticamente en «dédit», mientras que «illa» lo hace proclíticamente en «cárta»:

resultado español→«diole la carta»

En el *2.º ejemplo:* ĭlli / ĭlla son elementos átonos y pertenecen a un mismo grupo tónico; ambos se apoyan enclíticamente en «dédit»:

resultado español→«diósela»

Ahora bien, el «se» no procede del reflexivo latino SĒ (ya que ambos pronombres pertenecen al mismo grupo intensivo) sino que resulta del grupo: ĬLLĪ-ĬLLUM (ĬLLAM, ĬLLOS, ĬLLAS) > (i)lliello (-a, -os, -as) > (1) gello (-a, -os, -as) >(2) gelo (-a, -os, -as) > se lo (-a,-os, -as).

«Gelo» se propagó por analogía al plural, así en lugar de decirse «...les lo» (< «dédit ĭllis ĭllum») se dijo como en sing. «...gelo».

Esta forma «gelo» prevalece hasta el siglo XV empezando a partir de entonces a ser sustituída por la forma moderna «se lo»

Según Hanssen no se puede decir el por qué de esta sustitución. Sin embargo, M. Pidal piensa que se dio gracias a la influencia analógica de expresiones reflexivas como «echóselo» (a sí mismo) sobre «echógelo» (a otro). Esta analogía morfológica fue apoyada por la analogía fonética entre g y s que se ve en formas como «tigeras, quijo, vijitar» en vez de las etimológicas con «s».

En estos casos «se» es una variante del dativo «le» (les), empleada únicamente cuando precede inmediatamente a otro pronombre que empieza por l-: se lo, ...; es común al sing. y al plural.

8.2. Leísmo, laísmo y loísmo

Las formas átonas o inacentuadas de la 3.ª pers. no siempre tienen un uso etimológico; cuando esto ocurre se producen los fenómenos de leísmo, laísmo y loísmo.

Leísmo: ĬLLĪ (-S) > le (les) funcionando como acusativo.
Laísmo: ĬLLAM (-AS) > la (las) funcionando como dativo.
Loísmo: ĬLLUM (-OS) > lo (los) funcionando como dativo.

El uso no etimológico de estas formas aparece ya en los primeros textos de la Edad Media; esto representa una tendencia de la lengua a introducir en el pronombre de 3.ª pers. una diferenciación genérica: «le» para el acus. masculino; «la» para el fem. y «lo» para el neutro, a costa de la diferenciación casual.

---

(1) -llj- > g
(2) -ll- > -l- reducción analógica

8.3. Formas átonas apocopadas

M. Pidal nos habla de:
— formas tónicas.
— formas átonas, dentro de éstas distingue:
  — plenas
  — apocopadas

Todas las formas átonas en sing. pueden perder su vocal final, sobre todo si es «-e» (las acabadas en «-o», «-a»... también pueden apocopar, pero esto es menos normal), cuando se apoyan enclíticamente en una palabra acabada en vocal, independientemente de que la palabra siguiente empiece por vocal o por consonante.

La apócope de «le» es siempre obligatoria, excepto cuando le sigue una palabra que empieza por «l-» (no se apocopa en este caso para evitar la unión de ambas «l»). Esta tendencia, a no apocopar «le» ante «l-» parece ser un rasgo propio del Mio Cid y del Apolonio, pero no se observa ni en Berceo, ni en Fernán González, ni en la Primera Crónica General (hacia 1298), aun en su parte más vieja, semejante en la apócope a los poemas de mediados del S. XIII.

La apócope de «me, te, y se» sólo es obligatoria tras un verbo. No obstante, cuando el mismo verbo puede sufrirla es preferida la apócope verbal a la pronominal. Ejemplos: «valme», «plazme».

Asimismo el verbo no se apocopa cuando hay encuentro de consonantes iguales. Ej.: «metistet», etc.

El estado de la apócope en el Mio Cid es en lo que más se distingue de las otras obras en prosa y en verso posteriores a él en un siglo. Sólo un texto medieval es comparable en la apócope al Cantar del Cid, y es la Disputa del Alma y el Cuerpo (fines siglo XII- principios XIII) en cuyas pocas líneas conservadas, todos los pronombres átonos están apocopados.

Además el Cantar de Mio Cid también revela arcaísmo, superior a los demás textos medievales conocidos, en la serie de cambios fonéticos que hace sufrir a los pronombres apocopados, sin preocuparse de mantener la semejanza de la forma apocopada con la plena. Así -m y -t (finales) se tratan como consonantes finales y se hacen -n y -d.

Cuando se agrupan dos enclíticos solamente puede apocoparse el 1.º. «tovos lo»...

La apócope del pronombre de la 1.ª y 2.ª persona fue cayendo en desuso, así como la de «se», desde fines del siglo XIII. Sin embargo, la del pronombre de 3.ª persona subsistió hasta fines de la Edad Media, aunque en circunstancias mucho más limitadas que en lo antiguo.

Las formas que se apoyan enclíticamente en una palabra pueden sufrir otras alteraciones:

a) La asimilación de un infinitivo: mostralla, serville, adobasse... La -r desaparece también en combinación con otras formas pronominales: matate, echanos... De mucho uso, subsiste en la lengua literaria hasta fines del S. XVII.

b) Antiguamente la -d del imperativo podía sufrir transposición: dandos, dezildes... Se hallan formas de esta clase hasta la mitad del S. XVII.

BIBLIOGRAFIA

BASSOLS DE CLIMENT, M., *Sintaxis latina*, tomo I, C.S.I.C., Madrid, 1963.
GARCIA DE DIEGO, V., *Gramática histórica española*, Edit. Gredos, Madrid, 1961.
HANSSEN, F., *Gramática histórica de la lengua castellana*, Edit. El Ateneo, Buenos Aires, 1945.
IORDAN, I. y MANOLIU, M., *Manual de lingüística románica*, tomo I, Edit. Gredos, Madrid, 1972.
LAUSBERG, H., *Lingüística románica*, Edit. Gredos, Madrid, 1973.
MENENDEZ PIDAL, R., *Manual de gramática histórica española*, Edit. Espasa-Calpe, Madrid, 1952.
MENENDEZ PIDAL, R., *Orígenes del español*, Edit. Espasa-Calpe, Madrid, 1950.
MENENDEZ PIDAL, R., *Cantar de Mio Cid, (Gramática)*, tomo I, Edit. Espasa-Calpe, Madrid, 1954.
POTTIER, B., *Introductión à l'etude de la morphosyntaxe espagnole*, Edic. Hispanoamericanas, París, 1966.
VÄÄNÄNEN, V., *Introducción al latín vulgar*, Bibl. Universitaria, Edit. Gredos, Madrid, 1975.

9

Personas gramaticales y tratamientos en español

9.1. Personas gramaticales y tratamientos en español.

En romance, debido a tratos mayestáticos o de cortesía, se dio una interferencia en los usos de personas y números, hecho que ya se daba en latín clásico o imperial. Veamos algunos de estos casos de interferencia, según el análisis de Rafael Lapesa (1970):

1. *Sustitutos de «yo».*

a) *Nos, Nosotros para un hablante:*

— *Plural mayestático:* de la cancillería imperial romana arranca el uso mayestático de NOS por EGO, adoptado en la Edad Media por las autoridades eclesiásticas y civiles.

En el Cantar de Mio Cid NOS aparece en boca del rey, junto a bastantes casos de YO. No obstante, más tarde NOS fue de empleo general siempre que el rey hablara solemnemente:

«*Nos,* don Alfonso, por la gracia de Dios rey de Castiella... *mandamos* ayuntar cuantos libros *pudimos* auer de istorias». (Prim. Crón. Gen.)

y en las pragmáticas (glosa de las leyes nacionales) y demás disposiciones del siglo XVI. Los monarcas posteriores fueron restringiendo el uso de NOS en favor del sing. y hoy solamente es usado por las jerarquías eclesiásticas.

— *Plural de modestia:* corriente en autores latinos, en vez del sing. para la 1.ª pers. Por imitación culta se da también en castellano a partir del S. XV. No obstante, en los siglos XVI y XVII se usa con preferencia el sing.; sin embargo, el plural tiene gran arraigo en los siglos XVIII y XIX en exposiciones doctrinales (Feijoo).

El que escribe lo usa para evitar su protagonismo. El *yo* singular se diluye en el plural.

— *Plural sociativo:* también usado en latín y documentado desde muy pronto en castellano. Hay intención del hablante o emisor de asociar a su interlocutor en la acción.

Hoy en el lenguaje coloquial el plural sociativo puede tener un *matiz humorístico* (llegamos tarde, ¿eh?»)

También puede tener un *matiz indefinido* y se puede reemplazar por SE («en los días de lluvia vemos la catedral»).

b) *Otros sustitutos del pronombre «yo»:*

Por cortesía, modestia o alusión humorística aparecen frecuentemente en lugar de YO expresiones que coinciden en llevar el verbo en 3ª persona.
1) Vieja fórmula de reverencia es que el hablante se designe a sí mismo como servidor de la persona a quien se dirige. Abunda en los textos bíblicos y medievales.

> *tu siervo* en Berceo y Ayala.
> *servidor* en el S. XVI — como respuesta a una llamada.
>   — como cortesía popular.

En el coloquio popular moderno, *servidor, servidora* con artículo o sin él sustituyen frecuentemente al pronombre, ya sujeto, ya complemento. Este uso, en España se encuentra hoy en notable decadencia.
2) ESTE u otro demostrativo+nombre común, adjetivo o participio sustantivado, indicando condición, estado.

> «este viejo te lo dice»

3) Abundan también designaciones perifrásticas como «el hijo de mi padre» o «mi persona» de índole cortés.

Las notariales o burocráticas: «el que suscribe», «el infrascrito», «el abajo firmante».

Las literarias: «el autor», «el poeta», etc.

En el lenguaje popular de España se registra desde el siglo pasado la forma «menda».

También los indefinidos «hombre», «el hombre», «uno» representativos del hablante. Razón de cortesía o táctica para no poner el *yo* directamente.

2. *Sustitutos de «tu»:*

a) *Vos como tratamiento para un interlocutor.*

El uso de VOS como señal de respeto para dirigirse a una sola persona se registra en los últimos tiempos del Imperio romano.

En *romance* tenemos testimonios tempranos:

En el Cantar de Mio Cid es el tratamiento usual entre los nobles, incluso entre los esposos. Sólo el héroe emplea TU cuando se dirige a parientes y vasallos jóvenes. Sin embargo el pueblo se trata de TU.

En el *siglo XIV* el Libro de Buen Amor muestra la penetración del VOS en los ambientes burgueses. Pero TU seguía vivo en la conversación con inferiores o con iguales de gran confianza, según testimonio del Arcipreste de Talavera un siglo más tarde.

En La Celestina se emplea el tuteo en forma predominante.

En los *siglos XV-XVI:* junto al uso del tuteo, vemos por una parte el uso normal de VOS en trato de confianza entre iguales o para inferiores, debido en parte al éxito de nuevas fórmulas que lo sustituían como expresión de respeto y por otra parte a la extensión de VOS en el habla popular (Quijote y Paso de las aceitunas de Lope de Rueda).

Así pues, la diferencia entre TU y VOS fue haciéndose cada vez menor.

b) *Tratamiento con sustantivos abstractos: Vuestra merced > usted y análogos.*

Procedimiento corriente del trato respetuoso es no abordar directamente al interlocutor, sino poner como intermediaria una cualidad o atributo suyo laudable.

Ya en *latín* había fórmulas de este tipo: maiestas tua, gratia tua, caritas vestra, etc.

En *castellano* se encuentran testimònios sueltos desde el siglo XIII.

En el *siglo XV* debido al gusto ceremonial estas expresiones se multiplican: vuestra magnificencia, la vuestra prudençia, la vuestra nobleza... dando lugar en 1586 a una pragmática de Felipe II para regular dichos tratamientos, signo de la importancia que estas cuestiones tenían en una sociedad tan puntillosa como la española de entonces.

De todas estas fórmulas la más usada fue VUESTRA MERCED, que se extendió al tratamiento respetuoso general; rehusarla entre iguales era injurioso cuando no había mucha confianza y era vejatorio regatearla a inferiores distinguidos. Así ocurría ya hacia 1530 y los testimonios literarios posteriores son muy abundantes.

El desgaste fonético producido por el mucho uso de VUESTRA MERCED originó formas como: vuessa merced, vuessarced, vuessansted, vuessasted, vuessasté, corrientes unas, toleradas otras si la etiqueta no era rigurosa y las totalmente vulgares: voarced, voacé, vucé, vuested, vosted, vusted... que durante el siglo XVII eran propias de valentones, criadas y lacayos. No más elevado era el ambiente en el que surgió la variante USTED, cuyo primer testimonio data de 1620, y cuya difusión se incrementó con la ola de plebeyez que invadió la sociedad española en los últimos decenios de aquel siglo y primeros del siglo XVIII. Así fue posible que en 1739 el Diccionario de Autoridades definiera a USTED como «voz del tratamiento cortesano y familiar», consagrando su triunfo.

Proceso fonético semejante al anterior experimentaron:

VUESTRA EXCELENCIA > vuessa excelencia > vuecelencia > VUE-
CENCIA

VUESTRA SEÑORIA > vuessa señoría > vuesseñoría > vusiría > usiría >
USIA

El tratamiento de respeto, dirigido a quien normalmente recibe del emisor
otro más directo, equivale a una retirada de la confianza o a una suspensión del
afecto. De aquí el empleo de USTED para expresar enojo, como lo vemos en el
siglo XVIII y comienzos del XIX (Iriarte, Moratín). Este uso que aún no ha
desaparecido por completo en España, se mantiene vivo en América, pero
también vale allí como especial manifestación de cariño.

Junto a las fórmulas con el posesivo VUESTRA o restos de él, existen SU
merced, SU señoría, SU excelencia... que originariamente designaron a la
persona de que se hablaba, pero después sirvieron también para dirigirse al
interlocutor. Encontramos ejemplos en los siglos XVI y XVII. Según Correas era
uso aldeano.

Al generalizarse USTED para el trato respetuoso entre iguales, SU
MERCED subrayó el de inferior a superior; con este sentido se conservaba en
España, durante el siglo XIX especialmente en Andalucía. En América se
registra actualmente en Méjico, El Salvador, Colombia, Venezuela, etc.

Dentro de su ámbito limitado siguen vigentes «su señoría, su excelencia, Su
Majestad, Su Ilustrísima señoría», etc.

c) *Decadencia y desaparición de VOS en España.*

El éxito que en el S. XVI logró VUESTRA MERCED como fórmula de
respeto contribuyó decisivamente a que VOS se convirtiese en tratamiento para
iguales de mucha confianza o para inferiores; en ambos casos hubo de colidir con
el uso de TU.

Hacia 1600 se documenta VOS para la intimidad afectiva (Lope de Vega lo
emplea al dirigirse a su hijo muerto, el niño Carlos Félix; por entonces los
galanes prefieren que las damas les traten de VOS y no de MERCED
—distanciador—). Solicitudes parecidas se encuentran abogando por el tuteo;
en todo caso el valor afectivo de VOS parece haber sido en España más débil y
menos duradero que el de TU.

Situación en el siglo XVII (Juan de Luna, Correas, Lope de Vega...):
Tuteo:—más cariñoso. Se usa con los que se quieren bien.
Se trata de TU a las muchachas y menores de la familia.

Voseo: —característico de trato a criados. En el teatro es frecuente que los criados lleven a mal el VOS de sus amos y se sientan a gusto con el TU (Tirso).

—entre amigos que no tienen gravedad ni cumplimiento.
—cuando nos enojamos o reñimos con alguno.
—como señal de respeto (uso antiguo).

No es de extrañar que en España ganara TU creciente aprecio y se sobrepusiera a VOS hasta excluirlo del trato de confianza entre iguales.

Por ello en el S. XVIII, 1739, el Diccionario de Autoridades ya no lo registra sino como tratamiento de respeto «hablando con personas de gran Dignidad» o «como tratamiento que dan los superiores a los inferiores».

El VOS displicente o agresivo a pesar del testimonio de Gregorio Garcés (1791), si bien sobrevivió al de confianza, no parece haber superado el límite final del siglo XVIII.

A fines del S. XVIII debía de estar consumada la desaparición del VOS respetuoso en el coloquio ciudadano de España, según los testimonios literarios.

En las aldeas el VOS de respeto parece haber conservado su vigencia algo más que en las ciudades, por los datos que nos ofrecen los sainetes de González del Castillo o *La familia de Alvareda* de Fernán Caballero, según señala Rafael Lapesa.

En La Ribera salmantina se usan los pronombres *usted, ustedes* con formas verbales correspondientes a VOS (¿Qué hacéis ustedes?»). Estas mismas formas verbales se aplican también allí y en El Robledal, otra comarca del Oeste salmantino, a El, ELLA usados por cortesía para la 2.ª persona.

El VOS como tratamiento a un superior subsiste en:

—el occidente de León.
—el judeo-español, sobre todo en el de Marruecos.

3. *Vosotros/vuestras mercedes > ustedes.*

Cuando el hablante se dirige a un grupo, en el que a unos tutea o vosea y a otros trata de SU MERCED o USTED, generalmente engloba a todos en la fórmula de mayor respeto.

En los siglos XVII y XVIII se dan ejemplos en que no se mantiene un tratamiento colectivo fijo sino que se vacila entre *ustedes* y *vosotros*. Tales inseguridades han desembocado en soluciones de distinta área geográfica o diferente estimación social:

1) Uso de la oposición VOSOTROS/USTEDES correlativo a TU/USTED, solución general en España.

2) Eliminación de VOSOTROS, -AS, OS y formas verbales de 2.ª pers. del

plural, empleando en lugar suyo USTEDES, SE, LES, LOS, LAS con verbos en 3.ª pers. del plural.

«La pobre madre... volviéndose a los niños les dijo: estoy tan contenta con USTEDES por lo bien que *saben* la doctrina que LES voy a contar lo más bonito que sé». (*La familila de Alvareda*, Fernán Caballero).

Se da en Andalucía occidental, Canarias y América.

3) Uso de USTEDES con verbos en 2.ª pers. del plural (ustedes tenéis, ustedes vais). Es la solución propia de la Andalucía occidental, menos fina que «ustedes tienen». También existe en la comarca salmantina de La Ribera. En el oeste andaluz el verbo pronominal se construye frecuentemente con OS («ustedes os sentáis») o con SE («ustedes se sentáis») que es la combinación más vulgar.

4. *Otras designaciones del interlocutor.*

En vez de usar los pronombres TU, VOS, USTED, VOSOTROS, USTEDES o las fórmulas de tratamiento compuestas de posesivo+abstracto se designa frecuentemente al interlocutor mediante un *sustantivo reverencial o afectivo,* indicando categoría social, edad, profesión, como «el señor», «la señora», «el señor gobernador», «el doctor»..., poniendo el verbo en 3.ª pers. Ejemplo:

«¿Qué es lo que mandan *los señores*?»

El mismo tipo de construcción se encuentra con sustantivos sin valor reverencial o con claro sentido irónico o despectivo.

«¡Lindo pícaro es *el hombre*!»

Pero más interés tiene el uso de El, ELLA para designar a un interlocutor en vez de las formas vuestra merced, vuestra señoría, etc.

Señala R. Lapesa que en los siglos XVI y XVII dicha fórmula no era considerada respetuosa entre hidalgos y nobles por considerar que el hablante les negaba el trato de MERCED. Igualmente tratar de EL a un superior era señal de rusticidad y torpeza.

Según Correas, al igual que VOS y USTED, también EL se solía emplear cuando «nos enojamos y reñimos».

Hoy se conserva el uso de EL, ELLA para representar al interlocutor en ponderaciones o reproches de carácter familiar.

«¡Mírala *ella*, qué compuesta viene!»
«¡Claro, *ella* es la única que lo hace bien!»

Estos usos ocasionales se dan lo mismo en España que en América. Como forma habitual de tratamiento respetuoso, EL, ELLA viven en judeo-español (que desconoce vuestra merced, usted), en Asturias, Miranda de Duero y occidente de Salamanca.

En ciertas localidades salmantinas EL, ELLA se combinan con formas verbales y pronominales correspondientes a VOS:

«¿Andi vais él?»
«¿Qué coméis ella?»

A parte del empleo expreso de EL, ELLA hay que tener en cuenta el uso de la 3.ª pers. verbal sin compañía de tales formas de pronombre, pero también sin USTED; hoy es signo de que al interlocutor se le trata de USTED.

5. *Abstractos para 3.ª persona de respeto.*

Los mismos sustantivos abstractos que se emplean para dirigirse a un interlocutor se encuentran desde el siglo XVI, si no antes, para designar reverencialmente a una 3.ª pers., precedidos entonces del posesivo SU.

«Yo escribo a su alteza acerca de ello»

Hoy siguen su uso SU MAJESTAD, SU ALTEZA, SU EXCELENCIA, SU [SEÑORIA] ILUSTRISIMA, pero en España ha desaparecido SU MERCED, muy frecuente en el siglo pasado, sobre todo en Andalucía.

6. *Concordancias de los tratamientos.*

1) *Concordancia de número:*
— NOS y VOS referidos a un solo individuo conciertan con el verbo en plural (NOS viniemos anoch; NOS, don Alonso, mandamos...).

> *Excepto:*—cuando el hablante se siente o piensa como YO (NOS, don Ennego, do e otorgo) o se dirige al interlocutor como TU (VOS quieres).
> — en el caso de voseo.

— USTED, EL, ELLA conciertan con el verbo en sing.

Excepción: los rincones salmantinos donde se dan: usted hacéis y el vais, ella coméis.

— Los sustantivos, adjetivos o participios predicativos de oraciones cuyo sujeto es VOS referido a un solo individuo, van siempre en singular.

«Vos sos un gaucho matrero» (Martín Fierro)

— Con el NOS mayestático hay vacilaciones:

«Nos habemos sido avisados»
«... estando *nos seguro,* fuemos della arrancado».

157

En las raras ocasiones en que hoy se emplea el NOS de dignidad se suele preferir el singular para el predicativo. El NOS (OTROS) de modestia y el sociativo lo llevan en plural.

2) *Concordancia de género:* cuando los tratamientos con abstractos femeninos como vuestra o su merced, vuestra o su señoría, Vuestra o Su Majestad... designan varón, llevan en masculino el pronombre que los representa en anáforas o catáforas, así como los nombres y participios referentes a ellos tanto en función predicativa como explicativos o en construcción absoluta.

«Vuestra merced está engañado»

Pero si el adjetivo es atributo del sustantivo abstracto y forma parte del tratamiento, concierta en femenino.

«Católica, Sacra, Real Majestad»

En Usted, Vuecencia, Usía se ha perdido todo recuerdo del género femenino originario.

3) *Concordancia de persona gramatical:*

— YO, NOS, NOSOTROS → verbo en 1.ª persona.
— UN SERVIDOR, EL QUE SUSCRIBE..., aun representando al hablante requieren la 3.ª persona.
— TU, VOS, VOSOTROS → 2.ª persona.
— VUESTRA MERCED y demás tratamientos abstractos, sus reducciones usted, ustedes, usía... y los pronombres EL, ELLA dirigidos al interlocutor van con verbo en 3.ª pers.
— Ya hemos hablado de los frecuentes pasos de vuestra merced o usted a VOS, de él o ella a VOS y de vuestras mercedes o ustedes a VOSOTROS (con verbos en 2.ª pers.) en zonas salmantinas, andaluzas..., «ustedes se sentáis, ella estáis...»

7. *Adverbio de lugar en vez de pronombre.*

Los adverbios *aquí, acá* que normalmente indican el lugar donde se encuentra el hablante, pasan, a veces, a designar un grupo de personas, haciéndose equivalentes de NOSOTROS: «Señora acá nos entendemos.

«En otras ocasiones el hablante, acompañándose por lo general con un gesto, se vale de los adverbios *aquí* o *acá* para designar a una persona que se halla presente. Unas veces el adverbio acompaña a nombres propios o apelativos («aquí mi hermano pregunta...»), pero otras veces va sólo, y entonces adquiere valor semejante al de los pronombres demostrativos ESTE, ESTA o al de los personales EL, ELLA, sin el carácter despectivo que suelen tener unos y otros en

158

presencia del designado. Es uso popular y rústico, muy extendido en España y América («Como el mes pasado perdió *aquí* (este aquí era don José) un billete de 400 reales...»), (R. Lapesa, 1970).

8. *Construcciones personales e impersonales o de sujeto general.*

1) *Construcciones personales de sentido general o indefinido.*

Lapesa indica que «el empleo de la 2.ª pers. de sing. como equivalente del indefinido español UNO o de construcciones impersonales abunda ya en el latín». «Pero en árabe se da con más libertad que en latín y en las traducciones medievales castellanas de textos árabes el calco es innegable. La herencia latina, reforzada por este otro influjo, hace que TU aparezca sin trabas hasta el siglo XVI como sujeto general o indefinido. Herrera comenta «que es modo de hablar usado por los latinos, la 2.ª pers. por la 3.ª, pero en nuestra lengua sabe a vulgo». Ese regusto vulgar que ya entonces se advertía lo ha proscrito la literatura salvo con sentido ejemplificador o en la reproducción moderna del coloquio diario. En el habla familiar se conserva con todo vigor: «Si te descuidas, te cobran doble».

«Con igual valor se encuentra VOS en textos españoles de otras épocas y hoy en los países americanos, donde pervive este tratamiento. En época moderna, abunda también USTED como expresión de persona indefinida.»

2) *Indefinidos y construcciones impersonales empleadas con sentido personal.*

En el lenguaje coloquial de hoy es muy frecuente que oraciones impersonales con SE expresen una acción cuyo ejecutor real es el hablante o un grupo formado por el hablante y otras personas: «Eso se ve, pero no se toca».

9.2. **Los orígenes del voseo**

a) Posibles causas de sus orígenes.

1. La coexistencia de TU/VOS como trato de confianza en el s. XVI, tal y como veíamos en otro apartado.

2. Y la homomorfia de singular y plural, comprobada por ejemplos antiguos de presentes, imperativos e imperfectos, influyó, según Lapesa, decisivamente en la formación y consolidación del voseo hispanoamericano.

b) *Confusión de formas verbales en los tratamientos de TU/VOS.*

La alternancia de tratamientos TU/VOS, atestiguada tempranamente en el castellano antiguo (Mio Cid), trajo consigo una confusión entre formas verbales (vos quieres), debido en parte a la confusión fonética entre tú y vos, que antes apuntábamos. Por ello, según Lapesa, la suerte que en español tuvieron los tratamientos de confianza y las formas gramaticales ajenas a ellos, descubre la acción de dos tendencias contrapuestas:

1. La de los lugares, en que los tratamientos TU/VOS no llegaron a tener una equivalencia total por lo que trataron de diferenciarlos en cuanto a sus formas verbales:

— *No dejando arraigar* las formas discordantes: vos quieres, vos cantas.

— *Evitando* el uso de formas como vos das, vos estás, en beneficio de las formas diptongadas: dais, estáis, que no se pueden confundir con las formas de tú.

— *Rechazando* el uso o empleo de los imperativos da, está..., para VOS prefiriendo las formas con -D: dad, estad.

— *Uniformando* con diptongo las desinencias de la 2.ª pers. de plural en los pres. de ind. y subj. de las dos primeras conjugaciones, desterrando las formas: tomás, querés, cantá, poné... etc.

— *Manteniendo* la -D de formas esdrújulas: érades, veníades... etc.

2. La otra tendencia, por el contrario:

— *Conservará* las formas discordantes: vos tienes, vos quieres.

— *No sentirá escrúpulos* ante las formas verbales de las personas VOS que confluían con la persona TU: vos das, estás.

— *Conservará y extenderá* las contracciones monoptongadas: cantás, querés, y los imperativos sin -D: soltá, poné.

— Y, desde muy pronto, *empezará a combinar formas* pronominales de tú y vos en un solo paradigma: facételo vos.

Esta segunda tendencia nos mostrará la voluntad de nivelación propia de comunidades que se están formando.

En definitiva, según Lapesa, ante dilemas provocados por factores lingüísticos internos (evolución fonética, y homomorfia), las decisiones divergentes adoptadas en cada caso dependieron de actitudes colectivas impulsadas por móviles de orden histórico y cultural.

La *cronología* de las desinencias de vos/vosotros es:

— cantá, tené, salí (formas imperativas): fines del siglo XIV al XVI.

— atis > -ades > -aes ⟨ ás: 1470-1570 / áis: 1420

— etis > -edes > *-ees ⟨ -és: 1340-1570 / -éis: 1420

— itis > -ides > *-íes > ís: 1420

9.3. **El voseo hispanoamericano.**

1.— Función:

VOS es una forma reservada para la intimidad. El VOS fue desechado en las zonas donde tenían su asiento las cortes virreinales en los siglos XVII y XVIII.

El español que llegó a América era el español del siglo XVI, trayendo, pues, la confusión de tratamiento de confianza que se daba en la Península; pero mientras el español evolucionaría hacia un nuevo esquema de tratamiento, en América encontraremos el esquema de tratamiento del XVI.

2.—Formas verbales:

Suelen distinguirse dos modalidades verbales: la argentina y la chilena. Ambas con fuerte tendencia a la monoptongación, y la chilena con tendencia al uso de la i tónica final (tomaí(s), comís, vivís...)

3.—Zonas de voseo:

En general, donde la fuerza de la Península o de la metrópoli fue mayor, se ha perdido el voseo, frente a las zonas más alejadas de la influencia donde se mantiene:

a) zonas de voseo: Argentina, Uruguay, Paraguay, América Central (Guatemala, Salvador, Honduras, Nicaragua).
b) zonas de tuteo-voseo: Venezuela, Colombia, Ecuador, Chile, Perú.
c) zonas de tuteo: Méjico, Perú, Bolivia, Antillas, Puerto Rico, Santo Domingo..., etc.

BIBLIOGRAFIA

LAPESA, R., «Personas gramaticales y tratamientos en español», Rev. de la Univ. de Madrid, XIX, Madrid, 1970.
— «Las formas verbales de segunda persona y los orígenes del voseo», Actas del Tercer Congreso Internacional de Hispanistas, El Colegio de México, México, 1970.

10

Los posesivos

10.1 Antecedentes.

Tenía el latín clásico tres posesivos de *un poseedor: meus, tuus, suus,* y había en latín antiguo para la tercera persona otra más breve: *sus, sa, sum,* que aparece en Ennio, Festo y en las inscripciones, y que no dejó de emplearse en latín vulgar; a su lado existió también, para la 1.ª persona, *mus, ma, mum,* usada por Ennio; de estas dos se podría ya entrever que habría de darse la correspondiente para la 2.ª persona en *tus, ta, tum,* y de hecho el gramático Virgilio nos ofrece la declinación de los tres posesivos abreviados y los tres han dejado descendencia en las lenguas romances. Al mismo tiempo *meus* produjo por analogía *teus* y *seus,* bastante usados durante el Imperio.
Todas ellas se declinaban como *bonus, bona, bonum.* En la evolución del romance castellano se conserva básicamente el esquema clásico *meus, tuus,* y *suus.*

Para los posesivos de *varios poseedores* tenía el latín clásico *noster* en la 1.ª persona, *vester* en la 2.ª, y la 3.ª carecía de posesivo propio y lo suplía con el *suus* de un solo poseedor; *noster* y *vester* seguían la declinación de *liber, libera, liberum.* En latín arcaico había además de *vester* también *voster.* El latín vulgar conservó *noster* y perdió *vester.* En latín vulgar fue también *suus* el de 3.ª persona de varios poseedores.

10.2 El posesivo de tercera persona.

No tiene el castellano, ni las tuvo, formas distintas, en la tercera persona, que las del posesivo de un solo poseedor, siguiendo en esto el esquema latino. En otras lenguas se sacó en la época romance primitiva un derivado del genitivo plural *illorum.* Hállase en aragonés y, probablemente, por él entró en Navarra y la Rioja (se lee en las *Glosas de Silos,* de autor riojano), y en documentos de los tiempos de Alfonso VII, el hijastro del Batallador, que lo introdujo en el *Fuero de Avilés.* En todo caso, escasea la forma fonética aragonesa *lor* y abundan las secuencias *lure-lur,* pl. *lures,* por lo cual se ve que el aragonés mismo la debió tomar del catalán o provenzal.

10.3. Análisis específico de los pronombres posesivos.

El español mantuvo 2 series de formas: tónicas/átonas. Las fronteras entre unas y otras no estaban nada claras en la lengua antigua y, si bien hoy se ha llegado a distinguir con mayor claridad, es más exacto hablar de formas largas y cortas o como dice Menéndez Pidal, formas de pronombre sustantivo y formas de adjetivo, pues en varias regiones (Asturias, Santander y en general en León y Castilla la Vieja) se pronuncian como tónicas, formas que por evolución fonética tenían que ser átonas (mí padre).

A) *Para un solo poseedor.*

1.ª persona

a) *Formas largas o de pronombre sustantivo.*
- Masc. sing. y plural: MĔŬM >(1) mẹo >(2) miéo >(3) mío
  MĔOS >(1) mẹos >(2) miéos >(3) míos

(1) Paso del latín clásico al latín vulgar.
(2) Ĕ > ẹ > ié
(3) El diptongo «ié» se reduce a «i», probablemente por simplificación de triptongo

Alomorfos: que se dan en la lengua antigua:

mió } desplazamiento acentual para formar un diptongo
miós } de dos vocales en hiato, tendencia que ya se da en lat. vulgar.

Variantes ortográficas: myo, myos.
- Fem. sing. y plural: MĔAM >(1) mẹa>(2) mía
  MĔAS >(1) mẹas >(2) mías

(1) M. Pidal: disimilación de «ẹ» ante «a».
   G. de Diego: el resultado fonético tendría que ser *miea. La oposición entre mieo y mía en lo antiguo ha hecho pensar que el fem. tendría distinto vocalismo que el masc, admitiéndose que en latín «mea» tendría ẹ por disimilación de «ẹ» ante «a», aunque cabría admitir un latín *MIA.

(2) Ẹ en hiato se hace «i».

Variantes: mié (-s): formas que se explican por asimilación, cerrándose la «a» para acercarse a la «i» precedente.
   mié (-s): desplazamiento acentual, para reducir el hiato a diptongo.

b) *Formas cortas o de adjetivo:*
- Masc. sing. y plural: se usan, en español antiguo, las mismas formas que hemos visto para el pronombre sustantivo: mío(-s), mió(-s).

● Fem. sing. y plural: se usan, en español antiguo, las formas largas mía (-s) (rara vez), míe(-s) y mié(-s) y las formas apocopadas mi(-s), que parecen proceder de míe, donde se ha producido la apócope de la «e» por el uso proclítico. Las formas reducidas prevalecieron (mi, mis).

Desde muy antiguo había confusiones entre las formas masc. y fem. y así a principios del S. XIII, y en Castilla, se prefirieron las formas femeninas para ambos géneros, frente a León, donde se prefirió el masculino para todos los usos.

Según M. Pidal la causa de la confusión de género se debe principalmente a que estos no se expresaban mediante la -o y la -a habituales.

2.ª y 3.ª persona

a) *Formas largas o de pronombre sustantivo.*

● Masc. sing. y plural: TŬUM >(1) tu̯o >(2) too >(3) to
SŬUM >(1) su̯o >(2) soo >(3) so
TŬOS >(1) tu̯os >(2) toos >(3) tos
SŬOS >(1) su̯os >(2) soos >(3) sos

(1) Paso del latín clásico al latín vulgar.
(2) Ŭ > u̯ > o
(3) Simplificación de 2 vocales iguales.

Variantes: † tuo(-s)   } formas analógicas con las del femenino.
† suo(-s)

† tuyo(-s)   Estas son las variantes que se han conservado en español moderno. Estas formas se explican por analogía con las femeninas, las cuales parece ser que fueron las primeras en ser rehechas a imitación del pronombre posesivo-relativo CUIUS > cuyo, para deshacer el hiato (tua) mediante la consonante antihiática «y».
† suyo(-s)

● Fem. sing. y plural: TŬAM >(1) tu̯a > túa >† tuya   Variantes que se
SŬAM >(1) su̯a > súa >† suya   han conservado
TŬAS >(1) tu̯as > túas >† tuyas   en español moderno.
SŬAS >(1) su̯as > súas >† suyas

(1) Por disimilación de «u̯» ante «a», al igual que en la 1.ª persona.

165

Variantes: túe(-s)
súes(-s) } formas que, al igual que en la 1.ª persona se explican por asimilación, cerrándose la «a» para acercarse a la «u» precedente.

tués(-s)
sués(-s) } desplazamiento acentual, para reducir el hiato a diptongo.

b) *Formas cortas o de adjetivo:* las formas tuo(-s) tua(-s)
suo(-s) sua(-s)
así como las modernas de pronombre sustantivo o largas son raras veces usadas como adjetivos.

En *romance* la forma corriente para el masc. era: to, so y para el femenino:

tue
sue   o   tu
su } formas que según Hanssen no se derivan de las variantes sincopadas que presenta el latín vulgar (TUM, SUS) sino que son de procedencia castellana (al igual que ocurría en la 1.ª pers.).

Algunos manuscritos castellanos de los siglos XIII y XIV distinguen con regularidad los géneros, sin embargo otros no; al fin prevalecieron por completo las formas femeninas para ambos géneros, en oposición al asturiano en el que se prefirió la forma masculina para todos los usos, como ocurría en la 1.ª persona.

B) *Para varios poseedores.*

1.ª y 2.ª persona

- Masc. sing. y plural: NŎSTRUM > nuestro
(VESTER) VŎSTRUM > vuestro
NŎSTROS > nuestros
VŎSTROS > vuestros } estas formas aunque se explican desde una situación tónica, pueden usarse indistintamente como sustantivo o como adjetivo.

- Fem. sing. y plural: NŎSTRAM > nuestra
VŎSTRAM > vuestra
NŎSTRAS > nuestras
VŎSTRAS > vuestras }

Variantes: «nuesso» <(1) NŎSTRUM
«vuesso» <(1) VŎSTRUM
(1) STR > ss. Estas formas se usaron en la lengua antigua, hoy son voces desusadas.

166

«muesso»←por influencia de la inicial del posesivo de un poseedor.
En la Edad Media también se usaba, aunque rara vez, la forma «nuestre» femenino con final analógico al de mie, tue, etc.

3.ª persona

Como ya hemos visto, el español no tiene en la 3.ª persona formas diferentes para aludir a uno o varios poseedores.

Asimismo hemos visto cómo el paradigma de CUIUS ha influido en gran medida en la evolución de estos pronombres. Mientras que las formas tónicas de la 1.ª pers. sing. son las antiguas, en las otras personas nos encontramos con todo un paradigma analógico a CUIUS.

C) *Formas átonas con artículo.*

En castellano medieval podemos encontrarnos construcciones como:
Artículo + Posesivo + Sustantivo (la mi casa)
El uso del artículo con formas átonas llega hasta el siglo XIV y luego progresivamente se va perdiendo, hasta que desaparece completamente en el siglo XVI; solamente se ha conservado dialectalmente.

BIBLIOGRAFIA

BASSOLS DE CLIMENT, M., *Sintaxis latina,* tomo I, C.S.I.C., Madrid, 1963
GARCIA DE DIEGO, V., *Gramática histórica española,* Edit. Gredos, Madrid, 1961.
HANSSEN, F., *Gramática histórica de la lengua castellana,* Edit. El Ateneo, Buenos Aires, 1945.
IORDAN, I. y MANOLIU, M., *Manual de lingüística románica,* Edit. Gredos Madrid, 1972.
LAUSBERG, H., *Lingüística románica,* tomo II, Edit. Gredos, Madrid, 1973.
MENENDEZ PIDAL, R., *Manual de gramática histórica española,* Edit. Espasa-Calpe, Madrid, 1952.
MENENDEZ PIDAL, R., *Orígenes del español,* Edit. Espasa-Calpe, Madrid, 1950.
MENENDEZ PIDAL, R., *Cantar de Mio Cid (Gramática),* tomo I, Edit. Espasa-Calpe, Madrid, 1954.
POTTIER, B., *Introduction à l'ètude de la morphosyntaxe espagnole,* Edic. Hispanoamericanas, París, 1966.
VÄÄNÄNEN, V., *Introducción al latín vulgar,* Bibl. Universitaria, Edit. Gredos, Madrid, 1975.

11

Pronombres demostrativos
y de identidad

Estudiaremos dentro de este grupo las siguientes formas:

HIC - HAEC - HOC
ISTE - ISTA - ISTUD $\Big\}$ son los pronombres propiamente deícticos
ILLE - ILLA - ILLUD

IS - EA - ID $\Big\}$ pronombre anafórico

IDEM - EADEM - IDEM
IPSE - IPSA - IPSUM $\Big\}$ pronombres de identidad.

11.1   Uso de tales formas.

HIC = éste

Indica lo que está cerca de la persona que habla, en el espacio (aquí) y en el tiempo (ahora). Pero además de significar *deixis espacial y temporal*, en el habla popular se utilizó, a veces, con *otro significado deíctico*: la persona, pudiendo aparecer en tales casos en lugar del pronombre personal de 1.ª persona, es decir, ĔGO.

También, se utilizó con *valor anafórico o catafórico,* es decir, señalando una persona o cosa ya mencionada o que va a mencionarse.

Y por último, en latín clásico, pudo usarse como antecedente del relativo, conservando en tales casos su significado deíctico. Ejemplo:

Hic qui = éste que

No obstante, en el período posclásico o decadente se usó, a veces, sin valor deíctico, apareciendo entonces como sinónimo de IS.

Hic qui = is qui 'el que'

ISTE = ése

Indica lo que está cerca del interlocutor en el espacio (ahí) y en el tiempo (señala época cercana en el pasado o en el futuro). Al igual que HIC también pudo utilizarse con *otro significado deíctico*: la persona, pero en tales casos (y a diferencia del anterior pronombre), no señala tan claramente su relación con la 2.ª persona, de ahí que lleve con frecuencia como determinantes los adjetivos posesivos TUUS o VESTER. Ejemplo:

«ista tua soror»

Además podía referirse a una 3.ª persona (id isti (=ellos) vituperant) o a aquello que está cerca de la persona que habla («iste liber=hic liber»).

Es muy poco usado con *valor anafórico* y generalmente sólo para señalar algo mencionado por el interlocutor.

ĪLLE = aquél

Indica lo que está más o menos alejado de la persona que habla y de la que escucha en el espacio (allí) y en el tiempo (señala época lejana en el pasado o en el futuro). Respecto a su empleo con significado deíctico de persona, ĪLLE es todavía más ambiguo que ĪSTE, por no existir en latín clasico la 3.ª persona.

Bassols nos dice que solamente en contraposición con las otras dos personas ĪLLE se usaba, a veces, con un significado análogo al que tiene un pronombre de 3.ª persona en español. Así pues, podemos decir que ĪLLE no es un pronombre propiamente deíctico, hasta que en latín vulgar la deixis se reorganiza en tres grados, de modo paralelo a la reorganización que sufre la persona.

También podía usarse con *valor enfático* designando a personas o cosas muy conocidas. Ejemplo:

ILLA MEDEA = la famosa Medea.

Con esta acepción puede aparecer unido a elementos pronominales de 1.ª y 2.ª persona.

Asimismo podía usarse con *valor anafórico* o *catafórico* señalando lo ya mencionado o enunciando lo que sigue.

Y por último, aunque poco frecuente, podía usarse también como sinónimo de TALIS, TANTUS, ALIQUIS, llegando incluso a adquirir un significado de absoluta indeterminación ('uno cualquiera, tal o cual...'), así pues emparentado significativamente con los indefinidos.

IS

Este pronombre tiene un *valor puramente anafórico,* sin indicar proximidad o lejanía, es decir, hace referencia a algo que no se halla en relación con la persona que habla.

Se utiliza para reproducir un término ya mencionado (anáfora) o bien para introducir un elemento del que se hablará a continuación (catáfora). Así, por ejemplo, se usa frecuentemente como antecedente del relativo. Ejemplo: Is qui = el qùe.

IDEM

Este pronombre está formado por dos elementos: el anafórico IS y la partícula -DEM, que insiste en la idea de identidad. Corresponde, en líneas generales, al pronombre español «el mismo».

IPSE

Además de expresar identidad conlleva un cierto matiz adversativo o de oposición 'él mismo (y no otro)'. Sería más enfático que el anterior pronombre.

En francés se ve clara la diferencia entre la simple identidad y la identidad con matiz de exclusividad:

le même / lui même (diferencia a nivel sintagmático).
el mismo / él mismo (diferencia a nivel suprasegmental).

Nous / nous autres (franc.mod.) ⎫ formas que también se diferencian por el
Nos / nos-alteros (cast.ant.) ⎭ matiz de exclusividad.

11.2 Desgaste y confusión de los demostrativos. Tránsito a las lenguas romances.

La misma fuerza expresiva de los pronombres demostrativos provocó su rápido desgaste, con las consiguientes confusiones y sustituciones. De ahí las discrepancias entre el latín clásico y las lenguas romances.

El primer pronombre que se perdió fue el anafórico IS. Ya desde el latín posclásico o decadente IS podía ser sustituído por HIC (Hic qui = Is qui 'el que'), lo cual conlleva la pérdida del valor deíctico originario de este pronombre. Tal desvalorización semántica, unida a su escaso cuerpo fónico hace que este pronombre HIC desaparezca también, dejando únicamente huellas en los restos lexicalizados del tipo:

ahora < HAC HORA ⎫
hogaño < HOC ANNO ⎬ que se conservaron gracias a su gran frecuen-
pero < PER HOC ⎪ cia de uso.
etc. ⎭

Esta doble desaparición (de IS e HIC) trajo como consecuencia una reestructuración del sistema latino, que esquemáticamente y sin precisiones cronológicas (1) podríamos resumir así:

---

(1) No se trata de una evolución lineal, resultando extremadamente difícil de establecer la situación lingüística de un período dado, teniendo en cuenta que los textos a nuestra disposición no reflejan sino muy incompletamente la lengua hablada.

1) El valor anafórico de IS y de HIC será asumido por ILLE, cuyo paradigma se especializara para 2 funciones:

    a) Del uso intensivo de ILLE deriva el pronombre personal de 3.ª persona: él, ella, ello...

    b) Del uso no intensivo de ILLE surgirá el artículo romance: el, la...

2) Al pasar ILLE al campo de la anáfora, la casilla del tercer grado de la deixis quedó vacía, pero sólo aparentemente, ya que en el mismo latín, sobre todo en latín hablado (recogido en obras de Plauto) existía la tendencia a reforzar los demostrativos:

    a) Bien utilizando junto al deíctico el pronombre enfático IPSE (ya en Cicerón encontramos la secuencia «iste ipse»).

    b) Bien, en la mayoría de las veces, anteponiendo al deíctico la partícula ECCE (originariamente adv. 'he aquí').

Así junto a ISTE existía la forma ECCISTE y junto a ILLE había ECCILLE. La elección entre una u otra forma se debía a razones de mayor o menor expresividad.

De este modo el deíctico reforzado ECCILLE pasó a ocupar el lugar de ILLE como expresión del tercer grado del demostrativo, o mejor dicho, la forma ECCILLE, que originalmente alternaba con ILLE, se gramaticalizó (antes se entendía su uso por razones estilísticas o expresivas) como única forma para expresar la deixis, frente al anafórico ILLE.

Junto a esta partícula se utilizó también *ACCU formada por: ATQUE + ECCUM (< ECCE EUM). De ahí las formas castellanas:

$$aquel < {}^*ACCU - \breve{I}LLE$$

3) Por otra parte, la desaparición de HIC en el primer grado de deixis hace que ĬSTE se desplace del 2.º al primer grado, con lo que en esta etapa de la evolución, común a todas las lenguas románicas, tenemos un sistema deíctico bimembre:

    ĬSTE/ ĬLLE (con el refuerzo ECCE o *ACCU)
    cercanía lejanía

En esta fase de la evolución se detienen algunas lenguas románicas, sin embargo otras, entre ellas el español, tienden a restituir la situación latina: sistema trimembre (aunque ambiguo el tercer grado). Para ello el castellano habilitará el enfático IPSE como expresión del 2.º grado deíctico. Así el sistema castellano es:

    1.º grado: éste < ĬSTE
    2.º grado: ése < ĬPSE
    3.º grado: aquél < *ACCU-ĬLLE.

172

4) Para expresar la identidad en latín clásico teníamos 2 pronombres: ĬPSE e IDEM. Ya en el siglo II IPSE reemplaza a IDEM en este uso. Además como, por otra parte, hemos visto que ĬPSE va a servir para expresar el 2.° grado deíctico en castellano, habrá que recurrir a otros procedimientos que expresen el valor que estos pronombres, IPSE e IDEM, expresaban en latín clásico:

a) ĬPSE conservó su significado clásico en algunos compuestos arcaicos, que se hallan en textos de los siglos XI al XIII.

ĬLLE + ĬPSU(M) > eleiso [eléšo] que en grafía del siglo XIII sería *elexo deriv. de ille *icsu por ille ipsu (comp. en aragonés exe [eše] < *icse < ipse).
SE + ĬPSE > sese
SIBI + ĬPSE > sise
SUU(M) + ĬPSE > súyose
ĬN + ĬPSE > enés
ĬN + ĬPSOS > enesos.

b) Un 2.° procedimiento, que es el que ha perdurado, consiste en el refuerzo de IPSE mediante la partícula MET, usada ya en latín sobre todo tras los pronombres personales:

Egomet ('yo mismo') o Egomet ipse.

Posteriormente esta partícula MET ya no funciona en forma enclítica al pronombre sino en forma proclítica a ĬPSE:

MET-ĬPSE > medés
MET-ĬPSU(M) > medipso > *meisso > misso (forma que sólo aparece en la Crónica General).

Esta forma no se ha propagado más que en el superlativo absoluto:

MET-ĬPSI(SSI)MUM (-AM, -OS, -AS) >(1) *medipsimu (-a, -os, -as) >(2) medesmo (-a, -os, -as) >(3) meesmo (-a, -os, -as) >(4) meismo (-a, -os, -as) >(5) mesmo y mismo.

(1) Latín vulgar, por disimilación, que ha llevado a la pérdida de una sílaba entera.
(2) Ĭ > e.
(3) Pérdida de -d- intervocálica.
(4) Transformación de un hiato en diptongo.
(5) Monoptongación del diptongo «ei».

173

La variante «meismo» aparece en los primeros documentos. Durante algún tiempo, el idioma vacilaba entre mismo (variante, con la vocal «i» de difícil explicación) y mesmo hasta que la Real Academia elige como culta la variante «mismo», quedando «mesmo» reducida al ámbito dialectal y popular.

«Misme» es una antigua variante, invariable en cuanto al género, con -e analógica de este, ese.

La forma MISMO tomó los dos sentidos, el de IDEM y el de IPSE.
el mismo rey = rex idem
el rey mismo = rex ipse: en este caso, va generalmente, pospuesto al sustantivo que modifica.

11.3 Análisis específico de los pronombres demostrativos.

Estos pronombres no tienen formas de expresión diferentes para un uso tónico/átono, diferencia formal que se perdió antes del siglo X, explicándose las formas que se conservan desde un uso tónico, pues se mantiene la silabicidad.

Primer grado deíctico

Singular

- Masc. ĬSTE > este. Variantes: est, esti (dialectal)
- Fem. ĬSTA > esta
- Neutro ĬSTUD > esto

Plural

- Masc. ĬSTOS > estos
- Fem. ĬSTAS > estas

Segundo grado deíctico

Singular

- Masc. ĬPSE > ese. Variantes: es, essi (dialectal)
- Fem. ĬPSA > esa
- Neutro ĬPSUM > eso

Plural

- Masc. ĬPSOS > esos
- Fem. ĬPSAS > esas

Singular

- Masc. *ACCU-ĬLLE > aquel
- Fem. *ACCU-ĬLLA > aquella
- Neutro *ACCU-ĬLLUD > aquello

Plural

- Masc. *ACCU-ĬLLOS > aquellos
- Fem. *ACCU-ĬLLAS > aquellas

En la Edad Media el elemento de refuerzo *ACCU se extiende también a los otros grados deícticos, de tal manera que tenemos formas como:

aqueste < *ACCU + ĬSTE
aquese < *ACCU + ĬPSE

Asimismo pueden reforzarse con ALTER pospuesto; de tal combinación resultan formas como:

el primer elemento queda sin flexión

$\left\{ \begin{array}{l} \text{estotro} < \text{ĬSTE} + \text{ALTERU(M)} \\ \text{esotro} < \text{ĬPSE} + \text{ALTERU(M)} \\ \text{aquellotro, quillotro, aquelotro} < \text{*ACCU} + \text{ĬLLE} + \\ \qquad\qquad\qquad\qquad\qquad\qquad\qquad + \text{ALTERU(M)} \end{array} \right.$

Todas estas formas comienzan a perderse en el siglo XIV y ya en el XVI se pierden completamente.

Como hemos visto la etimología de las formas singulares es el nominativo latino, mientras que las plurales proceden del acusativo; ésta es la opinión sostenida por M. Pidal y Lapesa entre otros autores. Sin embargo, Pottier piensa que tanto el singular como el plural parten del acusativo.

ĬSTUM habría dado originalmente *esto (masc.), por apócope se reduciría a «est» y posteriormente se restituiría la vocal antietimológica -e «este» para diferenciar la forma del masculino de la neutra «esto» procedente de ĬSTUD (que no había apocopado, por ser siempre su función pronominal).

El argumento de Pottier es rebatible ya que en documentos anteriores a la generalización de la apócope encontramos formas con -e.

11.4 Sintaxis del demostrativo

En el castellano medieval de los primeros siglos la diferencia entre el demostrativo y el artículo no es todavía clara.

En algunos casos los demostrativos ofrecen tan atenuada su significación propia, que funcionan como simples artículos, restos, sin duda, de la época anterior al triunfo completo de ĬLLE para el artículo. Ejemplos:

«*estos* caualleros quel siruen» (Mio Cid)
    ↑
«los»

«con *essa* yent christiana» (Santo Domingo, Berceo).
    ↑
«la»

BIBLIOGRAFIA

BASSOLS DE CLIMENT, M., *Sintaxis latina*, tomo I, C.S.I.C., Madrid, 1963
GARCIA DE DIEGO, V., *Gramática histórica española*, Edit. Gredos, Madrid, 1961.
HANSSEN, F., *Gramática histórica de la lengua castellana*, Edit. El Ateneo, Buenos Aires, 1945.
IORDAN, I. y MANOLIU, M., *Manual de lingüística románica*, tomo I, Edit. Gredos, Madrid, 1972.
LAUSBERG, H., *Lingüística románica*, tomo II, Edit. Gredos, Madrid, 1973.
MENENDEZ PIDAL, R., *Manual de gramática histórica española*, Edit. Espasa-Calpe, Madrid, 1952.
MENENDEZ PIDAL, R., *Orígenes del español*, Edit. Espasa-Calpe, Madrid, 1950.
MENENDEZ PIDAL, R., *Cantar de Mio Cid (Gramática)*, tomo I, Edit. Espasa-Calpe, Madrid, 1954.
POTTIER, B., *Introductión à l'etude de la morphosyntaxe espagnole*, Edic. Hispanoamericanas, París, 1966.
VÄÄNÄNEN, V., *Introducción al latín vulgar*, Bibl. Universitaria, Edit. Gredos, Madrid, 1975.

El artículo

12.1. Estudio diacrónico.

A) *Origen y formación del artículo:*

Antes de adentrarnos en el problema del artículo, debemos señalar que éste es una creación romance, ya que en latín no existía.

¿Cómo se originó? Hay diferentes interpretaciones:

1.—Autores como Bassols de Climent entre los latinistas, M. Pidal, García de Diego entre los hispanistas y Bourciez entre los romanistas piensan que el artículo se originó por el debilitamiento significativo que sufrieron algunos demostrativos.

2.—Una 2.ª interpretación es la de Amado Alonso, quien piensa que la aparición del artículo está íntimamente unida a la pérdida de la flexión nominal. Así pues, este autor no entiende el artículo desde el demostrativo, sino desde lo nominal.

En *latín* la significación del sustantivo estaba fundida con la función sintáctica. Sin embargo, en *romance* se puede expresar el significado del sustantivo en sí, independientemente de su significado en la sintaxis. Así:

«pater» en *latín* $\left\{ \begin{array}{l} \text{significado léxico} \\ \text{valor sintáctico (sujeto de frase)} \end{array} \right.$

«padre» en *romance* $\left\{ \right.$ significado léxico.

Las relaciones sintácticas las expresan elementos adjuntos. El artículo viene a separar los valores formales y funcionales (sintácticos) del sustantivo de su significado y a destacar el significado independiente del sustantivo.

La independencia significativa del sustantivo puede expresarse en romance en diferentes grados: — con artículo
— sin artículo

El artículo sirve para expresar el significado independiente del sustantivo en el *máximo grado*.

3.—Otra interpretación de cómo se originó el artículo es la de Rafael Lapesa:

En latín tardío aumenta en gran manera el uso de los demostrativos. El estudio de Trager, sobre el uso de los demostrativos latinos hasta fines del siglo VI, no deja lugar a dudas: desde los últimos años del siglo IV se registra un gran aumento de demostrativos, que llega casi a duplicarse.

Pero tan significativo como el aumento de frecuencia es el hecho de que, con el transcurso del tiempo, el empleo adnominal (unido al sustantivo) y pronominal de los demostrativos llegara a hacerse en una proporción más igualitaria, si bien el uso pronominal es casi siempre más alto. En otras palabras, se incrementa el empleo adnominal de los demostrativos.

La multiplicación de elementos señaladores responde, según Lapesa, a un deseo de mayor expresividad. Con el abundante uso de estos instrumentos se hace referencia a las realidades presentes en el espíritu del hablante y no a abstracciones, de ahí que la literatura cristiana, por su afán de ser asequible a las gentes, utilizase este recurso, equiparable a los gestos en el coloquio popular. Aunque, si bien es cierto, no hay absoluta correspondencia entre la religión del escritor y la aceptación o repulsa del empleo abundante de demostrativos, que en último término obedece al gusto de cada uno.

En un principio, para poner de relieve las realidades vistas o vividas por el hablante (es decir, las realidades presentes en su espíritu) se utilizaron unos u otros demostrativos, pero después se especializó para esta función ĬLLE o ĬPSE, ya que eran los que más fácilmente podían dejar sus funciones antiguas:

ĬLLE: no relacionado con la 1.ª ó 2.ª persona dejó de indicar lejanía, para hacerse puro signo de referencia anafórica.

ĬPSE: que ya en el siglo II reemplaza a IDEM, pasó de expresar la identidad de una persona o cosa, a indicar simplemente que la persona o cosa había sido mencionada (uso anafórico, por tanto).

Dentro de la anáfora, ĬLLE e ĬPSE podían tener un uso adnominal (empleo que, como ya hemos visto, se incrementó en latín vulgar); también, acompañar a un sustantivo que anuncia lo que se dirá más tarde, sobre todo con el antecedente de un relativo (catáfora).

Pero además, al mismo tiempo que el demostrativo aumentaba en frecuencia se capacitaba para *nuevas funciones:* se extendió el uso de ĬLLE y de ĬPSE fuera de la anáfora, para evocar cosas no mencionadas antes, sino implícitas en lo dicho o relacionadas con ello, es decir, pasan a señalar *lo consabido o habitual*.

Así la presencia o ausencia de ĬLLE o ĬPSE junto al sustantivo fue progresivamente marcando la distinción entre realidades actuales y conceptos virtuales; sólo desde entonces existió propiamente artículo.

Como conclusión, podemos decir que Lapesa no entiende el artículo desde el desgaste significativo de algunos demostrativos, sino desde *nuevas funciones* de las antiguas formas. Cfr. R. Lapesa, 1961.

¿Cuándo se originó? Aquí también encontramos discrepancias. Así mientras Quintiliano (muerto hacia el año 95) decía que el latín no sentía necesidad de artículo («Noster sermo articulos non desiderat»), en el último cuarto del siglo XIX y primeros decenios del actual se rastrearon presuntos indicios de artículo en textos de Plauto (lat. pre-clásico), Horacio (lat. clásico), Petronio o Apuleyo (lat. posclásico).

Bourciez da el siglo II como época en que empezó la «debilitación» de los demostrativos ĬLLE e ĬPSE. Grandgent sitúa en el siglo IV la difusión del artículo. En 1932 Trager afirmaba que en el siglo VII la evolución seguía inconclusa. En 1929 y luego en 1945 Muller sostuvo, que si bien desde el siglo VI hay vestigios de las nuevas funciones que el demostrativo podía desempeñar, la manifestación del artículo no es clara hasta el siglo VIII. Por último, en 1942 Löfstedt sostiene que el artículo se forma en la época en que cada lengua romance sigue su rumbo particular.

Como hemos podido observar, según unos u otros autores, el artículo nace en diferentes épocas, que distan varios siglos entre sí. Así pues, tal diversidad de opiniones se aparta mucho de situar el nacimiento de este nuevo elemento en un período de tiempo más o menos concreto.

Según Lapesa, es difícil precisar cuándo deben interpretarse como demostrativos los ĬLLE o ĬPSE adnominales que aparecen en anáforas y cuándo han de interpretarse como artículos. Es más, nos dice, que la mayoría de los ejemplos que se han interpretado como artículos, admiten las dos posibilidades. No obstante, piensa que probablemente en la lengua hablada se desarrolló el artículo antes de la época en que lo sitúan los estudios basados en testimonios escritos.

B) *Análisis formal del artículo.*

Durante el largo período en que los romances peninsulares no tenían el prestigio suficiente como para dejarnos muestras escritas (se supone que hacia el siglo VIII se empezó a hablar romance, no obstante se seguía escribiendo en latín), el uso de ĬLLE e ĬPSE en los documentos notariales presenta distintas preferencias según las zonas. Así en Cataluña, y hasta el siglo XII, predomina ĬPSE, de acuerdo con su actual supervivencia en la Costa Brava (Ampurdán) y Mallorca; a partir del siglo XII se produce una reacción contra el predominio de ĬPSE, que trae como consecuencia el triunfo de los derivados de ĬLLE en el catalán literario.

En el resto de la Península ĬLLE prevalece claramente desde los documentos más antiguos. Las demás lenguas romances también prefirieron los derivados de ĬLLE salvo en Cerdeña y Gascuña (sardo).

El artículo es átono desde sus orígenes, lo que ocasiona la simplificación de la «ll». Por ese mismo desgaste que sufre la partícula átona se pierde la sílaba inicial, salvo en el nominativo masculino ĬLLE, en que se pierde la «-e» final caduca. En los demás casos se conserva la vocal final por ser ésta más resistente y además por una razón funcional muy importante ya que con tal terminación se marcan las diferencias de género: el/la/lo.

- *Evolución planteada por M. Pidal*

Singular

- Nominativo masc.: ĬLLE > ell, el (←variante ésta última que prospera a partir de Alfonso X).
  variante que se mantiene hasta el siglo XIII y que aparece cuando le sigue una palabra que empieza por vocal («ell estudio»).

Castilla es la región en que la evolución se ha realizado más rápida y decididamente logrando pronto una mayor fijeza lingüística, de ahí que no se dé vacilación entre los derivados del nominativo ILLE y los del acusativo ILLUM como en navarro-aragonés y leonés; desde los documentos más antiguos aparece el artículo completamente formado, en su estado moderno (los restos de ILLUM son muy raros).

- Nominativo fem.: ĬLLA >(1) ela >(2) la

(1) Se produce la simplificación de la «ll» por influencia del masc. «el». Forma que subsiste hasta el siglo XII, aunque todavía después se hallan restos.
(2) Abreviación: «la» salvo ante nombres que empiezan por vocal, especialmente si ésta es «a-», con los cuales se abrevia en «el» o «ell».
    Pero luego se admitió la variante «el» sólo cuando le sigue una «á-» (el alma/las almas).

    forma de masc.
    pero sentido
    etimológico de fem.

- Nominativo neutro: ĬLLUD > elo > lo

Plural

- Acusativo masc.: ĬLLOS > ellos > elos > los
- Acusativo fem.: ĬLLAS > elas > las

● *Evolución planteada por B. Pottier.*

En oposición a lo que hemos visto, Pottier piensa que el artículo viene del caso acusativo, tanto en singular como en plural.

● Acusativo masculino: ĬLLUM > *ello, ell ante vocal (que se ha convertido en «el» ante consonante).

La antigua forma «elo» (LL > l por proclísis) confirma la derivación del acusativo y explica las formas aragonesas o portuguesas («lo» y «o»).

● Acusativo fem.: ĬLLAM > *ella, ela que ha dado luego:

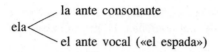

Los gramáticos han decidido luego que «el» no se empleara más que delante de «á-».

● *Respecto del orden de colocación:* en todas las lenguas románicas, excepto en rumano, el artículo aparece en situación proclítica, es decir, está subordinado al acento de la palabra que le sigue.

En caso de que le precediera una preposición, el artículo se fundía con ella, si ésta acababa en vocal. Ejemplo: contra el→contral

para el→poral

ante el→antel

Si la preposición acababa en consonante, como ocurre con «en, con» se produce fusión y asimilación de consonantes: enna, ennos, connos, connas...

Pero esta tendencia fonética deformante se fue abandonando en el siglo XIII, hasta desaparecer por efecto de la influencia normativa de Alfonso X. Solamente quedan algunos residuos: las formas «al» y «del», así como a nivel familiar y popular: pal(para el) col(con el)...

C) *Demostrativos y Artículo en la literatura narrativa medieval.*

El uso frecuente de demostrativos no cesó con la creación del artículo, sino que continuó vigente hasta muy avanzada la Edad Media. Indudablemente esta insistencia en el señalamiento no responde al gusto moderno; hoy día bastaría con usar el artículo. Pero esto no quiere decir, según Lapesa, que los demostrativos tuvieran papel de artículos en la lengua antigua.

Al hablar de los demostrativos, hemos visto que en algunos casos presentan su significación tan atenuada que funcionan como meros artículos, arcaísmo que arrancaría de una época anterior al triunfo de ILLE como artículo; ésta es la explicación que nos da M. Pidal. Sin embargo, Lapesa piensa que el arcaísmo no consiste en valerse de los demostrativos como artículos, sino en emplearlos en un campo mucho más amplio que el que hoy se les concede, dando lugar a algunas interferencias con el área del artículo.

En resumen, Lapesa nos dice que casi todos los demostrativos a los que se ha atribuido valor de artículo tienen función deíctica claramente perceptible: señalan seres o cosas que:

a) se hallan a la vista o se dan por presentes;
b) o bien han sido mencionadas antes;
c) o se relacionan con circunstancias de la situación.

A veces los demostrativos tienen clara intención evocadora o son un procedimiento para dar por consabido lo que no lo está. Cfr. R. Lapesa, 1961.

12.2 Estudio sincrónico

A) *Definiciones.*

La *Gramática* de Port-Royal (1660), que es de donde arranca la caracterización tradicional del artículo, lo define como una palabra que se coloca delante del nombre para marcar que éste es tomado en sentido completo o incompletamente determinado.

En esta misma línea la *gramática tradicional* considera el artículo como una parte de la oración que determina completa o incompletamente al nombre y expresa su género y número.

Los lingüistas estructuralistas (y modernos) han ampliado tal definición; como ejemplo de ello citaremos las definiciones que dan autores como:

B. Pottier: el artículo es el índice habitual de la integración del sustantivo de la lengua en el discurso.

A. Alonso: es un elemento formal sin contenido. Este vaciamiento de la significación va acompañado de un vaciamiento fonético, que consiste en la pérdida del acento de intensidad y muchas veces en un extremado acortamiento fonético, lo mismo en las lenguas modernas que en las antiguas.

E. Alarcos Llorach: es un morfema intenso, ya que caracteriza siempre al S. N. (sintagma nominal).

B) *Estudio formal y funcional del artículo.*

Con Port-Royal (1660) se introdujo por primera vez la distinción entre artículos definidos e indefinidos. Según estos gramáticos la oposición EL/UN se establece de acuerdo con el siguiente criterio:

determinación completa / determinación incompleta

Una variante de esta doctrina adopta como criterio distintivo entre EL/UN el hecho de que el objeto nombrado sea conocido o no por el oyente. La *Gramática* de la Real Academia puntualiza que el objeto determinado ha de ser conocido del que habla y del que escucha, mientras que la indeterminación, marcada por UN, puede referirse a objetos no consabidos («he visto una casa») o imprecisos para el hablante («alárgame un libro»).

La doctrina de la determinación, en cualquiera de sus versiones, ha sufrido numerosos ataques. La misma Academia señala que, en algunas circunstancias, es tan determinante UN como EL; por tanto, en tales casos, las funciones de UN y UNA, UNOS y UNAS se parecen mucho a las de EL y LA, LOS y LAS e incluso en singular llegan a veces a ser idénticas.

Juana canta como un ruiseñor = Juana canta como el ruiseñor

Estos y otros argumentos han movido a algunos autores, como G. Guillaume y B. Pottier..., a negar la determinación como base de la distinción entre EL y UN, e incluso a retirar a esta última forma el carácter de artículo (A. Alonso, E. Alarcos, así como Lázaro Carreter y Bello, aunque por razones diferentes a las de los dos primeros autores).

1) *Autores que niegan la determinación como base de la distinción entre EL y UN*: G. Guillaume y B. Pottier.

Según ambos autores hay dos artículos: EL y UN.

a) El sistema del artículo EL es:

	Sing.	Plural
Masc.	el	los
Fem.	la	las

Variantes formales combinatorias:

— la + STVO á-: el (el alma)
— a + el > al
— de + el > del

b) El sistema del artículo UN es:

	Sing.	Plural
Masc.	un	Ø
Fem.	una	Ø

Variante formal combinatoria:

— una + STVO á-: un (un ave).

Para ambos lingüistas la presencia del artículo delante de un sustantivo que no tenga otro determinativo es una regla de la lengua, y cuando no se manifiesta en la expresión dicen que éste aparece bajo la forma «cero». Hay 2 niveles en el artículo en grado cero:

a) *Nivel de lengua*: se encuentra cuando el sustantivo está usado síquica y semánticamente con el verbo: «tener confianza»←apunta a un concepto claro en el sistema castellano «confiar».

b) *Nivel de habla o de discurso:* se encuentra en el dominio de UN o en el de EL, cuando el sustantivo está ya determinado por el contexto, por ejemplo: «voy a casa»←«casa».

Desde un punto de vista estrictamente formal, la teoría de estos autores se diferencia de la *gramática tradicional* (que como ya hemos visto arranca de la gramática lógica de Port-Royal) en que no consideran a UNOS y UNAS como artículos sino como adjetivos de cuantificación no exacta, ya que sus lexemas presentan afinidades semánticas con adjetivos como: algunos, ciertos, varios..., solamente UNOS y UNAS son considerados artículos por estos autores, cuando van con objetos que se hallan por pares, como por ejemplo: «tenía unos ojos hermosos».

Desde un punto de vista funcional ¿qué es lo que diferencia EL/UN según ambos autores? Para poder explicar esto hay que partir de la teoría psicomecánica que Guillaume presentó en 1919 y que fue adoptada y difundida por B. Pottier, según la cual en la utilización del lenguaje se dan 2 movimientos principalmente, o lo que es lo mismo, cada proceso lingüístico está marcado por 2 tiempos:

1) El que permite el acceso a lo individual partiendo de lo general.
2) El que conduce desde lo individual a lo general.

Los artículos indefinidos y definidos son los instrumentos que permiten ambos movimientos. Pottier ha representado gráficamente esta idea como sigue:

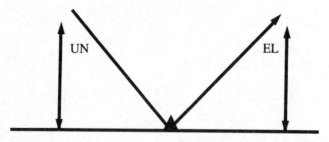

(1) Un caballero español   (2) El caballero español
    nunca miente.   nunca miente.

(3) Entró un hombre joven;   (4) el mozo tendría 20 años.

(1) La extensión de «caballero» es máxima, pues lo que se dice en la mencionada frase puede aplicarse a todos los caballeros españoles; sin embargo, sólo se considera a «uno» cualquiera entre la totalidad. Este enunciado representa, pues, la suma matemática de todas las individualidades «caballero». (2) En el extremo terminal del movimiento también la extensión es máxima: el enunciado incluye a todos los caballeros españoles; pero esta vez no se toma a uno cualquiera del conjunto de los caballeros, sino que es la unidad del punto de partida la que es conducida a su mayor extensión posible.
(3) y (4) En los dos casos el objeto tiene la extensión mínima, puesto que se aplica a un solo ser. La primera vez que se habla de él se extrae del conjunto de los seres para *singularizarlo* (se trata del mismo movimiento reductor de la extensión: general→particular). Y una vez que esto se ha logrado y se ha alcanzado la unidad, se realiza el movimiento siguiente, que parte de la singularidad y permite todas las extensiones deseables.

Estos 2 procesos mentales (que como hemos visto se dan en la utilización del lenguaje y en los que se diferencian UN/EL):

Generalidad→Particularidad: UN.
Particularidad→Generalidad: EL.

no siempre se dan explícitamente en el discurso: el primer paso, es decir, el movimiento que va desde la generalización hasta la concretización máxima, realizado por UN no siempre es necesario, y ello ocurre cuando el sustantivo al que el artículo acompaña es suficientemente conocido por nosotros, en cuyo caso se utiliza desde la primera vez EL: «el sol era brillante».

Así pues, como hemos podido observar, la distinción entre UN/EL, según estos autores, no está en las nociones indeterminado/determinado como en la gramática tradicional; los dos pueden aplicarse a un solo individuo (determinado):

«entró un hombre joven»
«el mozo tendría unos 20 años»

o al conjunto de seres que designa el nombre al que acompañan (indeterminado):

«un caballero español nunca miente»
«el caballero español nunca miente»

2) *Autores que retiran a UN el carácter de artículo:*

a) *Amado Alonso.*

Este autor piensa que el paradigma de UN nunca es artículo, sino que debe incluirse entre los adjetivos indefinidos. Las razones que da son:

185

1) Salvo en alguna región española (como Galicia y Murcia) UN y UNA, UNOS y UNAS se pronuncian con acento, siendo por tanto, núcleos de intensidad, frente al paradigma de EL, que es siempre proclítico.

2) Alterna con sinónimos: cierto, algún...

3) El paradigma de UN es correlativo del paradigma de OTRO, e incluso admite artículo, lo que sería imposible si UN lo fuera.

> «Un hijo le ha salido listo y el otro tonto»
> «el uno es listo y el otro tonto».

4) UN forma pareja de opuestos con NINGUNO.

> «Pedro es un tonto / «Pedro no es ningún tonto».

5) UN se encadena con QUE para formar frases ponderativas:

> «una blancura que deslumbra»

6) Contra lo que sucede con EL, UN se puede usar desprendido de su sustantivo, como cualquier otro adjetivo.

7) UN es sustantivable.

> «Uno ha traído esta carta para usted»

Todos estos puntos se resumen, según A. Alonso, en que el paradigma de UN tiene significación pronominal y que está cercano al paradigma de alguno, ninguno, cierto... y no al paradigma del artículo EL.

Así pues, para este autor, solamente EL es artículo, cuya función esencial y constante no es la determinación, como opina la gramática tradicional. Sus argumentos son:

1) El artículo se utiliza con nombres individuales, por tanto no necesitan ser determinados: el sol, la luna...

2) Se utiliza, asimismo, con nombres abstractos como: la virtud, la bondad..., que no necesitan determinarse, pues no tiene sentido preguntar de qué virtud o bondad se trata.

3) De igual manera se emplea el artículo con nombres comunes:

> «se quitó el sombrero»
> «dame el libro»

donde el artículo no es el que determina o precisa cuál es el sombrero o el libro que se quitó o ha de darse, respectivamente, sino que es la situación dada (extralingüística) la que nos dice que es precisamente el sombrero que tenía en la cabeza el que se quitó o el libro que tengo el que he de darle.

El artículo tiene, para Amado Alonso, los siguientes valores:

1) *Valores formales*: la historia del español nos dice que el artículo se empezó a usar únicamente con el sujeto de la frase y sólo posteriormente se extendió su empleo con el objeto, hasta que finalmente también se incorporó con los complementos preposicionales, si bien todavía este uso no es muy frecuente. Esto implica que el artículo comenzó por destacar la articulación de la frase en sujeto y predicado; más tarde destacó del predicado el objeto directo y, por último, aunque sólo esporádicamente, destaca algún complemento circunstancial. La extensión gradual del uso del artículo responde a la tendencia de acentuar y recalcar las representaciones autosemánticas, es decir, el significado del sustantivo en sí; asimismo el artículo viene a separar los valores formales y sintácticos (funcionales) de los significativos (mientras que en latín la significación del sustantivo estaba fundida con la función sintáctica).

Además, con el artículo se anticipan los valores formales (es decir, los morfemas de género y número) de las representaciones que van a seguir, así como las categorías de sujeto y complemento. Tal capacidad anunciadora que tiene el artículo, alcanza a segmentos más extensos, incluso proposicionales («El que llegue tarde no podrá entrar en clase»).

No es que el artículo haga independiente o sustantive una representación autosemántica o una proposición, pues ya de por sí el sustantivo lo es, como asimismo lo es una proposición sustantiva, aunque se presenten sin él, pero al anticipar que se trata de una representación independiente realza y destaca esa independencia de forma.

2) *Valores expresivos:* con la mencionada función realzadora de la independencia formal de la representación del sustantivo se relaciona directamente la libertad estilística por la que en enumeraciones de sustantivos sólo se emplea el artículo con el primero o se repite con cada uno.

Un solo artículo para toda la enumeración da un cierto sentido unitario a la serie. En cambio se destaca y deslinda las representaciones entre sí, cuando se repite el artículo con cada una de ellas.

Lo que mueve al hablante o escritor a deslindar o englobar las representaciones enumeradas son motivos estilísticos y no lógicos u objetivos.

En términos generales, y hasta la época clásica inclusive (Siglo de Oro), la repetición del artículo en las enumeraciones se interpreta como un acto de realce expresivo: encarecimiento, valoración, énfasis. Como el artículo destaca en un principio la articulación de la frase en Sujeto y Predicado y luego en Sujeto, Verbo y Objeto, un nuevo deslinde dentro de estos elementos supuso un acto de estilo. Pero el valor expresivo de la repetición se fue perdiendo a medida que se generalizaba su uso, así hoy la no repetición se interpreta, contrariamente a lo que ocurría hasta la época clásica inclusive, como un acto expresivo (giros de la lengua literaria) o como una manifestación de economía en el mensaje, también literaria.

3) *Valores significativos*: el artículo es un antiguo pronombre demostrativo reducido en su cuerpo fonético, despojado de su originario acento de intensidad y de cuyo funcionamiento se ha borrado toda asociación implícita con sus antiguos compañeros de sistema (*proceso de gramaticalización*). Evadido de su antiguo sistema pronominal, el artículo en español ha ingresado en un sistema nuevo, que esta vez es bilateral, siendo su pareja no UN (pues, como ya hemos visto, A. Alonso no lo considera artículo) ni ningún otro signo de la lengua, sino la ausencia de artículo, es decir, este nuevo sistema está formado por la presencia y ausencia de artículo.

Así pues, a la oposición tradicional EL/UN, basada en los conceptos de determinación/indeterminación, A. Alonso enfrenta otro par: EL/Ø.

presencia/ausencia de artículo $\left\{\begin{array}{l}\text{oposición basada en los conceptos filosófi-}\\ \text{cos de: existencia-esencia.}\end{array}\right.$

Y así, siempre que la lengua admite la alternancia presencia-ausencia de artículo, el *sustantivo aparece con artículo* cuando se quiere hacer referencia al objeto real y *sin artículo* cuando se quiere hacer referencia no a la existencia del objeto nombrado, sino a su esencia, añadiéndose a la referencia objetiva una subrayada valoración del objeto.

b) *E. Alarcos Llorach*

La teoría que E. Alarcos presenta del artículo en español está íntimamente relacionada con la de A. Alonso, ya que asume las dos afirmaciones de mayor alcance teórico que éste formuló:

1) UN no puede ser considerado artículo (aduce las mismas razones que Amado Alonso).
2) EL, dentro del sistema, no entraría, por tanto, en oposición con UN, sino con su ausencia (Ø).

Así pues, Alarcos, al igual que A. Alonso, a la oposición tradicional EL/UN (basada en los conceptos determinación/indeterminación) enfrenta otro par: EL/Ø, oposición basada en los conceptos filosóficos existencia/esencia.

Si hasta aquí, la teoría de estos dos lingüistas es igual, Alarcos se separa de A. Alonso al afirmar que la sustantivación es otra de las funciones del artículo; en efecto, según Alarcos, el artículo transpone a función nominal los segmentos que originariamente desempeñan otra función (en esto coincide con la gramática tradicional).

Volviendo de nuevo a la primera función que hemos visto, es decir, presencia/ausencia de artículo, hay que distinguir 2 tipos de contextos:

188

a) contextos en los que pueden alternar significativamente presencia/ausencia de artículo:

se puso las gafas/se puso gafas

b) contextos en los que no se da tal alternancia, porque:

—forzosamente hay artículo.

—forzosamente no hay artículo.

—la aparición o ausencia de artículo son indiferentes, equivalentes, variantes puramente estilísticas.

La variación o inmovilización del artículo depende de las características léxicas o morfológicas del SN y no de las funciones que puedan tener esos sintagmas. Así, mientras que con los nombres comunes (tanto continuos como discontinuos) se da la alternancia presencia/ausencia de artículo, no podemos decir lo mismo de los nombres propios, con los que tal variación se suprime.

1) Unos aparecen siempre sin artículo: «María canta».

2) Otros aparecen forzosamente con artículo: «Las Hurdes».

3) Algunos se usan indiferentemente con o sin artículo: «China/la China».

En los tres casos se trata de un mismo hecho funcional: *el nombre propio carece de la posibilidad de variación entre forma con artículo y forma sin artículo, que posee el nombre común.*

Esto es debido, según Alarcos, a que el nombre propio contiene en sí los valores que el artículo confiere al nombre común.

Así pues, podemos decir que *el artículo convierte al nombre común* (o CLASIFICADOR, como lo llama Alarcos, ya que clasifica diferencialmente unas realidades respecto de otras) en *nombre propio* (o IDENTIFICADOR, ya que identifica sin posible ambigüedad, en una situación dada, una realidad determinada).

En definitiva, el artículo en español presenta dos valores:

a) Convierte el nombre clasificador en nombre identificador.

b) Transpone a nombre cualquier otro elemento funcional.

Por último, habría que ver qué sentido tiene el que se distingan varios significantes de artículo, cuyas diferencias se atribuyen a distinciones de género y número. Estos morfemas son rasgos redundantes en el artículo (ya que son impuestos por el nombre al que acompaña o por el adjetivo nominalizado), no obstante como ocurre con otros rasgos redundantes de la lengua, pueden ser, en algunas ocasiones, pertinentes:

a) Cuando el SN carece de expresión formal diferenciada de género:
el artista/la artista.

b) Cuando el SN carece de expresión formal de variación numérica: la crisis/las crisis.

c) Cuando es necesaria la expresión del neutro: lo bueno, lo verde...

c) *Lázaro Carreter-Bello.*

Al igual que A. Alonso y Alarcos, estos dos lingüistas retiran a UN el carácter de artículo, pero por razones diferentes: EL y UN no pertenecen a la misma clase funcional de signos, por cuanto contrastan, pero no se oponen, es decir, no pueden alternar en un mismo acto de discurso, ya que el primero sólo precede a nombres consabidos, previamente actualizados. Así:

EL→pertenece a la .clase de los presentadores ulteriores.

UN→pertenece a la clase de los primeros presentadores o actualizadores.

Desde un punto de vista funcional, Lázaro Carreter, siguiendo a Bello, incluye al artículo en el sistema de los pronombres, a lo que Alarcos presenta varias objeciones, todas ellas rebatidas por Lázaro Carreter:

1) *El artículo es siempre signo dependiente.*

En efecto, lo mismo opina L. Carreter, pero, como el propio Alarcos reconoce, el pronombre es independiente en unos casos (él) y sin embargo en otros es dependiente («le»), no poniéndose en duda la identidad categorial de «él» y «le».

Estos dos autores (L. Carreter y Bello) consideran como variantes distribucionales de un mismo signo, formas que son siempre dependientes («mi, tu, su, tan, muy») y formas que pueden ser dependientes e independientes («mio, tuyo, suyo, tanto, mucho»).

Las primeras, junto con EL, forman la clase de palabras «fronterizas», es decir, aquellas que son inmóviles respecto de la palabra que les sigue y que pueden ir separadas de ésta por secuencias insertas.

2) *El artículo carece de acento en la expresión*: a lo que responde L. Carreter diciendo que esto mismo sucede con las series pronominales átonas:

/le, la.../ y /él, ella.../
/este, esta.../ y /éste, ésta.../

y nadie puede negar la identidad categorial que hay entre los signos (le y él, este y éste...).

3) *Sólo presenta variación de género y número*: esto enfrenta el artículo con el pronombre de 3ª pers., ya que éste tiene además variación de caso. No obstante, esta objeción no tiene demasiado peso, si tenemos en cuenta que la función adnominal del artículo le impide tal variación, pues el mismo sustantivo no la experimenta.

4) *Los contextos de uno y otro son diferentes*: objeción que según L. Carreter y Bello no es obstáculo para identificar categorialmente los signos /el/ y /él/. El que no puedan aparecer en un mismo contexto quiere decir que se hallan en distribución complementaria, por tanto, son alomorfos o variantes de un mismo signo. Se trataría del mismo argumento que los fonólogos aplican para agrupar alófonos.

Ahora bien, la relación que hay entre «él-el» no es la misma que existe entre «ello» y «lo». Mientras que el pronombre tónico masc. funciona como signo nuclear, el artículo lo hace como adjunto, sin embargo, «ello» y «lo» son siempre nucleares.

E. Alarcos opone a esta tesis la tradicional de que en:

«el blanco» ⎫ existe una metátesis del adjetivo,
«lo bueno» ⎰ que se ha sustantivado.

Para L. Carreter:

«el blanco»
«lo bueno»...

no son sintagmas equiparables, pues mientras el 1.º cuenta en la estructura profunda con la existencia de un nombre consabido, elíptico en la superficie (el-papel, pan... blanco), no podemos decir lo mismo del 2.º sintagma; «lo» recibe la incidencia de un adjetivo o de un sintagma preposicional en cuanto que es núcleo que traduce un concepto latente como «las cosas», «el conjunto de las cosas»...

Así pues, *LO* posee el rasgo categorial neutro, funciona siempre como término primario (a diferencia de lo que ocurre con el artículo) y está en distribución complementaria con ELLO. Este signo y LO constituyen con algunos otros, como ALGO, la CLASE FUNCIONAL DE LOS SUSTANTI-VOS NEUTROS claramente diferenciada de la del artículo y la del pronombre personal.

BIBLIOGRAFIA

ALARCOS LLORACH, E., *Estudios de gramática funcional del español*, Edit. Gredos, Madrid, 1973.

ALONSO, A., *Estudios lingüísticos. Temas españoles*, Edit. Gredos Madrid, 1961.

BASSOLS DE CLIMENT, M., *Sintaxis latina*, 2 tomos, C.S.I.C., Madrid, 1963.

BOURCIEZ, E., *Éléments de linguistique romane*, Librairie C. Klincksieck, París, 1967.

GARCIA DE DIEGO, V., *Gramática histórica española*, Edit. Gredos, Madrid, 1961.

GRANDGENT, C. H., *Introducción al latín vulgar*, C.S.I.C., Madrid, 1952.

GUILLAUME, G., «Particularisation et généralisation dans le système des articles français» en *Langages et science du langage*, Presses de L'université Laval, Quebec, 1966.

HANSSEN, H., *Gramática histórica de la lengua castellana*, Edit. El Ateneo, Buenos Aires, 1945.

LAPESA, R., «Del demostrativo al artículo» en N.R.F.H., 15, Madrid, 1961.

LAZARO CARRETER, F., «El problema del artículo en español: una lanza por Bello» en *Homenaje a Rodríguez Moñino*, Edit. Castalia, Madrid, 1975.

LÖFSTEDT, E., «Zur Vorgeschichte des romanischen Artikels» en *Syntactica*, I, Lund-Leipzig-London, 1942.

MENENDEZ PIDAL, R., *Manual de gramática histórica española*, Edit. Espasa-Calpe, Madrid, 1952.

MENENDEZ PIDAL, R., *Orígenes del español*, Edit. Espasa-Calpe, Madrid, 1950.

MENENDEZ PIDAL, R., *Cantar de Mio Cid (Gramática)*, tomo I, Edit. Espasa-Calpe, Madrid, 1954.

MULLER, F. H., *A chronology of vulgar Latin*, Beiheft 78 zur ZRPh, Halle, Tübungen, 1929.

MULLER, F. H., *L'époque mérovingienne*, New York, 1945.

POTTIER, B., *Introductión à l'etude de la Morphosyntaxe espagnole*, Edic. Hispanoamericanas, París, 1966.

TRAGER, G. L., *The use of the Latin demonstratives (specially «ille» and «ipse») up to 600 a.D., as the source of the Romance article*, New York, 1932.

13

Pronombres relativos e interrogativos

13.1 **En latín clásico** había dos pronombres interrogativos:

pronombres en función sustantiva: QUIS?   QUIS?   QUID?
pronombre en función adjetiva: QUI?   QUAE?   QUOD?

Y un pronombre relativo: QUI, QUAE, QUOD que podía ser usado en función adjetiva o sustantiva.

Las relaciones entre estos paradigmas fueron cada vez más estrechas, sin que se llegase, no obstante, a confundir dichas esferas pronominales.

13.2 **Procesos que han sufrido estos pronombres en su evolución:**

1) QUIS fue reemplazado bastante pronto por QUĪ.
2) Se produce un proceso de masculinización del femenino: como el interrogativo en función sustantiva no hacía distinción entre el masculino y el femenino, esa distinción de género se perdió también en el relativo (e interrogativo adjetivo). En suma, neutralización de género a favor del masculino.
3) Neutralización de número a favor del singular: el interrogativo en función sustantiva no hacía distinción de número, por ello también en el relativo el singular asumió la función del plural (y puesto que tenían las mismas formas, igual ocurrió con el interrogativo adjetivo). En el caso del pronombre relativo la diferenciación numérica (y genérica) iba o podía ir determinada con claridad por el antecedente de éste.

Pero, en el caso del pronombre interrogativo en función adjetiva, ¿cómo se determinaba la distinción numérica? Para ello se introdujo el pronombre QUĀLIS -E que permitía tal distinción.

Posteriormente, y dada la identidad del pronombre interrogativo adjetivo QUĪ con el relativo QUĪ y el interrogativo en función sustantiva QUĪ, QUĀLIS -E pudo funcionar también como pronombre relativo e interrogativo sustantivo.

13.3 Análisis específico de los pronombres relativos e interrogativos.

Además de perderse las formas del plural y las del género femenino (como hemos visto), también se perdieron los casos dativo y ablativo singular como en el resto de los pronombres.

● *El relativo QUE*

Según M. Pidal procede del interrogativo neutro singular (nominativo, acusativo) QUĬD > que, forma invariable en cuanto al género y número, que sirvió para designar tanto personas como cosas.

Sin embargo, otros autores como G. de Diego y Corominas piensan que proviene del caso acusativo, masculino y singular.

QUĔM > que, con pérdida de -m por ley general y no diptongación por ser proclítico.

● *El interrogativo QUÉ*

Procede del interrogativo neutro: QUĬD > qué.

● *El relativo QUIEN (-ES)*

Procede del acusativo acentuado QUĔM > quien, forma que se reservó para designar personas o cosas personificadas; hasta el siglo XVI se utilizaba tanto para el singular como para el plural, pero a partir de entonces se crea un plural analógico «quienes», que ha prevalecido, si bien en la lengua hablada persiste la forma «quien» para el plural («aquellos en quien confiamos»).

Hasta el siglo XIV, se utiliza también «qui» que procede del nominativo QUĬ (masculino, singular) para mostrar personas.

● *El interrogativo QUIÉN(-ES)*

(cfr. el relativo)

Las formas «qui» y «quien», usadas como pronombres interrogativos, tuvieron un gran influjo deformante en las contestaciones. Así, uniformándose a «qui» aparecen formas como:

«illi»	por	«ille»
«isti»	por	«iste»
«otri»	por	«otro»

Y uniformándose con la pregunta «quién» se formaron de «alguno»→«alguién», luego «álguien» sin relación con el latín ALIQUEM que daría *álguen; «ninguno»→«ninguién».

● *El relativo CUYO (-A, -OS, -AS)*

A diferencia de los otros elementos pronominales, éstos también mantienen el caso genitivo: CUIUS, que se convirtió en el mismo latín en un adjetivo, que por seguir la 1.ª y 2.ª declinación (CUIUS - A - UM) dará como resultado en romance formas variables y además regulares en cuanto al género y número.

CUIUM > cuyo   CUIOS > cuyos
CUIAM > cuya   CUIAS > cuyas.

- *El relativo CUAL(-ES) y el interrogativo CUÁL(-ES)*

Proceden del caso acusativo singular y plural:

QUALEM > cual
QUALES > cuales
} cuando tales formas se usan como pronombres relativos van precedidos de artículo: el, la cual; los, las cuales. Antiguamente podían ir sin artículo.

BIBLIOGRAFIA

BASSOLS DE CLIMENT, M., *Sintaxis latina,* tomo I, C.S.I.C., Madrid, 1963.
GARCIA DE DIEGO, V., *Gramática histórica española,* Edit. Gredos, Madrid, 1961.
HANSSEN, F., *Gramática histórica de la lengua castellana,* Edit. El Ateneo, Buenos Aires, 1945.
IORDAN, I. y MANOLIU, M., *Manual de lingüística románica,* tomo I, Edit. Gredos, Madrid, 1972.
LAUSBERG, H., *Lingüística románica,* tomo II, Edit. Gredos, Madrid, 1973.
MENENDEZ PIDAL, R., *Manual de gramática histórica española,* Edit. Espasa-Calpe, Madrid, 1952.
MENENDEZ PIDAL, R., *Orígenes del español,* Edit. Espasa-Calpe, Madrid, 1950.
MENENDEZ PIDAL, R., *Cantar de Mio Cid (Gramática),* tomo I, Edit. Gredos Madrid, 1954.
POTTIER, B., *Introductión à l'etude de la morphosyntaxe espagnole,* Edic. Hispanoamericanas, París, 1966.
VÄÄNÄNEN, V., *Introducción al latín vulgar,* Bibl. Universitaria, Edit. Gredos, Madrid, 1975.

14

Pronombres indefinidos

Los pronombres indefinidos han experimentado una profunda transformación al pasar al romance. Muchos de ellos se perdieron sustituyéndose por otros de formación nueva.

1) Algunos del latín clásico se conservan en romance como:

UNUM(←Unus-a-um) > uno
TOTUM(←Totus-a-um) > todo
ALTERUM(←Alter-ra-rum) > otro
CERTUM(←Certus-a-um) > cierto
ALIQUOD(←Aliquis-ae-od) > algo(ant. áligo)
NULLUM(←Nullus-a-um) > null, nul(fem. nulla)

2) Pronombres de formación romance:

Negación más pronombre: NEC+UNUM > ninguno (sustituye a NULLU) por analogía fonética con la conjunción «nin» (por «ni»), a su vez con -n por analogía con adverbios (non, bien) y preposiciones acabadas en -n (con, sin). Formas antiguas: neguno, nenguno, nicuno.

Pronombre+Pronombre

ALI + QUEM > alguien (no de ALIQUIS-AE-OD, sino rehecho sobre QUEM); lat. vg. *ALICŪNUS (contracción de ALIQUIS más ŪNUS) > alguno.

Pronombre+Verbo: quien-quiera (ant. quiquier) ⎫ pronombre
qual-quier ⎬ +
⎭ VERBO QUAERĔRE

Al lado de estos compuestos con el verbo QUAERĔRE, Berceo usa otros con *VŎLĒRE (en vez de VĚLLE), únicos restos de este verbo en español.

sivuelqual < SI *VOLIT QUALE 'cualquiera'
sivuelque < SI *VOLIT QUI 'quienquiera'
sivuelquando < SI *VOLIT QUANDUM 'cuandoquiera'

En lugar de «nihil» se dijo (res) nata > nada
(omne) nado > nadie

La -i final de «qui», la -e de «este» y «ese», y -ien de «quien» influyeron en algunos pronombres indefinidos, produciéndose formas como: otri, otre, nadi, otrien, alguién, ninguién; incluso fundiéndose las dos terminaciones -i y -e se dijo: otrie, nadie (naide con metátesis de la «i»). De todas estas variantes la lengua moderna usa sólo: «alguien» y «nadie».

BIBLIOGRAFIA

BASSOLS DE CLIMENT, M., *Sintaxis latina*, tomo I, C.S.I.C., Madrid, 1963.

GARCIA DE DIEGO, V., *Gramática histórica española*, Edit. Gredos, Madrid, 1961.

HANSSEN, F., *Gramática histórica de la lengua castellana*, Edit. El Ateneo, Buenos Aires, 1945.

IORDAN, I. y MANOLIU, M., *Manual de lingüística románica*, tomo I, Edit. Gredos, Madrid, 1972.

LAUSBERG, H., *Lingüística románica*, tomo II, Edit. Gredos, Madrid, 1973.

MENENDEZ PIDAL, R., *Manual de gramática histórica española*, Edit. Espasa-Calpe, Madrid, 1952.

MENENDEZ PIDAL, R., *Orígenes del español*, Edit. Espasa-Calpe, Madrid, 1950.

MENENDEZ PIDAL, R., *Cantar de Mio Cid (Gramática)*, tomo I, Edit. Espasa-Calpe, Madrid, 1954.

POTTIER, B., *Introductión à l'etude de la morphosyntaxe espagnole*, Edic. Hispanoamericanas, París, 1966.

VÄÄNÄNEN, V., *Introducción al latín vulgar*, Bibl. Universitaria, Edit. Gredos, Madrid, 1975.

15

El verbo

15.1. Tema / final de la raíz, conjugación, vocal de la raíz.

15.1.1. Tema / final de la raíz (1)

La conjugación del verbo latino descansa sobre dos temas, el de presente (INFECTUM) * y el de perfecto (PERFECTUM) **, entre los que se establece una oposición: acción que se está realizando / acción que se ha realizado.

En un principio, estos dos temas eran independientes uno del otro, de tal manera que partiendo del INFECTUM no se podía deducir el PERFECTUM y viceversa. Ejemplos:

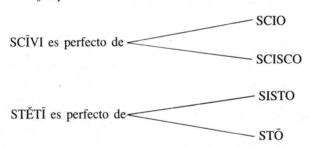

No obstante, en el curso de su evolución tendieron a tener relaciones más estrechas. La creación de formas temporales paralelas en los dos temas (presente, pasado, futuro) ha hecho unir el INFECTUM y el PERFECTUM, sobre todo en los verbos derivados en latín tardío a través de sufijos.

---

* INFECTUM: presente, pretérito imperfecto y futuro imperfecto de indicativo; presente y pretérito imperfecto de subjuntivo; presente y futuro del imperativo; y las formas nominales infinitivo de presente, participio de presente y gerundio.
** PERFECTUM: pret. perfecto, pret. pluscuamperf. y futuro perf. de indicativo; pret. perfecto y pret. pluscuamperf. de subj.; infinitivo de perfecto. Además de estos tiempos de la voz activa, formados con el tema de presente y el de perfecto respectivamente, habría que mencionar los formados con el tema de supino, de los que merece especial mención el part. de perf. pasivo, por mantenerse en romance.

Por otra parte, los verbos latinos podían ser temáticos o atemáticos. En los primeros, los más regulares, la desinencia se une al tema por medio de una vocal, por ejemplo:

L E G - Ĕ - RE ←desinencia
tema ↑
o   vocal temática o vocal final de la raíz, como la llaman
raíz   algunos autores (Iordan y Manoliu, 1972).

Sin embargo, en los segundos la desinencia se une directamente al tema. Ejemplos:

E S - S E   F E R - R E
tema   desinencia   tema   desinencia
o   o
raíz   raíz

15.1.2. Conjugación (2)

En *latín clásico* el aspecto (INFECTUM - PERFECTUM) es más pertinente y el tipo flexivo o conjugación lo es menos (contrariamente a lo que va a pasar en romance), de ahí que sea difícil encontrar una clasificación satisfactoria de los verbos latinos. La agrupación de estos en cuatro conjugaciones (-ĀRE, -ĒRE, -ĔRE, -ĪRE, imaginadas por los gramáticos y usadas en la enseñanza de esta lengua) no da cuenta más que de las formas del tema de presente (INFECTUM) e incluso se pueden cubrir dos formaciones diferentes:

LEGŌ, LĒGI, LECTUM (3.ª conjugación)
CAPIŌ, CĒPI, CAPTUM (3.ª conjugación)

Así pues, hablar de cuatro conjugaciones es impropio, ya que no atañe a las formas del tema de perfecto.

Por todo ello y para una exposición histórica, como la que estamos haciendo, es preferible *clasificar los verbos por el tema de presente,* para lo que se tiene en cuenta la vocal final del tema de la primera persona del singular del presente de indicativo o del infinitivo de presente activo:

— $\bar{\text{A}}$R E : 1.ª conjugación

— $\bar{\text{E}}$R E : 2.ª conjugación

— $\breve{\text{E}}$R E : 3.ª conjugación (la más heterogénea de todas, estaba constituida también por verbos cuyo tema terminaba en consonante: LEG - O).

— $\bar{\text{I}}$R E : 4.ª conjugación

Así se justifica más o menos bien la distinción de las cuatro conjugaciones. Los perfectos se agrupan según sus resultados.

En *latín tardío* se intensificó el proceso de reagrupación de los verbos, y así, en virtud de la tendencia de la lengua a regularizar los paradigmas, se produjeron una serie de procesos analógicos:

— A partir de entonces todos los verbos son temáticos (los restos de la conjugación atemática aparecen como anomalías y no forman un sistema vivo y coherente).

— Las formas del PERFECTUM se hacen analógicas a las del INFECTUM.

Con estos cambios y mediante la vocal final del tema del infinitivo podemos saber *en romance* cuál es la conjugación a la que pertenece cualquier verbo y además, si éste es regular, cuál es su comportamiento tanto en el INFECTUM como en el PERFECTUM.

● *Primera conjugación latina: -ĀRE > -ar* (1.ª romance)

De las cuatro conjugaciones latinas, la primera era la más rica y productiva y continúa siéndolo en romance:

— Recibe verbos de otras conjugaciones, si bien estos son casos raros y comunes a los romances. Ejemplos:

> TORRĒRE torrar, turrar
> FIDĔRE fiar
> MOLLĪRE mojar
> …

— La mayoría de los verbos de origen germánico se adoptan en latín tardío y pasarán en romance a la primera conjugación los acabados en -AN, -EN, -ON. Ejemplos:

> WÎTTAN guiar
> TROTTEN trotar
> RAUBON robar
> …

— En esta conjugación -ARE se formaron y se siguen formando cuantos verbos nuevos crea la lengua; excepto el sufijo incoativo -SCĔRE, todos los demás forman verbos pertenecientes a esta conjugación. Los más importantes son:

a) -ICARE > -gar, sufijo de gran desarrollo en latín vulgar, pero de escasa vitalidad en romance. Ejemplos:

> *AUCTORICARE otorgar
> CABALLICARE cabalgar
> MATURICARE madrugar
> ...

b) -NTARE > -ntar. Ejemplos:

> SEDENTARE sentar
> EXPAVENTARE espantar
> ...

c) Los dos sufijos más productivos en los romances eran desconocidos en latín clásico y provienen del griego -ιζειν. El latín vulgar de la época imperial lo acogió bajo la forma -ĬDIARE > -ear, sufijo muy empleado en español, a veces junto al derivado inmediato y sin diferencia de significado: colorar / colorear..., o con diferencia de significado: pasar / pasear, plantar / plantear... El mismo sufijo griego interpretado por los autores eruditos de la decadencia fue -IZARE > -izar. Ejemplos: martirizar, latinizar, legalizar...

— Los verbos formados a través de la derivación inmediata (es decir, los constituidos por el nombre del que se quiere sacar el verbo más las terminaciones de la flexión verbal, sin sufijos intermedios) también ingresan en la conjugación -ĀRE, salvo aquellos derivados en -ĪRE en los que no se advierte tal derivación.

Ejemplos:

> COLORĀRE colorar
> FIDĔRE fiar
> STUDĔRE estudiar
> FINĪRE finar / (a)turdir < TŬRDUS + -ĪRE
>   Subsiste -ir porque no se advierte la derivación.
> ...

● *Segunda y tercera conjugación latina: -ĒRE y -ĔRE > -er (2.ª romance)*

Ya en el latín vulgar de España se verificó la fusión completa de las dos conjugaciones, fusión que se vio favorecida por la similitud de las vocales desinenciales (Ē, Ĕ):

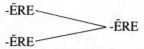

El triunfo en castellano de la segunda conjugación y no de la tercera (contrariamente a lo que pasó en catalán) Iordan lo explica por el hecho de que las demás conjugaciones tenían el acento sobre la vocal temática. El mismo autor nos dice que quizás haya intervenido también la norma acentual, ya que la mayoría de las palabras terminadas en consonante tienen acentuación oxítona. Por el contrario, en catalán lo que desempeñó un papel decisivo fue la riqueza de la conjugación, de ahí que la tercera absorbiese a la segunda, la más pobre de todas las conjugaciones.

La conjugación en -ĒRE (neutralización de la segunda y tercera del latín clásico):

— No ha adquirido verbos de las otras conjugaciones, salvo el raro caso de TŬSSĪRE toser (según autores como M. Pidal y Corominas). Para García de Diego, sin embargo, «toser» es una innovación sobre el sustantivo «toses» en vez de *tusir < TŬSSĪRE.

— Ha perdido numerosos verbos que pasaron en corto número a la conjugación -ĀRE y en abundancia a la -ĪRE; esto último se manifiesta en diferentes grados, así verbos que permaneciendo en la conjugación en -ĒRE pasan por analogía a -ĪRE en algunos tiempos, por ejemplo:

SALĪRE salir : salió
TEMĒRE temer :†temió←forma analógica con la conjugación -ĪRE.

— No se presta a ninguna formación nueva, salvo con el sufijo -SCĒRE > -çer > -cer, sufijo de significación incoativa, que fue de gran vitalidad sobre todo en el período primitivo del idioma. Así en castellano medieval encontramos paradigmas duplicados como:

fallir / falleçer
pudrir / podreçer
...

En general la forma incoativa hizo olvidar la forma simple en -ir. Así, por ejemplo:

Edad Media: bastir / basteçer→*Hoy*: (a)bastecer
establir / estableçer→establecer
obedir / obedeçer→obedecer
padir / padeçer→padecer
...

Esto mismo se extiende a verbos de origen germánico; así tenemos oposiciones como:

> *Edad Media*: escarnir / escarneçer→*Hoy*: escarnecer
> guarir / guareçer→guarecer
> guarnir / guarneçer→guarnecer
> ...

Restos de la tercera conjugación del latín clásico: -ĔRE

El único resto de la conjugación -ĔRE lo ofrecen en español tres verbos:
—FACĔRE: en la Edad Media el infinitivo de este verbo tenía dos formas: «fer» y «far». Según Corominas la forma «fer», así como la del francés y occitano «faire», tiene probablemente una base vulgar *FAGĔRE que pronto se contraería en fáy(e)re > faire y de ahí regularmente fere > fer (forma que aparece ya en las Glosas, siglo X). En todo caso, dice Corominas, hay que partir en todas las lenguas ibero y galorrománicas de una base común *fáire, que proviene de FACERE de una forma u otra y probablemente relacionada con el participio faitu (< FACTUM).
La otra forma medieval del infinitivo, «far», procede de la abreviación de FACĔRE > *FARE del latín coloquial tardío y ha dejado huella en el futuro y condicional («haré» y «haría»).
Otras formas de este verbo que se explican como restos de la tercera conjugación latina con acento en la raíz o lexema son:

> femos < FACĬMUS
> feches < *factis < FACĬTIS
> fech < *facte < FACĬTE

> —VADĔRE   vamos < VADĬMUS
> vais < vades < VADĬTIS
> —TRAHĔRE   tred (< TRAHĬTE), imperativo arcaico.

Todas estas formas están hoy anticuadas, salvo «vamos» y «vais».

● *Cuarta conjugación latina:* -ĪRE > -ir (3.ª romance)

Esta conjugación, la segunda en riqueza después de -ĀRE, se caracteriza por tener una yod en la primera persona del presente de indicativo, en todo el imperfecto de indicativo y presente de subjuntivo, razón por la que atrajo a los verbos en -ĔRE que presentaban esta misma yod. Ejemplos:

> FUGĔRE huir
> PARĔRE parir
> RECIPĔRE recibir
> ...

Asimismo recibió algunos verbos en -ĒRE, ya que la «e» en hiato sonaba en latín vulgar como yod. Ejemplos:

> PUTRĒRE pudrir
> RIDĒRE reir
> IMPLĒRE henchir
> ...

También pasaron a la conjugación en -ir otros verbos que no tenían yod, paso que se justifica por la preponderancia de esta conjugación en castellano. Ejemplos:

> DICĔRE decir
> SUFERRE sufrir
> PETĔRE pedir
> ...

En algunos casos se produjeron vacilaciones entre las formas -er e -ir, prevaleciendo con el tiempo las en -ir en castellano a diferencia de otros dialectos. Ejemplos:

> combater / combatir
> render / rendir
> herver / hervir
> ...

Esta preferencia del castellano por la conjugación -ir se muestra en los verbos cultos en -ERE que pasaron generalmente a dicha conjugación: dimitir, admitir, remitir... frente a los que por su significado más vulgar parecen populares: someter, cometer, remeter...

Esta conjugación se incrementó también con los verbos de origen germánico acabados en -JAN. Ejemplos:

> WARJAN guarir
> *WARNJAN guarnir   } Alguno de ellos tiene un duplicado en -ecer
> RÔSTJAN rostir   } (cfr. 2.ª conj. romance).
> ...

Todos estos aumentos los recibió en el período antiguo de la lengua, para después quedar como conjugación completamente estéril para la formación de nuevos verbos.

15.1.3.   Vocal de la raíz (3)

Una diferencia radical entre el vocalismo de la conjugación -er y el de la -ir se debe al distinto comportamiento de la vocal de la raíz (o vocal temática, como la llama Menéndez Pidal) ante la presencia de una yod derivativa.

—Cuando la vocal de la raíz es -e< Ĭ, Ē, Ĕ se mantiene inalterada en los verbos que siguen la conjugación -er. Ejemplos:

VĬDEO veo ⎫
DĒBEO debo ⎬ La yod desaparece sin inflexionar la vocal anterior.

TENĔNDUM teniendo←La yod que se desarrolla en romance por efecto de
...   la diptongación de Ĕ tónica no influye en la -e
              inicial.

EXCEPCION: parte del verbo TĔNĒRE
           TĔNEO tengo←La yod impide la diptongación de Ĕ tónica.

En cambio, los verbos que siguen la conjugación -ir inflexionan siempre su vocal, tanto cuando tenían yod en latín como cuando no la tenían. Ejemplos:

VĔNIO vengo
MĒTIO mido
COMPĔTO compito
RĬNGO riño
...

EXCEPCION: cuando la -e(< Ĭ, Ē, Ĕ,) se halla ante «í» tónica, caso en el que, por disimilación, se mantiene. Ejemplos:

MĒTIMUS medimos
VĔNIMUS venimos
COMPĔTIMUS competimos
RĬNGIMUS reñimos
...

Tanto lo que se ha dicho para la conjugación -er como para la conjugación -ir no atañe a los perfectos fuertes ni a sus tiempos afines, los cuales adoptan una vocal independiente de la del resto del verbo.
—Cuando la vocal de la raíz es -i- < Ī se mantiene inalterada en los verbos que siguen la conjugación -ir. Ejemplos:

SCRĪBĔRE escribir
VĪVĔRE vivir
...

No obstante, como estos verbos son pocos y los que tienen -e- como vocal de la raíz ofrecen muchas formas con «i» (por efecto de una yod etimológica o analógica) tendían a confundirse. Fruto de esta confusión es que algunos verbos

-i- (< Ī)…-ir tomaron vocal «e» ante una «í» acentuada y conservaron su «i» en los demás casos. Ejemplos:

DĪCĔRE †decir *		DĪCO digo
FRĪGĔRE †freir		FRĪGO frío
RĪDĔRE †reir		RĪDEO río
…		

Antiguamente esta confusión alcanzaba a mayor número de verbos, así se decía †vevir, †escrebir (usado aún en 1606 por Juan de la Cueva), pero estas formas analógicas no prosperaron más que en el lenguaje popular.

El caso contrario de los verbos -e-…-ir asimilados a los -i-…-ir es muy raro; no obstante, RECĬPĔRE hizo todas sus formas con «i»: †recibir, †recibimos, †recibiste (antiguamente junto a estas formas se daban también las etimológicas recebir, recebimos…).

Los verbos cultos dirigir, dividir, remitir, admitir… aunque en latín tenían Ĭ no son analógicos, pues en las voces de origen culto la Ĭ se interpreta como «i».

—Cuando la vocal de la raíz es -o- < Ō, Ŏ, Ŭ se mantiene inalterada en los verbos que siguen la conjugación -er.

EXCEPCION: el gerundio «pudiendo» (< *PŎTENDUM), forma influenciada por el perfecto fuerte «pude», en lugar del anticuado y popular «podiendo».

En cambio los verbos que siguen la conjugación -ir adoptan para todas sus formas la vocal «u», aunque no tuviesen yod latina ni romance. Ejemplos:

PŬTREO pudro
FŬGIO huyo
FŬGIMUS †huímos
ŌRDĪRE †urdir
…

Dado que en estos verbos no había la razón de la disimilación que hemos alegado en los verbos -e-…-ir, se comprende que las pocas formas con «o» fuesen atraídas por las formas con «u». No obstante, esta uniformación es moderna y en el lenguaje popular de algunas regiones se conservan arcaísmos como: ordir, compliste, cobría…

EXCEPCIONES: oír (< AUDIRE), nunca altera su -o-, salvo en las formas muy arcaicas «udades», «udí».

podrir (en camino de convertirse en † pudrir) < PŬTRE-RE

dormir (< DŎRMIRE)

morir (< MŎRIRE)

---

* EXCEPCION: el perfecto fuerte «dijimos»…

En estos tres últimos verbos se mantiene la vocal -o- (o -ué-) en las formas sin yod.

Una vez que los verbos -o-...-ir uniformaron su vocal en «u», coincidieron con los que tenían en latín Ū, los cuales en todas sus formas también habían de tener -u-. Pero en la lengua antigua, cuando todavía los verbos -o-...-ir no habían generalizado la -u- como vocal de la raíz, los verbos con Ū se asimilaban frecuentemente al paradigma -o-...-ir: †adocir (< ADDŪCĔRE), †somir (< SŪMĔRE)...

15.2. Persona y número (4)

En latín la persona y el número se expresaban a través de desinencias sincréticas y así se expresarán en romance.

Hay tres tipos de desinencias verbales:

—Desinencias generales, que alcanzan a todos los tiempos verbales, excepto al imperativo y al perfecto de indicativo.
—Desinencias de imperativo.
—Desinencias de perfecto.

Las *desinencias generales* son:

— 1.ª pers. sing.: -Ō > -o se mantiene
                -M se pierde
— 2.ª pers. sing.: -S > -s se mantiene
— 3.ª pers. sing.: -T se pierde; esta pérdida no es general en la etapa medieval de los siglos XII y XIII. Por influencia gálico-provenzal se introducen muchos extranjerismos y se explica que en la literatura aparezca la -t etimológica e incluso la -t que no era final en latín, a través de la apócope. A veces se da la alternancia t~d.
— 1.ª pers. plural: -MUS > -mos. La -s final de -mos se pierde al unirse el pronombre enclítico «nos»: vámonos, hicímonos, salímonos...
— 2.ª pers. plural: -TIS > -des en la etapa medieval > -is, etapa moderna, por pérdida de la -d- en posición intervocálica.
        En el siglo XV las formas llanas perdían la -d-. Ejemplos:

AMATIS > amades > amaes } Al perderse la -d- se forman hiatos de vocales iguales o diferentes.
*SUTIS > sodes > soes
FACITIS > facedes > facees

En virtud de la tendencia de la lengua a eliminar los hiatos (bien diptongándolos o bien reduciendo las vocales a una cuando son iguales) se originan las siguientes formas:

amaes→amáis
soes→sois   Estas formas influyen unas en otras.
facees→facés   Fruto de esta doble influencia surgirán:

amaes
    amáis (1420...)
    amás (1470 - 1570)

soes
    sois (1420...)
    sos (1340 - 1570)

facees
    facéis (1420...)
    facés (1340 - 1570)

En castellano perdurarán las formas con diptongo, mientras que en América se mantendrán las otras.

Las formas esdrújulas (amávades, hubiéssedes...) mantienen durante más tiempo la -d-, en concreto hasta el siglo XVII; no obstante, hay ejemplos sueltos anteriores de tal pérdida, citándose los primeros de 1555, 1572...

— 3.ª pers. plural: -NT > -n. Solamente en muy antiguos documentos se hallan escritas formas como «sabent», «dant»..., probablemente por influencia culta o latina.

Desinencias del imperativo:

— 2.ª pers. sing.: ninguna desinencia
— 2.ª pers. plural: -TE > -d. En castellano primitivo podía darse -t con pérdida de -e (sabet, andat...), o también -de (dade, salide...).

Estas son las dos únicas personas que se mantienen del imperativo latino, las demás se toman del subjuntivo.

Desinencias del perfecto:

— 1.ª pers. sing.: -Ī > -e
— 2.ª pers. sing.: -STĪ > -ste. Como esta desinencia no lleva la -s que caracteriza la desinencia general se le añadió diciendo: †tomastes, †dijistes...; ya hay ejemplos de esta práctica vulgar en el siglo XVIII.

— 3.ª pers. sing.: -T, se mantiene hasta el siglo XII, quedando a partir de entonces como desinencia de esta persona una -ó, la cual es etimológica en los perfectos débiles y analógica en los fuertes. Ejemplos:

AMAV(I)(T) > am-ó
AUDIV(I)(T) > oy-ó
NACI(T) > naci-†ó

...

— 1.ª pers. plural: -MUS > -mos
— 2.ª pers. plural: -STIS > -stes, que en el siglo XVII se generalizó -steis con «i» analógica de los demás tiempos.
— 3.ª pers. plural: -RUNT > -ron.

15.3 El acento verbal (5)

Como ya queda dicho, formas verbales fuertes son las que tienen el acento en el tema o raíz (ama, vino, teme...) y débiles las que lo tienen en la desinencia (amamos, vinimos, decía...).

Posición del acento

Como regla general, podemos decir que el acento en las formas verbales castellanas recae sobre la misma sílaba que lo llevaba en latín. Pero hay excepciones:

1. Los verbos de la conjugación -ĔRE uniformaron su acento con el de la -ĒRE (infinitivo; en NOS, VOS present. ind. y VOS imperativo). Ejemplos: VÉNDĔRE > vender; VÉNDĬMUS > vendemos; VĔNDĬTIS > vendéis, VÉNDĬTE > vended.

...

2. Las formas fuertes que en latín tenían acento movible a causa de la yod derivativa, quedan uniformadas en romance en cuanto al lugar del acento, unas veces prescindiendo de la yod, por ejemplo: APĔRIO > †ábro, uniformándose con ÁPĔRĬS > ábres..., y otras veces tomando como norma las formas con yod, por ejemplo: RECÍPIO > recíbo, sirvió de norma a RÉCĬPIS > †recíbes...

3. Los verbos que en latín tenían esdrújulas las formas fuertes perdieron la postónica interna. Ejemplos: RĔCŬPĔRO > recobro, CŎLLŎCAS > cuelgas, VĬNDĬCANT > vengan...

Ahora bien, en relación con esta evolución normal está el problema de la acentuación de los:

—Verbos de procedencia culta: estos verbos influenciados por las anteriores formas, que vinieron a quedar llanas en el verbo español, dislocaron el acento para hacer también llanas las formas latinas esdrújulas. Así, encontramos ya en castellano antiguo formas como: recupéro (no recúpero), colóco (no cóloco), vigíla (no vígila)... El romance castellano ofrece la particularidad importante de no respetar a menudo la acentuación latina y esto, pese a la crítica de algunos autores, tiene en muchos casos una finalidad de clarificación gramatical y lógica. Así, por ejemplo, el desplazamiento del acento en formas homónimas como «solícita» y «solicíta», «incómoda» e «incomóda»... evita la confusión; estos y otros cambios sirven para destacar las funciones gramaticales con mayor claridad, diferenciando el verbo de otras categorías.

Pero estos cambios de acento no se hicieron durante mucho tiempo en castellano y así podemos encontrar en la Edad Media y en el Siglo de Oro formas como: sacrífica, signífica...

No obstante a partir del siglo XVII estas formas eligen el esquema llano o grave.

—Verbos compuestos de prefijo: hay ciertos verbos que en latín tenían el acento en el prefijo (si la penúltima sílaba era breve). Ejemplos: RÉCĬTO > rézo, CÓLLŎCAT > cuélga, CÓMPŬTAT > cuénta...

Ahora bien, la tendencia a acentuar no el prefijo sino la raíz es tan natural que la encontramos hasta en los derivados cultos: recíto, colóca, compúta..., sobre todo cuando se conserva el valor significativo de la voz simple.

En latín vulgar, en muchos casos, se disloca de igual modo el acento, y así en vez de RÉNĔGO se dijo «renégo» > reniego; en vez de RÉNŎVO se dijo «renóvo» > renuevo; por RÉTĬNET se dijo «reténet» > retiene...

En suma, hay que recordar que en estos casos no estamos ante una palabra simple, lo que hace que el acento se apoye sobre la parte esencial o lexema.

Los verbos en -iar

Generalmente conservan el acento latino en el tema, pero no solamente los terminados en -iar procedentes de -IĀRE, sino también los procedentes de -IGARE. Así, al lado de RŪMĬGO > rúmio, LĪTĬGO > lídio...tenemos ABBRÉVĬO > abrévio, CÁMBĬO > cámbio...

Pero en muchos verbos en -iar hay formas sin el diptongo «io». Para explicarlas M. Pidal y Lapesa vienen a coincidir, aunque haya una tendencia en el primer autor a considerar la acción de la analogía como causa principal, quedando así reducido a un simple efecto la diferenciación entre verbo y nombre que esa ruptura del diptongo origina.

M. Pidal nos dice que del infinitivo -iár se sacó una forma sin diptongo, acentuando ío, a imitación de los verbos en -ear, que hacen éo, con lo cual se hace resaltar más la derivación verbal, diferenciando fuertemente el verbo del nombre que le sirve de base.

En cambio, Lapesa, sin aludir para nada a la posible influencia de los verbos en -ear, explica el fenómeno partiendo de la tendencia a diferenciar verbo y nombre, tendencia que da como causa no como efecto.

Durante mucho tiempo se ha dicho en castellano «él se glória»...en que se mantenía la conexión con el sustantivo «la gloria», pero al lado se han desarrollado formas como «el se gloría»..., quedando «gloria» para el sustantivo. Como éste, hay muchos ejemplos: vácio (esta es la acentuación clásica) junto a vacío; ánsio junto a ansío... Sigue habiendo formas que en lenguaje literario y oral todavía admiten el diptongo átono: reconcílian, auxílias..., junto a otras que no admiten sino el hiato con acento en la «í»: varío, amplío, envía..., aunque a veces coincida con el acento del nombre, por ejemplo: «el espía» / «él espía». No se acepta hoy «contrario» y en algún caso la duda todavía no ha sido resuelta, pues incluso en niveles cultos se manejan indistintamente: delínea y delinéa.

Los verbos en -ear (< -ĬDIARE)

Tenían etimológicamente -éo y a ellos se amoldaron otros de diferente origen como FŪMĬGO > huméo, DELINĔO > delinéo...

Entre las terminaciones -iar y -ear hay vacilaciones ya desde la Edad Media. Así en el Mio Cid se dice «camear» en vez de «cambiar» (< CAMBIARE). Esta confusión, prefiriendo en unos casos -iar y en otros -ear todavía está vigente dialectalmente.

Acentuación de las formas verbales en particular

La primera y segunda persona del plural tienen (salvo en el perfecto débil) acento diferente que las otras cuatro, y conservan la diferencia en romance el presente de indicativo, subjuntivo e imperativo. Pero en tres tiempos uniforman el acento, retrayéndolo:

1. Imperfecto de indicativo: AMÁBAM > amába, AMABÁMUS > amábamos...
2. Pluscuamperfecto de indicativo: AMÁVĔRAM > amára, AMAVERÁMUS > amáramos...
3. Pluscuamperfecto de subjuntivo: AMÁ(VÍ)SSEM > amáse, AMAVISSÉMUS > amásemos...

En cuanto al futuro de subjuntivo, el latín clásico ya tenía una gran inseguridad de acentuación. Según M. Pidal, se vacilaba respecto a la cantidad de la «i», y el romance siguió la posibilidad de la breve: AMÁVĔRO (AMAVÉRO) > amáre, AMAVÉRĬMUS (AMAVERÍMUS) > amáremos...

Lapesa señala que las formas de 1.ª y 2.ª persona del plural, como en los otros tiempos vistos, al suponer un cambio de acento, han dejado paso a otras uniformadas sobre las otras personas. Tan firme es en castellano este cambio que la acentuación esdrújula, siendo abundante en la Edad Media, se hace absolutamente mayoritaria en el Siglo de Oro, y desde este punto de vista se explican las síncopas verbales características del período medieval: oviertes, quisiertes...

15.1. La apócope en las desinencias verbales. (6)

La -e de la tercera persona se conserva hoy en la conjugación española en muchos más casos de los que según la fonética histórica deberían conservarse. Así, debería perderse tras R, L, N, S, D y Z.

	R	L	N	D	Z	S
Indicativo 3.ª persona	hiere	vale	tiene	puede	place	cose
Subjuntivo 1.ª y 3.ª pers.	cure	vele	sane	quede	cruce	pase
Perfecto 1.ª persona			vine	pude	hice	quise
Fut. Subj. 1.ª y 3.ª pers.	amare partiere					
Plusc. Subj. 1.ª y 3.ª pers.						amase partiese

En el imperativo a veces se pierde: sal, pon, ten..., pero lo general es la conservación.

Este es un fenómeno que permite hoy la regularidad sincrónica de la conjugación, aunque a costa de la irregularidad desde el punto de vista diacrónico.

Pero esta situación no era la de la Edad Media. Entonces la acción de la fonética se sobreponía a la regularidad gramatical, de ahí que en castellano medieval sean frecuentes formas como: «quier, fier, tien, pued, plaz, quis, pus, fiz, pud, (-ar, -ier en el futuro de subjuntivo)...». Absolutamente frecuente en la Edad Media llega con más o menos intensidad hasta el siglo XV. Queda una supervivencia en el español de América: «diz».

Dicha forma verbal ya no se encuentra desde finales del siglo XV más que en su forma plena: «diçe» (dice), pero como uso impersonal si se halla «diz» a lo largo del Siglo de Oro.

En subjuntivo también se puede encontrar alguna vez la apócope de la -e en la Edad Media, pero no es frecuente. Ejemplo:

«Dios le perdon» (Berceo)

¿A qué se debe esa conservación en el subjuntivo? En la oposición indicativo / subjuntivo, según la terminología lingüística, el subjuntivo es el término marcado, ya que la acción es mirada desde el punto de vista subjetivo y en el indicativo desde el no subjetivo (ausencia de marca). Al ser el subjuntivo el término marcado tiene que poseer alguna señal. Se dirá que ésta podía haber sido el signo cero (es decir, supresión de la -e), pero sería menos representativo. Y así el morfema que expresa ese carácter del término marcado se conserva con fuerza.

15.5. El modo.

15.5.1. Latín clásico (7)

Una clasificación anterior a la del modo es el ordenar las formas verbales en: personales/no personales. Las primeras, las más importantes, comprenden los tres modos provistos de desinencias personales:

— Indicativo: modo de la realidad, de la afirmación.
— Subjuntivo: modo de la subordinación, que expresa la voluntad y la previsión, lo optativo, el deseo, la posibilidad y la condición.
— Imperativo: modo que sirve para dar órdenes (es en el verbo lo que el vocativo es en la declinación).

Las segundas son declinables o indeclinables y, por su origen o morfología, están ligadas al sustantivo (infinitivo, gerundio y supino) y al adjetivo (participios). Son los sustantivos y los adjetivos verbales, respectivamente.

En latín la oposición indicativo / subjuntivo corresponde a la diferencia semántica 'real' / 'posible' o 'irreal'.

Esta oposición se manifiesta con mayor claridad en las oraciones simples, ya que en las compuestas se dan, con bastante frecuencia, interferencias entre el modo de la realidad (indicativo) y los modos de la representación mental (subjuntivo e imperativo), usándose indebidamente un modo por otro. Así, la mayoría de las veces el modo de las oraciones subordinadas depende del significado del verbo principal y de la conjunción que las introduce.

Respecto a los modos 'no personales' (es decir, aquellos que rehúsan el morfema de persona) aparecen como variantes posicionales de los 'personales' en ciertas oraciones subordinadas. Así, las diferencias entre estas dos categorías de modos no son, en realidad, nunca modales, sino que se localizan en el plano sintagmático.

15.5.2. Latín Tardío (8)

Las relaciones sintagmáticas del modo se hicieron menos estrechas. Así, partículas que en latín regían un modo determinado ahora pueden regir otro (por ejemplo, CŬM causal ya no se construye de manera constante con subjuntivo). No obstante, en la evolución románica, a pesar de las profundas transformaciones producidas en la sintagmática del modo, se destacan algunas constantes:

1. *Subjuntivo:*

— Las oraciones subordinadas que dependen de verbos que expresan significados ligados al subjuntivo (deseo, temor, posibilidad...) vuelven a encontrarse en este modo cuando el sujeto de la oración subordinada no es el mismo que el de la principal (por ejemplo: «quiero que vengas»), sin embargo cuando es el mismo la subordinada va en infinitivo (por ejemplo: «quiero venir»).
— Las construcciones negativas o interrogativas tienden a ir también en subjuntivo, ya que en tales casos se atenúa la idea de probabilidad. Ejemplo: «no creo que venga» (pero «creo que tiene razón»).
— Como en latín, un grupo bastante numeroso de conjunciones (aunque, por más que, antes que...) rigen subjuntivo en las oraciones subordinadas. No obstante en español, si el predicado expresa una acción indudable ésta va en indicativo, incluso después de tales conjunciones (por ejemplo: «he venido aunque llueve»).

2. *Gerundio y participio*

— Ya en latín tardío el gerundio en ablativo comenzó a reemplazar al participio de presente. Así, el gerundio en español, al igual que ocurría en latín, tiende a funcionar como verbo, pudiendo sustituir a una oración subordinada circunstancial y tener sujeto u objeto (por ejemplo: «Faltándoles los víveres, los sitiados se rindieron»), mientras que el participio de presente perdió su valor verbal y cuando se conserva su forma da origen a adjetivos (por ejemplo, «doliente» significa 'doloroso', 'dolorido', pero nunca 'que está sufriendo', 'que sufre'; el uso del participio de presente con este carácter activo es un latinismo poético en español).
— En el lenguaje culto, un tanto enfático, se sigue manteniendo la posibilidad de los «participios absolutos» (por ejemplo, «pasado el primer instante, la curiosidad vence al terror»). En lugar de esta construcción, el español puede usar una oración con infinitivo («al pasar el primer instante, la curiosidad vence al terror») o incluso una construcción con gerundio («pasando el primer instante, la curiosidad vence al terror»).

3. Potencial o condicional

— En todas las lenguas romances el uso del subjuntivo disminuyó con la aparición del condicional. Así, en las oraciones condicionales, mientras que el latín usaba el imperfecto de subjuntivo, las lenguas románicas prefieren el condicional. No obstante, algunas de ellas, como el español, conservan el subjuntivo (por ejemplo, «si le dijéramos esto cometeríamos un error imperdonable», donde el imperfecto de subjuntivo tiene el valor de 'condicional hipotético').

15.5.3 Español (9)

La *Gramática* de la Real Academia Española en su edición de 1931 habla de los siguientes modos: infinitivo, indicativo, potencial, subjuntivo e imperativo.

— Modo Infinitivo: denota la significación del verbo en abstracto, sin expresar tiempo, número ni persona y comprende los llamados nombres verbales:
  — Infinitivo propiamente dicho, que expresa la idea del verbo como puede hacerlo un nombre de acción. Puede ser simple («amar») o compuesto («haber amado»).
  — Gerundio: expresa la idea del verbo como un adverbio. Puede ser simple («amando») o compuesto («habiendo amado»).
  — Participio: expresa la idea del verbo como un adjetivo («amado» ← pasivo; «amante» ← activo).
— Modo Indicativo: expresa un hecho como real y objetivo.
— Modo Potencial: expresa el hecho no como real sino como posible.
— Modo Imperativo: enuncia el hecho como un mandato.
— Modo Subjuntivo: expresa el hecho como un deseo o como dependiente y subordinado a otro hecho indicado por uno cualquiera de los otros tres modos.

En posteriores revisiones de su *Gramática* la Real Academia ha ido modificando esta clasificación. Así, en el *Esbozo de una Nueva Gramática de la Lengua Española* (1973) se sustituye la división de las formas verbales en cinco grupos llamados modos, por otra división en dos grupos fundamentales:

— Formas no personales:
  — Simples: Infinitivo, Gerundio y Participio
  — Compuestas: Infinitivo y Gerundio (pueden llevar «haber» como auxiliar).
— Formas personales, que se distribuyen en tres modos:
  — Indicativo: modo de la realidad.
  — Subjuntivo: modo de la irrealidad.
  — Imperativo: expresa exhortación, mandato o ruego dirigidos a otra persona, de la cual depende que la acción se realice o no.

El condicional es considerado por la Real Academia en la última edición de su *Gramática* como un tiempo del modo indicativo.

Pottier nos habla de tres modos, que representa figuradamente con el siguiente esquema:

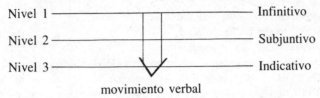

movimiento verbal

— Infinitivo: es el modo menos marcado, más generalizador, el punto de partida del movimiento verbal; de ahí que todas sus formas (Infinitivo, Gerundio y Participio) no den lugar a un sintagma verbal (están a mitad de camino entre lo que es sustantivo y lo que es verbo).

— Indicativo: representa el término de la realización del movimiento verbal. Expresa la acción realizada como real.

— Subjuntivo: se queda a mitad de camino en el movimiento que acarrea toda expresión verbal (desde el Infinitivo hasta el Indicativo). Es esencialmente un rechazo del Indicativo; expresa la acción hipotética o irreal.

Indicativo y subjuntivo son respecto del infinitivo los dos términos marcados; entre ellos, primero estaría el indicativo sicosistemáticamente y luego como rechazo de éste vendría el subjuntivo. De ahí que no sea casualidad que se diga que el subjuntivo es, por excelencia, el modo de la subordinación.

— Imperativo: modo del discurso directo, es como el vocativo en el nominal, por tanto forma parte de la sintaxis exclamativa, de ahí que no pueda estudiarse al mismo nivel que los otros modos.

Para Pottier no existe el modo condicional. Las formas verbales que reciben este nombre, las considera tiempos del modo indicativo:

CANTARIA futuro imperfecto respecto de un pasado.

CANTARE futuro imperfecto respecto de un presente.

Según Alarcos la primera división que podemos operar en el sistema de la conjugación constituye la siguiente correlación: formas no personales / formas personales. Las primeras serían el infinitivo, gerundio y participio, las cuales tienen como cualidades comunes el no indicar la persona gramatical, el no indicar el tiempo en el que la acción se sitúa y el poder funcionar, saliendo del plano verbal, como «nombre», entendiendo por éste el sustantivo, el adjetivo y el adverbio.

Las restantes formas verbales se reunen en dos únicos modos:

— Indicativo: formas que no indican irrealidad.

— Subjuntivo: formas que indican irrealidad de la acción.

De acuerdo con esto, formas como CANTARE y CANTARIA formarían parte del modo indicativo:

CANTARE sería futuro respecto de un presente.

CANTARIA sería futuro respecto de un pasado.

Otras veces este autor nos habla de tres modos:

— Indicativo: modo de la realidad.

— Subjuntivo: modo de la irrealidad.

— «Posibilidad-posterioridad»: modo constituido por formas como CANTARE y CANTARIA, las cuales no expresarían ni seguridad ni inseguridad completa; además, al hablar de posterioridad significan respecto del tiempo. Así pues, sería un modo complejo, ya que se mezcla el modo y el tiempo.

De este modo, se llegaría a un sistema verbal muy simétrico, en el que se diferencia solamente presente y pasado:

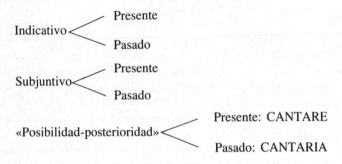

Para Alarcos estos dos tiempos, CANTARE y CANTARIA tienen características suficientemente propias respecto del indicativo, como para formar un modo independiente o darles un tratamiento aparte dentro de este modo; lo esencial es que deben estudiarse juntos.

Respecto del modo imperativo, este autor opina que hay que separarlo de todas las demás formas de la conjugación, aunque presente formas personales, ya que pertenece a un plano especial de la lengua, al plano apelativo o de llamada al interlocutor.

15.6 El Tiempo (10)

La expresión de la idea de tiempo (presente, pasado y futuro en sus diferentes momentos) es una creación relativamente reciente y fue resultado de una larga evolución.

En *latín clásico*, según Ernout, parece que es el modo indicativo y dentro del infectum donde se distinguen tres tiempos: presente, pasado y futuro. Esta distinción se generalizó luego al perfectum en el modo mencionado. En el subjuntivo no hay más que presente y pasado y en el imperativo presente y futuro en el infectum.

En cuanto a las formas no personales, como ya es sabido, comparten con el sustantivo la declinación y el caso y con el verbo el que haya formas diferentes en función de algunas categorías semántico-gramaticales de éste; en concreto, en función del tiempo tienen variaciones morfológicas.

En *latín tardío* y más aún en *romance* se desarrollaron matices temporales muy numerosos a costa de valores aspectuales (perfectivos o incoativos) y modales ('necesidad', 'voluntad', 'deseo', 'finalidad'). El aspecto es cada vez menos importante y el tiempo lo es más, por eso formas que eran perfectivas originariamente pierden el valor de aspecto y si se mantienen lo hacen con valor de tiempo. De ahí que surja la necesidad de crear nuevas formas en función del aspecto (formas destinadas a rehacer la oposición Infectum / Perfectum); estas nuevas formas serán analíticas:

Formas simples: imperfectivas / formas compuestas: perfectivas

Pero tampoco esto es estable, ya que las formas perfectivas tienden a perder los valores de aspecto y a convertirse en medios para expresar diversos matices temporales (anterioridad, proximidad o distancia en el tiempo etc.).

Así pues, la tendencia del latín tardío a que formas en función del aspecto tiendan a dar valores de tiempo pasa a las lenguas románicas y permanece viva todavía hoy.

15.6.1. Evolución fonética de los tiempos verbales

15.6.1.1. Formas que se remontan al latín clásico

15.6.1.1.1. Tiempos del tema presente

En este apartado, tendríamos que hablar por una parte del presente de indicativo y subjuntivo y por otra de los tiempos afines al presente, es decir, los que etimológicamente formaban parte del infectum latino como el imperativo e imperfecto de indicativo, así como las formas nominales infinitivo, gerundio y participio de presente.

El Presente (11)

Diacrónicamente habría que establecer una división entre:
— Verbos regulares (lo cual no quiere decir que en la clasificación sincrónica actual del español sean regulares).
— Verbos irregulares (HABER, SER, SABER, DAR, ESTAR, IR)

Desde un punto de vista diacrónico los *verbos regulares* pueden dividirse en tres grandes grupos:

— Los que tienen una consonante velar como final de tema o raíz.

— Los verbos que tienen Ĕ, Ŏ en la raíz.

— Los que tienen una yod derivativa en la primera persona del presente de indicativo y en todo el presente de subjuntivo.

Yod derivativa es la que no forma parte del tema o raíz, sino que es elemento flexional. Según Menéndez Pidal, esta yod de los verbos -ERE, -IRE, presionada por la analogía de otras formas verbales, siguió caminos muy apartados tanto en la inflexión vocálica como en la palatalización de las consonantes.

El análisis de los grupos citados es el siguiente:

1. TEMAS TERMINADOS EN CONSONANTE VELAR (-K-,-G-)

1.1. Verbos en -AR (1.ª conjugación)

En los verbos en -ar el subjuntivo ofrece a la velar condiciones diferentes que el indicativo, ya que en éste la velar va seguida de «a», mientras que en aquél de «e». Así en el subjuntivo la velar -K-,-G- al ir seguida de la vocal palatal «e» debiera palatalizarse, pero no lo hace por analogía con el indicativo (donde esa velar se mantiene como tal por no ir seguida de vocal palatal). Ejemplos:

PLĬCO, -UI / -AVI , -ITUM / -ĀTUM → PLĬCĀRE > llegar

PLĬCO > llego	PLĬCEM > †llegue
PLĬCAS > llegas	PLĬCES > †llegues
PLĬCAT > llega	PLĬCET > †llegue
PLĬCĀMUS > llegamos	PLĬCĒMUS > †lleguemos
PLĬCĀTIS > llegades > llegáis	PLĬCĒTIS > †lleguedes > lleguéis
PLĬCANT > llegan	PLĬCENT > †lleguen

Formas analógicas con el indicativo.

PLĀCO → PLACARE → AD-PLACARE > aplacar

Se trata de un cultismo porque:

— No se produce la sonorización de la -K- en posición intervocálica

— No se produce la sonorización de -PL-

220

AD-PLACO, APLACO > aplaco
AD-PLACAS, APLACAS > aplacas
AD-PLACAT, APLACAT > aplaca
AD-PLACAMUS, APLACAMUS > aplacamos
AD-PLACATIS, APLACATIS > aplacades > aplacáis
AD-PLACANT, APLACANT > aplacan

AD-PLACEM, APLACEM > †aplaque ⎫
AD-PLACES, APLACES > †aplaques ⎪
AD-PLACET, APLACET > †aplaque ⎬ Formas analógicas
AD-PLACEMUS, APLACEMUS > †aplaquemos ⎪ con el indicativo
AD-PLACETIS, APLACETIS > †aplaquedes > aplaquéis ⎪
AD-PLACENT, APLACENT > †aplaquen ⎭

1.2. Verbos en -ER, -IR (2.ª y 3.ª conjugación)

En los verbos -er, -ir el subjuntivo presenta en contacto con la velar una -a y el indicativo una de las vocales palatales -e, -i, excepto la primera persona del singular que presenta una -o. En estos casos *se mantiene la variedad fonética* (unas veces la velar se mantiene como tal y otras se hace palatal, modernamente, interdental), por ejemplo:

DĪCO, DIXI, DICTUM → DĪCĔRE > *dicer → †decir

DĪCO > digo
DĪCIS > dices (dizes)
DĪCIT > dice (dize, diz)
DĪCIMUS > †decimos (†dezimos, dizimos)
DĪCITIS > †decís (†dezis, dizides)
DĪCUNT → †DĪCENT > dicen (dizen)

— i + í > e + í; dicímos > †decímos, dicides > †decís, por analogía con los verbos que tienen como vocal de la raíz Ē, Ĭ.
— DĪCUNT → †DĪCENT: el latín vulgar de España, al contrario de la generalidad de los romances que usan la terminación -UNT, introduce la terminación -ENT; esto se da también en la conjugación -IRE en vez de -IUNT.

221

DĪCAM > diga
DĪCAS > digas
DĪCAT > diga
DĪCĀMUS > digamos
DĪCĀTIS > digades > digáis
DĪCANT > digan

No obstante, hay casos de *uniformación de los paradigmas:*

1. CŎQUO, COXI, COCTUM → CŎQUĔRE → COCĒRE > cocer

†CŎCEO > CŎCO (pérdida de la yod derivativa) > cuego > †cuezo (†cuezgo
†CŎCES > cueces (cuezes)   por analogía con los verbos en -NG-)
†CŎCET > cuece (cueze)
†CŎCĒMUS > cocemos (cozemos)
†CŎCĒTIS > cocéis (cozeis)
†CŎCENT > cuecen (cuezen)

Analogía de las restantes personas hacia la primera persona singular en el presente de indicativo, contra la tendencia contraria que se da más veces.

†CŎCEAM(1) → CŎCAM > cuega > †cueza
†CŎCEAS(1) → CŎCAS > cuegas > †cuezas
†CŎCEAT(1) → CŎCAT > cuega > †cueza
†CŎCEĀMUS(1) → CŎCAMUS > cogamos > †cozamos
†CŎCEĀTIS(1) → CŎCATIS > cogais > †cozáis
†CŎCEANT(1) → CŎCANT > cuegan > †cuezan

↑

(1) Pérdida de la yod derivativa

Así pues, CŎQUO que hacía antiguamente: cuego, cueces, cuega..., luego uniformó su paradigma: †cuezo, cueces, †cueza...

2. Verbos que en la primera persona del singular del presente de indicativo terminan en: -NGO. Ejemplos:

222

PLANGO, PLANXI, PLANCTUM → PLANGĚRE → PLANGĒRE > plañir

— Es un semicultismo ya que hay mantenimiento de PL-

PLANGO > plango > †plaño (forma analógica con las restantes personas)
PLANGIS > plañes
PLANGIT > plañe
PLANGĪMUS > plañimos
PLANGĪTIS > plañís
PLANGUNT → †PLANGENT > plañen

PLANGAM > planga > †plaña
PLANGAS > plangas > †plañas
PLANGAT > planga > †plaña
PLANGĀMUS > plangamos > †plañamos
PLANGĀTIS > plangades > †plañáis
PLANGANT > plangan > †plañan

} Presente de subjuntivo analógico con el presente de indicativo.

CINGO > çingo > †ciño
CINGIS > çiñes > ciñes
...

Así pues, se produce la uniformación del paradigma en base de la palatal nasal, surgida originariamente en formas con velar sonora más vocal anterior o palatal. No obstante, las secuencias -NGO, -NGA prevalecieron lo suficiente como para contagiar a otros verbos en los que no existían. Tal velar sonora /g/ solamente se inserta en las mismas formas que en los verbos que podríamos llamar modelos (los en -NGO), es decir, en la primera persona del presente de indicativo y en todo el presente de subjuntivo. Ejemplos:

TĚNEO, TENUI, TENTUM → TĚNĒRE > tener

TĚNEO > teno (pérdida de la yod derivativa después de inflexionar la vocal
TĚNES > tienes   tónica anterior). > †tengo (por analogía
TĚNET > tiene   con los verbos en -NGO).
TĚNĒMUS > tenemos
TĚNĒTIS > tenedes > tenéis
TĚNENT > tienen

223

TĔNEAM > tena > †tenga
TĔNEAS > tenas > †tengas
TĔNEAT > tena > †tenga
...

} Formas analógicas con la primera persona del singular del presente de indicativo.

VALEO, VALUI → VALĒRE > valer

VALEO > valo > †valgo
VALES > vales
VALET > vale
...

VALEAM > vala > †valga
VALEAS > valas > †valgas
VALEAT > vala > †valga
...

Se pierde la yod derivativa, sin haber inflexionado la vocal tónica anterior y después se crean formas analógicas con los verbos en -NGO.

FĔRIO → FERĪRE > ferir > herir

FĔRIO > fero (por pérdida de la yod derivativa después de inflexionar la vocal
FĔRIS > fieres > hieres   tónica anterior
FĔRIT > fiere > hiere
FĔRĪMUS > ferimos > herimos
FĔRĪTIS > ferides > feris > herís
FĔRIUNT → †FĔRENT > fieren > hieren

fero → †fiergo: doble analogía {
é → †ié (por analogía con las restantes personas).
-ero → †iergo (por analogía con los verbos en -NGO).
}

†fiergo → †hiero: por analogía con las restantes personas.

FĔRIAM > fera > †fierga > †fiera > hiera
FĔRIAS > feras > †fiergas > †fieras > hieras
FĔRIAT > fera > †fierga > †fiera > hiera
...

} Presente de subjuntivo analógico con el presente de indicativo.

224

En este verbo la velar sonora /g/, analógica con los verbos en -NGO, desapareció por analogía con las restantes personas, donde tal consonante no se inserta al igual que en los verbos que podríamos llamar modelos (los en -NGO).

Dicha velar sonora /g/ aparece también en verbos como «suelgo», «duelgo»..., formas atestiguadas en la lengua antigua, hoy rústicas.

3. Verbos que en la primera persona del singular del presente de indicativo terminan en: -RGO. Ejemplos:

SPARGO, SPARSI, SPARSUM → SPARGĔRE → SPARGĒRE > esparcir

SPARGO > espargo > †esparzo (forma analógica con el resto de las personas).
SPARGIS > esparzes > esparces
SPARGIT > esparze > esparce
SPARGĪMUS > esparzimos > esparcimos
SPARGĪTIS > esparzides > esparcís
SPARGUNT → †SPARGENT > esparzen > esparcen

SPARGAM > esparga > †esparza }
SPARGAS > espargas > †esparzas } Formas analógicas con el presente de indicativo.
SPARGAT > esparga > †esparza }
...

Al igual que con los verbos en -NGO se produce la uniformación de los paradigmas, si bien no siempre en el mismo sentido, por ejemplo:

ERIGO, EREXI, ERECTUM → ERIGĔRE → ERIGĒRE > erguir

ER(I)GO > yergo
ER(I)GIS > yerzes > †yergues   Si bien existe también «erzer»
ER(I)GIT > yerze > †yergue   antiguo y dialectal.
...

ER(I)GAM > yerga
ER(I)GAS > yergas
ER(I)GAT > yerga
...

Si bien en el presente de indicativo las formas con dental [ẑ] ''z'' (que pasaría luego a ser interdental [θ]) superan en número a la forma con velar, no la superan en frecuencia y disponibilidad de empleo, de ahí que prevalezcan las

225

formas con velar. La forma de primera persona del singular del presente tiene el suficiente uso como para competir con las demás.

Los motivos que explican la unificación en uno u otro sentido son:
— O bien las formas más numerosas contagian a las que son menos;
— O bien las formas más numerosas son contagiadas por las que tienen mayor frecuencia de empleo.

1.3. Verbos incoativos (-SCĔRE)

NASCOR, NATUS SUM → NASCI → †NASCĔRE (infinitivo activo analógico) → NASCĒRE > nascer > naçer > nacer.

†NASCEO > nasco (por pérdida de la yod derivativa)
†NASCES > naçes, †nasçes
†NASCET > naçe, †nasçe
†NASCĔMUS > naçemos, †nasçemos
†NASCĒTIS > naçedes, †nasçedes
†NASCENT > naçen, †nasçen

Formas, estas últimas, analógicas con la primera persona del singular; analogía de tendencia más general que la contraria.

nasco > †nazco (por analogía con las restantes personas)
naçes > naces
naçe > nace
...

NASCEAM > nasca (por pérdida de la yod derivativa) > †nazca
NASCEAS > nascas (por pérdida de la yod derivativa) > †nazcas
NASCEAT > nasca (por pérdida de la yod derivativa) > †nazca
...

"sc", grafía medieval; se sigue escribiendo la sibilante latina, pero no corresponde a una realidad fonética, es sólo sibilante gráfica latinizante. Dicha sibilante se mantiene hasta el siglo XVII, pero ya desde antes había empezado a contagiarse, cuando se pronunciaba, del carácter dental de las otras formas sin sibilante: [sk] > [çk].

Así pues, en los verbos incoativos la analogía se produce en dos sentidos: de la primera persona del singular a las restantes y de las restantes a la primera en el presente de indicativo.

COGNOSCO > conosco > †conozco
COGNOSCIS > conoçes > conoces
...

226

PATISCO > padesco > †padezco
PATISCIS > padeçes > padeces
...

La velar sonora [g] de los verbos en -NGO contagia a los verbos incoativos, de ahí que podamos encontrar hasta fines del siglo XVII y principios del XVIII formas como: †nazgo, †nazga..., †conozgo, †conozga..., †padezgo, †padezga...

Esta conjugación se extendió, por analogía, a otros verbos terminados en -cer que en latín no llevaban sufijo incoativo, por ejemplo:

IACEO, -UI, -ITUM → IACĒRE > yacer

IACEO > yago (por pérdida de la yod derivativa) > †yazco (†yazgo por
IACES > yazes > yaces   analogía con los verbos en -NGO).
IACET > yaze > yace
IACĒMUS > yazemos > yacemos
IACĒTIS > yazedes > yacéis
IACENT > yazen > yacen

    †yazco: es doblemente analógico porque:
— yago → †yasco, como si fuese incoativo porque:

              yaces = naces
              yace = nace
              ...

— †yasco → †yazgo, por analogía con las restantes personas del mismo presente; la "z" entró en lugar de la "s" para asemejar la terminación de todas las personas.

IACEAM > yaga (por pérdida de la yod derivativa) > †yazca ⎫ Formas analó-
IACEAS > yagas (por pérdida de la yod derivativa) > †yazcas ⎬ gicas con el
IACEAT > yaga (por pérdida de la yod derivativa) > †yazca ⎭ presente de in-
                                                          dicativo.

    Y lo que es más raro, se extendió a verbos terminados en -ucir, que además de no tener sufijo incoativo, no siguen la conjugación -er, por ejemplo:

227

ADDŪCO, ADDUXI, ADDUCTUM → ADDUCĔRE → aduzir > aducir
ADDUCO > adugo
ADDUCIS > aduzes > aduces
ADDUCIT > aduze > aduce
ADDUCĪMUS > aduzimos > aducimos
ADDUCĪTIS > aduzides > aducís
ADDUCUNT → †ADDUCENT > aduzen > aducen.

adugo → †adusco → †aduzco (†aduzgo, por analogía con los verbos en -NGO; hasta finales del siglo XVII, principios del XVIII), por el mismo proceso analógico que los verbos terminados en -cer, porque:

aduces = naces
aduce = nace
...

ADDUCAM > aduga > †aduzca
ADDUCAS > adugas > †aduzcas } Formas analógicas con el presente de indicativo.
ADDUCAT > aduga > †aduzca
...

2. VERBOS CUYO TEMA O RAIZ TIENE Ŏ, Ĕ Y OTROS ANALOGICOS

El presente tiene nueve formas fuertes, es decir, nueve formas que llevan el acento en la raíz o tema (1.ª, 2.ª y 3.ª persona del singular y 3.ª persona del plural del presente de indicativo y subjuntivo y la 2.ª persona del singular del imperativo), mientras que las siete restantes son débiles, ya que llevan el acento en la desinencia. Este cambio del acento no tiene importancia cuando la vocal del tema es Ē, Ĭ, Ī, Ō, Ŭ, Ū, pues estas vocales dan el mismo resultado en romance cuando son tónicas que cuando son átonas. No ocurre lo mismo cuando la vocal del tema es Ĕ y Ŏ, pues, como ya sabemos, éstas en situación tónica diptongan («ie», «ue»), mientras que en situación átona no lo harán. Así: formas fuertes: con diptongo / formas débiles: sin diptongo. Ejemplos:

TĔNTO, -AS, -ARE, -AVI, -ATUM → TENTĀRE > tentar

Ĕ > ie {
TĔNTO > tiento
TĔNTAS > tientas
TĔNTAT > tienta
TĔNTANT > tientan
} Indicativo
TĔNTEM > tiente
TĔNTES > tientes
TĔNTET > tiente
TĔNTENT > tienten
} Subjuntivo

TĔNTA > tienta → 2.ª pers. sing. del Imperativo

$$\text{Ĕ} > \text{e} \begin{cases} \left. \begin{array}{l} \text{TĔNTAMUS} \quad \text{tentamos} \\ \text{TĔNTATIS} > \text{tentades} > \text{tentáis} \end{array} \right\} \text{Indicativo} \\[2em] \left. \begin{array}{l} \text{TĔNTEMUS} > \text{tentemos} \\ \text{TĔNTETIS} > \text{tentedes} > \text{tentéis} \end{array} \right\} \text{Subjuntivo} \\[2em] \begin{array}{l} \text{TĔNTATE} > \text{tentad} \rightarrow 2.^a \text{ pers., plural del Imperativo} \\ \text{TĔNTANTEM} > \text{tentante} \rightarrow \text{Participio de presente} \\ \text{TĔNTANDUM} > \text{tentando} \rightarrow \text{Gerundio} \end{array} \end{cases}$$

Lo mismo pasaría con los verbos que tienen Ŏ en el tema o raíz: CŎLLŎCO > cuelgo, CŎLLŎCAMUS > colgamos...

Pero debido a que en el verbo se da mucho la analogía puede ocurrir que:
— Las siete formas débiles sin diptongo y todos los otros tiempos de la conjugación influyan sobre las nueve formas con diptongo para que lo pierdan. Ejemplos:

EXPĔNDO se decía en la Edad Media: espiendo, espiendes, espiende, espendemos, espendedes, espienden, pero las formas débiles atrajeron a las fuertes y así hoy se dice: †expendo, †expendes, †expende, expendemos, expendéis, †expenden. Lo mismo sucede con:

PRAESTO > priesto > †presto; PRAESTAM > priesta > †presta...
ĬNTĔGRO > entriego > †entrego; ĬNTĔGRAM > entriega > †entrega...
...

Parece ser que es en el siglo XVI cuando se da la regularización de tales formas. No obstante, en este siglo todavía se decía: VĔTAT > vieda → hoy †veda; TĔMPERAT > tiempla → hoy †templa...
— El caso contrario de que las nueve formas con diptongo influyan sobre toda la conjugación es más raro. Solamente hay ejemplos de verbos derivados de un nombre con diptongo, cuya forma está presente en la memoria del que pronuncia el verbo. Ejemplos: el sustantivo «diezmo» o el adjetivo «grueso» influyen para que se diga «diezmar», «engruesar», verbo éste último que tiene un doblete: «engrosar». De igual modo: deshuesar («hueso»), amueblar («mueble»), adiestrar («diestro»)...

En la lengua literaria se puede señalar uno especial: LĔVARE, que en la Edad Media se conjugaba etimológicamente: lievo, lievas, lieva, levamos, levades, lievan. La Lj > [ḷ] de algunas personas se extendió a todas las formas del verbo: llevo, llevas, lleva, †llevamos, †lleváis, llevan, †llevar...

La abundancia de los verbos de doble forma, con y sin diptongo (como

TĔNTO, CŎLLŎCO...) atrajo a otros que no tenían en su tema Ĕ ni Ŏ.
Ejemplos:

> SĒM(Ĭ)NANT > sembran > †siembran
> PĒNSAT > pensa > †piensa
> CŌLAT > cola > †cuela
> CŌNSTAT > costa > †cuesta
> FRĬCAT > frega → frega / †friega

hoy se usan ambas formas

3. PRESENTES CON YOD DERIVATIVA EN LOS VERBOS -ER, -IR

Los verbos en -ARE no tienen yod derivativa; si hay yod, ésta forma parte
del tema o raíz y entonces sigue el desarrollo fonético ordinario. Sin embargo, en
muchos verbos en -ERE, -IRE se presenta una yod no como parte del tema sino
como elemento flexional, sólo en siete personas: en la primera persona del
singular del presente de indicativo y en todo el presente de subjuntivo; estas siete
formas con yod fueron influídas por la gran mayoría que no tenía tal yod y así
podemos decir que en español la yod flexional desapareció en muchos casos sin
dejar rastro de sí. Ejemplos:

1. *TY, KY*, cuando no forman parte de la flexión de un verbo o se hallan en un
nombre, la yod palataliza la consonante precedente dando:

> voc. + TY, KY > [ẑ] ”z” dento-alveolar africada sonora
> cons. + TY, KY > [ŝ] ”s” dento-alveolar africada sorda
> [ẑ] = [ŝ] → [ŝ] > [θ] interdental fricativa sorda

Este tipo de yod no inflexiona la vocal precedente.

Todo lo contrario ocurre cuando la *yod es flexional,* ya que desaparece sin
influir en la consonante precedente y sin embargo antes de perderse unas veces
inflexiona la vocal anterior y otras no. Ejemplos:

RECŬTIO > recudo, RECŬTIAM > recuda... ⎫ En todos estos ejemplos ve-
VĔSTIO > visto, VĔSTIAM > vista... ⎬ mos como la yod desaparece,
PETIO > pido, PETIAM > pida... ⎪ pero antes inflexiona la vocal
... ⎭ precedente.

SĔNTIO > siento, SĔNTIAM > sienta... ⎫ La yod flexional desaparece
MĔNTIO > miento, MĔNTIAM > mienta... ⎬ sin influir en la vocal prece-
PARTIO > parto, PARTIAM > parta... ⎭ dente.
...

230

La desaparición de la yod no ha sido contenida ni siquiera en: FACIO > hago, FACIAM > haga... y IACEO > yago (†yazco), IACEAM > yaga (†yazca)... y no *hazo, *yazo que conservarían así analogía de consonante con las restantes personas:

FACIS > haces, IACES > yaces
FACIT > hace, IACET > yace
...   ...

2. *BY*, cuando no forma parte de la flexión de un verbo o se halla en un nombre el resultado puede ser:

$$BY < \begin{array}{l} \text{bj} \\ \text{y prepalatal fricativa sonora} \end{array}$$

Este tipo de yod no inflexiona la ''a'', sí inflexiona las vocales abiertas ǫ, ę y hay vacilación respecto a las vocales cerradas, inflexionándolas unas veces y otras no. Ejemplos: FŎVEA > hoya; NĔRVIU > nervio.

La evolución es distinta cuando se trata de *yod flexional:* desaparece la yod sin influir ni en la consonante ni en la vocal precedente. Ejemplos:

DĒBEO > debo, DĒBEAM > deba...
MŎVEO > muevo, MŎVEAM > mueva...
...   ...

3. *RY:* pérdida de la yod sin influir ni en la consonante ni en la vocal. Ejemplos:

APĔRIO > abro, APERIAM > abra...
FĔRIO > hiero, FĔRIAM > hiera...
MŎRIO > muero, MŎRIAM > muera...
...

4. Asimismo, y como ya hemos visto al hablar de la vocal de la raíz, la yod flexional desaparece sin ejercer influencia en la vocal precedente de los verbos en -er, salvo en parte del verbo TĔNEO.

No obstante, a veces la yod derivativa antes de desaparecer ejerció su influencia en:

— La consonante anterior.

— La vocal precedente en los verbos de la conjugación -ir.

Casos en que la yod derivativa influye en la consonante anterior.

1. *DY, GY* y también *BY* (solamente en el caso de HABEAM > haya...): la yod se funde con la consonate anterior y da, como cuando no es flexional, la medio palatal [y], que se perderá cuando le precede una vocal palatal e, i. Ejemplos:

A) CADO, CECIDI, CASUM → CADĔRE → CADĒRE > caer

†CADEO > cayo > †caigo	
†CADES > cades > caes (†cayes)	Formas, éstas últimas,
†CADET > cade > cae (†caye)	analógicas con la 1.ª per-
†CADĒMUS > cademos > caemos (†cayemos)	sona del singular; hoy en
†CADĒTIS > cadedes > caéis (†cayeis)	desuso.
†CADENT > caden > caen (†cayen)	

†CADEAM > caya
†CADEAS > cayas
†CADEAT > caya
...

B) VĬDEO, VIDI, VISUM → VĪDĒRE > veder > veer > ver

VĬDEO > veyo > veo
VĬDES > vedes > vees > ves
VĬDET > vede > vee > ve
VĬDĒMUS > vedemos > veemos > vemos
VĬDĒTIS > vededes > veedes > véis
VĬDENT > veden > veen > ven

VĬDEAM > veya > vea
VĬDEAS > veyas > veas
VĬDEAT > veya > vea
...

RĪDEO, RISI, RISUM → RĪDĒRE → reir

RĪDEO > riyo > río
RĪDES > rides > ríes
RĪDET > ride > ríe
...

232

RĪDEAM > riya > ría
RĪDEAS > riyas > rías
RĪDEAT > riya > ría
...

Estos dos últimos verbos tienen distinto comportamiento que el anterior a éstos, por precederle a la medio palatal [y] una vocal palatal e, i.

C) FŬGIO, FUGI → FUGĚRE → FUGĒRE → huir

FŬGIO > fuyo > huyo
FŬGIS > *foes
FŬGIT > *foe
FŬGĪMUS > *foímos
FŬGĪTIS > *foídes
FŬGIUNT → †FŬGENT > *foen

FŬGIAM > fuya > huya
FŬGIAS > fuyas > huyas
FŬGIAT > fuya > huya
...

AUDIO, -IVI, -ITUM → AUDĪRE > oír

AUDIO > oyo
AUDĬS > odes > *oes
AUDĬT > ode > *oe
AUDIMUS > odimos > oímos
AUDITIS > odides > oides > oís
AUDIUNT → †AUDĔNT > oden > *oen

La segunda persona del singular en *-ĬS en vez de -ĪS por analogía con la tercera persona singular -ĬT.

AUDIAM > oya
AUDIAS > oyas
AUDIAT > oya
...

A pesar de ser un verbo en -ir mantiene la vocal velar temática -o- sin inflexionar en «u» como sería lo esperable.

El estado primitivo de DY, GY > [y] sufrió dos alteraciones analógicas (prescindiendo de la etimológica apuntada en veo, río...):

1. Los verbos «oír» y «huir» propagaron la palatal [y] a otras formas que no tienen yod:

>   fuyo > huyo
>   *foes > †huyes
>   *foe > †huye
>   *foímos > †huímos ⎫ Formas en las que no se propaga la palatal
>   *foídes > †huís ⎭ [y] por seguirle otra «i».
>   *foen > †huyen

Analogía desde la primera persona del singular a las restantes, tanto respecto de la palatalización de GY como respecto de la inflexión de la vocal velar temática en -u- por ser un verbo en -ir.

Siguen la analogía de «huir» todos los verbos cultos terminados en -uir: destruir (< DESTRUERE), destituir (< DESTITUERE), restituir (< RESTITUERE), distribuir (<DISTRIBUERE), refluir (<REFLUERE)...

oyo
*oes > †oyes
*oe > †oye
oímos ⎤ Formas en las que no se propaga la palatal ⎫ Formas analógicas
oís ⎦ [y] por seguirle otra «i» ⎬ con la primera persona del singular
*oen > †oyen ⎭

2. Otros verbos que por no tener «e» o «i» ante la palatal [y] no debían de perderla, tomaron la velar [g] que caracteriza a cierto tipo de verbos. Ejemplos

oyo, oya, oyas... ⎫ Formas usuales en la Edad Media; perdu-
cayo, caya, cayas... ⎬ ran hasta fines del siglo XVI
trayo, traya, trayas... ⎭

Pero luego se generalizaron:

†oigo, †oiga, †oigas... ⎫ Formas contagiadas una vez más por la
†caigo, †caiga, †caigas... ⎬ velar g de los verbos en -NGO y los
††traigo, ††traiga, ††traigas... ⎭ analógicos a éstos. Son las formas que
perviven.

Este hecho influye aún en verbos que en subjuntivo tienen la palatal [y] (subjuntivos especiales en los que no hay necesariamente una coincidencia formal con el indicativo):
HABEAM > haya → †haiga (perdura entre el vulgo)
VADAM > vada > vaa → †vaya (por analogía con «haya») → †vaiga (no ha quedado más que en rincones provinciales).

Asimismo en la lengua antigua el verbo «huir» y los cultos terminados en -uir eran contagiados por los verbos en -NGO, de ahí que aparezcan formas como: †huiga, †destruigo, †restituigo...

Por último, habría que añadir a los verbos contagiados por los terminados en -NGO, el verbo «asir» (probablemente del germánico «sazjan») que hasta el siglo XVI era: aso, ases... y hoy es: †asgo, ases...

2. *NY, LY:* la yod dejó intacta la consonante precedente, no resultando la palatal nasal [n̪] o la velar fricativa sorda [x] como cuando la yod no es flexional. Una *excepción* la constituye el verbo MŎNEO, ya que generalizó la yod a todas las formas, mirándola, no como flexional, sino como propia del tema; de ahí que tengamos como resultado de este verbo las formas: †muñir (< MŎNĒRE), muño (< MŎNEO), †muñes (< MŎNES)... muña (< MŎNEAM), muñas (< MŎNEAS)...

No obstante, hay unos cuantos verbos en que la yod desarrolló una velar sonora [g] a imitación de los verbos en -NGO.

A los muchos verbos en NY se asimiló en latín vulgar el solo verbo en -N-: PONO, POSUI, POSITUM.

PONO > †pongo
PONAM > †ponga
PONAS > †pongas
...

A imitación de los verbos en NY, e influyendo quizás cuelgo < CŎL-L(Ŏ)CO, se hicieron los del grupo LY. Ejemplos:

VALEO > valo > †valgo
VALEAM > vala > †valga
VALEAS > valas > †valgas
...

SALIO > salo > †salgo
SALIAM > sala > †salga
SALIAS > salas > †salgas
...

A los que primitivamente se añadieron: suelgo (< SŎLEO), duelgo (< DŎLEO), fiergo (< FĚRIO)...

3. *APY:* la yod es atraída por la «a» como cuando ésta no es flexional. Ejemplos:

CAPIO, CEPI, CAPTUM → CAPĚRE → CAPĒRE > caber

†CAPEO > *caypo > quepo	†CAPEAM > *caypa > quepa
†CAPES > cabes	†CAPEAS > *caypas > quepas
†CAPET > cabe	†CAPEAT > *caypa > quepa
†CAPĒMUS > cabemos	†CAPEAMUS > *caypamos > quepamos
†CAPĒTIS > cabedes > cabéis	†CAPEATIS > *caypades > quepáis
†CAPENT > caben	†CAPEANT > *caypan > quepan

La oclusiva sorda en posición intervocálica -p- > -p- se mantiene sin sonorizar tras el diptongo «ai».

SAPIO, SAPII → SAPĚRE → SAPĒRE > saber

†SAPEO > saipo > sepo → †sé (analógico con «he» de HABER)
†SAPES > sabes
†SAPET > sabe
...

†SAPEAM > saipa > sepa
†SAPEAS > saipas > sepas
†SAPEAT > saipa > sepa
...

Al igual que en el caso anterior la -p- en posición intervocálica no sonoriza por impedírselo el diptongo «ai».

Parecido a estos dos verbos es:

PLACEO, -UI, -ITUM → PLACĒRE > placer

PLACEO > plaico > plaigo > plego → †plazco
PLACES > plazes > places
PLACET > plaze > place
...

PLACEAM > plaica > plaiga > plega → †plazca
PLACEAS > plaicas > plaigas > plegas → †plazcas
PLACEAT > plaica > plaiga > plega → †plazca
...

El diptongo «ai» no impide la sonorización de la -k- en posición intervocálica como impide la de la -p-·

Es un verbo anómalo, ya que no sigue la evolución ordinaria de los verbos terminados en -cer, como «hacer», «yacer»... que pierden su yod derivativa, sino que supone la metátesis como los verbos que tienen APY.

Casos en que la yod derivativa influye en la vocal precedente en los verbos de la conjugación -IR:

Al hablar de la vocal de la raíz ya hemos visto como la yod solamente inflexiona la vocal precedente en los verbos en -ir (excepto el verbo «oír»).

1. Cuando la vocal de la raíz es Ē, Ĭ > e y Ō, Ŭ > o, bajo la influencia de la yod se hacen, por lo general, «i» y «u». Pero las siete formas del presente con yod (1.ª persona del singular del presente de indicativo y todo el presente de subjuntivo) atrajeron a las cinco formas sin yod, viniendo aquéllas a tomarse como características de la conjugación -ir, a diferencia de la -er. Así pues, hay una clara tendencia a que los verbos en -ir inflexionen las vocales de la raíz: e → i, o → u, tendencia que, como ya hemos visto, es mayor en el caso de las vocales velares, pues con las palatales se ve frenada por la disimilación: i + í > e + í.

A) En el caso de la vocal de la raíz Ē, Ĭ la atracción analógica fue solamente de las *formas fuertes*. Ejemplos:

MĒTIOR, MENSUS SUM → MĒTIRI → †MĒTĬRE > medir

†MĒTIO > mido
†MĒTIS > *medes > †mides
†MĒTIT > *mede > †mide
†MĒTĪMUS > medimos
†MĒTĪTIS > medides > medís } (*)
†MĒTIUNT → †MĒTENT > *meden > †miden

Formas fuertes analógicas con la primera persona del singular.

(*) Las formas débiles llevan una Ī tónica, que impidió, por disimilación, el cambio analógico de la «e» protónica en «i».

$\left.\begin{array}{l}\text{†midimos}\\\text{†midis}\end{array}\right\}$ Variantes en las que se generalizó, por analogía con la 1.ª pers. del sing. la vocal palatal temática inflexionada en -i-. Variantes hoy en desuso.

En igual caso están RĬNGĔRE, riño, †riñes, reñimos... CĬNGĔRE, ciño, †ciñes, ceñimos...

A este paradigma se afiliaron analógicamente muchos verbos con Ĕ y algunos con Ī; los de Ĕ quizá a veces mediando un antiguo diptongo «ie» reducido a «i», y en todo caso sugerida esa «i» por coincidir estos verbos en la primera y segunda persona del plural con los de Ē, Ĭ, coincidencia que sirvió de base a la asimilación. Ejemplos:

SĔRVIO, -IVI, -ITUM → SĔRVĪRE > servir

$\left.\begin{array}{l}\text{SĔRVIO > †sirvo (*)}\\\text{SĔRVIS > sierves > †sirves}\\\text{SĔRVIT > sierve > †sirve}\\\text{SĔRVĪMUS > servimos}\\\text{SĔRVĪTIS > servides > servís}\\\text{SĔRVIUNT → †SĔRVENT > sierven > †sirven}\end{array}\right\}$ Formas fuertes analógicas con la primera persona del singular como en los verbos anteriores.

$\left.\begin{array}{l}\text{SĔRVIAM > †sirva}\\\text{SĔRVIAS > †sirvas}\\\text{SĔRVIAT > †sirva}\end{array}\right\}$ Comportamiento igual que el de la primera persona del presente de indicativo.

...

VĔSTIO > †visto, VĔSTIAM > †vista...
PĔTO > †pido, PĔTAM > †pida...
INVĔSTIO > †embisto, INVĔSTIAM > †embista...
...

Algunos verbos con Ī que la debieran de mantener se igualaron a estos por disimilación de la Ī > i ante «í» acentuada, por ejemplo:

(*) La yod cierra la vocal precedente: Ĕ > ę > ẹ que a su vez se cierra en «i» por analogía con los verbos que tienen Ē, Ĭ como vocal de la raíz.

DĪCO, DIXI, DICTUM → DĪCĔRE →†decir

DĪCO > digo
DĪCIS > dizes > dices
DĪCIT > dize > dice
DĪCĪMUS > dizimos > †decimos   } i + í > e + í
DĪCĪTIS > dizides > †decís

DĪCUNT → †DĪCENT > dizen > dicen

DĪCAM > diga
DĪCAS > digas
DĪCAT > diga
...

Así pues, al igual que ocurre con los verbos que tienen Ē, Ĭ como vocal de la raíz, los que tienen Ī, mantienen la palatal «i» en las formas fuertes y en las dos personas débiles la palatal «e» por disimilación.

B) En el caso de Ō, Ŭ solamente el verbo PŬTREO guarda hoy entera analogía con los verbos de Ē, Ĭ haciendo: pudro, †pudres, †pudre, podrimos, podrís, †pudren. Antes era general este paradigma, pero ya desde los primeros tiempos del idioma se da la tendencia, que hoy triunfó completamente, de generalizar el vocalismo de las formas con yod, no sólo a las *formas fuertes*, sino también a las *débiles*, uniformándose el paradigma por completo. Ejemplos:

ŌRDIOR, ORSUS SUM → ŌRDIRI → †ŌRDĪRE > †urdir

†ORDIO > urdo
†ORDIS > †urdes
†ORDIT > †urde
†ORDĪMUS > †urdimos
†ORDĪTIS > †urdís
†ORDIUNT → †ORDENT > †urden

†ORDIAM > urda
†ORDIAS > urdas
†ORDIAT > urda
...

Esta conjugación -o- (< Ŏ, Ŭ)... -ir atrajo a los verbos con Ŏ, por ejemplo:

CŎPERIO, -RUI, -RTUM → CŎPERIRE > †cubrir

CŎPERIO > †cubro
CŎPERIS > †cubres
CŎPERIT > †cubre
CŎPERIMUS > †cubrimos
CŎPERITIS > †cubrís
CŎPERIUNT → †CŎPERENT > †cubren

CŎPERIAM > †cubra
CŎPERIAS > †cubras
CŎPERIAT > †cubra
..

Todos estos verbos tomando uniformemente la vocal «u» se confundieron con los verbos que tenían Ū, la cual había de permanecer inalterable siempre. No obstante, en la lengua antigua, como ya hemos visto al hablar de la vocal de la raíz, los verbos con Ū se asimilaban frecuentemente a los verbos con Ŏ, Ŭ (antes, claro está, de que estos uniformasen su vocal). Pero la lengua moderna desechó siempre la «o» y aun la única excepción «podrir» se va perdiendo, generalizándose el analógico †pudrir.

2. Bajo la influencia de la yod, Ĕ y Ŏ no diptongan cuando son tónicas y se reducen a «i» y «u» cuando son átonas. No obstante, los verbos que tienen Ĕ y Ŏ cumplen sólo parcialmente con estas dos leyes. Así el verbo VĔNIO sólo cumple la primera de ellas:

VĔNIO, VENI, VENTUM → VĔNĪRE > venir

VĔNIO > vengo
VĔNIS > vienes
VĔNIT > viene
VĔNĪMUS > venimos
VĔNĪTIS > venides > venís
VĔNIUNT → †VĔNENT > vienen

De este modo se amolda a su gemelo el verbo en -er TĔNEO

VĔNIAM > venga
VĔNIAS > vengas
VĔNIAT > venga
...

240

Los demás verbos cumplen únicamente con la segunda ley, por ser común a los verbos del paradigma «mido», y para conseguir la igualdad de las formas fuertes, que también había conseguido por otro medio el paradigma «mido», por ejemplo:

SĔNTIO, SENTI, SENSUM → SĔNTIRE > sentir

SĔNTIO > *sento > †siento
SĔNTIS > sientes
SĔNTIT > siente
SĔNTĪMUS > *sintimos > sentimos
SĔNTĪTIS > *sintides > sentís $\left. \right\}$ i + í > e + í
SĔNTIUNT → †SĔNTENT > sienten

SĔNTIAM > *senta > †sienta
SĔNTIAS > *sentas > †sientas
SĔNTIAT > *senta > †sienta
SĔNTIAMUS > sintamos
SĔNTIATIS > sintáis
SĔNTIANT > *sentan > †sientan

Así tenemos enteramente paralelos «siento» con alternancia «ié» tónica, «e» átona y «mido» con alternancia «i» tónica, «e» átona y ambos con «i» en la primera y segunda persona del plural del presente de subjuntivo.

Pero no todos los verbos que tienen Ĕ siguen el paradigma de SĔNTIO, sino que algunos, como ya hemos visto anteriormente, se pasaron en todo al tan semejante paradigma «mido»: SĔRVIO, VĔSTIO, PĔTO…

Los verbos que tienen Ŏ se pasaron todos al paradigma de los que tienen Ō, Ŭ (excepto PŬTREO) como FŬGIO > huyo, ŌRDIO > urdo…, salvo dos, que permanecieron con diptongo, como «siento» y son:

DŎRMIO → DŎRMĪRE > dormir

DŎRMIO > *dormo > †duermo
DŎRMIS > duermes
DŎRMIT > duerme
DŎRMĪMUS > dormimos
DŎRMĪTIS > dormides > dormís
DŎRMIUNT → †DŎRMENT > duermen

DŎRMIAM > *dorma > †duerma
DŎRMIAS > *dormas > †duermas
DŎRMIAT > *dorma > †duerma
DŎRMIAMUS > durmamos
DŎRMIATIS > durmáis
DŎRMIANT > *dorman > †duerman

Dormir: con alternancia «ué» tónica, «o» átona y con «u» átona en la primera y segunda persona del plural del presente de subjuntivo.

MŎRIOR, MORTUS SUM → MŎRIRI → †MŎRĔRE → MŎRĪRE > morir

†MŎRIO > *moro > †muero
†MŎRIS > mueres
†MŎRIT > muere
†MŎRĪMUS > morimos
†MŎRĪTIS > morís
†MŎRIUNT → †MŎRENT > mueren

†MŎRIAM > *mora > †muera
†MŎRIAS > *moras > †mueras
†MŎRIAT > *mora > †muera
†MŎRIAMUS > muramos
†MŎRIATIS > muráis
†MŎRIANT > *moran > †mueran

Al igual que el verbo anterior, «morir» tiene la alternancia: «ué» tónica, «o» átona y «u» átona en la primera y segunda persona del plural del presente de subjuntivo.

Hoy en día son los únicos verbos que tienen tal alternancia, si bien antiguamente había algún otro.

Verbos irregulares:

1. *SER:* en el verbo «ser» se fundieron los verbos ESSE y SĔDĒRE.

Presente de indicativo:

SŬM > son, forma que perdió su nasal, por ser ésta muy extraña a toda primera persona y además porque se presta a confusión con la tercera persona del plural. Así quedó la forma «so», usada hasta el siglo XVI, siendo reemplazada a

242

partir de entonces por «soy», forma que aparece por primera vez en antiguo leonés y que se ha formado por analogía con «hay».

ĔS, ĔST > es, no se ha producido la diptongación, por ser una voz empleada átona (contrariamente a lo que pasa por ejemplo en astur-leonés). Para evitar la homomorfia entre la segunda y tercera persona del singular se ha tomado para aquélla la forma de futuro ERIS > eres (2.ª pers. sing.).

SŬMUS > somos

ĔSTIS, forma que desdice de la 1.ª y 3.ª persona del plural, de ahí que sea reemplazada por la vulgar *SUTIS > sodes > soes > sois.

SŬNT > son

El antiguo español poseía además un derivado completo de SĔDĒRE:

SĔDEO > seyo > seo
SĔDES > siedes, sees, †seyes
SĔDET > siede, see, †seye   Formas que se hallan en: *El Li-*
SĔDĒMUS > sedemos, seemos, †seyemos   *bro de Alexandre, Libro de Apo-*
SĔDĒTIS > seedes, †seyedes   *lonio* y en Gonzalo de Berceo.
SĔDENT > sieden, seen, †seyen

Las formas procedentes de SĔDĒRE llevaban necesariamente una idea de situación, es decir, determinaban el existir en un determinado lugar. Las formas procedentes de ESSE eran más abstractas, el existir no conllevaba necesariamente determinación espacial. En un principio predominaron las formas de ESSE y después las de SĔDĒRE, hasta que finalmente las formas de SĔDĒRE se oscurecieron y muchas se perdieron por el crecimiento avasallador de «estar», verbo que tiene un sentido de 'existir' en un determinado espacio.

Presente de subjuntivo:

El clásico SIM, SIS, SIT.. se perdió en todo el territorio romance, donde se dijo *SIAM, *SIAS, *SIAT... formas que pervivieron en España solamente en Aragón: sia, sias, sia... y antiguo leonés: sia y sie, sien... En Castilla, sin embargo, se emplearon los derivados de SĔDĒRE:

SĔDEAM > seya > sea
SĔDEAS > seyas > seas
SĔDEAT > seya > sea
SĔDEAMUS > seyamos > seamos
SĔDEATIS > seyades > seáis
SĔDEANT > seyan > sean

2. *HABER* < HABĒRE

Presente de indicativo: tenía antiguamente formas derivadas del clásico:

HABES > aves
HABET > ave
HABĒMUS > avemos
HABĒTIS > avedes
HABENT > aven

Pero prevalecieron los formas derivadas de una contracción que en latín vulgar sufría este verbo, cuyo frecuente uso como auxiliar le daba carácter átono. En esa contracción sólo se conserva la vocal acentuada y la desinencia:

HABEO > heo (*hayo), forma antigua influida por la proclítica «hai» (< *hayo, que perdió la terminación por síncopa sintáctica): hai > he; he / heo → he, con pérdida de la -o final por ser una forma eminentemente proclítica, ya que se utiliza con frecuencia para formar compuestos y perífrasis en general y muchos participios empiezan por vocal, siendo en castellano muy rara una secuencia de tres vocales.

HABES → HAS > as. La h- se regulariza a partir del siglo XVIII.

HABET → HAT > a, ha: construcción personal. Ha + y (< ĪBĬ) > hay: construcción impersonal.

HABĒMUS > habemos
(HAB)ĒMUS > hemos

Variantes etimológicas de una misma forma latina. «Hemos» es la forma única en el futuro (amaremos), pero con el participio se usa «habemos» en la lengua antigua, «habemos» o «hemos» en la clásica y «hemos» en la moderna; lo mismo sucede con la conjugación perifrástica: «*avemos* de andar» (Mio Cid), «habemos» o «hemos» en la clásica y «hemos» en la moderna.

HABĒTIS > habedes > habéis
(HAB)ĒTIS > hedes > heis

Variantes etimológicas de una misma forma latina. «Hedes» o «heis» es la forma única del futuro: «otorgar nos hedes», «otorgar-éis». En los demás casos se usa «habéis», si bien en la lengua clásica se decía también: «heis visto», «heis de estar».

HABENT → HANT > han

244

Presente de subjuntivo:

HABEAM > haya
HABEAS > hayas
HABEAT > haya
HABEAMUS > hayamos
HABEATIS > hayades > hayáis
HABEANT > hayan

} Formas modernas que se explican por una transformación de la semiconsonante de la contracción vulgar (HAJAM, -S, -T...) en palatal [y]. Otra explicación que podría darse es que la palatal [y] procede de BY.

3. *SABER* < SAPĔRE

Presente de indicativo: es irregular solamente la primera persona del singular. Lo mismo que CAPIO > quepo, CAPIAM > quepa, SAPIAM > sepa, así SAPIO debiera haber dado *sepo, pero esta persona sufrió la influencia del verbo «haber», y lo mismo que «he» se dijo «sé». Vulgarmente se dice «sabo» por analogía con el resto de las personas.

4. *DAR* < DARE y *ESTAR* < STARE

Presente de indicativo: la primera persona del singular DO y STO se convirtió en latín vulgar en *DAO y *STAO (en vista de formas como el asturiano: dóu, estóu) de donde proviene el castellano antiguo «do» y «estó», formas usadas aún en el siglo XVI, siendo reemplazadas a partir de entonces por: «doy» y «estoy», formas influenciadas por «soy».

Presente de subjuntivo: procede del subjuntivo latino

DĒM > dé
DĒS > dés
DĒT (forma arcaica, por el clásico DĔT) > dé
DĒMUS > demos
DĒTIS > dedes > déis
DĒNT > den

STEM > esté
STES > estés
STET > esté
STĒMUS > estemos
STĒTIS > estéis
STENT > estén

Pero junto a estas formas existieron en latín vulgar *DĒAM, *STĒAM, que son el origen de las leonesas: día, estía, formas que perviven en el asturiano occidental, al lado de otras con diptongo: dié, estié.

5. *IR* < IRE

IRE fue sustituido casi enteramente por VADĔRE, salvo actualmente tres formas: id, yendo e ir.

Presente de indicativo:

VADO → *VAO > vo, sustituido a partir
             del siglo XVI por «voy»
VADIS → *VAS > vas
VADIT → *VAT > va
VADIMUS → *VAMUS > vamos
VADITIS → *VATIS > vades > váis
VADUNT → *VANT > van

Al lado de estas formas el castellano antiguo conservaba algunos restos del verbo latino IRE para varias personas:

IS > is
ĪMUS > imos   } Formas usadas aún algo en el período
ĪTIS > ides   clásico del idioma.

Presente de subjuntivo:

VADAM > vaa, va
VADAS > vaas, vas
VADAT > vaa, va
VADAMUS > vaamos, vamos (forma arcaica que perdu-
              ra en el imperativo actual).
VADATIS > vaades > váis
VADANT > vaan, van

Posteriormente se creó un presente analógico: †vaya, †vayas, †vaya, †vayamos, †vayáis, †vayan, formas analógicas con «haya».

El imperfecto (12)

El imperfecto de indicativo latino tenía como característica temporal la bilabial intervocálica -b- en las desinencias:

Los verbos en -ĀRE   hacían   -ĀBA-
Los verbos en -ĒRE   hacían   -ĒBA-
Los verbos en -ĔRE   hacían   -ĒBA-
Los verbos en -ĪRE   hacían   -ĪEBA-, que en latín arcaico y vulgar
                                              hacían -IBA-.

Al reducirse a tres las cuatro conjugaciones latinas quedan las siguientes terminaciones: -aba, -eba, -iba.

En romance la bilabial sonora se conserva entre vocales iguales: -aba, escribiéndose hasta el siglo XVII «-aua». En las otras conjugaciones dicha consonante se pierde (salvo en algunas regiones): -Ē(B)A, apareciendo en consecuencia un hiato: -ea, en que el contacto vocálico se resuelve con una cerrazón de la «e»: -ía, viniendo a coincidir con la terminación -ía < ĪBA.

En definitiva, para el imperfecto romance quedan sólo dos terminaciones: una para los verbos en -ar (-aba) y otra para los verbos en -er e -ir (-ía).

Característica del español medieval de los siglos XIII y XIV es que la terminación -ía experimentase una serie de alteraciones en su vocal más abierta, la «a»:

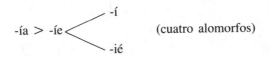

-ía > -íe   -í   (cuatro alomorfos)
                -ié

-ía: se pronunciaba también -íe por una asimilación de la «a» para acercarse a la «i» precedente.

-íe: llevaba etimológicamente el acento en la «i» y a veces perdía la «e» diciéndose: aví, tení, traí...; esto era raro: el medio más común para deshacer el hiato era formar un diptongo con la transposición del acento a la vocal más abierta: -ié (tenién, comién, venién...).

Esto se podía dar en todos los verbos y en todas las personas, a excepción de la primera del singular, que mantuvo casi siempre la terminación -ía, sin duda por el énfasis propio de ésta, que se resistía a relajar la pronunciación de la «a» asimilándose a la de la «i».

Las formas con -íe o -ié dominaron en el siglo XIII, pero ya en el XIV empiezan a disminuir; así, mientras en los textos de Juan Ruiz predominan las terminaciones -íe y -ié, en los de D. Juan Manuel, la terminación -ía.

En el siglo XV los alomorfos -íe y -ié están ya en decadencia, pero todavía aparecen alguna vez, y en el siglo XVI son ya vulgares o dialectales y se consideran un defecto de pronunciación.

Respecto a la raíz, lo más esperable es que el imperfecto hoy sea igual a las formas débiles del presente de indicativo: primera y segunda persona del plural. No obstante, antiguamente en los verbos en -ir la vocal de la raíz -o- o -e- a causa de su diptongo «ie», «ia», sufría inflexión de modo que el tema era igual que el de las mismas formas débiles del presente de subjuntivo: sirvien, diciemos, murien, sirvia...

Verbos irregulares:

1. *IR:* conserva la bilabial sonora -b-:

$$\text{ĪBAM} > \text{iba}$$
$$\text{ĪBAS} > \text{ibas}$$
$$\text{ĪBAT} > \text{iba}$$
$$\text{ĪBAMUS} > \text{ibamos}$$
$$\text{ĪBATIS} > \text{ibades} > \text{ibais}$$
$$\text{ĪBANT} > \text{iban}$$

2. *SER:* no diptanga su vocal Ĕ al igual que la tercera persona del singular del presente de indicativo:

$$\text{ĔRAM} > \text{era}$$
$$\text{ĔRAS} > \text{eras}$$
$$\text{ĔRAT} > \text{era}$$
$$\ldots$$

3. *HABER:* como auxiliar de un infinitivo para formar el condicional conserva sólo su vocal acentuada y la terminación:

(HAB)Ē(B)AM > -ía
(HAB)Ē(B)AS > -ías
(HAB)Ē(B)AT > -ía   Terminación -ía que podía sufrir altera-
(HAB)Ē(B)AMUS > -íamos   ciones en el castellano de los siglos XIII y
(HAB)Ē(B)ATIS > -íades > -íais   XIV fundamentalmente, como ya hemos
(HAB)Ē(B)ANT > -ían   visto anteriormente.

El imperativo (13)

En el imperativo, igual que en el infinitivo, quedaron reducidos en España a tres los cuatro modelos de los verbos latinos. Ejemplos:

— 1.ª conjugación: 2.ª pers. del sing. AMA > ama
2.ª pers. del plural AMATE > amad

— 2.ª conjugación: 2.ª pers. del sing. TĬME > teme
2.ª pers. del plural TĬMETE > temed

2.ª pers. del sing. RŬMPE > rompe
2.ª pers. del plural *RŬMPETE (por
RŬMPITE) > romped

— 3.ª conjugación: 2.ª pers. del sing. DŎRMĪ > †duerme
2.ª pers. del plural DŎRMITE > dormid

Como tiempo afín al presente su comportamiento respecto al tema o raíz será igual al de éste.

Verbos irregulares:

1. SER: el imperativo de ESSE (ĔS, ĔSTE) se perdió, prevaleciendo las formas procedentes de SĔDĒRE:

2.ª pers. del sing. SĔDE > †sé
2.ª pers. del plural SĔDĒTE > seed > sed

2. HABER: 2.ª pers. del sing. HABĒ > ave, forma usada en el español clásico.

2.ª pers. del plural HABĒTE > habed, forma usada muy poco actualmente.

3. IR: la 2.ª pers. del sing. del imperativo de ĪRE, Ī se perdió y en su lugar se utilizó la de VADĔRE:

VADE → *VAE → *VAI > ve

Además hay una forma vulgar del imperativo: «ves» que, según Menéndez Pidal, aparece en el siglo XV y procede de VA(D)IS (indicativo) con valor de imperativo.

La 2.ª pers. del plural procede de ĪRE: ĪTE > id. El plural de VADĔRE: VADĪTE se perdió.

El infinitivo (14)

Sobre los tres tipos del latín vulgar español se formaron los tres infinitivos. Ejemplos:

— 1.ª conjugación: AMĀRE > amar
— 2.ª conjugación: TIMĒRE > temer
                     RUMPĔRE > romper
— 3.ª conjugación: PARTĪRE > partir

Esta forma no personal del verbo se comportará respecto al tema o raíz igual que el presente, por ser afín a éste.

Verbo irregular:

1. *SER:* el infinitivo de este verbo no procede de ESSE sino de SĔDĒRE.

SĔDĒRE > seer > ser

El gerundio (15)

El latín clásico distinguía tres tipos:

— 1.ª conjugación: AMANDUM
— 2.ª y 3.ª conjugación: TIMĔNDUM, RUMPĔNDUM
— 4.ª conjugación: PARTIĔNDUM

En latín vulgar, los gerundios de la cuarta conjugación del latín clásico debieron asimilarse al segundo grupo, por reducción de «i» (PARTĔNDUM, SERVĔNDUM...) y así ambos quedaron igualados en castellano por la diptongación de «e» abierta.

— AMANDUM > amando
— TEMĔNDUM > temiendo, RUMPĔNDUM > rompiendo
— PARTĔNDUM > partiendo

Verbos irregulares:

1. *SER:* puesto que el verbo ESSE no tenía gerundio, se tomó de SĔDĒRE.

SEDĔNDUM > sediendo > seyendo > siendo

250

2. *IR:* EUNDUM cambió su arcaica terminación -UNDU por la corriente -ENDU: *IENDUM > yendo.

El gerundio de VADĚRE, VADĚNDUM se perdió.

El participio del presente (16)

Al igual que el gerundio, en latín clásico había tres tipos de participios de presente:

— 1.ª conjugación: AMANTEM
— 2.ª y 3.ª conjugación: TIMENTEM, RUMPENTEM
— 4.ª conjugación: PARTIENTEM

En latín vulgar la cuarta conjugación del latín clásico debió asimilarse al segundo grupo por reducción de «i» (PARTENTEM) y ambos quedaron igualados en castellano por la diptongación de «e» abierta; así, quedaron dos modelos:

— 1.ª conjugación: amante
— 2.ª y 3.ª conjugación: doliente, rompiente, hirviente.

Hoy en día el participio de presente no se emplea, porque el gerundio ha ocupado su lugar; pero existen adjetivos y sustantivos que originariamente fueron participios: ausente, sirviente, amante...

En castellano antiguo esta forma no personal del verbo no ha desaparecido por completo y así podemos encontrarnos:

«estos son cavalleros todos espadas çiñentes» (Alexandre)
«despierta los dormientes» (Berceo)

Sin embargo, su uso debe considerarse en parte como latinismo, según Hanssen.

15.6.1.1.2. Tiempos del tema perfecto

En este apartado tendríamos que hablar de aquellos tiempos que desde el aspecto entran dentro del PERFECTUM latino: perfecto de indicativo y sus tiempos afines, es decir, el pluscuamperfecto de indicativo latino (imperfecto de subjuntivo romance), el pluscuamperfecto de subjuntivo latino (imperfecto de subjuntivo romance) y el futuro perfecto de indicativo latino que junto al pretérito perfecto de subjuntivo dan origen al futuro imperfecto de subjuntivo romance.

Perfecto de indicativo (17)

En el perfecto se distinguen dos clases:

— Perfectos en los que entre el tema y la desinencia intercalan la vocal Ā o Ī propia de los verbos derivados, es decir, de los verbos -Ā-RE, -Ī-RE, los cuales a causa de esta vocal derivativa tienen *acentuación débil* en todas sus formas. Por tanto, la acentuación de estos perfectos recae en la vocal temática o en la desinencia.

Se caracterizan, además, por el sufijo -v-: AMĀVĪ, AMAVĬMUS, AUDĪVĪ...

— Perfectos propios de los verbos primitivos de la conjugación -ĔRE, que, careciendo de vocal derivativa, tienen en latín la 1.ª y 3.ª persona del singular y del plural con *acentuación fuerte* (ya que el acento recae sobre la raíz). También los verbos en -ĒRE mantenían la primitiva forma fuerte del perfecto.

Perfectos débiles

Los verbos de la 1.ª y 4.ª conjugación latina tenían, por lo general, perfectos débiles (-ĀVI, -ĪVI). Probablemente, supone Menéndez Pidal, los verbos de estas conjugaciones que tenían perfectos fuertes desarrollaron uno débil en latín vulgar. Lo cierto es que ningún perfecto fuerte de la conjugación -ARE se conservó en castellano y de la -IRE solamente VĒNĪ.

1. *Conjugación -ARE:* la terminación latina ordinaria -ĀVI fue olvidada en latín vulgar, el cual contrajo en una las dos sílabas, como ya hacía a veces el latín literario, por ejemplo:

CANTO, -AVI, -ATUM → CANTARE > cantar
CANT - Ā - (V) - I > -AI > -e
CANT - Ā - (V) - (I) - STI > -ASTI > -aste
CANT - Ā - V - I - T > -AIT o -AUT, el latín vulgar español prefirió esta
                                última contracción, de donde pro-
                                cede -ó
CANT - Ā - (V) - (I) - MUS > -AMUS > -amos
CANT - Ā - (V) - (I) - STIS > -ASTIS > -astes → †-asteis, por analogía
                                con la desinencia general.
CANT - Ā - (V) - (E) - RUNT > -ARUNT > -aron
          (1) (2)   (3)   (4)

(1) Vocal derivativa
(2) Sufijo característico del perfecto y tiempos afines
(3) Vocal de unión para evitar que se junten dos consonantes
(4) Desinencias

Variantes medievales:

— 2.ª pers. sing.: †-este, terminación que domina en el siglo XIII y que es analógica con «e» tónica tomada de la 1.ª pers. sing. a imitación de «dormí» y «dormiste»; luego prevaleció la etimológica -aste para uniformar la vocal con las demás personas del plural y tiempos afines al perfecto; †-astes, -esti, -est.

— 3.ª pers. sing.: -ot, -od.

— 1.ª pers. plural: †-emos, forma analógica con la 1.ª pers. sing.

— 2.ª pers. plural: †-esteis.

— 3.ª pers. plural: †-oron, por analogía con la 3.ª pers. sing., †-aren, por analogía con la desinencia general.

2. *Conjugación -IRE:* al igual que en la conjugación -ARE, en la -IRE la terminación latina ordinaria -ĪVĪ se contrajo en latín vulgar; ya en latín literario dicha terminación sufría una serie de contracciones, incluso más que en los perfectos en -ĀVI. Ejemplo:

DŎRMIO, -ĪVĪ, -ITUM → DORMĪRE > dormir
DORM - Ī - (V) - Ī > -ĪĪ > -í
DORM - Ī - (V) - (I) - STĬ > -ĪSTĬ > -iste

DORM - Ī - V - Ĭ - T
$\Big\langle$ -ĬĬT > -íe > -ié
-ĪUT (el latín vulgar español prefirió esta contracción) > -ío > -ió (desplazamiento acentual por analogía con «cant-ó».

DORM - Ī - V - Ĭ - MUS
$\Big\langle$ -ĪMUS > -imos
-ĬĬMUS > -iemos

DORM - Ī - V - Ĭ - STIS
$\Big\langle$ -ĪSTIS > -istes → †-isteis (forma analógica con la desinencia general).
-ĬĬSTIS > -iestes

DORM - Ī - V - E - RUNT
     (1) (2) (3)   (4)
$\Big\langle$ -ĪERUNT > -ieron
-ĪRUNT > -iron

(1) Vocal derivativa
(2) Sufijo característico del perfecto y tiempos afines
(3) Vocal de unión para evitar que se junten dos consonantes
(4) Desinencias

253

Variantes medievales:

— 2.ª pers. sing.: -isti, ist, †-istes, por analogía con la desinencia general,
    †-ieste, por analogía con las otras personas.
— 3.ª pers. sing.: -iot.
— 3.ª pers. plural: †-ioron, †-ieren, †-oren.

Perfectos fuertes

Los verbos -ĒRE y -ĔRE no ofrecían a las lenguas romances un perfecto análogo a -Ā-VI, -Ī-VĪ. No obstante, ya en latín había tendencia a uniformar los paradigmas y así junto a SAPUI (de SAPĔRE) se dijo SAPĪVĪ. Dicha tendencia en favor de los perfectos débiles continuó en romance, de tal manera que los verbos en -er tomaron el perfecto débil de los en -ir; de ahí que en castellano se diga «cayó» por CECĪDIT, «temió» por TIMUIT...

Por tanto, la tendencia general del romance es sustituir los perfectos fuertes latinos por débiles analógicos. Sin embargo, el gran arraigo de los perfectos fuertes latinos, que dominaban no sólo en la segunda y tercera conjugación, sino que también se hallaban en varios verbos en -IRE (SALUI, APERUI, VENI...) y en algunos en -ARE (TONUI, VETUI...) hizo que se mantuvieran aún en un romance como el español que perdió toda la flexión fuerte -ĔRE. No obstante, se conservaron con mucha pérdida, pues, como ya se ha dicho, la mayoría de los verbos rehicieron un perfecto débil y en los pocos fuertes conservados, aunque el latín tenía débiles sólo la segunda persona del singular y del plural, los romances hicieron también débil la primera persona del plural y el español tomó para la tercera persona del plural la forma de los perfectos débiles de la conjugación en -ir.

Quedan, por tanto, como únicas formas fuertes castellanas la 1.ª y 3.ª persona del singular del perfecto de indicativo; la 3.ª con -o final analógica de los débiles, para evitar la homonimia con la 1.ª persona del singular. La única excepción es «fue».

El plural del perfecto se uniforma al paradigma de los verbos en -ir. Sólo en el habla vulgar se halla la forma fuerte de la 3.ª persona del plural, sacada de la 3.ª persona del singular más -n: pudon, hizon, vinon...

Los perfectos fuertes conservados en castellano se dividen en los siguientes grupos:

1. PERFECTOS DE REDUPLICACION

Los perfectos de los verbos latinos DARE y STARE: DĔDĪ y STĔTĪ subsistieron en castellano. Hay que tener en cuenta que la «a» de estos verbos es radical y, por tanto, no pertenecen a la 1.ª conjugación latina, de la que no se conserva ningún perfecto fuerte.

— Perfecto fuerte de *DARE:*

DĔDĪ → *DĒDĪ > *dei > *dii > di / (formas dialectales: die, diey)
DEDĬSTĪ > *deiste > diste / Formas débiles procedentes de
DĔDIT > diéo > dió / formas fuertes originales.

El plural es como en todos los perfectos fuertes idéntico al paradigma débil de los verbos en -ir. Así en vez de:

*deemos (< DĔDĬMUS) se dijo: dimos (diemos)
*deestes (< DĔDĬSTIS) se dijo: disteis (diestes, distes)
*deeron (< DEDERUNT) se dijo: dieron.

— Perfecto fuerte de *STARE:*

STĔTĪ > estide
STĔTĬSTI > estidiste
STĔTĪT > estido
STĔTĬMUS > estidimos
STĔTĬSTĬS > estidistes
STĔTĒRUNT > estidieron

Tanto en DĔDĪ como en STĔTĪ no es posible una explicación totalmente fonética.

Como estos dos verbos hacen su infinitivo en -ar, atrajeron a unos cuantos acabados en -DAR o -TAR (andide, catido, demandide...). Todos perdidos modernamente menos «dió».

DĔDĪ y STĔTĪ son los únicos perfectos con reduplicación latinos que dejaron descendencia en castellano. Todos los demás (TOTONDI, CUCURRI, CECĬDĪ...) rehicieron un perfecto débil.

2. PERFECTOS EN -UI

Son los ordinarios de los verbos -ĒRE y se perdieron en gran cantidad: TIMUI, FERVUI... Incluso los conservados en otros romances: DOLUI, DEBUI, VALUI... se hicieron débiles en castellano, lengua que como el portugués es especialmente reacia a la flexión fuerte. Sin embargo, bastantes dejaron descendencia: HABUI, SAPUI, POTUI...

A) De estos verbos, los que tienen una *A* como vocal de la raíz la hacen «o» por atracción de la U postónica. Ejemplos:

> HABUI > *haubi > ove
> *CAPUI (por CĒPĪ de CAPIO) > caupe > cope
> PLACUI > plauci > plogue

B) Los verbos que tienen una *O* como vocal de la raíz al mezclarla con la U postónica, la hacen «u». Ejemplos:

> POTUI > *pouti > pude
> POSUI > *pousi > puse
> *CONOVUI (por CONOVI de COGNOSCO) > *conouvi > conuve

El castellano vacila entre la sonorización y la conservación de la oclusiva sorda en posición intervocálica (so*pe*/plo*gue*): el wau del diptongo «au» impide la sonorización de -p- pero no la de -k- y -t-.

C) Los verbos que tienen una *E* como vocal de la raíz, prescinden de ella para asimilarse a OVE o a PUDE, según su consonante final sea V o D, y, a veces, incluso prescinden de su consonante etimológica, para adoptar bien -OV-, bien -UD-. Ejemplos:

> *CRE*V*UI (por CREVI de CRESCO) > cr*ove*
> SEDUI (por SEDI de SEDEO) > s*ove*
> TENUIT > t*ove*
> *STETUIT (junto a STETIT) > est*ove* o est*udo*

Sobre las inflexiones anteriores hay dos teorías:

— García de Diego y Hanssen piensan que la inflexión se debe a influencias fonéticas. La vocal radical de estos perfectos fuertes se inflexiona por la -i de la 1.ª persona del singular o por el diptongo -ie- de la 3.ª persona del plural o por las dos a la vez. La posterior unificación de la vocal radical en todas las personas se debe a la analogía.
— Menéndez Pidal piensa que la inflexión de la vocal de la raíz se debe a que en castellano la «u» de los perfectos en -UI puede afectar por metátesis a la vocal radical. Es el caso de POTUI, que por metátesis transforma la vocal radical *O* en «u», y así: «pude» y «pudo». En el paradigma de HABUI explicaría: «ove» y «ovo».

En el caso de las formas débiles la /u/ se pierde en latín vulgar, lo cual explica el doble paradigma de fuertes y débiles:

HABUI > *o*ve
HABUISTI > HABISTI > *a*viste   }   Formas fuertes: a > o
HABUIT > *o*vo   Formas débiles: a > a

POTUI > p*u*de
POTUISTI > POTISTI > p*o*diste   }   Formas fuertes: o > u
POTUIT > p*u*do   Formas débiles: o > o

Formación analógica en castellano de las formas débiles

En castellano moderno hallamos siempre vocal «u» en la raíz de los perfectos fuertes en -UI, tanto en las formas fuertes como en las débiles. Esta uniformidad (causada por la mezcla de «o» y de «u» y por la preferencia de la lengua moderna por la «u» postónica, según Menéndez Pidal) se debe a la analogía y en tal sentido hay que distinguir dos procesos:

1. Consiste en una asimilación del tema de las formas débiles al de las fuertes. Así «p*o*diste» es reemplazada por «p*u*diste» por analogía con «p*u*de» y «p*u*do»; y «*a*viste» se sustituye por «*o*viste» por analogía con «*o*ve» y «*o*vo». Esta tendencia se manifiesta ya en el siglo XI, en el que se encuentra «ovisti» (1061, occidente de León). El uso de este tipo de perfectos analogizados es ya general en el Poema del Cid, donde las formas débiles fonéticas casi han desaparecido.

Por último, las formas de perfecto en -UI se regularizan según el esquema de «pude», «pudiste» respecto a la vocal radical. Así en Cervantes no se encuentran ya más que las formas: hubo, hubieron, supo, tuvo... que en el siglo XV eran todavía: ovo, ovieron, tovo, sopo...

2. En el otro proceso el tema de las formas fuertes se regulariza según el modelo de «p*o*diste». Las formas «p*u*de» y «p*u*do» se reemplazan por «podí» y «podió», resultando: podí, podiste, podió... (Berceo usa este esquema). Pero en la mayoría de los textos medievales castellanos el tipo analógico «podí», «podiste»... es bastante raro, mucho menos frecuente que el proceso anterior: «pude», «pudiste»...

En definitiva, la «u» es la única vocal que conocen los perfectos en -UI que hoy se conservan. Los otros verbos abandonaron su tema fuerte ateniéndose al débil: conocí, crecí...

3. PERFECTOS EN -SI (TAMBIEN LLAMADOS SIGMATICOS O AORISTOS)

Se perdieron, también, en gran número. Por ejemplo, de -ERE existían: ARSI, TORSI..., de -ÉRE: PLANXI, STRINXI, SUMPSI, FINXI... Los que se

257

conservaron no resistieron mucho, olvidándose casi todos en la época moderna. En la actualidad sólo tenemos:

DĪXI > dixe > dije
DŪXI > -duxe > -duje (con-, re-, a-, in-duje)
TRAXI > traxe > †traje (por analogía con «traer», pues fonéticamente por inflexión de yod cuarta, debiera ser *treje).
QUAESI (por QUAESII de QUAERO) > †quise

No obstante, en castellano antiguo existieron otros perfectos fuertes en -SI. Ejemplos:

CĪNXIT > cinxo → †ciñó
RĪSIT > riso → †rió
SCRIPSIT > escriso → †escribió
TĪNXIT > tinxo → †tiñó
...

Como la mayoría de estos verbos tenían Ū o Ī como vocal de la raíz se asimilaron a ellos los que no tenían ninguna de esas dos vocales, así:

QUAESI > quęsi > quese > †qu*i*se
RESPOSI > respuse > †rep*u*se

Aparte debe citarse VIXIT, que dio un perfecto fuerte culto, trastocando la doble consonante "x" [ks] en "sc": visque, visquiste, visco... (hoy: viví...). A semejanza de éste también se dijo antiguamente: nasco, nasquiestes...

4. PERFECTOS CON INFLEXION VOCALICA

También se les llama perfectos en -I, sin sufijo, generalmente con simple alternancia de la vocal de la raíz respecto al presente (VĬDEO - VĪDĪ, VĔNIO - VĒNĪ...).
Solamente cuatro de ellos se transmitieron a los romances, los cuales subsisten en castellano moderno: FĒCĪ, VĒNĪ, VĪDĪ, FŪĪ.

1. FĒCĪ > fize
FĒCĬSTĪ > feziste
FĒCIT > fezo
FĒCĬMUS > fezimos / fiziemos
FĒCĬSTIS > fezistes / fiziestes
FĒCĒRUNT > fezieron

Pero ya en el siglo XII se practicaba la uniformación en «i», como hoy día: fize, †fiziste, †fizo... Sin embargo, la generalización de estas formas analógicas con «i» no se consumó hasta bastante más tarde, y aún Nebrija usa las formas etimológicas expuestas.

2. VĒNĪ > vine
VĒNĬSTI > veniste
VĒNIT > veno
VĒNĬMUS > venimos / viniemos
VĒNĬSTIS > venistes / viniestes
VĒNĒRUNT > venieron

} Como en el caso anterior, al lado de estas formas etimológicas se usaron desde antiguo las formas analógicas con «i», como hoy: vine, †viniste, †vino...

3. VĪDĪ > vide > vid > vi
VĪDĬSTĪ > *vidiste > viiste > viste
VĪDIT > vido > vío > vió
VĪDĬMUS > vimos / viemos
VĪDĬSTIS > visteis / viestes
VĪDĒRUNT > vieron

} Por su Ī originaria no tuvo las vacilaciones de los anteriores verbos.

4. FUI ofrece un desarrollo complicado, ya que supone dos etimologías: al lado de la forma literaria existía otra contracta vulgar; ambas, salvo en la primera persona del singular llevaban vocal breve inexplicada:

A) *Forma literaria:*

FŪĪ > fúe, fúi, fué (dialectal y vulgar), †fuí
FŬĬSTĪ > fuiste, †fueste
FŬIT > fúe, fu, fué (leonés: foe, foy)
FŬĬMUS > foemos > fuemos, †fuimos
FŬĬSTIS > foestes > fuestes, †fuisteis
FŬĒRUNT > foeron > fueron

La forma de 3.ª pers. del sing.: fue, tiene -e etimológica, pero excepcional. La causa es, según Menéndez Pidal, que este diptongo -ue se confundió con los procedentes de Ŏ, muy arraigados, por lo que éste también se conservó.

B) *Forma contracta vulgar:*

FŬSTĪ > fust(e), †fosti (asturiano)
FŬT > fo
FŬMUS > fomos, †fumus
FŬSTIS > fostes, †fustes
FŬRUNT > foron, †furon

Todas estas formas existían en la lengua antigua y hoy se conservan dialectalmente. Las formas analógicas buscan la uniformidad de la vocal, que la lengua literaria del tiempo de Nebrija lograba con «e»: fue, fueste, fue, fuemos, fuestes, fueron.

Para el triunfo del paradigma moderno se tuvo en cuenta el perfecto ordinario: temí, temimos, temisteis, temieron.

En el habla vulgar y dialectal se confunden, a veces, el tema del perfecto fuerte y el del presente. El gerundio toma el tema del perfecto fuerte: supiendo, hiciendo, quisiendo, fuendo... En el habla culta hay sólo un caso: pudiendo (en vez de «podiendo»), donde hay atracción de «pude».

Tiempos afines al perfecto (18)

Las irregularidades en los tiempos del PERFECTUM sólo se mantienen en el propio perfecto. En los tiempos afines a éste la tendencia regularizadora es más fuerte, la analogía alcanza a todos. Incluso los verbos que conservan perfectos fuertes rehicieron, por analogía con los en -ir, los tiempos afines a estos.

1. *Pluscuamperfecto de indicativo latino → Imperfecto de subjuntivo romance.*

   A) *Conjugación -ARE:*

   CANTAVERAM > CANTARAM > cantara
   CANTAVERAS > CANTARAS > cantaras
      L. clásico   L. vulgar   romance

   ...

   B) *Conjugación -IRE:*

   DORMĪVĔRAM ⟨ DORMIĒRAM > durmiera / *DORMĪRAM > dormira
   DORMĪVĔRAS ⟨ DORMIERAS > durmieras / *DORMĪRAS > dormiras
      L. clásico   L. vulgar   romance

   ...

2. *Pluscuamperfecto de subjuntivo latino → Imperfecto de subjuntivo romance.*

   A) *Conjugación -ARE:*

   CANTAVISSEM > CANTASSEM > cantase (cantasse / cantás)
   CANTAVISSES > CANTASSES > cantases (cantasses / cantases)

       L. clásico   L. vulgar   Esp. mod. Formas medievales

   ...

   B) *Conjugación -IRE:*

   DORMĪVĬSSEM ⟨ DORMĪĪSSEM > durmiese (durmiesse, durmiés)
              DORMĪSSEM > dormisse
   DORMĪVĬSSES ⟨ DORMĪĪSSES > durmieses (durmiesses, durmiese)
              DORMĪSSES > dormisses

       L. clásico   L. vulgar   romance

   ...

3. *Futuro perfecto de indicativo (+ Pretérito perfecto de subjuntivo) latino →
   Futuro imperfecto de subjuntivo romance.*

   A) *Conjugación -ARE:*

   CANTAVERO > CANTĀRO > cantaro, cantar, †cantare
   CANTAVERIS > CANTĀRIS > cantares

       L. clásico   L. vulgar   romance

   ...

   B) *Conjugación -IRE:*

   DORMĪVĔRO > DORMĪĔRO > durmiero, durmier, †durmiere
   DORMĪVĔRIS ⟨ DORMĪĔRES > durmieres
              DORMĪRIS > dormires

       L. clásico   L. vulgar   romance

   ...

La 1.ª persona del singular con -o final etimológica fue usada hasta el siglo XIV, junto a las formas en -r, -re; esta última es la que prevaleció, para uniformar con «-e» su terminación a las demás personas del tiempo y al pluscuamperfecto de subjuntivo: cantase, durmiese...

El participio de pasado (19)

Forma no personal del verbo que entra dentro del PERFECTUM. Hay que distinguir dos clases:

1. PARTICIPIOS DEBILES

En el participio de pasado, los verbos en -ar e -ir siguen los tipos latinos:

CANT - ATU(M) > cant-ado
DORM - ITU(M) > dorm-ido

Estas dos terminaciones: -ado, -ido se aplican hoy sin confusión alguna entre sí, pero en los textos de los siglos XIII o XIV se hallan algunos verbos en -ar con participio en -ido: robido, amodorrido... También para los verbos en -ar hay un participio sin sufijo, que se da en el habla vulgar y dialectal de algunas regiones: pago / pagado, corto / cortado, nublo / nublado...

Los verbos -ERE carecían, como en el perfecto, de la correspondiente forma débil de participio de pasado -ĒTUM; los pocos que la tenían la perdieron en romance. Por ello el participio de -er se tomó de la conjugación -ir, lo mismo que el perfecto. Ejemplos:

MĬSSUM → †metido
VENDĬTUM → †vendido
CURSUM → †corrido
...

La forma propia de la conjugación -ERE es -ŪTUM, que correspondía en latín a algunos verbos en -ĔRE con perfecto en -UI. Ejemplos:

TRIBŪTUM > (a)trevudo
BATTŪTUM > batudo
...

y los analógicos a estos: vençudo, ardudo, ascondudo...

Esta forma -udo, muy común en el siglo XIII y que en otros romances se mantiene como la terminación regular de los verbos en -er, vino a ser desusada en español, manteniéndose solamente en ciertos niveles: «suertudo», sufijo de formación de adjetivos, no ya una desinencia verbal.

2. PARTICIPIOS FUERTES

Pueden dividirse en dos clases:

A) Los terminados en -SU > -so, escasos en español.

PRĒNSUM > preso
EXPĒNSUM > espeso
DEFENSUM > defeso
IMPRESSUM > impreso (junto a «imprimido»)

Como simples adjetivos viven: enceso (< ĪNCĒNSUM), raso (< RASUM), teso y tieso (< TĒNSUM)... y como sustantivos: dehesa y remesa.

B) Los terminados en -TU(M) > -to.

-S'TU: PŎSĬTU > puesto
         VISTU (por VISUM) > visto
-L'TU: VŎLŪTU → *VOLTU > vuelto
         SŎLŪTU > suelto
-RTU: APĔRTU > abierto
         MŎRTU > muerto
-PTU: SCRIPTU > escrito
         RUPTU > roto
-KTU: DĪCTUM > dicho
         FACTU > hecho
-NCTU: TĪNCTU > tinto ⎤
         CĪNCTU > cinto ⎬ Subsisten como sustantivos o adjetivos.
         JUNCTU > junto ⎦

-Vocal + TU: ITU(M) > -ido
               NATUM > nado, anticuado, usual antes junto al moderno «nacido».

En la etapa medieval hay más participios fuertes que en el español de hoy. La tendencia analógica es más fuerte en los participios que en el perfecto.

Dicha tendencia se manifiesta en la creación de los participios débiles modernos, en vez de los fuertes arcaicos y en la admisión de duplicados: rompido / roto, freído / frito, proveído / provisto, que pueden llegar a desterrar a los fuertes correspondientes.

263

15.6.1.2. Formas que se crean en latín tardío

15.6.1.2.1. Futuro (20)

La forma de futuro del INFECTUM latino se perdió sin dejar resto alguno (salvo la 2.ª persona del singular del futuro de ESSE: ERIS), de ahí que en latín tardío se crease una nueva forma para representar este tiempo. Esta nueva forma será una perífrasis verbal constituída por el infinitivo del verbo que se conjuga más el presente de HABEO en su forma contracta. El verbo en infinitivo se utilizó como no intensivo anteponiéndose al auxiliar «haber», sobre el que recayó el acento.

Los verbos en -ar unirán simplemente el infinitivo al auxiliar:

$$
\text{cantar } (< \text{ CANTARE}) + \begin{array}{l} \text{-é } (< \text{ HABEO}) \\ \text{-as } (< \text{ HAS}) \\ \text{-a } (< \text{ HAT}) \\ \ldots \end{array}
$$

Pero las vocales palatales de los verbos -er, -ir se perderán por su uso protónico y así en la lengua de los siglos XII-XIV habrá formas como: vivré, concibredes, perdrás, consintrá... formas en las que la consonante final del verbo podía unirse simplemente a la -r del infinitivo. Esto ocurría incluso cuando la unión de ambas consonantes exigía alguna epéntesis o metátesis que desfiguraba el tema:

M'R: com-b-ré / comré
N'R pon-d-rá / ponrá / porná / porrá
L'R: dol-d-rá / dolrá
Z'R: — se usaba la simple unión: yaz-remos, dizré...
    — la epéntesis de la dental sonora (como sonora era la [ẑ]): yaz-d-rá, bendiz-d-ré...
    — la supresión de la africada [ẑ] "z": diré, adurá...
Ç'R: — se usaba la simple unión: creçrá, pareçredes...
    — la epéntesis de la dental sorda (pues sorda era la "ç" [ŝ], aunque luego se hiciese sonora al quedar en posición final de sílaba): conoz-t-rá, fallez-t-rá...

Pero la tendencia a mantener entera la forma del infinitivo hizo ir olvidando todas estas contracciones a partir del siglo XIV; así en la mayoría de los casos se recupera la «e» de -er y la «i» de -ir. La lengua moderna sólo conserva los siguientes casos esporádicos: habré, sabré, cabré, querré, podré, vendré, pondré, tendré, valdré, saldré y diré; este último verbo no es comparable con «haré», porque no está formado sobre el infinitivo «hacer» sino con el contracto «far», usual en castellano antiguo junto a «fer». La misma tendencia a mantener entero el infinitivo coexistía en el siglo XIII con la contracción, de ahí que se dijese también: haberé, saliré, saberás...

La unión de la perífrasis de futuro no se hace de forma definitiva hasta el siglo XVII, es decir, la lengua no perdió el sentido de la composición de este tiempo, admitiéndose hasta entonces la interposición de uno o más pronombres entre el infinitivo y el auxiliar, e incluso otros elementos como la negación «non»: «dar le has», «traer nos lo ha»...

15.6.1.2.2. Condicional (21)

El condicional es un tiempo que se crea en latín tardío tanto desde un punto de vista formal como funcional.

Al igual que el futuro es una perífrasis verbal formada por el infinitivo del verbo que se conjuga más el imperfecto de indicativo del auxiliar «haber» en su forma contracta. Podía tener (siglos XII-XIV) alternancia de formas por la serie de contracciones que se producían al perderse las vocales palatales de los verbos en -er, -ir. Asimismo conservan las contracciones los verbos que lo hacen en el futuro: habría, saldría, podría... También hasta el siglo XVII no se hace la unión de la perífrasis de forma definitiva por las mismas razones que hemos visto para el futuro.

15.6.2. Evolución de las formas temporales latinas en el romance

Antes de analizar el significado y uso de los tiempos verbales, conviene resumir la evolución y los resultados de las formas temporales latinas en el romance:

a) *Conservadas:* en *indicativo* se han conservado como en latín: el presente (amo), el imperfecto (amaba), el perfecto (amé); en *subjuntivo:* el presente (ame); en *imperativo:* el presente (ama, amad). De las restantes, unas se han perdido y otras han cambiado su valor originario.

b) *Perdidas:* en el *indicativo:* el futuro imperfecto (AMABO), con la excepción de la forma ERIS, que hoy traspuesta forma parte del presente, 2.ª pers., sing. (eres); en el *subjuntivo:* el imperfecto (AMAREM); en el *imperativo:* el futuro (AMATO, AMATOTE).

c) *Traspuestas:* en el *indicativo:* el pluscuamperfecto (AMAVERAM) es en español imperfecto de subjuntivo (amara), el futuro perfecto (AMAVERO) pasó a futuro imperfecto de subjuntivo (amaro, amare), coincidiendo en tal valor con el pretérito perfecto de subjuntivo latino (AMAVERIM), pues el latín para tal futuro de subjuntivo dudaba entre esas dos posibilidades. En el *subjuntivo:* el pretérito perfecto (AMAVERIM), como ya hemos visto, coincide con el futuro perfecto de indicativo para dar lugar al futuro imperfecto de subjuntivo; el pluscuamperfecto (AMAVISSEM) pasó a imperfecto del mismo modo (amase).

d) *Suplidas:* las casillas del esquema latino que han quedado vacías, sea por pérdida sea por traspaso de formas, las ha suplido el romance por formas analíticas o perifrásticas, de todos conocidas, menos el futuro del imperativo que se ha quedado sin sustitución (Cfr. 15.7. El aspecto).

e) *Añadidas:* también se enriqueció el sistema verbal romance con formas que en latín no existían como: «amaría», «habría amado», «hube amado», etc. (Cfr. 15.7. El aspecto).

En relación con las *formas nominales* se han conservado en *activa* el presente de infinitivo (amar), el participio (amante), el gerundio (amando); se ha cambiado en analítico el perfecto (AMAVISSE, haber amado); se perdió en el siglo II el supino (AMATUM); duró toda la Edad Media el conato por salvar el participio en -TURUM, entre los literarios, por medio de un heredero no fonético, el adjetivo verbal en -dero (hacedero, codiciadero, etc.), pero fue algo postizo y no trascendió al Siglo de Oro.

En *pasiva* no quedaron resultados, salvo el participio AMATUM.

15.6.3. Significado y uso de los tiempos verbales (22)

A) *Modo indicativo*

Presente

Es un tiempo imperfecto, por lo tanto mira la acción en su transcurso, sin atender a sus límites temporales. Es, además, un tiempo absoluto que denota coincidencia de la acción con el momento en que se habla. Usos:
— Puede expresar verdades generales sin relación a un tiempo definido, por ejemplo: «París *es* la capital de Francia».
— Presente actual: cuando el momento en que hablamos coexiste total o parcialmente con la acción expresada por el verbo. Ejemplo: «este que *viene* es Amadís de Grecia» (El Quijote).
— Presente habitual: si se refiere a actos discontinuos que no se producen en este momento, pero que se han producido antes y se producirán después. Ejemplo: «*cuentan* los naturales que el armiño es un animalejo que tiene una piel blanquísima» (El Quijote).

— Presente histórico: utilización del presente en lugar del pretérito; de esta manera se actualizan hechos pasados. Ejemplo: «abbat, *diz, so mal trecho*» (Berceo, S. Domingo 165).
— El aspecto imperfectivo del presente hace que podamos utilizarlo también para designar acciones futuras, por ejemplo: «María se *casa*». Esto sucede particularmente cuando la referencia al tiempo venidero está expresada por medio de un adverbio, por ejemplo: «mañana *voy* a tu casa».
— Presente de mandato: uso del presente con significación de imperativo. Con él describimos la acción que otro ha de llevar a cabo por orden nuestra. Ejemplo: «*Hydes* vos, Minaya, a Castiella la gentil» (Mio Cid).
— Como tiempo relativo, medido desde el futuro adquiere significado futuro. Este uso es especialmente frecuente en oraciones temporales y condicionales. Ejemplo: «cuando percibas que mi pluma se *envejece...*». Por eso en las condicionales, el presente de indicativo sustituye obligatoriamente al futuro en la prótasis. Ejemplo: «si *vienes* te daré lo que pides».

Pretérito perfecto simple

Es un tiempo pasado, absoluto y perfecto. Con los verbos desinentes por su significado (es decir, aquellos que expresan una acción que por el hecho de haber llegado a la perfección termina) expresa la anterioridad de toda la acción, por ejemplo: «Juan *abrió* la puerta» (la acción de «abrir» es anterior al acto de la palabra). Con los verbos permanentes por su significado (es decir, aquéllos que expresan una acción que a pesar de haber llegado a la perfección subsiste durando) expresa la anterioridad de la perfección, por ejemplo: «ayer *supe* la noticia» (nos referimos al momento en que mi saber llegó a ser completo o perfecto, lo cual no se opone a que ahora y después siga sabiéndola).

Cuando la atención del que habla se centra en este sentido perfectivo y puntual se puede dar lugar a expresiones en las que se olvida su condición de pretérito. Así se explica que podamos enunciar con el pretérito acciones que no se han producido todavía, pero que sentimos como de realización próxima y segura, por ejemplo: «¡ya llegué!».

Asimismo la significación perfectiva y absoluta, desligada de toda relación temporal con el momento en que hablamos, da aptitud al pretérito para sugerir una idea de negación relativa al presente (decir que una cosa «fue» equivale a decir que «no es»). Gili Gaya piensa que éste es un recurso estilístico basado en el contraste del pasado con el presente, y que el mismo efecto se obtiene con cualquier otro pretérito («quería, ha querido, había querido»). No obstante, hay preferencia por el pretérito, lo que se debe quizá a la mayor lejanía temporal que sugiere (así se resalta con más viveza ese contraste).

El pretérito es el tiempo de la narración. Sin embargo, hay excepciones: actualmente, compite, además del presente histórico, el imperfecto; y aun más irregularidades presenta el estilo épico de los tiempos antiguos, como luego veremos.

Futuro

El infinitivo del verbo que se conjuga más el presente contracto de HABEO constituyen una perífrasis que expresaba en su origen la obligación presente de realizar un acto. Así, por ejemplo «amarlo hedes» significaba primitivamente 'habéis de amarlo'. Pero a medida que se fue sintiendo únicamente el valor de tiempo futuro, con pérdida del sentido de obligación, se tuvo que recurrir a otro medio para expresar la obligación en cualquier tiempo y para ello se inició y extendió el uso de «haber de» más infinitivo frente a «lo amaréis» («amarlo hedes»).

Así pues, «amaréis» pasa de tener un significado obligativo a designar el simple acto futuro.

Los principales sentidos de este tiempo son:

— Futuro de mandato (resto del sentido obligativo): muy frecuente en la segunda persona, en sustitución del imperativo. Ejemplos:

«Quando esto ovo fecho, *odredes* lo que fablava» (Mio Cid, 188)
«Bien *oiréis* lo que ha hablado» (Rom., 155)

— Futuro de probabilidad: expresa suposición, conjetura o vacilación referidas al presente. Ejemplos:

«*Serán* las ocho» (supongo que son las ocho)
«Hacaneas *querrás* decir» (Quijote)

— Futuro de sorpresa: frecuente en oraciones interrogativas y exclamativas. No indica una acción venidera, sino que expresa asombro, sorpresa o inquietud ante un hecho conocido, por ejemplo: «¿se atreverá Vd. a negarlo?» (después de que el otro lo ha negado ya).
— En la prótasis de las oraciones condicionales se sustituye el futuro por el presente de indicativo (*«si vendrás...»* por «si vienes...») y en las temporales por el presente de subjuntivo generalmente (*«en cuanto saldrás...»* por «en cuanto salgas...»). Esta última sustitución es muy general, pero no tan obligada como la de las oraciones condicionales. Así, en castellano medieval y clásico abundan ejemplos de empleo de futuro («Cuando los gallos *cantarán*» (Mio Cid). La incertidumbre que envuelve a toda acción que además de venidera es hipotética o eventual entra en conflicto con la seguridad expresada por el futuro y determina su sustitución.

Pretérito imperfecto

Expresa acción pasada cuyo principio y fin no nos interesan, por tanto es un tiempo imperfectivo, de ahí que dé a la acción un aspecto de mayor duración que los demás pretéritos, especialmente con verbos permanentes, cuya imperfección refuerza.

Se emplea en narraciones y descripciones como un pasado de gran amplitud, dentro del cual se sitúan otras acciones pasadas, de aquí su valor de *pretérito coexistente,* es decir, como presente del pasado.

Dado que es un tiempo relativo, la limitación temporal que pueden señalar otros verbos o expresiones temporales del contexto llega a veces a anular su carácter imperfecto. Por ello, la lengua literaria lo emplea a veces como un pretérito cualquiera, por ejemplo: «Al amanecer salió el ejército, atravesó la montaña, y poco después *establecía* contacto con el enemigo».

Cuando se trata de verbos desinentes el imperfecto les comunica un aspecto reiterativo, habitual, por ejemplo: «*Decía* él, y decía bien» (Quijote). Si sustituimos el imperfecto por otro pretérito («dijo», «ha dicho») se entendería que la acción se produjo una sola vez.

De tal manera se sobrepone el aspecto a la significación temporal que a veces se emplea el imperfecto para acciones pasadas que no han llegado a consumarse. Es el llamado *imperfecto de conato,* por ejemplo: «le dio un dolor tan fuerte que se *moría*».

El aspecto de acción verbal inacabada explica también que se use este tiempo en lugar del presente, en el llamado *imperfecto de cortesía.* Ejemplos:

«Yo, que esto vos gané, bien *mereçía* calças» (Mio Cid)
«¿Qué *deseaba* usted?»

Se enuncia modestamente la pregunta o el deseo en imperfecto como algo iniciado cuya realización se hace depender de la voluntad del interlocutor.

En el habla popular moderna el imperfecto sustituye con frecuencia a la forma -ría en la apódosis de las oraciones condicionales y aun a las formas -ra y -se en la prótasis. Ejemplos:

«Si tuviera dinero *compraba* esta casa»
«Si *tenía* dinero compraría (compraba) esta casa»

La sustitución de -ría por el imperfecto y por consiguiente el empleo de éste como condicional es también posible fuera de las oraciones condicionales, por ejemplo: «Otro Santo Oficio es el que *hacía* falta para limpiar el país de esta contaminación» (Valle-Inclán). Se trata de un imperfecto desrealizador que enuncia la acción como de cumplimiento muy poco probable.

Condicional

La perífrasis que se creó para expresar este tiempo significaba en su origen la obligación en el pasado de realizar la acción designada por el infinitivo, por ejemplo: «sabía que no se la *negaría*» (Quijote), donde «negaría» equivale al moderno «había de negar».

Pero tras la pérdida del sentido de obligación, pasó a expresar acción futura en relación con el pasado, que le sirve de punto de partida (es el futuro del pasado), por ejemplo: «dijo que *asistiría* a la reunión». No obstante, como se trata de un tiempo imperfecto, aspecto que proviene del imperfecto originario «había», queda indeterminado el término de la acción, la cual medida desde el momento en que hablamos puede ser pasada, presente o futura, por ejemplo: «prometió que me *escribiría*» (y recibí su carta — pasada; o bien, y ahora recibo su carta — presente; o bien, y espero que recibirás pronto mi carta — futura). Así pues, la relación del condicional con el presente es indeterminada y variable, mientras que la relación con el pretérito es fija.

Al igual que el imperfecto, la forma en -ría se puede usar también como independiente y desprovista de su valor temporal expresando:

— La probabilidad referida al pasado o al futuro. Ejemplos:

«*Serían* las diez» (probablemente eran)
«Me *gustaría* verle otra vez» (probabilidad futura)

— El condicional de cortesía o modestia, ejemplos:

«Del pleito de Teófilo vos *querría* fablar» (Berceo, Milagros)
«*Desearía* hablar con Vd.»

Con el condicional se refuerza la modestia de la expresión y se hace más patente aún, que con el imperfecto de cortesía, nuestra sumisión a la voluntad del interlocutor.
— Con los verbos «querer» y «poder» se hace visible el eufemismo y a veces la ironía, por ejemplo: «*deberías* trabajar» (por «debes»).

Los verbos «querer», «deber» y «poder» admiten también con este significado el pretérito imperfecto de subjuntivo en -ra, por ejemplo: «Juan *pudiera* ser más discreto».

Esta es la primera equivalencia entre las formas -ra y -ría, equivalencia explicable a causa del carácter dubitativo que deliberadamente damos a tales oraciones. La mayor o menor intensidad de la duda que aparentamos regula la preferencia por el subjuntivo o por el indicativo:

intención dubitativa

$$- \underrightarrow{\hspace{6cm}} +$$

«Debieras, deberías, debías trabajar»

Con la forma plenamente subjuntiva «debieses» tendríamos que emplear necesariamente un adverbio de duda. Por esto «debieras» se halla aquí en una zona indeterminada entre el subjuntivo y el indicativo, del cual históricamente procede.

Son también equivalentes las formas -ra y -ría en la apódosis de las oraciones condicionales, por ejemplo: «Si quisieran (o quisiesen) escucharme, les diría (o dijera) la verdad de lo ocurrido».

La forma en -ra raras veces se emplea fuera del estilo literario. No obstante, parece ser que el uso de una u otra forma era indiferente para los escritores clásicos.

Esta equivalencia se explica fácilmente si se tiene en cuenta que -ra es en ella indicativo, supervivencia del modo al que históricamente perteneció, como lo prueba el hecho de no poderse sustituir, como en la prótasis, por la forma -se, históricamente subjuntiva.

A medida que -ra ha ido afianzando en la evolución del idioma su nuevo valor subjuntivo en las oraciones subordinadas, y alejándose del indicativo originario, se hace cada vez más raro su empleo en la apódosis. Así hoy en la lengua hablada corriente ha sido eliminado y sustituido por -ría.

Pretérito perfecto compuesto

En su origen significaba el resultado presente de una acción pasada, por ejemplo: «he guardado mucho dinero» equivalía a la expresión moderna «tengo guardado mucho dinero». Este empleo nació en la época prerrománica, cuando el verbo «haber» conservaba su acepción de 'tener, poseer', por ejemplo: «desfechos nos *ha* el Çid» (Mio Cid). A medida que se iba afirmando el carácter auxiliar de «haber», se inmovilizó el participio en su forma masculina singular, y la perífrasis quedó convertida en un tiempo pasado del verbo.

En español moderno significa la acción pasada y perfecta que guarda relación con el momento presente. Esta relación puede ser real, o simplemente pensada o percibida por el que habla. Por ello nos servimos de este tiempo para expresar el pasado inmediato u ocurrido en un período de tiempo que no ha terminado todavía, por ejemplo: «este año *ha habido* buena cosecha».

Se emplea también para acciones alejadas del presente, cuyas consecuencias duran todavía, por ejemplo: «la industria *ha prosperado* mucho».

A veces la relación o conexión con el presente es afectiva, por ejemplo: «mi padre *ha muerto* hace tres años», repercute sentimentalmente en el momento en que hablamos; sin embargo, si decimos «mi padre *murió* hace tres años», la noticia está desprovista de emotividad. Por tanto, «ha muerto» sería la forma subjetiva del pasado, frente a «murió» que sería la forma objetiva.

Pretérito pluscuamperfecto

Significa una acción pasada y perfecta, anterior a otra también pasada. Entre los dos hechos pasados la sucesión puede ser mediata, es decir, haber transcurrido un largo tiempo, o inmediata con la añadidura de un adverbio de tiempo adecuado. Ejemplos:

«Vieron los edificios que *habían construido* en aquel barrio» (sucesión mediata).

«Luego que *había salido* el sol partieron» (sucesión inmediata).

«Todos los días, en cuanto *había terminado* su trabajo, daba un paseo» (sucesión inmediata).

Sucesión inmediata → había salido = hubo salido, salvo en los casos en que se exprese una acción reiterada, como el segundo ejemplo.

La mayor amplitud del pluscuamperfecto, unida a su posibilidad de significar la anterioridad inmediata ha hecho retroceder el uso del pretérito anterior.

El pluscuamperfecto latino (AMAVERAM) se convirtió en el imperfecto de subjuntivo (amara); pero durante largo tiempo «amara» conserva en español su sentido originario de pluscuamperfecto de indicativo, en competencia con la perífrasis romance «había amado».

Pretérito anterior

Es un tiempo relativo que expresa una acción pasada inmediatamente anterior a otra también pasada.

En castellano moderno solamente se emplea en oraciones temporales (precedido de adverbios o locuciones temporales). Ejemplos:

«Apenas *hubo terminado* se levantó».
«Cuando *hubieron comido* emprendieron el viaje».

El pretérito anterior está en desuso progresivo puesto que con otro pretérito perfecto (y especialmente con el pluscuamperfecto) acompañado de un adverbio de tiempo, se expresa la inmediata anterioridad, sin necesidad de usar para ello un tiempo especial del verbo.

Por otra parte «canté» y «hube cantado» coinciden en expresar tiempo pasado y aspecto perfectivo. Por consiguiente, al quedar igualadas, o muy próximas, las categorías de tiempo y aspecto de estas dos formas, el idioma tiende a eliminar la forma compuesta, por ser menos frecuente que la simple.

En la época preliteraria tenía significación de pretérito perfecto, y de ello se encuentran ejemplos en castellano medieval: «yo vos daría buen cavallo e buenas armas et una espada a que dicen Joyosa, que me *ovo dado* en donas aquel Bramant» (Crón. General).

Futuro perfecto

Es un tiempo perfecto y relativo, que denota acción venidera anterior a otra también venidera, por ejemplo: «cuando lleguéis *habremos cenado*» (la acción de «cenar» es anterior a vuestra llegada).

Desprovisto de su valor temporal puede expresar:

— La probabilidad: referida al pasado perfecto (valor temporal = al de un pretérito perfecto compuesto), por ejemplo: «*Habrán dado* las diez» (supongo que han dado las diez).

— El mismo desplazamiento hacia el pasado tiene lugar en el futuro perfecto de sorpresa: expresa maravilla o asombro ante un hecho pasado, por ejemplo:

«¿*Habráse visto* cosa igual?» (= ¿Se ha visto...?).

Condicional perfecto

Expresa una acción futura en relación con un pasado (que le sirve de punto de partida), si bien aquélla es anterior a otra acción, por ejemplo: «nos prometieron que cuando volviésemos *habrían estudiado*».

Desprovisto de su valor temporal puede expresar:

— Probabilidad o suposición con valor temporal equivalente al del pluscuamperfecto de indicativo, por ejemplo: «*Habrían dado* las diez» (supongo que habían dado...).

— Modestia o cortesía, especialmente con verbos modales, con la particularidad de que puede sustituírsele por el pluscuamperfecto de subjuntivo, tanto en la forma -ra como en la -se, por ejemplo: «*Habría* (hubiera, hubiese) *querido* hablar con Vd. un momento». Los gramáticos censuran el empleo de «hubiese», pero de hecho se usa, a diferencia de lo que ocurre con la forma simple, donde no cabría decir «Juan pudiese ser más discreto», sino precisamente «podría» o «pudiera».

En las oraciones condicionales se emplea en la apódosis, pero nunca en la prótasis, y se puede sustituir por el pluscuamperfecto de subjuntivo en la forma -ra; el empleo de la forma -se es considerado incorrecto.

Este uso incorrecto de la forma -se Cuervo lo explica como resultado del paralelismo entre los dos miembros de la oración condicional. Del mismo modo que la forma en -ra, propia en un principio de la apódosis, pasó a la prótasis, en el caso presente la forma -se se traslada por la misma causa de la prótasis a la apódosis.

Esta sustitución no sería posible con el condicional simple.

Tanto en las oraciones condicionales como en las expresiones de modestia y cortesía, los límites entre el indicativo y el subjuntivo son más

273

confusos en el condicional perfecto que en el condicional simple, sobre todo en la lengua hablada.

B) *Modo subjuntivo*

El carácter irreal de las acciones expresadas por las diferentes formas del subjuntivo hace que las relaciones estrictamente temporales de sus «tiempos» sean mucho menos claras que las del indicativo.

Por otra parte a los nueve tiempos del modo indicativo le corresponden cuatro en el subjuntivo, si exceptuamos los dos futuros, que están en desuso.

Además todos los tiempos del subjuntivo son relativos, lo que hace inseguras las relaciones de anterioridad, posterioridad y coexistencia.

Por todos estos motivos la denominación de tiempo es con frecuencia inadecuada para explicar el significado y los usos de las distintas formas. Sin embargo, el aspecto imperfecto de las formas simples y el perfecto de las compuestas se mantiene en general con todo vigor.

En el siguiente cuadro se resumen los significados más generales de los tiempos del subjuntivo:

FORMA	ASPECTO	SIGDO. TEMPORAL	EQUIVALENCIA CON EL INDICATIVO
cante	Imperfecto	presente futuro	canto cantaré
cantara o cantase	Imperfecto	pretérito futuro	{ cantaba canté cantaría
haya cantado	Perfecto	pretérito futuro	he cantado habré cantado
hubiera o hubiese cantado	Perfecto	pretérito futuro	había cantado habría cantado

«Hube cantado» no tiene equivalencia en subjuntivo. De las formas «cantare» y «hubiere cantado» se tratará aparte.

Presente

Dado el carácter irreal del subjuntivo y el necesariamente eventual de las representaciones temporales del futuro es natural que el presente y el futuro se confundan en una sola forma, por ejemplo: «no creo que *hablen*» (lo mismo podemos referirnos a que no creemos que la acción de hablar se esté produciendo ahora, como a que no se producirá en tiempo venidero). Pero como se trata también de un tiempo imperfecto, no importa el momento presente o futuro en que se realice la acción.

La identificación del subjuntivo con el futuro ha sido la causa de que en las oraciones temporales el presente de subjuntivo sustituya al futuro de indicativo, por ejemplo: «Cuando *llegue* el tren serán ya las once» (en vez de «cuando llegará...»). También el futuro de probabilidad establece contacto entre ambos tiempos, por ejemplo: «*estará* enfermo» = «supongo que *está* enfermo» = «es probable que *esté* enfermo».

A veces en la subordinación usamos el presente de subjuntivo en sustitución del presente o el futuro de indicativo para denotar un matiz de mayor eventualidad o incertidumbre, uso que aparece principalmente en la lengua literaria, por ejemplo: «el espectáculo que *descubramos* (descubriremos) desde arriba nos compensará de las fatigas del camino» (Azorín).

Asimismo, en castellano antiguo puede usarse el presente de subjuntivo con valor de imperativo atenuado o cortés en las segundas personas. Ejemplos:

«*Lieves* el mandado» (Mio Cid)
«*Calledes*, padre, calledes» (Rom. 174)

Pretérito perfecto

Su significación temporal es pretérita o futura y expresa asimismo acción perfecta, por ejemplo: «no creo que *haya llegado*».

A veces el aspecto perfectivo de este tiempo se neutraliza en el contexto, y puede ser sustituido por una forma imperfecta sin que se altere el sentido temporal, por ejemplo: «es dudoso que Marco Antonio fuera (o fuese o haya sido) un hombre tan disoluto y abandonado como Cicerón le pinta». Lo mismo ocurriría si el pretérito perfecto expresara acción futura, en cuyo caso podría ser reemplazado por un mero futuro, por ejemplo: «estamos aguardando a que se levante (o se haya levantado) el bloqueo para poner nuestros equipajes a bordo».

En ambos casos la preferencia por la forma simple o la compuesta está determinada por el interés que pongamos en enunciar la perfección del acto.

Existe por lo tanto en el habla real una neutralización posible y relativa de aspectos, análoga a la relatividad de las representaciones temporales que el contexto establece en cada caso.

Pretérito imperfecto

Expresa una acción pasada, presente o futura, cuyos límites temporales no nos interesan, es por tanto un tiempo imperfecto.

Su diferencia esencial con el presente de subjuntivo consiste en que éste expresa acción necesariamente presente o futura pero no pretérita. Por ejemplo: «Le mandaron que estudiara o estudiase», partimos del pasado (mandaron), pero la acción de «estudiar» puede cumplirse ahora (... y por eso estudia), o antes (... y por eso ayer estudió todo el día), o después (... y estudiará hasta fin de curso).

Así pues, el significado temporal depende del contexto y de la intención del hablante.

Aunque por su significado las formas -ra y -se son equivalentes en la lengua moderna, no siempre pueden sustituirse entre sí. La primera procede del pluscuamperfecto de indicativo latino (AMAVERAM) y la segunda del pluscuamperfecto de subjuntivo (AMAVISSEM). Una y otra absorbieron además significados propios de otros tiempos del indicativo y del subjuntivo respectivamente. Al fundirse -ra y -se en el imperfecto de subjuntivo, los significados de ambas formas han quedado identificados; tal identificación es el resultado de un largo proceso histórico que los ha ido aproximando progresivamente. No obstante, -ra ha conservado algunos empleos procedentes del indicativo originario, en los cuales no se identifica con -se:

1. La forma en -ra como pluscuamperfecto de indicativo equivalente a «había amado» predomina en los textos literarios primitivos. Ejemplos: «Tantos cavallos mio Cid se los *gañara*» (Mio Cid); «Lo que les *prometiera* el padre verdadero» (Berceo).

No obstante, a medida que va adquiriendo significación subjuntiva, es sustituido por «había» más participio, el cual, como tiempo compuesto, hacía más visible el carácter perfectivo de la acción. En el *siglo XIV* el número de casos del subjuntivo se equilibra con los del indicativo. Desde el *siglo XV* se convirtió en mera variante del pretérito perfecto simple o del imperfecto (de indicativo), si bien predomina en general el empleo subjuntivo, hasta que llega a ser prácticamente esporádico su uso como tiempo del indicativo en el *siglo XVII*. Los escritores de fines del *siglo XVIII* y los románticos, por imitación de los textos antiguos y especialmente del Romancero, restauran el uso primitivo en muchos casos, sin que por ello se debilite el empleo subjuntivo fuertemente consolidado. Esta restauración literaria, ajena a la lengua hablada, persiste hasta nuestros días, especialmente en escritores gallegos, cuya lengua regional conserva vivo, como el portugués, el sentido latino de AMAVERAM.

2. Otro valor indicativo de la forma -ra es su empleo en la apódosis de las oraciones condicionales (uso que, como ya hemos visto al hablar del condicional, está en decadencia, especialmente en el lenguaje corriente), como equiva-

lente del condicional -ría. Tal equivalencia no se da en castellano antiguo, donde se distingue rigurosamente entre «si oviesse *daría*» (presente del modus irrealis) y «si oviesse *diera*» (pretérito del modus irrealis). No obstante, se encuentran algunos casos en los cuales la primera combinación envuelve la idea de anterioridad, por ejemplo:

«non *serié* tan viçioso si ioguiesse en vaño» (Berceo, Milag. 152)

Asimismo, se han encontrado ejemplos de la segunda construcción con valor de presente a partir del siglo XIV.

Además, en castellano antiguo se usan los tiempos compuestos en lugar de los simples, sin diferencia de significado: «oviessen dexada» (Berceo, S. Oria 152), «ovieran fecho» (Berceo, Mil. 148). En el lenguaje de Cervantes, por ejemplo, se nota, respecto al empleo de las formas simples y compuestas, una inconstancia que no obedece, al parecer, a ninguna regla.

La apódosis de las oraciones condicionales puede tener también, en lugar de «daría» y «diera», el imperfecto de indicativo. Ejemplos:

«Si el tu mal supieses, *deviés* aver dolor» (Apol. 69)
«*Queriélo* si podiesse, escusar de bon grado» (Berceo, S. Domingo 122).

Continuando con la forma -ra, habría que añadir que (además de su empleo como indicativo y como condicional en la apódosis de los períodos hipotéticos) más tarde se introdujo en la otra parte de las cláusulas hipotéticas, es decir, que de la apódosis pasó a la prótasis, haciéndose equivalente de la forma -se. Ejemplos:

«fiziéramos meior seso si nos *oviéramos* tornados» (Cr. Gen. 394 b, 29).
«ella repintiérase si *pudiera*» (Juan Manuel, L 120, 2).

Desde entonces, se usaba «si supiese daría» al lado de «si supiera dixera». De la confusión de estas construcciones han nacido las variantes que admite el castellano moderno:

«si tuviese daría»
«si tuviera daría»
«si tuviera diera» ⎱ están en decadencia, especialmente en el
«si tuviese diera» ⎰ lenguaje corriente.

3.   Otro valor indicativo de la forma -ra es su empleo como condicional de modestia, equivalente a -ría.

Fuera de estos casos la identificación de -ra y -se es completa, lo cual equivale a decir que ambas formas pueden sustituirse entre sí siempre que sean subjuntivas.

La forma -se al pasar a ser imperfecto, sustituyó al imperfecto latino AMAREM, pero arrastró consigo reminiscencias de su primitivo significado pluscuamperfecto. Esto explicaría frases como «si estuviese en mi mano ya lo hubiera hecho», donde esperaríamos «si hubiese estado en mi mano...», puesto que la prótasis es un pasado anterior al pasado de la apódosis, es decir, un pluscuamperfecto. Sin perjuicio de que esta explicación histórica sea exacta, hay que pensar más bien, según Gili Gaya, en que el aspecto imperfecto de las formas simples se neutraliza en el contexto, como ya se ha indicado al hablar de otros tiempos.

El desuso creciente de los futuros de subjuntivo ha hecho que buena parte de su significación haya pasado al imperfecto y al pluscuamperfecto de subjuntivo respectivamente, los cuales han adquirido así un valor de futuro que históricamente no tenían. Ejemplos:

«Si acaso *vieses o vieras* que mi enfermedad se agrava, no me lo ocultes».
«Si para fin de año no *hubiera o hubiese pagado*, denúnciale».

Pretérito pluscuamperfecto

Indica en el subjuntivo las mismas relaciones de tiempo que en el indicativo expresan el pluscuamperfecto y el condicional perfecto.

Su uso en las oraciones condicionales se rige por la misma norma que el imperfecto. Sin embargo, a diferencia de éste, el uso de la forma -ra en la apódosis no se siente como arcaico. El carácter perfectivo de la forma compuesta señala con precisión el tiempo en que la acción se produjo y asegura su persistencia, en cambio la indeterminación temporal del imperfecto en -ra, en contraste con -ría, ha facilitado el predominio de esta última forma.

En cuanto al empleo de «hubiese» más participio en la apódosis, véase lo dicho acerca del tiempo condicional.

Futuro y futuro perfecto

Expresan acción venidera posible, imperfecta en la forma simple y perfecta en la compuesta.

Su empleo prácticamente ha desaparecido en la lengua moderna. Aun en la lengua antigua y clásica su uso estaba limitado casi exclusivamente a las oraciones condicionales, temporales y relativas. Ejemplos:

«Si alguna cosa *faltare*, aquí estoy yo» (Santa Teresa).
«El mundo está perdido / si le Dios non *acorrier*» (Alf. XI).

Todos los tiempos del subjuntivo son aptos para expresar acción futura, y por consiguiente han ido haciéndose innecesarios los futuros.

El presente y el imperfecto han tomado las funciones de «cantare» y el perfecto y pluscuamperfecto las de «hubiere cantado».

15.6.4. Significado de cómo se han utilizado los tiempos verbales (23)

Un rasgo típico de la poesía épica medieval es la alternancia de los tiempos verbales en el mismo plano temporal.

Según Szertics, y de acuerdo sobre todo con Rafael Lapesa, la mezcla de los tiempos del verbo se utiliza sobre todo en función del estilo y los cambios que el juglar efectúa corresponden a un cambio del punto de vista narrativo; tan pronto enuncia los hechos como lejanos a él (pretérito indefinido), como los acompaña en su realización, describiéndolos (pretérito imperfecto), independientemente del valor temporal que pueda tener lo narrado.

A parte de lo anterior, la mezcla de los tiempos obedece a múltiples razones:

— La rima: influye en muchísimos casos en las irregularidades temporales, haciendo que aparezca un tiempo en lugar de otro.

— El requisito del metro de ocho sílabas puede favorecer igualmente el empleo de uno u otro tiempo.

— La búsqueda de variedad se cuenta entre las razones fundamentales, pues el uso constante de un solo tiempo resultaría muy monótono.

— Las construcciones paralelísticas que repiten un mismo verbo en diferentes tiempos; fenómeno que se da ya en el Mio Cid y que aparece mecanizado en el Romancero Viejo.

— Además gracias a la alternancia, el poeta anónimo podía llamar la atención sobre la acción o personajes singulares, acelerar el ritmo del relato, acentuar la intensidad afectiva...

Entre los tiempos verbales es sin duda el presente histórico el que interviene no sólo en el mayor número de combinaciones, sino también en las más significativas.

La mezcla de los tiempos verbales es muy variada en el Poema del Cid, pues el presente alterna no sólo con el pretérito indefinido y el pretérito perfecto compuesto sino también con el imperfecto. A su vez, el pretérito indefinido se mezcla con el imperfecto y el pretérito perfecto compuesto. No obstante, es en el Romancero Viejo donde la alternancia de los tiempos logra su mayor difusión, ya que a parte de los tiempos referidos a propósito del Cantar, la forma en -ra, el pluscuamperfecto y hasta el pretérito anterior se mezclan con otros tiempos.

Esquematizando se podría hablar de dos combinaciones fundamentales:

— En la primera se mezcla el presente, y en grado menor, el imperfecto con los tiempos perfectos (entre los que se incluyen también el pretérito indefinido y la forma en -ra).

— En la segunda los tiempos perfectos alternan entre sí: canté / he cantado / cantara (y sus compuestos)

279

De los dos grupos es el primero el que se revela como el más importante, por tratarse de una verdadera oposición aspectual entre los tiempos verbales y muy a menudo entre los verbos empleados con ellos. En cambio, en el segundo grupo el contraste aspectual se debilita en la alternancia del pretérito y de la forma en -ra con los tiempos compuestos y desaparece casi por completo en la mezcla de los dos primeros.

Presente - tiempos perfectos

Esta alternancia constituye un fenómeno típico de la antigua poesía épica y obedece más bien a razones estilísticas que puramente gramaticales.

Uno de los rasgos fundamentales de esta combinación radica en oponer acciones en pleno desarrollo a acciones concluídas, lo que permite expresar la acción brusca. Para lograr este efecto se prescinde generalmente de los vínculos gramaticales entre las oraciones y las acciones se siguen sin transición alguna, por ejemplo:

«Ya cabalgan los infantes   y se van a sus posadas;
hallaron las mesas puestas   y viandas aparejadas». (Rom. Viejo)

Asimismo esta alternancia permite realzar ciertos hechos, función que corresponde casi siempre a los tiempos perfectos, mientras que el presente sirve más para prestar fondo, decoración, agregando detalles informativos o explicativos a la acción principal, por ejemplo:

«Vanse el conde y la condesa   a dormir donde solían:
dejan los niños de fuera   que el conde no los quería:
lleváronse el más chiquito,   el que la condesa cría:
cierra el conde la puerta,   lo que hacer no solía». (Romancero)

Stephen Gilman muestra que el uso del presente y del pretérito en el Poema del Cid depende más del sujeto de la oración que del orden cronológico de las acciones. Cuando el Cid es el sujeto de la frase se usa el pretérito aproximadamente cuatro veces más que el presente; en cambio cuando el sujeto es anónimo el presente reemplaza al pretérito por un margen casi igual. Ejemplos:

«*Violo* mio Çid Roy Díaz el Castellano
acostós a un aguazil que tenié buen cavallo,
diol tal espadada con el so diestro braço,
cortól por la çintura, el medio *echó* en campo. (Mio Cid)

«Repuso Minaya: «fer lo he de veluntad».
Yas *espiden* e *pienssan* de cavalgar,
el portero con ellos que los *ha* de aguardar;
por la tierra del rey mucho conducho les *dan*». (Mio Cid)

Según este autor los tiempos del Poema se usan aspectualmente: el pretérito es perfectivo y combiene al héroe y el presente a los sujetos anónimos, ya que no indica de ningún modo acabamiento. Si el Cid inicia o completa hechos en su propio nombre, éstos se efectúan en tiempos perfectos y con verbos perfectivos. A su vez, los sujetos anónimos tienen predilección por verbos imperfectivos y tiempos imperfectos. Otras veces el presente actualiza los hechos y los tiempos perfectivos (sobre todo los compuestos favorecidos de ordinario por la asonancia) los indican en sus resultados y ponen en evidencia o subrayan la perfección, por ejemplo:

«Del emperador se despiden,   a sus posadas se van.
Don Roldán *quedó* enojado,   más no lo quiso mostrar». (Rom.)

Los tiempos perfectos simples (el pretérito y la forma en -ra) sirven a menudo para hacer constar hechos (función informativa), el presente los vivifica y hasta dramatiza ocasionalmente. Los dos se hallan a menudo en oraciones adverbiales y el presente en la principal.

Imperfecto - tiempos perfectos

Si bien es cierto que el imperfecto al mezclarse con los tiempos perfectos aparece frecuentemente con su valor normal (es decir, denotando una relación de coexistencia con una cosa pasada), en algunas ocasiones expresa la acción en su desenvolvimiento y a su vez los tiempos perfectos la indican como consumada, por lo cual los hechos se siguen bruscamente sin transición alguna (matiz semejante al que se obtiene en la combinación presente - tiempos perfectos).

En esta alternancia el imperfecto puede asumir también el valor de pretérito, proporcionando elementos descriptivos al relato e incluso puede adquirir el peso narrativo. La nota descriptiva y evocativa se da particularmente en los trozos extensos, donde el imperfecto, favorecido por la asonancia, nos permite seguir los acontecimientos en su desarrollo.

Presente - imperfecto

En el estilo narrativo, la mezcla de estos dos tiempos no sirve tanto para avanzar el relato como para describir. En el primer caso el presente actualiza los acontecimientos y el imperfecto, con valor de pretérito indefinido, hace entrar en ellos elementos descriptivos. De este modo el poeta parece evocar los sucesos delante del público en vez de contarlos objetivamente, como en las crónicas.

Cuando dicha alternancia desempeña una función descriptiva, el uso del imperfecto es normal, mientras que el del presente se debe a un artificio literario. En este caso, la mezcla de estos dos tiempos sirve ante todo para animar la descripción e impregnarla de lirismo; asimismo permite al poeta no sólo destacar ciertos hechos sino también una gradación de la intensidad afectiva.

1. *Formas simples: Pretérito - Forma en -ra*

Estos dos tiempos aparecen frecuentemente como variantes estilísticas. La forma en -ra asume significado de pretérito y hace avanzar el relato. Así, por ejemplo, cuando intervienen conjuntamente en escenas de lucha y pelea, suelen esbozar con rapidez el desenlace final.

En otras ocasiones su alternancia consiste en la reiteración de un mismo verbo que adopta carácter enumerativo en los trozos largos.

Esta combinación permite que se ponga de relieve la acción de mayor importancia.

2. *Formas simples - Formas compuestas*

a) *Pretérito - tiempos compuestos*

Todos los tiempos compuestos asumen con frecuencia valor narrativo y figuran como variantes estilísticas del pretérito.

En otros casos la forma simple se halla en oraciones adverbiales de tiempo y las compuestas caen en la rima rematando la acción, con lo que parecen acelerar el tiempo narrativo.

b) *Forma en -ra - tiempos compuestos*

Lo mismo que en su mezcla con el indefinido, los tiempos compuestos, indicadores de hechos más perfectivos, pueden terminar la acción iniciada por la forma en -ra, o pueden servirle de variante estilística.

Alternancia múltiple

La mezcla de varios tiempos proporciona gran rapidez a la narración. Su empleo más peculiar se registra en duelos y peleas cuando se cuenta con ritmo rápido la muerte de los participantes; también se mezclan varios tiempos en las descripciones dinámicas.

Presente e imperfecto descriptivos

Mientras que el presente esboza escenas de batalla colectivas, el imperfecto se utiliza de ordinario en los duelos o en la lucha de un individuo contra varios adversarios. Los dos tiempos, y sobre todo el imperfecto, intervienen también en la evocación de escenas de dolor y llanto, donde el cambio del tiempo verbal contribuye, a veces, a la intensificación del dolor.

Imperfecto de irrealidad

El imperfecto refiriéndose al momento presente en el estilo directo proporciona un rasgo de irrealidad. Se presta asimismo a la idealización y suaviza la fuerza de palabras de sentido desfavorable. También puede tener valor anticipador en los pasajes en que una persona se halla en trance de muerte.

De igual manera que en español moderno podemos encontrar imperfectos con valor de cortesía, pero existen algunos casos diferentes del uso actual, donde interviene el verbo «ser», por ejemplo:

«allí habló la condesa   llorando con gran pesar:
¿Quién *érades,* los romeros,   que al conde fuistes matar?» (Romancero)

Hoy no sería posible la utilización del verbo «ser» con este valor. Este verbo se muestra no sólo como el más usado en función de presente sino también el más interesante por hallarse siempre fuera de la asonancia.

Imperfecto narrativo

Con el uso del imperfecto con significado de pretérito indefinido (tiempo narrativo por excelencia) no se produce un cambio real de tiempo, sino más bien un cambio de enfoque.

En vez de comunicar objetivamente hechos pasados, el poeta anónimo prefiere participar afectivamente de ellos, trasladándose mentalmente a la época en que éstos ocurrían. En todo caso, este tiempo, aparte de impregnar la narración de matices afectivos, impone un ritmo más lento que el pretérito indefinido.

La forma en -ra

Si en el Mio Cid esta forma está utilizada casi exclusivamente con su valor originario (es decir, con valor de pluscuamperfecto de indicativo), en el Romancero también se conserva su significado de indicativo, pero desplazado hacia el pretérito indefinido, al que le sirve de variante estilística, por ejemplo:

«La reina, cuando lo supo, *vistierase* muy de priesa» (Romancero)

En el estilo directo, empleado en la primera persona gramatical se muestra más enfático que el pretérito, y tiene por objeto dar fuerza a una afirmación.

Su uso como pluscuamperfecto de indicativo también se da en el Romancero, aunque no es tan frecuente como sería de esperar y resulta raro con valor de imperfecto. Con sentido de subjuntivo no está muy generalizado fuera de la prótasis de las oraciones condicionales.

Pretérito perfecto

En el Romancero, cuando se halla inserto en el diálogo tiene ya su valor moderno, no obstante adquiere en ciertos casos significado de presente y valor profético (dando por terminado un hecho mientras que éste subsiste todavía).

En la narración asume con frecuencia sentido de pretérito, sobre todo en los romances asonantados en «a-o».

Las diferencias entre este tiempo y el pretérito indefinido no son tan claras como actualmente, ya que la forma simple puede expresar un pasado inmediato o en relación con el presente.

Pluscuamperfecto y antepretérito

Los dos tiempos, y sobre todo el pluscuamperfecto, se prestan a menudo para expresar la acción brusca que se produce después de diálogos y escenas descriptivas. El efecto se logra por la contraposición de acciones en curso a acciones consumadas que se siguen sin transición alguna.

Fuera de lo expuesto existen aún otros usos de los tiempos verbales; nos hemos limitado a señalar solamente los más expresivos y significativos.

15.6.5. La temporalidad lingüística (24)

En su Diccionario de uso del español, María Moliner registra doce acepciones del término «tiempo», entre las cuales podemos destacar tres, especialmente interesantes para nuestro objeto:

— El Tiempo entendido como fenómeno físico, es decir, como sucesión irreversible de instantes en la que el hombre, como todo lo existente, está inmerso.

— El tiempo entendido como categoría gramatical que, por lo tanto, se diferencia claramente de la primera acepción.

Entre estas *dos* acepciones se han producido frecuentemente interferencias, que han oscurecido el estudio del tiempo entendido como categoría gramatical. Esta misma confusión ha posibilitado el *tercero* de los usos señalados: la consideración del verbo como un elemento que expresa primordialmente, a través de la categoría tiempo, el tiempo físico, llevó a denominar «tiempo» en el tercer sentido a cada una de las formas que integran la conjugación.

Esta polisemia, inexistente en tan alto grado en otras lenguas (así por ejemplo, en alemán al tiempo físico se le denomina «zeit», al tiempo gramatical «tempus» y al tiempo en el tercer sentido «zeitformen»), ha facilitado la tendencia a la identificación entre las diferentes acepciones.

La falta de una distinción clara entre tiempo físico y tiempo verbal está implícita en el tratamiento tradicional de este último. Así el principio ordenador más conocido y que más éxito ha tenido consiste en asignar los tiempos a las tres fases del Tiempo: pasado, presente y futuro. No obstante, estas tres fases del Tiempo no se ajustan a la realidad lingüística.

El concebir el tiempo gramatical como reflejo directo supone una serie de contradicciones, como por ejemplo el que una forma etiquetada como «presente» pueda estar referida a momentos que el hablante considera claramente como futuros («mañana tengo una reunión»). Ello ha hecho que muchos gramáticos, partiendo de la observación directa de las lenguas, hallan llegado a otra repartición. Cfr. H. Weinrich, 1974.

— Las lenguas «ewe» o «chambala», ambas africanas, sugieren una clasifica-ción de los tiempos en presente y no presente. Paul Imbs intenta aprovechar esta distinción para el francés.
— Hans Weber observa para el alemán una diferenciación entre pasado y no pasado. El mismo procedimiento siguen Hill para el inglés y Kahane-Hutter para el portugués brasileño.
— En algunas lenguas de los indios americanos se observa también una diferenciación básica entre futuro y no futuro.

Estas diferenciaciones son, según Weinrich, insuficientes.

Otro principio de clasificación de los tiempos completamente diferente está relacionado con el concepto de «aspecto». En general, este concepto adopta la forma de una bimembración al distinguir aspecto perfectivo y aspecto imper-fectivo.

Esta teoría aparece con la pretensión de corregir las imperfecciones de una doctrina de los tiempos adscrita únicamente el concepto de Tiempo. El nuevo método puede condensarse en la fórmula siguiente: Tiempo + aspecto = tiempos.

En la línea de búsqueda de una explicación a las contradicciones inevitable-mente surgidas, al intentar adaptar el tiempo gramatical al tiempo físico, hay que situar la teoría de Weinrich.

Para este autor, dado que la capacidad combinatoria de las formas verbales en el contexto es limitada (como consecuencia de la «consecutio temporum»), los tiempos se distribuyen en dos grupos temporales: grupo temporal I y grupo temporal II. En cada uno de los dos grupos está comprendido todo el Tiempo del Mundo desde el pasado más remoto hasta el futuro más lejano. Por ello, la frontera entre ambos grupos no es una frontera temporal (de Tiempo), sino que tiene que ver con la *situación comunicativa*.

Se ha comprobado estadísticamente que no sólo los tiempos concuerdan mejor con unos que con otros, sino que también los grupos de ellos resultantes concuerdan mejor con unos géneros y con unas situaciones comunicativas que con otras. De la misma manera, también las situaciones comunicativas se reparten claramente en dos grupos, según el grupo temporal que en ellas predomine.

El *grupo II* predomina en la novela y en todo tipo de narración oral o escrita, excepto en las partes dialogadas intercaladas, es decir, predomina en las situaciones comunicativas en las que *narramos* (de ahí que se llame a los tiempos de este grupo «tiempos del mundo narrado» o «tiempos de la narración»).

El *grupo I* predomina en la lírica, el drama, el diálogo en general, el periodismo, el ensayo literario, la exposición científica..., es decir, predomina en las situaciones comunicativas en las que el mundo no es relatado sino comentado, tratado (por ello se llama a los tiempos de este grupo «tiempos del mundo comentado» o «tiempos comentadores»).

Mundo narrado y mundo comentado: cuando el hablante emplea los tiempos del grupo II, el oyente sabe que ha de recoger la información como relato, pero ignora que haya de relacionarla con lo pasado. Así por ejemplo, la información que facilita un tiempo como «canta» (tiempo del grupo I) es: «¡atiende, que te atañe directamente!», mientras que la facilitada por «cantaba» (tiempo del grupo II) es: «¡ahora puedes escuchar con más descuido!». Con ello la situación comunicativa queda marcada *cualitativamente*.

El mundo narrado es indiferente frente a nuestro Tiempo. Puede quedar fijado en el pasado por una fecha, o en el presente o futuro por cualquier otro dato.

Siempre que se emplean los tiempos del mundo narrado, toda la situación comunicativa se desplaza a otro plano. Esto no significa desplazamiento de la acción al pasado, sino a otro plano de la conciencia, situado más allá de la cotidiana temporalidad. Así el Tiempo narrado es de otra especie que el Tiempo vivido, por ello el mundo narrado con su Tiempo narrado no puede ser identificado con ninguna fracción del Tiempo del mundo comentado o Tiempo vivido y, mucho menos, con la porción de Tiempo llamado pasado.

El mundo de los cuentos infantiles es el mundo narrado por excelencia. En ningún relato estamos tan distanciados de la situación cotidiana como en el cuento infantil; por ello, es en él donde se traza con más firmeza, que en cualquier otro relato, la frontera entre el mundo narrado y el mundo cotidiano. La introducción y la conclusión del cuento corresponde generalmente a una fórmula.

No es fácil imaginarse un cuento que no empiece con la fórmula «érase una vez» (u otra semejante). Es característico en ésta, como en todas las fórmulas iniciales, el imperfecto (tiempo del mundo narrado), que nos dice que comienza el mundo relatado.

La conclusión del cuento presenta generalmente una fórmula tan elocuente como la introducción. En ella se abandonan los tiempos del mundo narrado y en su lugar aparecen los del mundo comentado, por ejemplo: «colorín colorado, este cuento se ha acabado».

Entre los tiempos del mundo narrado y los del mundo comentado hay un claro paralelismo:

Tiempos del mundo comentado	*Tiempos del mundo narrado*
cantará	cantaría
habrá cantado	habría cantado
va a cantar	iba a cantar
acaba de cantar	acababa de cantar
ha cantado	{ había cantado / hubo cantado
canta	{ cantaba / cantó
está cantando	estaba cantando
...	...

Salta a la vista el claro paralelismo de formas, que en parte puede percibirse por el oído (semejanza de los morfemas -rá / -ría...) y en parte proviene del paradigma del verbo auxiliar (va / iba; acaba / acababa...). Este paralelismo queda desequilibrado en español por una mayor abundancia de tiempos en el grupo II (tiempos del mundo narrado).

Como conclusión podemos decir que Weinrich sustituye la igualdad tiempo verbal = Tiempo, por la ecuación tiempo verbal = comportamiento del hablante articulado en los dos grupos temporales del mundo comentado y del mundo narrado.

Ahora bien, ¿qué es lo que ocurre con la teoría del aspecto? Para este autor la doctrina del aspecto es, al menos en las lenguas románicas, falsa y engañosa, ya que no existen aspectos lingüísticos. Como ejemplo que demuestra tal afirmación cita «la Guerra de los Cien Años *duró* en realidad ciento dieciseis años», donde una acción duradera está expresada por un perfecto simple (tiempo al que se le caracteriza por su aspecto perfectivo, puntual...). En «*daba* la una cuando entró», una acción puntual está expresada por un imperfecto (tiempo al que se le caracteriza por su aspecto durativo, iterativo, habitual...). Ello quiere decir, según Weinrich, que a partir de los tiempos no puede determinarse el aspecto (o cualidad formal del proceso). En cambio, sin los tiempos, partiendo de la significación de las palabras y de la experiencia extralingüística, puede determinarse con la máxima exactitud esa cualidad formal.

Ya que sin los tiempos puede determinarse la cualidad formal de un proceso, y sólo con ellos no puede determinarse en absoluto, habrá que suponer, nos dice este autor, que los tiempos tienen tan poca relación con la cualidad formal de los procesos como con el Tiempo.

15.7. El aspecto (25)

El aspecto (INFECTUM / PERFECTUM), que se refiere al tiempo inmanente de la acción, era una de las categorías semántico-gramaticales fundamentales, sobre la que descansaba la conjugación del verbo latino; no obstante, en romance va a ser menos pertinente. Ya en latín tardío las formas en función del aspecto van a dar valores de tiempo, tendencia que pasará a las lenguas románicas y que permanece viva todavía hoy.

En latín se expresaba a nivel desinencial o flexional, es decir, en las terminaciones de los verbos.

El INFECTUM hace referencia a una acción cuyo tiempo no se ha concluido totalmente, mientras que el PERFECTUM indica que tal tiempo se ha ido consumiendo.

Los tiempos del INFECTUM (presente, imperfecto y futuro imperfecto) tenían un contenido similar a sus correspondientes románicos. Los tiempos del PERFECTUM (pretérito perfecto, pretérito pluscuamperfecto y futuro perfecto) se parecían desde el punto de vista del contenido en el pasado, puesto que incluían en su esfera semántica la relación de anterioridad. En latín tardío el valor de anterioridad llegó a ser predominante, y a veces incluso eliminó al perfectivo. Este hecho contribuyó al acercamiento semántico de los tres tiempos del PERFECTUM, que llegaron hasta confundirse. Así, los valores de las formas del PERFECTUM acaban siendo temporales, puesto que significaban tiempo más que terminación o acabamiento.

Pero puesto que la categoría del aspecto no se pierde (aunque sí su forma de expresión), se crean en el mismo latín tardío nuevas formas perifrásticas, que expresarán los viejos valores perfectivo-resultativos. Se puede hablar, por tanto, de una segunda etapa de formación de perífrasis verbales. En ellas se coloca primero el verbo auxiliar y luego el participio del verbo que se conjuga.

Verbos auxiliares

1. VERBO HABER

Ha sido verbo transitivo en español y se ha usado como tal en el sentido de tener, poseer, alcanzar, lograr… durante toda la Edad Media y parte del Siglo de Oro. Era un uso heredado del latín, uso que en teoría no es incompatible con el empleo como auxiliar. Así hay lenguas como el inglés, donde el verbo «to have» puede ser transitivo y usarse como auxiliar; en francés «avoir» es transitivo y auxiliar, pero no de toda clase de verbos, así, por ejemplo, no se puede decir «j'ai allé», sino «je suis allé».

El castellano antiguo ofrece una oposición entre estas dos situaciones:

— Empleo de «haber» como transitivo y empleo restringido como auxiliar.

— Empleo de «haber» como auxiliar en todos los casos y de «tener» como transitivo.

Usos de HABER y TENER como verbos transitivos que indican la posesión

Los dos son muy abundantes en la Edad Media, a menudo en un mismo documento. Incluso, a veces, se emplea la reiteración con verbos distintos: «para que hayades, tengades, posedades», sin embargo no eran enteramente sinónimos. «Haber» solía expresar con frecuencia la posesión incoativa, es decir, en el sentido de llegar a tener, obtener, adquirir, lograr, poseer o conseguir. «Tener», en cambio, indicaba la posesión perfectiva y sus sinónimos podían ser «retener», «mantener», «guardar», etc.

Había también una diferencia en cuanto al campo semántico del objeto directo de cada verbo. En líneas generales, podemos decir que «haber» se usaba con objeto directo abstracto: «haber miedo, menester, esperanza, gozo...». En cambio, «tener» se reservaba, generalmente, para seres y objetos concretos, por ejemplo: «tener buena espada».

Pero a lo largo de la Edad Media puede advertirse un avance continuo de «tener» para los usos transitivos, por lo tanto a consta de «haber»; cada vez se sienten como más iguales.

En el *siglo XV* ya parece que se hundido «haber» como transitivo. Valga como lema de esta época lo que nos dice Juan de Valdés: «aya y ayas por tenga y tengas se decía antiguamente y aún lo dizen algunos, pero en muy pocas partes quadra. Usanse bien en dos refranes, de los cuales el uno dice: Bien aya quien a los suyos se parece, y el otro: Adonde quiera que vayas, de los tuyos ayas».

En el *siglo XVI* se hacen juegos de palabras en base de «haber» y «tener». Así por ejemplo bromea Garcilaso al enviarle a un médico, en vez de dinero, una bolsa vacía y una nota que decía:

«La bolsa dice: yo vengo
como el arca do moré
que es el arca de Noé (no he)
que quiere decir no tengo».

En otro texto del *XVI:*

Come el rico cuando *ha* gana
y el pobre cuando lo *tiene*.

Pero desde la segunda mitad de este siglo tenemos más o menos el estado actual.

Los restos de «haber» transitivo, que habían sobrevivido en el catecismo y la liturgia, también conservaban el uso de «haber» para algunos objetos directos abstractos, por ejemplo:

«Las (obras) espirituales son estas...: la segunda dar buen consejo al que lo *ha* menester».

En suma, fuera de estos residuos que poco a poco se diluyeron, el uso de «haber» transitivo sólo se puede detectar en algún rincón dialectal: «¡ai, que fambre que é!».

Para el castellano, puede darse la fecha de fines del XVI o principios del XVII, como el abandono y luego desaparición del uso de «haber» transitivo. Hoy es auxiliar plenamente.

Construcción de HABERE + participio hasta llegar a ser forma perifrástica creadora de tiempos compuestos.

1. *Origen:* el origen es una construcción latina. La perífrasis surge de sintagmas del tipo: HABEO más complemento directo, precedido de un complemento participial del sustantivo, por ejemplo: «habeo scriptam epistolam» (literalmente 'tengo escrita una carta').

En un principio HABERE tiene en esta construcción una idea de posesión. No obstante, en el período de evolución del latín hacia las lenguas romances, el sujeto de HABERE era también el agente de la acción expresada por el participio y, como consecuencia, la idea de posesión representada por HABERE se debilita hasta desaparecer, con lo que la construcción toma con frecuencia valor de perfecto, por ejemplo: «illa omnia missa habeo» ('he enviado todas aquellas cosas').

El paso a perfecto es especialmente fácil cuando se trata de asertos de orden anímico o espiritual, por ejemplo: «compertum ego habeo» ('he averiguado').

Estos antecedentes latinos nos muestran que tales valores perduran y se amplían en castellano.

2. *HABER + participio con valor temporal no de perfecto sino del tiempo en el que está el auxiliar «haber».* Los ejemplos son más frecuentes con el auxiliar en indefinido pero existen también ejemplos con el auxiliar en otro tiempo, sobre todo en futuro o en condicional.

«De todo conducho bien los *ovo bastidos*» (Mio Cid), forma que temporalmente equivale a «los abasteció»; en cuanto a «ovo» su valor aquí equivale a «lograr, llegar a», es decir, conserva su significado originario de posesión incoativa.

«*Ovo* algo *apreso*» (Berceo) equivale a «aprendió algo, logró aprender algo».

«Nin entrarié en ella tigera, ni un pelo non *avrié tajado*» (Mio Cid), equivale a «tajaría, lograría tajar».

Todos estos ejemplos, muy abundantes en el español medieval, nos muestran que la secuencia «haber» más participio, todavía no es signo indudable de tiempo compuesto perfecto.

Mientras que en español actual las formas compuestas de «haber» más participio tienen invariable esta segunda forma, en castellano antiguo puede concordar optativamente con el objeto directo en género y número. Ejemplos:

«Los seys días passados los han»
«La lança a quebrada»
«la hemos arrancado»   }   Uso minoritario en principio, pero poco a
«Esta albergada la han robado» }   poco se va afirmando.

Esta dualidad dura toda la Edad Media con empleo creciente de la construcción con participio invariable.

En resumen:

1.   HABER mantiene hasta el siglo XVI su valor transitivo con la idea de poseer o lograr.

2.   HABER más participio no siempre era hasta el siglo XVII perífrasis propia de tiempo perfecto.

3.   Hasta fines de la Edad Media y con algún ejemplo dudoso en el siglo XVI, el participio construido con HABER podía usarse concordando con el objeto directo.

2.   VERBO SER

La primera cuestión que se plantea es el origen mismo de «ser» en castellano. Para Corominas es resultado de la confluencia de SĔDĒRE y ESSE.

SĔDĒRE 'estar sentado' debilitó en castellano y portugués su sentido, hasta convertirse en sinónimo de 'estar' y luego de 'ser'.

El apartamiento entre el castellano y portugués por una parte y los demás romances por la otra (por ejemplo, en catalán «seure» es sólo 'estar sentado') no se hubiese producido de no haber habido más que la evolución semántica de SĔDĒRE. Corominas cree que este cambio en castellano y en portugués se debe tanto o más que a esto, a la confusión fonética entre SĔDĒRE y *ĔSSĔRE (verbo que debió existir, porque lo exigen el francés estre > être, el italiano essere y el catalán esser), que en latín vulgar sustituyó al clásico ESSE.

Esta confusión era inevitable, una vez que el castellano y portugués hubo trasladado a la penúltima sílaba el acento de todos los infinitivos en -ĔRE: por una parte SĔDĔRE tendía fonéticamente a reducirse a «ser» y por la otra ESSERE tendía a perder la inicial átona en todas las partes.

Contienda entre HABER y SER como verbos auxiliares para formar los tiempos compuestos.

En castellano medieval encontramos un empleo frecuente de SER como auxiliar de *verbos intransitivos*. Ejemplos:

«*Ido es* a Castiella Albar Fáñez Minaya» (Mio Cid)
«El día *es salido*» (Mio Cid)
«Una strella *es nacida*» (Auto de los Reyes Magos)

Al emplear SER el participio concordaba con el sujeto en género y número.
Este tipo de perífrasis, al igual que la de HABER más participio de verbos transitivos, podía tener en la lengua antigua el valor temporal del auxiliar. Ejemplos:

«*Fueron* luego *llegados* a un buen lugareio» (Apolonio)
«Do *fo caído*» (Berceo)
«De como el arçipreste *fue enamorado* de una dueña que vido estar fazjendo oración» (Arcipreste de Hita)

Los ejemplos son más frecuentes con el auxiliar en indefinido pero existen también ejemplos con el auxiliar en otro tiempo, sobre todo en futuro o en condicional.
Como uso minoritario, pero bastante desarrollado ya en el Mio Cid, vemos la presencia de HABER con participio invariable de verbos intransitivos. Ejemplos:

«a Valençia *an entrado*» (Mio Cid)
«*arribado han* las naves» (Mio Cid)
«porque por muchas tierras non *auia andado*» (Apolonio)

En suma, vemos ya darse en la lengua una coexistencia de usos: la presencia de un uso heredero del latín y la de otro nuevo, y poco a poco va progresando el empleo de HABER a costa del de SER. Pero esto no quiere decir que desapareciera del todo el modelo antiguo, por ejemplo: «pues los mozos *son idos* a comer y nos *han dexado* solos» (Valdés).
Lo mismo o algo semejante ocurre con los *verbos reflexivos*. Ejemplos:

«Si non fuesse por ella *enfogado sería*» ('me habría ahogado').
«Aun era de día, non *era puesto* el sol» ('se había puesto').
«De todas partes allí *juntados son*» ('se han juntado').

Por analogía con las formas del tema de presente que presentaban en su mayoría «se», surge en el siglo XIII la forma «se + ser + participio» para los tiempos compuestos. Ejemplos:

«*Se eran partidos* de los godos» ('se habían separado')
«Que *se era alçado* con tierra de oriente».

Ahora bien, estas formas o especializaciones medievales, poco a poco se van destruyendo. HABER empieza a utilizarse con los verbos reflexivos, cuando son transitivos y el pronombre es objeto indirecto, por ejemplo:

«Mios aueres *se me an llevado*»

El verbo HABER también penetra en otras construcciones:

«*Te has* bien *escusado*» (aquí el reflexivo «te» es objeto directo y sin embargo ha penetrado «haber»).

Esta penetración es cada vez más intensa, tanto en los verbos intransitivos como en los reflexivos. Así, ya en el siglo XVI hay autores que emplean exclusivamente HABER y no SER.

Por lo que respecta al uso de ambos verbos con intransitivos, Fray Luis de León elimina ya SER. Diego de Hermosilla en su *Diálogos de los pajes de Palacio* (1570) también. Domina HABER, pero hay muestras de SER, aunque rarísimas, en Cervantes, Espinel, Lope... porque toman el lenguaje popular; y ya los historiadores del siglo XVII (Moncada, Solís...) o Quevedo emplean exclusivamente HABER. No obstante, en el siglo XVIII y XIX puede darse SER con una finalidad estilística, por ejemplo: «lo que *es ido* no vuelve, lo pasado se ha perdido».

De este modo, ya en el período primitivo de las lenguas románticas se rehizo la oposición INFECTUM / PERFECTUM (formas compuestas).

Cuando se da «haber» más participio para toda clase de verbos van a pasar dos cosas:

1. Que las perífrasis en función del aspecto tienden a dar valores de tiempo. El pretérito perfecto será el primero que se desplace hacia el tiempo, del mismo modo que había sido la primera forma compuesta que se creó, desarrollándose muy pronto formaciones analíticas paralelas en función del aspecto: había cantado, habré cantado, hube cantado...
2. Según Iordan, al mismo tiempo que se iba perdiendo el valor aspectual de las formas analíticas, fueron apareciendo creaciones paralelas para la expresión intensiva del valor de perfecto. En español, para mantener el valor de aspecto, se recurre al auxiliar TENER, por ejemplo: «la casa que *ha comprado*» / «la casa que *tiene comprada*». En estas perífrasis, las más tardías cronológicamente, el participio será variable.

15.8. Las perífrasis verbales (26)

Las perífrasis verbales son unidades semántico-funcionales constituidas por un núcleo binario indisoluble (aun cuando ambos constituyentes mantengan la posibilidad de funcionar, en otras circunstancias, como verbos plenos), formadas por una forma no personal del verbo y un auxiliar o verbo que ha experimentado un proceso de deslexicalización. En tales perífrasis o frases verbales se dan dos modificaciones formales respecto a las que hemos visto hasta ahora (los tiempos compuestos de la conjugación, que originariamente eran perífrasis verbales y las perífrasis en función del aspecto):

1. Posibilidad formal de verbo auxiliar más verbo principal en infinitivo, gerundio y participio.
2. Los verbos auxiliares que dan lugar a estas construcciones son: ESTAR, SER, HABER y TENER, que en esta función están enteramente gramaticalizados, es decir, pierden total o parcialmente su significado propio. Además de éstos, existen en español una larga serie de verbos que se pueden utilizar como auxiliares y que para ello han sufrido paulatinamente procesos de gramaticalización más o menos profundos.

Así pues, hay tendencia a que cualquier verbo en español pueda funcionar como auxiliar.

Como todos los verbos (a excepción de «haber») conservan en la lengua moderna su significado propio, habrá que decidir en cada oración, si su significado se ha perdido u oscurecido en grado suficiente como para estimarlos verbos auxiliares.

Clasificación de las perífrasis verbales:

1. *Verbo auxiliar + infinitivo*

Las perífrasis formadas por un verbo auxiliar seguido de infinitivo dan a la acción carácter orientado relativamente hacia el futuro. La acción expresada por el verbo en infinitivo es siempre futura aunque la totalidad del concepto verbal sea presente, pasado o futuro. Ejemplos:

> «El tren *va a llegar*»
> «No *llegó a comprender*»
> «*Tengo que ir*me»

La unión del verbo auxiliar con el infinitivo se hace mediante «que» o alguna preposición.

2. *Verbo auxiliar + gerundio*

El gerundio mira hacia el presente y comunica a la acción carácter durativo. Con verbos de acción no momentánea «estar + gerundio» realza unas veces la noción durativa con referencia a un acto único, por ejemplo: «la gente *estaba mirando* el desfile» (frente a «la gente *miraba* el desfile»), y otras veces denota el progreso de una acción habitual, por ejemplo: «María *está cantando* muy bien» (frente a «María *canta* muy bien»). Con verbos de acción momentánea la perífrasis introduce sentido reiterativo, por ejemplo: «el cazador *está disparando* la escopeta», acción reiterada, ya que la prolongación de un acto perfectivo momentáneo supone su repetición; por ello, sería absurdo decir «el soldado estuvo disparando un tiro», puesto que es una acción momentánea incompatible con la duración del gerundio.

3. *Verbo auxiliar + participio*

El participio precedido de verbo auxiliar forma perífrasis de significación perfectiva.

Con un verbo auxiliar que no sea «haber» (pues, como ya queda dicho, éste forma los tiempos compuestos de la conjugación, en los que el participio se inmoviliza en su forma masculina del singular) el participio mantiene la concordancia con el complemento o con el sujeto. En concreto, con los verbos IR, ANDAR, SEGUIR el participio concuerda en género y número con el sujeto de la oración y con los verbos LLEVAR, TENER, TRAER y DAR concuerda en género y número con el objeto directo. Ejemplos:

> «*Van jugadas* sólo diez partidas»
> «Siempre *andaba metido* en líos»
> «Tu reloj *sigue atrasado*»

En la etapa medieval no hay coincidencias completas con el español de hoy. Así, podemos encontrar perífrasis de infinitivo en las que no se antepone a éste alguna preposición, mientras que actualmente se exige. Ejemplos:

> «Vayamos los ferir» (hoy: «vayamos a herirlos»)
> «Saliolos reçebir» (hoy: «salió a recibirlos»)

15.9. La voz (27)

En *indoeuropeo* existían tres voces: activa, media (o reflexiva) y pasiva, con la particularidad de que, por lo general, el mismo sistema de desinencias servía para las dos últimas.

En *latín clásico* subsisten la voz activa y la pasiva; la media se halla en trance de extinción. La voz deponente no es más que una derivación de la voz media sin contenido semántico propio.

El sistema de desinencias varía según se atribuya al verbo significado activo o medio-pasivo.

1. *Voz activa:* se usa para expresar que el sujeto realiza la acción verbal o que se halla en el estado o proceso que enuncia el verbo. Esta es la más antigua y el sistema de desinencias que se creó en indoeuropeo para expresarla continúa, con las naturales modificaciones, hasta nuestros días.

2. *Voz media:* se usaba en *indoeuropeo* para expresar que el sujeto se beneficiaba de la acción verbal (= sibi) o que ésta recaía total o parcialmente sobre el sujeto o un objeto de su pertenencia (= se o suum); también podía usarse para destacar el carácter intransitivo del verbo. Estas tres acepciones se distinguen con los nombres de media indirecta, directa o intransitiva.

En *latín* se produjeron notables modificaciones en relación con el indoeuropeo:

— *Aspecto formal:* sustitución de las primitivas desinencias por formas en -r (desinencias de la pasiva).
— *Aspecto conceptual:* se perdió la posibilidad de expresar la acepción media indirecta y se redujo el número de verbos cuyas desinencias en -r podían seguir usándose con las restantes acepciones propias de esta voz.

Para suplir estas pérdidas aumentó el uso del pronombre reflexivo «se» más la forma activa («se abstinere», «se acomodare», «se continere»...), estructura que terminó por asumir todas las acepciones de la antigua voz media.

En romance primitivo, con la pérdida de las formas en -r, se impuso «se» para los tiempos simples y «ser + p. p.» (sin el pronombre reflexivo) para los compuestos.

Esta es la construcción normal en el Cid y está documentada a lo largo de toda la Edad Media, pero retrocede a partir del siglo XIV y en el XV «se + aver + p. p.» es ya más frecuente aunque existan ejemplos posteriores de «ser + p. p.» con este valor.

En el siglo XIII, por analogía con los tiempos simples que conllevan el pronombre reflexivo «se», aparece la construcción «se + ser + p. p.» para formar los tiempos compuestos de los verbos reflexivos.

Esta construcción triunfó en diversas lenguas románicas. En castellano antiguo gozó de cierto favor en el siglo XIII (aunque siempre fue mucho menos empleada que «ser + p. p.» e incluso que «se + aver + p. p.»).

En el siglo XIV decayó sensiblemente, en el XV la utilizan esporádicamente autores castellanos, en algunos casos tal vez por influencia italiana, catalana o aragonesa, etc., y aún existe algún ejemplo en el siglo XVI, aunque probablemente debido a la influencia de otras lenguas románicas. Nunca fue muy empleada en Castilla ya que incluso en el siglo XIII fue muy minoritaria.

La fórmula que triunfó en la lengua moderna, «se + aver + p. p.» no parece haber sido totalmente ignorada en el siglo XII puesto que el autor del Cid la utilizó probablemente en una ocasión siendo «se» complemento directo; aparece en otros ejemplos cuando «se» es dativo. En el siglo XIII es menos frecuente que «ser + p. p.», aumenta su empleo en el XIV aunque «ser + p. p.» sigue predominando y se impone en el XV, pero en este siglo existen todavía numerosos ejemplos de «ser + p. p.» con este valor y la construcción está documentada posteriormente.

3. *Voz deponente:* los deponentes eran verbos que originariamente tenían una acepción media. Esta acepción se fue debilitando hasta extinguirse por completo. Así, quedaron equiparados a los verbos activos por el significado y a los pasivos o medios por la forma.

4. *Voz pasiva:* en latín la voz pasiva (y la media) tenía formas sintéticas en los tiempos del INFECTUM (formas en -r: laudor, laudabor...) y formas analíticas (constituidas por el auxiliar ESSE y el participio pasivo del verbo que se conjuga) en los tiempos del PERFECTUM, que serán el esquema desde el que surgirán las perífrasis romances.

Las formas analíticas llegaron a eliminar a las sintéticas, tanto por la tendencia a la simetría sistemática, como por ser más regulares y expresivas. Así, en romance la voz pasiva de todos los tiempos se expresará mediante el auxiliar «ser» más el participio del verbo que se conjuga. No obstante, hasta el siglo XIV esta voz carecía de formas específicas para los tiempos compuestos, de ahí que con gran frecuencia con participio perfectivo la construcción tomara valor de perfecto (es dicho = «ha sido dicho»). Este empleo decrece a lo largo de la Edad Media, pero sin llegar a desaparecer, pues existen aún numerosos ejemplos en el XV, a pesar de que ya está en competencia con «aver seydo + participio» (o las formas de pasiva refleja). Asimismo, en los siglos XII y XIII se emplea «ser + participio» para expresar el estado resultante de una acción pasiva, cuando existe verdadera relación con la acción verbal que lo causó. En el siglo XIII aparece ya «estar + participio», cuyo empleo irá aumentando a lo largo de la Edad Media y sobre todo en la segunda mitad del XV, aunque existan ejemplos posteriores de «ser + participio» con este valor.

En tales perífrasis el sujeto no es agente o productor de la acción verbal, sino paciente o receptor de la acción que otro realiza. Por tanto, tales construcciones no expresan sólo una modificación semántica del concepto verbal (como las perífrasis en función de la modalidad) sino que producen además modificaciones en la estructura de la oración en que se hallan.

Navas Ruiz en «Ser y Estar. Estudio sobre el sistema atributivo del español», al tratar de la atribución, ve el problema de la voz pasiva. En este tipo de construcciones, el auxiliar y el auxiliado al unirse pierden o modifican su independencia para formar un complejo verbal con un matiz significativo nuevo, introducido por el auxiliar, constituyéndose una unidad significativa.

El *auxiliar* en la perífrasis es un modificante pleno, ya que lleva todas las características morfemáticas.

El *auxiliado* es un participio pasado, en la generalidad de los casos. La excepción la constituye el auxiliar «dejarse» (en construcción refleja) que requiere un infinitivo, cuya significación adquiere un carácter pasivo en estas construcciones, aunque sin perder totalmente su carácter activo.

Si bien el auxiliado de la perífrasis es formalmente un participio, el cual puede funcionar como un adjetivo, la diferencia entre una oración atributiva monoactancial (es decir, una oración copulativa, en términos de la gramática tradicional) y una oración biactancial (es decir, una oración pasiva) es clara, pese a la base común.

Basándonos en Gili Gaya destacaremos las siguientes diferencias:

1. En la construcción biactancial, el auxiliar y el auxiliado constituyen un complejo verbal funcional y significativamente.

2. En la construcción monoactancial, verbo y atributo tienen función propia.

3. La construcción biactancial admite sólo participios (o infinitivos) cuya terminación es rígida (-do, -to).

4. La construcción monoactancial admite adjetivos de «x» terminaciones (o sustantivos o enunciados que cumplan una función nominal).

5. La construcción monoactancial alude, semánticamente, a determinadas cualidades y características del sujeto, lo que no se da en la construcción pasiva.

6. La metábasis entre participio y adjetivo se verifica en una sola dirección, de participio a adjetivo. Si hubiese semejanza entre ellos, la dirección sería doble.

7. La construcción pasiva se puede volver en activa, lo que no es posible en una construcción atributiva monoactancial.

Estructuras típicas de la voz atributiva biactancial en español.

Se han destacado dos esquemas básicos:
— Se caracteriza por tener una perífrasis:
Sujeto pasivo + Forma verbal perifrástica (Auxiliar + Participio) + (Complemento agente).
— Tiene como característica la forma «se» y la exigencia de la tercera persona del verbo (proposición cuasi-refleja para Bello y pasiva refleja para Gili Gaya).
Se + Forma verbal en 3.ª persona + Sujeto pasivo + (Complemento agente).

Posibilidades formales de las formas perifráscticas.

1. *Estar + Participio:*

— En los tiempos imperfectos de acciones perfectivas: está o estaba prohibido, acabado, resuelto...
— En los tiempos imperfectos de muchos verbos reflexivos con sentido incoativo: está o estaba sentado, dormido, avergonzado, enfadado...

2. *Ser + Participio:*

— En los tiempos perfectos de acciones perfectivas o imperfectivas: fue abierta, ha sido cerrada, había sido observada...
— En los tiempos imperfectos de acciones imperfectas: es querido, era estimado, será solicitado, sea conocido...

3. *Hallarse + Participio*
4. *Quedar + Participio*
5. *Tener + Participio*
   Llevar + Participio
   Traer + Participio

Estas construcciones son límites, pues en muchos casos sólo el valor semántico y el contexto pueden determinar su carácter pasivo. Debemos a Rafael Lapesa la importante observación de que en algunos casos, si hay complemento agente en estas construcciones, no hay perífrasis, por ejemplo: «tengo dos cuadros pintados por Juan». Hay perífrasis activa con objeto directo, «tengo corregidos veinte ejercicios»; pero entonces no hay complemento agente.

Por otra parte cabe: «tengo corregidos veinte ejercicios por mí y diez por mi ayudante». Lapesa indica que esta última construcción no es totalmente pasiva, pues implica cierta participación del sujeto en la acción.

6. *Dejarse + Infinitivo*

El actante o complemento agente puede estar o no presente en estas construcciones pasivas. Este elemento que la tradición llama ablativo agente, al modo latino, tiene una estructura bimembre: relator y término. Los relatores reconocidos por la gramática tradicional son «por» y «de», pero se han encontrado otros: «con» y «en».

En castellano antiguo es general el empleo de la preposición «de» con el complemento agente. Ejemplos:

«*Del rey* so ayrado» (Mio Cid)
«*De Dios* seré reptado» (Berceo)
«El que a muchos teme, *de muchos* es temido» (Saavedra Fajardo)

Sin embargo, hoy se prefiere la preposición «por».

NOTAS BIBLIOGRAFICAS

(1) A. ERNOUT, *Morphologie historique du latin*, troisième édition, revue et corrigée, París 1953, págs. 113-114 y 117.

(2) A. ERNOUT, op. cit., págs. 117-118 y 124.

I. IORDAN y M. MANOLIU, *Manual de Lingüística Románica*, tomo I, Madrid 1972, págs. 358-359 y 360-361.

R. MENENDEZ PIDAL, *Manual de gramática histórica española*, decimoquinta edición, Madrid, 1977, págs. 277, 283-286 y 324-327.

V. GARCIA DE DIEGO, *Gramática histórica española*, 2.ª edición revisada y aumentada, Madrid 1961, págs. 224-226 y 278-281.

F. HANSSEN, *Gramática histórica de la lengua castellana*, págs. 91-92, 100-104, 108, 156-160.

J. COROMINAS, *Diccionario Crítico Etimológico de la lengua castellana*, edición tercera, Madrid 1976, págs. 861-864.

(3) R. MENENDEZ PIDAL, op. cit., págs. 270-274.

F. HANSSEN, op. cit., págs. 95-97.

(4) R. MENENDEZ PIDAL, op. cit., págs. 277-280.

(5) R. MENENDEZ PIDAL, op. cit., págs. 280-283.

(6) R. MENENDEZ PIDAL, op. cit., págs. 274-277.

R.A.E., *Esbozo...*, págs. 258-259 y 327-334.

LAPESA, *Historia de la lengua*, edit. Gredos, Madrid, 1980.

(7) A. ERNOUT, op. cit., págs. 116-117.

M. BASSOLS DE CLIMENT, *Sintaxis latina*, tomo I, 6.ª reimpresión, Madrid 1981, págs. 307-309, 313-315 y 333.

I. IORDAN y MANOLIU, op. cit., págs. 335-338.

(8) I. IORDAN y MANOLIU, op. cit., págs. 338-345.

(9) R.A.E., *Gramática de la lengua española*, Madrid 1931, págs. 45 y 265.

R.A.E., *Esbozo de una Nueva Gramática de la Lengua Española*, Madrid 1978, págs. 260 y 454-455.

B. POTTIER, *Introduction à l'etude de la Morphosyntaxe espagnole*, París 1966, págs. 59-62.

E. ALARCOS LLORACH, *Estudios de gramática funcional del español*, Madrid 1973, capít. II y IV.

(10) A. ERNOUT, op. cit., págs. 114 y 116.

M. BASSOLS DE CLIMENT, op. cit., págs. 285-286.

I. IORDAN y M. MANOLIU, op. cit., págs. 346 y 347.

(11) R. MENENDEZ PIDAL, op. cit., págs. 46-47 y 286-305.
V. GARCIA DE DIEGO, op. cit., págs. 227-228 y 236-247.
F. HANSSEN, op. cit., págs. 93-105.
(12) R. MENENDEZ PIDAL, op. cit., págs. 305-308.
V. GARCIA DE DIEGO, op. cit., págs. 228-229.
F. HANSSEN, op. cit., págs. 105-107.
(13) R. MENENDEZ PIDAL, op. cit., págs. 298-299, 302-304.
V. GARCIA DE DIEGO, op. cit., pág. 232.
F. HANSSEN, op. cit., págs. 107-108.
(14) V. GARCIA DE DIEGO, op. cit., pág. 232.
F. HANSSEN, op. cit., pág. 109.
(15) R. MENENDEZ PIDAL, op. cit., págs. 301-302 y 305.
V. GARCIA DE DIEGO, op. cit., pág. 233.
F. HANSSEN, op. cit., págs. 108-109.
(16) R. MENENDEZ PIDAL, op. cit., pág. 301.
V. GARCIA DE DIEGO, op. cit., pág. 233.
F. HANSSEN, op. cit., págs. 109 y 259.
(17) R. MENENDEZ PIDAL, op. cit., págs. 308-309 y 313-319.
V. GARCIA DE DIEGO, op. cit., págs. 229-230 y 247-250.
F. HANSSEN, op. cit., págs. 110-118.
(18) R. MENENDEZ PIDAL, op. cit., págs. 309-313.
V. GARCIA DE DIEGO, op. cit., págs. 231-232.
F. HANSSEN, op. cit., pág. 113.
(19) R. MENENDEZ PIDAL, op. cit., págs. 320-322.
V. GARCIA DE DIEGO, op. cit., págs. 233-234 y 253-254.
F. HANSSEN, op. cit., págs. 119-121.
(20) R. MENENDEZ PIDAL, op. cit., págs. 322-324.
V. GARCIA DE DIEGO, op. cit., págs. 234, 251-252.
F. HANSSEN, op. cit., págs. 118-119.
(21) R. MENENDEZ PIDAL, op. cit., págs. 322-324.
V. GARCIA DE DIEGO, op. cit., págs. 234 y 251-252.
F. HANSSEN, op. cit., págs. 118-119.
(22) R.A.E., Esbozo..., págs. 464-482.
A. BELLO, Gramática de la lengua castellana, Madrid 1978, págs. 199-227.
GILI GAYA, Curso superior de sintaxis española, doceava edición, Barcelona 1976, págs. 155-184.
F. HANSSEN, op. cit., págs. 224-245.
(23) J. SZERTICS, Tiempo y verbo en el Romancero Viejo, Madrid 1974.
S. GILMAN, Tiempo y formas temporales en el «Poema del Cid», Madrid 1961.
R. LAPESA, Historia de la lengua española, Madrid 1980, págs 223-224.
(24) H. WEINRICH, Estructura y función de los tiempos en el lenguaje, Madrid 1974.
G. ROJO, «La temporalidad verbal en español» en VERBA, Anuario gallego de filología, vol. 1, 1974.
(25) I. IORDAN y M. MANOLIU, op. cit., págs. 321-327.
ROCA PONS, Las perífrasis verbales en español, Madrid 1958.
A. YLLERA, Sintaxis histórica del verbo español, Zaragoza 1980.
J. COROMINAS, Diccionario, Madrid 1976.
E. SEIFERT, «Haber y tener como expresión de la posesión en español» en RFE, XVII, 1930, págs 233-276 y 345-389.

(26) R.A.E., *Esbozo...*, págs. 444-450.
R. FENTE, J. FERNANDEZ y otros, *Perífrasis verbales*, edit. SGEL.
GILI GAYA, op., cit., págs. 103-119.
(27) M. BASSOLS DE CLIMENT, op. cit., págs. 265-274.
A. YLLERA, op. cit., págs. 244-246.
NAVAS RUIZ, *Ser y Estar. El sistema atributivo del español*, Salamanca, 1963.
H. URRUTIA CARDENAS, «La voz pasiva en español: formas perifrásticas», Deusto, 1980.

BIBLIOGRAFIA

ALARCOS LLORACH, E., *Estudios de gramática funcional del español*, Edit. Gredos, Madrid, 1973.

BASSOLS DE CLIMENT, M., *Sintaxis latina*, 2 tomos, C.S.I.C., Madrid, 1963.

BELLO, A., *Gramática de la lengua castellana*, Col. Edaf Universitaria, Madrid, 1978.

COROMINAS, J., *Diccionario Crítico Etimológico de la lengua castellana*, Edit. Gredos, Madrid, 1976.

ERNOUT, A., *Morphologie historique du latin*, Libraire C. Klincksieck, París, 1953.

FENTE, R., FERNANDEZ, J. y otros, *Perífrasis verbales*, Edit. S.G.E.L., Madrid, 1972.

GARCIA DE DIEGO, V., *Gramática histórica española*, Edit. Gredos, Madrid, 1961.

GILI GAYA, S., *Curso superior de sintaxis española*, Edit. Bibliograf, Barcelona, 1978.

GILMAN, S., *Tiempo y formas temporales en el «Poema del Cid»*, Edit. Gredos, Madrid, 1961.

HANSSEN, F., *Gramática histórica de la lengua castellana*, Edit. El Ateneo, Buenos Aires, 1945.

HILL, A., *Introduction to Linguistic Structures*.

IMBS, P., *L'emploi des temps verbaux en français moderne*, Librairie C. Klincksieck, París, 1960.

IORDAN, I. y MANOLIU, M., *Manual de lingüística románica*, tomo I, Edit. Gredos, Madrid, 1972.

KAHANE-HUTTER, Word, 9, 1953.

LAPESA, R., *Historia de la lengua española*, Edit. Gredos, Madrid, 1980.

MENENDEZ PIDAL, R., *Manual de gramática histórica española*, Edit. Espasa-Calpe, Madrid, 1952.

MOLINER, M., *Diccionario de uso del español*, Edit. Gredos, Madrid, 1971.

NAVAS RUIZ, R., *Ser y Estar. El sistema atributivo del español*, Acta Salmanticensia, XVII, 3, Salamanca, 1963.

POTTIER, B., *Introduction à l'etude de la morphosyntaxe espagnole*, Edic. Hispanoamericanas, París, 1966.

REAL ACADEMIA ESPAÑOLA, *Gramática de la lengua española*, Edit. Espasa-Calpe, Madrid, 1931.

REAL ACADEMIA ESPAÑOLA, *Esbozo de una Nueva Gramática de la Lengua Española*, Edit. Espasa-Calpe, Madrid, 1978.

ROCA PONS, J., *Estudios sobre perífrasis verbales del español*, anejo LXVII de la RFE, C.S.I.C., Madrid, 1958.

ROJO, G., «La temporalidad verbal en español», en Verba, Anuario gallego de filología, vol. I, Santiago de Compostela, 1974.

SEIFERT, E., «Haber y tener como expresión de la posesión en español» en RFE, XVII, Madrid, 1930.

SZERTICS, J., *Tiempo y verbo en el Romancero Viejo*, Edit. Gredos, Madrid, 1974.

URRUTIA CARDENAS, H., «La voz pasiva en español: formas perifrásicas», Deusto, 1980.

VALDES, J. de, *Diálogo de la lengua*, Edit. Clásicos Castalia, Madrid, 1978.

WEBER, H., *Das Tempussystem des Deutschen und des Französischen*, 1954.

WEINRICH, H., *Estructura y función de los tiempos en el lenguaje*, Edit. Gredos, Madrid, 1974.

YLLERA, A., *Sintaxis histórica del verbo español: las perífrasis verbales*, Depart. de Filología Francesa de la Univ. de Zaragoza, Zaragoza, 1980.

16

Derivación verbal

La formación de verbos derivados de nombres puede ser *inmediata* o sin sufijo, o *mediata* por medio de sufijos y prefijos. La derivación inmediata se hacía en latín agregando inmediatamente las terminaciones de la flexión verbal al nombre (sustantivo, adjetivo, participio). Ejemplos: color → colorare; pensum → pensare; studium → studere; finis → finire; fides → fidere, etc.

Pero los romances no admitieron la derivación en -ere; sólo crearon derivados en -are, -ire, prefiriendo -are: en vez de fidere el latín vulgar hizo fidare > fiar; en vez de studere → estudiar, y de invidere → envidiar.

16. 1. Derivación mediata (cfr. la conjugación)

El latín aplicaba los sufijos a todas las conjugaciones, pero ya la mayoría seguían la conjugación -are. El español sólo forma derivados en -er con el sufijo -scĕre. Este sufijo es de significación incoativa y forma verbos a partir de adjetivos principalmente: emblanquecer, blanquecer, embellecer, oscurecer, etc. También los hay de sustantivos: favorecer, enmohecer, encallecer, amanecer, etc.

En relación con la conjugación en -ar, los sufijos más frecuentes son:

-icare: auctor -icare > otorgar; mast -icare > mascar; caball -icare > cabalgar.

-ntare: expaventare > espantar; sedentare > sentar; acrescentare > acrecentar.

-idiare: da -ear. Ejemplos: colorear, plantear, pasear, etc.

-izare: baptizare > bautizar; latinizare > latinizar, etc.

16. 2. Prefijación

En el antiguo latín los prefijos verbales acentuados modificaban la vocal temática: praemere > comprimere; claudere > excludere, etc.; pero en el mismo latín hubo en época posterior la tendencia a conservar la identidad del tema: sacrare > consacrare; conquaerere por conquirere, etc.

El romance siguió esta tendencia y en muchos casos restableció la vocal reducida: atañer de attangere por attingere; recaer de recadere por recidere; retener de retenere por retinere; rehacer de refacere por reficere, etc. Sólo cuando la prefijación no fue sentida por la lengua se mantuvo la reducción de la vocal: recipere, recibir; commendare, encomendar, etc.

Los prefijos más frecuentes son:

re- (repetición): retocar, renovar, reponer.

dis- (separación): disputar, deshacer, descoser.

ad- (dirección, propósito): asaltar, acometer, acoger.

in- (dentro de): implicar, encubrir, envolver.

ex- (fuera): estirar, escurrir, esforzar.

per- (acabamiento, insistencia): perdonar, perfumar, percatar.

sub- (bajo): someter, sonreir, socorrer.

Los prefijos tienen gran uso en la formación de *parasintéticos:* amujerar, descabezar, descarrilar, embarcar, repatriar, ensimismar, sonrojar, etc.

16. 3. Composición

Es el procedimiento más pobre en la formación lexicogenésica verbal.

El latín componía verbos con FACĔRE como segundo elemento. En romance este procedimiento es poco usado: calefacĕre, *calefare > escalfar; hay algunos en -ficare que dan derivados en -iguar: santiguar, apaciguar, amortiguar, etc. con un tema nominal: manumittere, manūtĕnēre > mantener; manifestare > manifestar. También con dos temas nominales: mancornar, machihembrar, justipreciar.

BIBLIOGRAFIA

GARCIA DE DIEGO, V., *Gramática histórica española,* Edit. Gredos, Madrid, 1961.
HANSSEN, F., *Gramática histórica de la lengua española,* Edit. El Ateneo, Buenos Aires, 1945.
MENENDEZ PIDAL, R., *Manual de gramática histórica española,* Edit. Espasa-Calpe, Madrid, 1977.
URRUTIA CARDENAS, H., *Lengua y discurso en la creación léxica,* Edit. Planeta, Barcelona, 1978.

17

Adverbios, preposiciones y conjunciones

17. 1. Adverbios

Muchos adverbios latinos perduran en romance:

LATIN	ROMANCE
ADHUC	aun
ANTE	ante-s, antes
CIRCA	cerca
HODIE	hoy
JAM	ya
NON	non, no
QUANDO	cuando
QUOMODO	cuomo, cuemo, como
SIC	si
TANTUM	tanto
MAGIS	maes, mais, mes, mas
ALIQUANDO	alguandre
CRAS	cras
IBI	i
INDE	ende, end, en
POST	pues
PROPE	prob
UBI	obe, o
UNDE	onde, on
SURSUM	suso
DEORSUM	yoso, yuso

También muchos compuestos de preposición y adverbio:

LATIN	ROMANCE
AD FORAS	afuera
DE FORAS	defuera
DE INTRO	dentro
EX TUNC	eston
EX TUNCCE	estonce
IN TUNCCE	entonces
DE IN ANTE	denantes, enantes
PRO INDE	por ende / delante
DE POST	despues
DE EX POST	después
DE TRANS	detrás
AD TRANS	atrás
AD ILLIC	allí
AD ILLAC	allá
AD HIC	ahí
AD VIX	abes
AD CIRCA	acerca
DE INDE	dende
AD RETRO	arriedro

Igualmente otras combinaciones (conjunción-adverbio, dos adverbios, preposición y nombre, conjunción y verbo):

dŭm intĕrim > domintre, domientre, demientre > mientre, mientras
jam magis > jamás
eccum (por ecce eum) + hic, hac, índe, ĭllāc: aquí, acá, aquende, acullá. La a- en todos estos compuestos quizá es la conjunción ac, la preposición ad o la forma atque, reducida.
ad satiem > asaz
ad prĕssa > apriesa, aprisa
quî sapit > quisabe, quisab, quizá
hac hora > agora
ad horam > ahora
hoc anno > hogaño
tota via > todavía

La -s final de algunos adverbios (menos, más, después, jamás) se propaga a otros: antes, entonces, mientras, quizás. La -n final de con, sin, en, bien, se

extiende a aún y nin (nec unu > ninguno). La -a de contra, nunca, fuera, etc.
influyó en mientra, mod.: mientras.

El romance formó otros adverbios mediante los siguientes procedimientos:
mente (sust.) > -mente (sufijo adverbial): buenamente; guisa (wîsa): fiera guisa;
también adjetivos como adverbios: habló recio. Este procedimiento también se
daba en latín; uso de *participios:* mediante, durante, etc.; el *sustantivo* ablativo
lŏco > luego; sustantivo o adjetivo con preposición: a menudo, de pronto, de
frente; sustantivo y adjetivo: además del latino quōmŏdo, las formas agora,
ahora, essora, ogaño, todavía, etc.

17. 2. Preposiciones

Las principales latinas se mantienen:

LATIN	ROMANCE
AD	a
ANTE	ante
CIRCA	cerca
CONTRA	contra
CUM	con
DE	de
IN	en
INTER	entre
POST	pues
PRO	por
PRO AD	pora, para
SECUNDUM	segundo, segund
SINE	sin
SUB	so, sustituida por bajo < bassus
SUPER	sobre
TRANS	tras

Muchas fueron sustituidas:

LATIN		ROMANCE
AB, EX	reemplazadas por	de y desde < DE EX DE
APUD		caput cabo, en, junto
CIS		acá
ERGA		contra, moderno hacia

LATIN		ROMANCE
EXTRA	reemplazadas por	fuera
INTUS		dentro (adverbio)
JUXTA		junto
PROPE		antiguo probe reemplazada por junto
OB		por
PROPTER		por
PER		por
PRAETER		salvo
SUPRA		sobre
TENUS		hasta del árabe hatta
ULTRA		más allá y además
VERSUS		hacia, antiguo faza y por cara

17. 3. Conjunciones.

Muchas se conservaron:

LATIN	ROMANCE
ET	ye, y, e
NEC	nen, nin, ni (la i quizá se deba al adv. ni)
AUT	o
SI	si
QUARE	car
QUIA	ca
μακαριε	maguer

Otras fueron reemplazadas:

LATIN		ROMANCE
ETIAM	sustituida por	también
UT		que (< quid)
SED		más, pero, empero
NAM		pues
QUIA		pues
IGITUR		luego
ERGO		luego
QUUM		cuando

BIBLIOGRAFIA

GARCIA DE DIEGO, V., *Gramática histórica española*, Edit. Gredos, Madrid, 1961.

HANSSEN, F., *Gramática histórica de la lengua castellana*, Edit. El Ateneo, Buenos Aires, 1945.

MENENDEZ PIDAL, R., *Manual de Gramática histórica española*, Edit. Espasa-Calpe, Madrid, 1952.

ANEXO

1 Este comentario está dedicado al estudio de la estrofa 164 de la *Vida de San Millán*, obra escrita por Gonzalo de Berceo (1):

> Tornó e preguntólos   quántos podrién seer,
> ca qerié la nodicia   e los nomnes saber;
> pero óvoli uno   d'ellos a responder,
> disso la verdad toda   mas non de so qerer

Se centrará en el análisis de los siguientes niveles: fonético, morfológico y semántico. El método a seguir será el análisis lineal, es decir, palabra por palabra, tratando de abarcar desde estos tres puntos de vista el mayor número de procesos posibles, pero intentando no caer en un comentario meramente teórico. Aparecerá también un apartado dedicado al análisis sintáctico.

Normalmente, para finalizar este tipo de estudio se hace una síntesis donde se presenta una recapitulación de los fenómenos aparecidos, llegando a seleccionar e interpretar aquellos resultados que nos permitan incluir el texto en una época determinada. Por tanto, la meta última es incluirlo en una determinada sincronía, estableciendo la norma colectiva a la que pertenece, ya que para establecer la norma individual es necesario una gran profundización en el estudio.

La bibliografía, elemento importante del comentario, servirá para matizar algunas ideas y constatar la base en que se apoya el análisis.

313

1.1 Análisis lineal del texto.

> *Tornó*

- Corominas: Tornar [med. S. X, Glosas de Silos y de San Millán; docs. SS. XI-XII...], de TORNARE 'tornear, labrar al torno', 'dar vueltas a un objeto', voz común a todos los romances.

Etimo: TORNAVIT, 3.ª pers. sing. del pretérito de indicativo del verbo latino: TORNO, -ARE, -AVI, -ATUM (1.ª conjugación activa—tema de perfecto).

Tornó: 3.ª pers. sing. del perfecto simple o pretérito indefinido del verbo castellano «tornar», de la primera conjugación activa.

- De las cuatro *conjugaciones* latinas: -ĀRE
  -ĒRE
  -ĔRE
  -ĪRE

en romance perduran tres. La tercera -ĔRE, la más débil, es la que tiende a desaparecer en beneficio de la segunda o cuarta. Son escasos los restos que quedan de esta conjugación latina.

Dada esta reducción y algunas transferencias que se producen de una conjugación a otra se comprende que no todos los verbos romances correspondan exactamente a las conjugaciones latinas. En el caso de «tornar» (1.ª conjugación) sí hay correspondencia con el verbo latino de la primera conjugación: TORNĀRE.

Menéndez Pidal acerca de la conjugación -ARE nos dice: «de las cuatro conjugaciones latinas -are era la más rica, y lo continúa siendo, con mucho, en romance. No se enriqueció con verbos de las otras conjugaciones latinas, de las cuales permanece aislada... Pero en ella ingresaron los verbos de origen germánico... y en -are se formaron y se siguen formando cuantos verbos nuevos crea la lengua; todos los sufijos derivativos son de esta conjugación, salvo uno: -scĕre. Es la conjugación fecunda por excelencia» (2).

- Al igual que en el latín el *número y la persona* se van a expresar en romance a través de desinencias sincréticas. Estas desinencias verbales pueden ser de tres tipos:

  —Desinencias generales, que alcanzan a todos los tiempos verbales, salvo al perfecto e imperativo.
  —Desinencias de imperativo.
  —Desinencias de perfecto:

314

—3.ª pers. sing.: TORNAVI-*T*, desinencia que se mantiene hasta el siglo XII, quedando a partir de entonces una -ó, que es analógica en los perfectos fuertes y etimológica en los débiles: TORNAV(IT) > tornau > torn-ó.

● La actitud del hablante ante la acción verbal que enuncia es la de afirmar una realidad, de ahí que la forma empleada sea del *modo* indicativo, «tornó».

● En lo que al *tiempo* se refiere habría que decir que se trata de un perfecto débil, ya que el acento recae en la desinencia. Además, se caracteriza por el infijo -v-, propio del perfecto y tiempos afines.

La evolución de la forma verbal latina hasta el romance es:

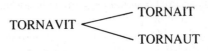

$$\text{TORNAVIT} \begin{cases} \text{TORNAIT} \\ \text{TORNAUT} \end{cases}$$

contracciones de la forma latina ordinaria, que ya hacía el latín literario y de las que el latín vulgar prefirió TORNAUT, de donde procede, por evolución fonética regular, la forma romance «tornó», forma esta última que tenía en castellano medieval las siguientes variantes: «tornot», «tornod».

En gramática se distinguen los tiempos imperfectos de los tiempos perfectos. En los primeros la atención del que habla se fija en el transcurso o continuidad de la acción, sin que le interese el comienzo o el fin de la misma, mientras que en los segundos resalta la delimitación temporal.

Según S. Gili Gaya «son imperfectos todos los tiempos simples de la conjugación española, con la excepción del pretérito absoluto. Son perfectos el pretérito absoluto y todos los tiempos compuestos; el participio que va unido al verbo auxiliar, comunica a estos últimos su aspecto perfectivo» (3).

Estamos, pues, ante un tiempo pasado, perfecto y absoluto, ya que toda la acción expresada por «tornó» es anterior al momento en el que se produce el acto de la palabra.

● Para expresar la *voz* activa el romance se vale del mismo sistema de desinencias que el latín, con las naturales modificaciones que hemos visto al hablar de los morfemas del número y la persona: TORNAVIT > torn-ó.

• Corominas: Y, conj. copulativa, del lat. ĚT 'también, aun', 'y'. 1.ª doc.: «e», med. S. X, Glosas Emilianenses, Cid, Berceo, etc.

Etimo: ĚT

Tiene una doble evolución según sea tónica o átona. La forma «e» predomina en el Cid, Berceo y en toda la Edad Media, cualquiera que sea la vocal siguiente. Ya se encuentra sin embargo algún caso suelto de «y», con frecuencia escrito «hi» o «i», en el Cid, Berceo, J. Manuel, etc.; la forma moderna tiende a predominar desde el siglo XV.

En el siglo XVI el uso moderno se impone en todas partes.

Según Navarro Tomás esta conjunción no es enteramente átona en España, y así se explica que en castellano antiguo aparezca una forma diptongada en «ie». Es posible que esta forma diptongada por influencia del leonés se haya reducido y de los rasgos palatales sólo queda uno: «i». Por otra parte la forma «e» predominante en la Edad Media (a veces escrita «et» por resabio gráfico latino, pero la -t no se pronuncia nunca), prueba que el vocablo era sobre todo proclítico en la pronunciación medieval, lo que fue causa de que no diptongara, y esta «e» ante vocal tenía tendencia a cambiarse por «i».

La desaparición de la -T de ĚT fue temprana en todos los romances.

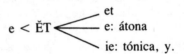

$$e < \text{ĚT} \begin{cases} \text{et} \\ \text{e: átona} \\ \text{ie: tónica, y.} \end{cases}$$

• La conjunción se nos presenta como un nexo relacionante de incidencia funcional doble, ya que une dos unidades del mismo nivel de la estructura morfosintáctica.

Hay una coordinación copulativa: «tornó e preguntólos». En esta función coordinante, la conjunción se comporta como un nexo que relaciona dos unidades que ofrecen independencia de construcción y de sentido. La forma «e» se utiliza actualmente cuando hay un problema de fonética sintáctica. «Y», «e» son distintos alomorfos para la misma función, en razón de un condicionamiento de combinatoria fonética.

> *Preguntó*

• Corominas: Preguntar, del lat. vg. *PRAECUNCTARE, alteración del latín clásico PERCŌNTARI 'someter a interrogatorio' (por cambio de prefijo e influjo de CUNCTARI 'dudar, vacilar'). 1.ª doc.: Cid.

De uso general en todas las épocas; la coincidencia de la forma moderna con el prefijo del lat. PERCONTARI es casual, pues la sonorización de la -k- en -g- prueba que todo el iberorromance tuvo que partir de una variante con -k- intervocálica, es decir, de un *PRAECUNCTARI debido a cambio de prefijo.

En latín PERCŎNTARI es un verbo deponente. En gramática latina se llaman deponentes a aquellos verbos de sentido medio o activo que poseen sólo desinencias pasivas.

Etimo: *PRAECUNCTAVIT, 3.ª pers. del sing., del pretérito de indicativo del verbo del latín vulgar *PRAECUNCTO, -ARE, -AVI, -ATUM (1.ª conjugación activa—tema de perfecto).

Preguntó: 3.ª pers. del sing. del perfecto simple o pretérito indefinido del verbo castellano «preguntar», de la 1.ª conjugación activa.

- *PRAECUNCTAVIT > preguntó.

Monoptongación de AE > e. Los tres diptongos del latín clásico empezaban a realizarse en latín vulgar como monoptongos. Así:

AE [ę̄]
OE [ē]
AU [ǫ]

Al generalizarse la monoptongación de «AE» apareció un nuevo fonema /ę̄/, distinto del antiguo /ç/ por ser largo, y del antiguo /ē/ por ser más abierto que éste.

En «preguntó» se da también la sonorización del fonema oclusivo velar sordo en posición intervocálica: /-k-/ > /-g-/.

Las sonoras resultantes de la sonorización: b, d, g se pronuncian hoy fricativas, cuando van entre vocales: ƀ, đ, ǥ, y a veces inician la tendencia a perderse.

Bustos Tovar acerca del concepto de sonorización nos dice: «Cuando una consonante se encuentra entre dos vocales tiende a asimilarse total o parcialmente a ellas. Grammont señala dos direcciones fundamentales en la acción de esta ley asimiladora: si la consonante es sorda tiende a convertirse en sonora; si ya es sonora, la acción asimiladora de las vocales se manifiesta en una tendencia a aumentar el grado de abertura de la consonante» (4).

Continúa diciendo que en la evolución del latín de España parece existir una relación de dependencia entre la sonoridad y la fricatización, de tal modo que

317

estos dos fenómenos se nos presentan como etapas de una evolución única, cuyo último término es la pérdida de la consonante intervocálica.

Bustos Tovar defiende que la sonorización de las consonantes latinas, cuando se encontraban en posición intervocálica, es en su conjunto un fenómeno de anticipación, más que de inercia, en contra de lo que postula Grammont; así la vocal que sigue a la oclusiva intervocálica sorda ejerce una influencia decisiva en el resultado final de la evolución.

Menéndez Pidal afirma que la fricatización y pérdida de la consonante sonora es anterior a la sonorización de la oclusiva sorda. En contra de esto la realidad de algunos resultados obliga a Bustos Tovar a admitir una evolución que demuestra que la pérdida de la sonora fue posterior a la sonorización de la sorda. Por tanto la sonorización es anterior a la pérdida de consonantes sonoras, pero posterior a la fricatización, lo que evita la confusión de los dos tipos de sonora:

a) procedente de sonora latina.
b) procedente de la sonorización de la sorda en posición intervocálica.

● Al igual que en el anterior verbo analizado, en el caso de «preguntar» (1.ª conjugación) también hay correspondencia con la *conjugación* latina *PRAE-CUNCTARE (1.ª conjugación).

Para la conjugación -ARE, cfr. «tornó».

● En cuanto a los morfemas de *número y persona,* cfr. «tornó».

● En lo referente al *modo, tiempo* y *voz* la forma verbal que estamos analizando se comporta de igual modo que la ya analizada «tornó». Su evolución hasta el romance es:

*PRAECUNCTAVIT ⟨ *PRAECUNCTAIT / *PRAECUNCTAUT

contracciones de la forma del latín vulgar originaria, de las que se prefirió *PRAECUNCTAUT, de donde procede, por evolución fonética regular, la forma romance «preguntó», forma que tenía en castellano medieval las siguientes variantes: «preguntot», «preguntod».

● En el texto tenemos: «tornó e preguntó...». Se nos presenta una coordinación copulativa. La conjunción «e» sirve, en este caso, para relacionar dos unidades que ofrecen independencia tanto de construcción como de sentido.

Pregunt*ólos*. «Los» aparece en posición enclítica, ya que va detrás de la palabra que lleva el acento dominante en este grupo de intensidad.

● Etimo: ĬLLOS, acusativo, plural, masculino del pronombre demostrativo latino: ĬLLE, ĬLLA, ĬLLUD.

Los: forma no intensiva del pronombre personal de 3.ª persona, masculino, plural.

● El timbre diferente de las vocales, abiertas o cerradas, sustituye a la cantidad prosódica en latín vulgar. El latín perdió hacia el siglo III la cantidad como rasgo distintivo.

La cantidad vocálica se desfonologizó, y en su lugar casi todos los idiomas romances presentan hoy diferencias cualitativas de timbre. Además, al perderse la cantidad, el acento adquiere valor fonológico. Estos dos fenómenos son las condiciones que originan los sistemas vocálicos romances.

Generalmente las vocales largas eran más cerradas que las correspondientes breves, de modo que los diez fonemas vocálicos se realizaban como [ū, ọ, ạ, ẹ, ị] y [ụ, ọ, ạ, ẹ, ị]. Una vez desaparecidas las cantidades, se hacía coincidir la ị abierta con la ẹ cerrada y la ụ abierta con la ọ cerrada. De este modo surgió el «sistema cualitativo itálico»:

Cantidad en latín clásico: ī,   ĭ, ē, ĕ, ā, ă, ŏ, ō, ŭ, ū

Cualidad en latín vulgar: i   e   ẹ   a   ọ   ọ   u

Este sistema se extiende a la mayor parte del occidente del Imperio, de tal manera que todas las lenguas literarias románicas —salvo el rumano— se basan en él.

Según la oposición sílabas tónicas y átonas, el reajuste vocálico no fue el mismo en la sílaba tónica que en la átona.

En lugar de los cuatro grados de abertura, el español sólo distingue tres, debido a la eliminación de los fonemas /ẹ, ọ/, cuyas realizaciones, por medio de la diptongación, se han igualado con las de las combinaciones /ie, ue/.

En posición átona confluyeron siempre ẹ/ẹ y ọ/ọ, y vacilaron sus resultados /e/, /o/ con los fonemas /i/, /u/. En posición final esta vacilación terminó tempranamente con la fusión de las vocales palatales en /e/ y de las velares en /o/.

En ÌLLOS podemos ver la siguiente evolución: ÌLLOS (latín clásico) > įllos > ęllos (latín vulg.) > ellos.

Aparece desde el latín vulgar una articulación relajada de este acusativo plural: ïllos, provocada por la atonicidad. Esta articulación relajada provocaría el tratamiento de la geminada, que en vez de palatizar se simplifica, solución que no es la castellana.

Por el mismo desgaste que sufre toda partícula átona se produjo la aféresis; esto es, se perdió la sílaba primera del pronombre.

ÌLLOS > elos > los.

• Los: pronombre personal romance de tercera persona del plural.

El latín no tenía pronombre especial para la tercera persona y cuando necesitaba de él empleaba cualquiera de los demostrativos, pero el romance escogió el paradigma de ÌLLE.

Las formas átonas del paradigma de ÌLLE, explican el artículo y las formas pronominales átonas. El étimo es el mismo que el del pronombre, pero cambia la función.

ÌLLOS > ellos (tratamiento tónico): pronombre personal romance de 3.ª persona, plural, nominativo.
ÌLLOS > los (tratamiento átono): pronombre personal romance de 3.ª persona, plural, acusativo.
ÌLLOS > los (tratamiento átono): artículo.

En el texto aparece un caso de «loísmo»: «preguntólos». Aparece «los» por «les» en función de complemento indirecto y como sustituto de persona masculina. Este fenómeno tuvo escaso desarrollo, no logrando arraigo general en ningún momento de la lengua. En época moderna sólo aparece en ambientes populares.

Quántos

• Etimo: QUANTOS, acusativo, plural, masculino de QUANTUS, -A, -UM.

Quántos: pronombre interrogativo, masculino, plural.

• Aparece el mantenimiento del wau en contacto con «á» acentuada: «quántos».

320

Según Menéndez Pidal «el grupo QU-, es decir, la velar «c» seguida de la fricativa labial, pierde su fricativa, ora en la escritura y pronunciación; ora se pierde en la pronunciación, aunque se siga escribiendo la *u* por seguir *e* o *i*. Sólo se exceptúa el caso de quá-, quó- acentuados, que estos conservan la u» (5).

González Ollé nos indica que «la situación en relación con el acento resulta discriminatoria en el caso de «a». De modo que [kwá-] > [kwá-], mientras [kwa-] > [ka-]» (6).

• A «quántos» podemos considerarlo como un sustituto interrogativo, ya que realiza la función gramatical de sustituir en el discurso a otros elementos que han aparecido ya explícitamente en la anterior linealidad del discurso.

Este sustituto interrogativo toma los formantes de género y número: cuánto, cuánta, cuántos, cuántas. En el caso del neutro «cuánto», puede ser adverbio, pero lo es sólo aparentemente cuando actúa como complemento de duración.

$$\boxed{Podrién}$$

• Corominas: Poder, del lat. vg. *PŎTĒRE, que sustituyó al latín clásico POSSE, id., 1.ª doc.: orígenes del idioma (Cid, etc.).

En latín clásico la conjugación del verbo POSSE resultaba de una complicada combinación de reacciones analógicas entre las formas de un antiguo verbo simple *PŎTĒRE, conservadas en lengua osca, y la combinación *potis esse* 'ser capaz', contraída en *posse*. Del antiguo verbo simple se conservaron el participio activo POTENS y el tema de perfecto PŎTŬĪ, partiendo de los cuales la lengua vulgar recreó una conjugación regular, en su mayor parte, con un nuevo infinitivo *PŎTĒRE: de éste proceden las formas de todos los romances.

Etimo: *PŎTĒRE (HAB)Ē(B)ANT, 3.ª persona del plural del condicional del verbo *PŎTĒRE (2.ª conjugación).

Podrién: 3.ª persona del plural del futuro hipotético o condicional simple, del verbo castellano «poder» (2.ª conjugación).

• Al igual que los anteriores verbos analizados, en el caso de «poder» (2.ª conjugación) hay correspondencia con la *conjugación* latina *PŎTĒRE (2.ª conjugación).

Acerca de la conjugación -ĒRE, resultante de la fusión que, en el latín vulgar de España, se produjo de la segunda y tercera del latín clásico, Menéndez Pidal nos dice: «No ha adquirido verbos de las otras conjugaciones... y sí ha perdido muchos que pasaron en corto número a la -are y en abundancia a la -ire;

no se presta a ninguna formación nueva más que con el sufijo -scĕre, por lo cual únicamente podemos considerar a la conjugación -ere como dotada de fecundidad en el período primitivo del idioma, aunque hoy casi ninguna» (7).

• La forma verbal que estamos analizando es una tercera persona del plural, cuya desinencia es: -NT > -n.

*PŎTĒRE (HAB)Ē(B)A-NT > podrié-n.

• La actitud del hablante ante la acción verbal que enuncia es la de afirmar una realidad, de ahí que la forma empleada sea del *modo* indicativo.

Durante mucho tiempo la gramática tradicional, engañada por algunas equivalencias entre las formas -ra y -ría, incluía esta última en el modo subjuntivo.

• El romance formó este *tiempo* por aglutinación del infinitivo del verbo que se conjuga con el imperfecto de HABEO en su forma contracta.

La contracción implica que sólo se conserva la vocal tónica y la desinencia: inf. + (HAB)Ē(B)ANT > inf. + -ean. La ē se hace «i» por asimilación a la tercera conjugación y así tenemos: inf. + -ían.

El verbo en infinitivo se utilizó como no intensivo anteponiéndose al auxiliar «haber», quedando así la vocal de la sílaba -er, en este caso, en calidad de protónica. La vocal «a» no se afecta por esta cualidad y así: amar + -ía, por lo que los verbos en -ar unirán simplemente el infinitivo al auxiliar, pero la «e» (poder + -ían > podrían) o la «i» protónica debe perderse. Así la lengua de los siglos XII-XIV perdía la *e* o *i* de los verbos -er, -ir. No obstante, la tendencia a mantener entera la forma del infinitivo hizo ir olvidando estas contracciones a partir del siglo XIV, de tal manera que la lengua moderna sólo conserva algunos casos esporádicos como el que estamos analizando: «podrién».

*PŎTĒRE > poder.

—Sonorización de la consonante oclusiva sorda en posición intervocálica: -T- > -d- (Cfr. «preguntó»).
—Pérdida de la -E final del latín. La -e final latina debe perderse tras N, R, S, Z, L, D, y se pierde cuando alguna de estas consonantes es propia, no del tema, sino de la desinencia, lo cual sucede en los infinitivos: *PŎTĒRE > pọdẹre > poder (esta pérdida no se generalizó sino hacia fines del siglo XI).

Pod(e)r + -ían > podrían.

Pero en el texto aparece: «podrién». El hiato -ía- se conserva hasta hoy. En la Edad Media se pronunciaba también -íe-, por una asimilación de la «a» para acercarse a la «i» precedente. Esta forma -íe- llevaba etimológicamente el acento en la «i» y aun perdía la -e final; esto era raro, siendo medio más común para deshacer el hiato formar un diptongo con la trasposición del acento a la vocal más abierta: «podrién».

Esto se podía dar en todas las personas a excepción de la 1.ª del singular, que mantuvo casi siempre la terminación -ía, sin duda por el énfasis propio de ésta, que se resistía a relajar la pronunciación de la «a» asimilándose a la de la «i».

Las formas con -íe o -ié dominaron en el siglo XIII, pero ya en el XIV perdían terreno; no obstante, se usaban algo aún en el siglo XVI, si bien se consideraban un defecto de pronunciación. Este será un dato importante a tener en cuenta para la cronologización del texto.

Aquí el condicional «podrién» está desprovisto de su valor temporal (futuro del pasado). En el *Esbozo...*, acerca de este tiempo se nos dice que «con verbos modales, como «poder»... el condicional es a menudo permutable por el imperfecto de subjuntivo en -ra, e incluso por el imperfecto de indicativo» (8).

Así: «... quántos podrién (pudieran o podían) seer».

Esta es una de las equivalencias entre las formas -ría y -ra, explicable a causa del carácter dubitativo que deliberadamente damos a tales oraciones. La mayor o menor intensidad de la duda regula la preferencia por el subjuntivo o por el indicativo.

«Pudieran, podrían, podían seer»

- intención dubitativa +

Con la forma plenamente subjuntiva «pudiesen» tendríamos que emplear necesariamente un adverbio de duda.

- En lo referente a la *voz*, cfr. «tornó».

Seer

- Etimo: SĔDĔRE, infinitivo de presente activo del verbo SĔDEO.

Seer, infinitivo simple, forma no personal del verbo.

- SĔDĔRE > seer

—El timbre diferente de las vocales, abiertas o cerradas, sustituye a la cantidad prosódica en el latín vulgar. Para la evolución de Ĕ y Ē latinas, cfr. «los» en «preguntólos».

—Pérdida del fonema dental sonoro /-d-/ en posición intervocálica, que provoca la aparición de un hiato de origen romance.

Según Bustos Tovar (9) en la evolución de las oclusivas sonoras en posición intervocálica hay que distinguir dos etapas totalmente distintas, aunque forman parte de un proceso único: la fricatización primero y la pérdida después de estas consonantes sonoras. El cambio de oclusiva sonora a fricativa sonora se cumplía ya en el siglo III aproximadamente, salvo en el caso de la dental «d», que conserva con mayor tenacidad su carácter oclusivo.

Si bien la fricatización de la intervocálica parece haberse generalizado, la pérdida no afecta regularmente a todas las formas en que se encuentra la consonante en esta posición.

—La pérdida de la oclusiva sonora en posición intervocálica /-d-/ provoca la aparición de un hiato: seer, que se resuelve fundiendo en una las dos vocales iguales: ser.

Esta reducción comienza a darse ya en el siglo XIII.

En nuestro texto aparecen todavía las dos vocales sin haberse reducido a una: «seer».

—La apócope de la -e en la desinencia verbal (cfr. «podrién»).

SĔDĒRE > sędẹre > se(d)ere > seer > ser

Las formas del verbo «ser» en castellano resultan de la fusión de dos verbos latinos ESSE y SĔDĒRE. La mayor parte proceden de ESSE; sólo el futuro y condicional, los presentes de subjuntivo e imperativo y las formas impersonales proceden de SĔDĒRE 'estar sentado', que en castellano debilitó su significado hasta convertirse en sinónimo de «estar» y luego «ser».

Todavía en el siglo XIII se distinguían «seer» y «ser», «seer» con el sentido de 'estar ahí', 'permanecer', formando un eje: seer, estar/ser.

$$\boxed{Ca}$$

● Corominas: Ca, conj. ant., 'porque', viene al parecer del latín QUIA. 1.ª doc.: 2.ª mitad S. X, Glosas de Silos.

Corominas recoge ideas que Cuervo indica acerca de este vocablo en su *Diccionario*. Ya en la primera mitad del siglo XVI había empezado a quedar anticuado el uso de esta conjunción, y en el resto de este siglo ya sólo la emplean los autores arcaizantes.

No es normal la reducción fonética de QUIA a «ca»: en circunstancias semejantes suele desaparecer la *U* ya en latín vulgar, de suerte que la «q» seguida de «e», «i» se trató como si fuese «ce-», «ci-» y se asibiló (LAQUEUS > lazo).

Cabría pensar —continúa diciendo— que materialmente el *ca* causal continuase del latín QUAM: al confundirse el *ca* con el *que* enunciativo, se emplearía *ca* con esta última función y luego heredaría las demás funciones de *que,* entre ellas la causal. Pero contra esta opinión está el hecho de que esta confusión es sólo portuguesa y en castellano se distinguió siempre el *ca* causal del *que* enunciativo o comparativo.

En definitiva, por lo tanto, es probable que el *ca* causal resulte de una reducción especial debida al uso proclítico de la conjunción QUIA.

● Este nexo conjuntivo: «ca» introduce una oración causal. Según el *Esbozo...* «estas subordinadas son complementarias circunstanciales que expresan la causa, razón o motivo de la oración principal» (10).

Este arcaico «ca» puede sustituirse por los vocablos o locuciones modernas siguientes: pues, porque, puesto que, ya que. etc.

«Ca qerié la nodicia e los nomnes saber» equivale a decir: «pues quería saber la noticia y los nombres».

Qerié

● Corominas: Querer, del lat. QUAERĔRE 'buscar', 'inquirir', 'pedir'; en el sentido de 'amar' parece ser forma abreviada de «querer bien». 1.ª doc.: orígenes (Glosas Silenses, 2.ª mitad siglo X).

La innovación semántica en cuya virtud el latín QUAERĔRE 'buscar', 'pedir' tomó el sentido volitivo es propia del castellano, el portugués y parte del sardo.

La separación entre las dos áreas no siempre fue absoluta, pues en el Cid y algún otro texto arcaico se hallan ejemplos donde «querer» está todavía cerca del valor etimológico de 'procurar', 'buscar'; y viceversa en los romances fieles a VELLE se encuentran huellas sueltas de una tendencia fracasada en el mismo sentido que el castellano.

Etimo: QUAERĒBAT, 3.ª pers. del sing. del imperfecto de indicativo del verbo latino: QUAERO, -ĔRE, QUAESĪVI, QUAESĪTUM (3.ª conjugación latina—tema de presente).

Qerié: 3.ª pers. del sing. del pretérito imperfecto de indicativo del verbo castellano «querer», de la 2.ª conjugación activa.

● Para la evolución del grupo QU- ver «quántos». En este texto se ha perdido la fricativa tanto en la escritura como en la pronunciación: «qerié».

Para la monoptongación de AE cfr. «preguntó».

● De la estabilidad de la 1.ª *conjugación*, de la que hemos hablado con motivo del análisis de «tornó», no han participado la 2.ª y la 3.ª. Causa probable de ello fue la extinción en romance del paradigma latino -ĕre, cuyos verbos se acomodaron a la conjugación -er o -ir española, en muchos casos sin razones claras a favor de la una o de la otra. En castellano antiguo es frecuente la vacilación entre -er e -ir, de lo que todavía quedan algunas muestras en la conjugación irregular.

● La forma verbal que estamos analizando es una 3.ª pers. del singular, cuya desinencia es: -T > ø .

QUAERĒBAT > qerié, se pierde la dental sorda a partir del siglo XII; hasta entonces, por influencia cultista, se mantiene en algunos textos romances.

● En lo referente al *modo*, cfr. «tornó».

● El imperfecto latino tenía como característica temporal la bilabial intervocálica -b- en las desinencias:

Los verbos en -ĀRE hacían -ĀBA-
            -ĒRE   -ĒBA-
            -ĔRE   -ĒBA-
            -ĪRE   -IĒBA-,

que en latín arcaico y vulgar hacían -ĪBA-. En romance se conservó la -b- de -aba-, escribiéndose hasta el siglo XVII «aua»; en las otras conjugaciones, al estar la bilabial entre vocales diferentes se pierde, apareciendo en consecuencia un hiato, en que el contacto vocálica se resuelve con una cerrazón de la «e» en la 2.ª conjugación. De este modo el imperfecto de la segunda viene a coincidir con el resultado de la tercera: -I(B)A- > -ía-, y así quedan sólo dos terminaciones de imperfecto en castellano; una para los verbos en -ar con bilabial y otra para los verbos en -er, -ir sin bilabial.

Por influencia dialectal se puede encontrar en algún texto castellano verbos en -er o -ir con -b-.

De acuerdo con lo hasta ahora dicho la evolución de la forma verbal latina hasta el romance es: QUAEREBAT > quería.

326

En el texto aparece: «qerié». Las formas que, para deshacer el hiato, forman un diptongo con trasposición del acento sobre la vocal más abierta (-ié), dominaron en el siglo XIII, pero ya en el XIV pierden terreno. Cfr. «podrién».

Este tiempo expresa una acción pasada cuyo principio y fin no nos interesan. Es, por tanto, un tiempo imperfectivo, de ahí que dé a la acción un aspecto de mayor duración que los demás pretéritos, especialmente con verbos permanentes —como lo es «querer»—, cuya imperfección refuerza. Se emplea en narraciones y descripciones como un pasado de gran amplitud, dentro del cual se sitúan otras acciones pasadas (en nuestro texto «tornó», «preguntó», «ovo», «disso»), de aquí su valor de *pretérito coexistente*, es decir, de presente del pasado.

- En cuanto a la *voz*, cfr. «tornó».
- Ya en latín vulgar se produjo un notable cambio semántico en este verbo. Incluso en la Antigüedad puede QUAERĔRE tomar el sentido de 'desear, esforzarse por' cuando acompaña a un infinitivo. De todos modos no parece que llegara a emplearse por entonces como mero sinónimo de VELLE.

Sea como quiera, desde 'desear' a 'querer' no había más que un paso, y éste lo daría pronto el latín vulgar hispánico. Así VELLE desapareció en castellano sin dejar huellas, con la única excepción de las voces pronominales, exclusivas de Berceo. Aún en sus empleos gramaticalizados fue sustituido VELLE en España por QUAERĔRE, y así nacieron la conjunción «quier», el adverbio «siquiera» y algunos elementos pronominales.

Además, «querer» aparece ya como sinónimo de «amar» en el Poema del Cid; desde entonces es corriente en todas las épocas, convirtiéndose en la única expresión popular de esta idea.

En el texto «qerié» que va acompañado del infinitivo «saber» toma el sentido de 'desear, esforzarse por'.

La

- Etimo: ĬLLA, nominativo, sing., femenino del pronombre demostrativo latino ĬLLE, ĬLLA, ĬLLUD.

La: forma femenina, singular del artículo.

- ĬLLA > ela (orígenes) > la (cast. medieval).

Para la evolución fonética de este vocablo, cfr. «los» en «preguntólos».

- El artículo es de creación romance ya que en latín no existía.

327

Acerca de su origen hay diferentes interpretaciones. Algunos autores, entre los que se encuentra Menéndez Pidal, piensan que se originó por el debilitamiento significativo que sufrieron algunos demostrativos. A. Alonso, sin embargo, relaciona su aparición con la pérdida de la flexión nominal, viniendo a separar los valores formales y funcionales del sustantivo de su significado y a destacar el significado independiente del sustantivo.

R. Lapesa en «Del demostrativo al artículo» nos dice: en latín tardío aumenta en gran manera el uso de los demostrativos, aumento que responde a un deseo de mayor expresividad. Con el abundante uso de estos elementos señaladores se hace referencia a las realidades presentes en el espíritu del hablante y no a abstracciones.

En un principio se utilizaron unos u otros demostrativos, pero después se especializaron para tal función ĬLLE o ĬPSE:

—ĬLLE: no relacionado con la 1.ª o 2.ª pers. dejó de indicar lejanía, para hacerse puro signo de referencia anafórica.
—ĬPSE: que ya en el siglo II reemplaza a IDEM, pasó de expresar la identidad de una persona o cosa, a indicar simplemente que la persona o cosa había sido mencionada (uso anafórico, por tanto).

Dentro de la anáfora, ĬLLE e ĬPSE podían tener un uso adnominal (empleo que se incrementó en latín vulgar); también, acompañar a un sustantivo que anuncia lo que se dirá más tarde, sobre todo con el antecedente de un relativo.

Al mismo tiempo que el demostrativo aumentaba en frecuencia se capacitaba para nuevas funciones: se extendió el uso de ĬLLE y de ĬPSE fuera de la anáfora, para evocar cosas no mencionadas antes (función intratextual), sino implícitas en lo dicho o relacionadas con ello, es decir, pasan a señalar lo *consabido* o *habitual*.

Así la presencia o ausencia de ĬLLE o ĬPSE junto al sustantivo fue progresivamente marcando la distinción entre realidades actuales y conceptos virtuales; sólo desde entonces, nos dice R. Lapesa, existió propiamente artículo.

La funciona en el texto como un elemento actualizador del sustantivo al que acompaña: «nodicia»; al mismo tiempo precisa claramente los valores de género y de número, siempre presentes en el sustantivo.

$$\boxed{Nodicia}$$

● Corominas: Noticia [nodi- Berceo, S. Millán 164; Alex. 2212, etc.] de NOTĬTĬA 'conocimiento', 'noticia', derivado de NOTUS, participio de NOSCERE.

Etimo: NOTĬTĬAM, acusativo, sing. del sustantivo latino NOTĬTĬA, -AE (1.ª declinación).

Noticia: sustantivo, femenino, singular.

● En esta palabra encontramos la terminación -icia, terminación que se mantuvo culta por la misma presión literaria que mantuvo «justicia» al lado de «justeza», «malicia» al lado de «maleza», etc.

Al conservarse la yod por cultismo, el grupo -TY- da como resultado una dento-alveolar africada sorda /ŝ/ «ç» («nodiçia»). Sin embargo, si esta palabra fuese popular el grupo -TY- en posición intervocálica daría un resultado sonoro /ẑ/.

Si bien actualmente este vocablo mantiene sin sonorizar el fonema dental oclusivo sordo que aparece en posición intervocálica, en el texto tenemos: «no*d*icia», donde podemos ver el paso de -T- > -d-, que es la solución constatada en la evolución de las voces populares.

● Con la pérdida de las desinencias casuales, pérdida motivada por causas de diversa índole (fonéticas, funcionales...), todo el léxico nominal romance, salvo algunas excepciones, procede del caso acusativo latino.

«Por tanto la forma única que el sustantivo español tiene para cada número puede hacer los papeles de sujeto, régimen directo y término preposicional o emplearse en la llamada» (11).

NOTĬTĬAM > noticia, sustantivo, femenino, singular.

Por incidir en los morfemas de género y número, veamos cómo las cinco declinaciones del latín se reducen a tres:

a) Los sustantivos de la primera declinación son el origen de los *femeninos regulares en -a*.
b) Los sustantivos de la 2.ª declinación son el origen de los *masculinos regulares en -o*. Una excepción son los plurales neutros en -A, que subsistieron con tal terminación pasando el grupo de los femeninos regulares.
c) Los sustantivos de la 3.ª declinación tendieron a integrarse en uno de los paradigmas regulares, esto es en -o, o en -a. No obstante, la mayoría subsiste con su terminación siendo la fuente de la llamada tercera clase o paradigma romance: *masculinos y femeninos terminados en -e o consonante*.
d) La inmensa mayoría de los sustantivos de la cuarta se asimilaron al paradigma de los de la segunda.
e) La mayoría de los sustantivos de la quinta se asimilaron a la primera, paso que fue facilitado por la aparición, ya en latín clásico, de dobletes en -iē o en -iā.

En «nodici*a*», procedente de la primera declinación, el fonema /a/ se ha habilitado como morfema indicador de género femenino. Es un sustantivo de los llamados invariables por no tener variación genérica ni en el morfema ni en el adjunto y designar ser asexuado; el género en estos sustantivos es un mero indicador de una categoría gramatical privado de cualquier referencia semántica.

En cuanto al número «nodicia» es singular. En romance, con la reducción de los casos latinos, se dio una tendencia a acentuar la diferencia formal entre singular y plural. Así la generalización de las formas correspondientes al caso régimen, dio como resultado la habilitación de la marca -s del acusativo plural como morfema exclusivo del plural en castellano, creándose la oposición: ø/-s (noticia/noticia*s*).

«Nodicia» designa realidades numerables. En el texto está tomado en sentido individual y va en singular, ya que es uno solo el ente designado.

$$\boxed{E}$$

Cfr. «e» en «tornó e preguntólos».

$$\boxed{Los}$$

● Para su evolución, cfr. «los» en «preguntólos».

En este caso «los» es un artículo y funciona como un elemento actualizador del sustantivo al que acompaña: «los nomnes».

● Para su origen, uso, valores, cfr. «la» en «ca qerié la nodicia...».

$$\boxed{Nomnes}$$

● Corominas: Nombre, del lat. NŌMEN, -ĬNIS.

● En esta palabra se plantea un problema en cuanto al étimo.

Los neutros acabados en -R y -N se explican, o porque crean un nuevo acusativo analógico de los masculinos o femeninos acabados en -EM, o porque pasa a interior la -R o la -N en posición final. Ninguna de las dos explicaciones está atestiguada, son hipótesis:

a) *NOMĬNE(M) > nom(i)ne > nombre

b) *NOMNE > nombre

a) —Pérdida muy temprana de la nasal final -M.

—Pérdida de la vocal postónica, causa de la formación del grupo romance: NOM(I)NE, fenómeno bastante tardío.

Los grupos de nasales añaden casi siempre una oclusiva sonora intermedia, pues ambas continuas son difíciles de pronunciar seguidas sin que surja entre ellas la interrupción de una oclusiva: M'N > m-b-r. Todavía en el siglo XIII coexisten en diversas regiones las formas: nomne, nomre, y nombre.

b) —Metátesis de la consonante final -N que pasa a posición interior: M'N > m-b-r, donde se advierte la diferencia de cuando MN es grupo latino.

• «Nomnes» sustantivo, masculino, plural.

Con la desaparición del género neutro latino, los terminados en -o pasarán al masculino y los terminados en -a al femenino, y los que no tienen ninguna de las dos terminaciones anteriores vacilan a través de la historia de la lengua.

En el caso de «nombre» se ha mantenido invariablemente como masculino, ya que la terminación -ombre no se ha sentido como sufijo.

Para ver a qué clase de sustantivo pertenece, cfr. «nodicia».

El plural romance de los neutros citados se formó de nuevo sobre el singular y no siguiendo la terminación -A del latín: «los nomnes» de «nomne». Si el romance conservó muchos plurales latinos en -A no fue con valor de tales plurales, sino como singulares femeninos. Hay neutros que dejaron en español doble descendencia de sus formas singular y plural. Estos en -a, respondiendo a su valor latino de plurales, tienen, al menos originariamente, un valor plural o colectivo.

«Nomnes»: la marca de plural en este sustantivo no es etimológica sino analógica. Este sustantivo, que designa realidades numerables y está tomado en sentido individual, va en plural ya que son más de uno los entes designados.

Saber

• Etimo: SAPĚRE, infinitivo de presente activo del verbo SAPIO.

Saber, infinitivo simple, forma no personal del verbo.

• SAPĚRE → SAPĒRE > saber

El latín vulgar de España (salvo en Cataluña) verificó la fusión completa de la segunda y tercera conjugación del latín clásico, olvidando la tercera. Luego en latín vulgar tendríamos SAPĒRE.

Para la evolución del vocalismo, cfr. «los» en «preguntólos».

Para la sonorización de la oclusiva sorda -p- en posición intervocálica y posterior fricatización, cfr. «preguntó».

$$-p- > -b- > -\mathbf{b}-$$

Pérdida de la -e final en el infinitivo, cfr. «seer».

Pero

● Corominas: Pero, conj., del lat. posclásico PER HOC 'por esto', 'por tanto', que, empleado de preferencia en frases negativas, tomó el sentido adversativo de 'sin embargo', conservado en la Edad Media, y más tarde atenuado hasta hacerse equivalente de «mas». 1.ª doc.: Berceo.

● Pérdida de la oclusiva velar sorda en posición final: PER HO(C). Las consonantes finales del latín se pierden en español, salvo la -S y la -L, que se conservan y la -R, que pasa a interior.

Pérdida de la «h» latina, grafía de una aspirada que pasó a muda desde el siglo I; en algunas ocasiones es repuesta por latinismo en la escritura española.

● En el romance primitivo «pero» conserva todavía un valor adversativo más fuerte que el de «mas», muchas veces equivalente a «sin embargo»; esto es frecuente en castellano por lo menos hasta el siglo XIV. En este idioma tiende, sin embargo, a adquirir otros valores: a veces es ya equivalente de «mas», y sobre todo es muy frecuente el empleo con el valor de «aunque»; con este último valor es más frecuente la combinación «pero que».

El simple «pero» pronto tendió a reemplazar a «mas» en su valor de adversativa atenuada.

Propia del castellano es la colocación de «pero» al principio de la frase; este uso, casi constante, en inicial, y en consecuencia proclítico, hizo que desapareciera el acento, que en los pocos casos donde se hace sentir se coloca hoy en la primera sílaba. El simple «pero» inacentuado se acomodó a la acentuación llana. Sin embargo, con arreglo a su composición originaria debía de haber tenido acentuación aguda, acentuación que se conserva en Cataluña, «peró»; también en el castellano que se habla en Bilbao, cuando va pospuesto o solo.

● «Pero» es una conjunción adversativa y por tanto se nos presenta en el texto como un nexo relacionante de incidencia funcional doble, ya que une dos unidades del mismo nivel de la estructura morfosintáctica. Aparece encabezando su oración, pero todavía en la literatura del Siglo de Oro encontramos ejemplos sueltos en que va colocado en segundo lugar.

En la lengua moderna «pero» es, de todas las adversativas, la que se usa con mayor frecuencia.

$$\boxed{Ovo(li)}$$

● Corominas: Haber, del lat. HABĒRE 'tener, poseer', 1.ª doc.: aver, orígenes del idioma.

El hecho capital en la historia medieval de este vocablo es el progresivo retroceso de su empleo como verbo principal, reemplazado cada vez más por «tener»: éste empieza ya a invadir el terreno de aquél en el siglo XII, aunque sólo con carácter esporádico en esta fecha, de suerte que en el siglo XIV todavía es usual «aver» con este valor, pero ya en el XV se halla en suma decadencia, hecho que Nebrija reconoce dando el castellano «tener» como equivalente de los latinos «habeo» y «teneo»; en el siglo XVI apenas sobrevive el uso de «aver» como verbo principal en el lenguaje arcaico del Romancero, y, en tiempos de Cervantes, sólo quedan algunas supervivencias en casos especiales.

Como verbo impersonal, expresivo de la mera existencia, «haber» se emplea desde el principio en combinación con el adverbio «y» 'allí', en todos los tiempos; andando el tiempo se tendió a generalizar el uso de «y» en el presente, aglutinándolo al verbo, y a prescindir de él en los demás tiempos.

Etimo: HABUIT, 3.ª pers. del sing. del pretérito de indicativo del verbo latino: HABEO, -ES, -ĒRE, -UI, -ĬTUM (2.ª conjugación, tema de perfecto).

Hubo: 3.ª pers. del sing. del perfecto simple o pretérito indefinido del verbo castellano «haber», de la 2.ª conjugación activa.

● Hay correspondencia entre el verbo castellano «haber» (2.ª conjugación) y la *conjugación* latina HABĒRE (2.ª conjugación). Acerca de esta conjugación, cfr. «podrién».

La forma verbal que estamos analizando es una tercera persona del singular, cuya desinencia -T (HABUI-T) se mantiene hasta el siglo XII, quedando a partir de entonces una -o, que se explica por analogía con los perfectos débiles, donde es etimológica.

$$HABUIT > *haubit > (h)óv -†o$$

● En lo referente al *modo*, cfr. «tornó».

333

• A diferencia de los otros perfectos simples o pretéritos indefinidos analizados («tornó» y «preguntó»), óvo(li) es fuerte, ya que lleva el acento en el tema o raíz.

La mayoría de los perfectos fuertes se uniformaron con los débiles, sustituyendo la forma acentuada en el tema por otra acentuada en la desinencia, y aún los perfectos fuertes conservados se mantuvieron sólo en el singular: 1.ª y 3.ª persona. La 1.ª y 3.ª persona del plural, que en latín eran también fuertes, se amoldaron a las de los perfectos débiles. Lo mismo ocurrió con los tiempos afines al perfecto, que han transformado sus formas fuertes en débiles.

Los perfectos fuertes en -UI son los ordinarios de los verbos en -ĒRE y se perdieron en gran cantidad. La mayoría de los conservados se hicieron débiles en castellano, lengua que es especialmente reacia a la flexión fuerte. No obstante, algunos, como el que estamos analizando, dejaron descendencia. De estos, los que tienen en la raíz vocal A la hacen «o» por atracción de la U postónica.

$$HABUIT > *haubit > ovo$$

Se han dado distintas teorías acerca de la inflexión vocálica del lexema:

—Hanssen y García de Diego piensan que la inflexión se debe a influencias fonéticas. La vocal radical de estos perfectos fuertes se inflexiona por la -i de la 1.ª pers. del sing. o por el diptongo -ie- de la 3.ª pers. del plural o por las dos a la vez que influyen en el resto del paradigma.

—Menéndez Pidal plantea, sin embargo, que la inflexión de la vocal de la raíz se debe a que en castellano la -U- infijada de los perfectos en -UI puede afectar por metátesis a la vocal radical. Esto explicaría en el paradigma de HABUI las formas: *ove, ovo*.

En el caso de la formas débiles la /u/ se pierde en latín vulgar, lo cual explicaría en romance el doble paradigma de fuertes y débiles:

$$\text{Formas fuertes: a} > \text{o}$$
$$\text{Formas débiles: a} > \text{a}$$

No obstante, en castellano moderno hallamos siempre vocal «u» en la raíz de todos los perfectos fuertes en -UI, tanto en las formas fuertes como en las débiles. Esta uniformidad se debe a la analogía y en tal sentido hay que distinguir dos procesos:

1) Asimilación del tema o raíz de las formas débiles al de las formas fuertes. Así «aviste» (< HAB(U)ISTI) es reemplazada por «oviste» por analogía con «ove» y «ovo». Esta tendencia se manifiesta ya en el siglo XI.

Por último, las formas de perfecto en -UI se regularizan según el esquema de «pude», «pudiste», «pudo» respecto a la vocal radical, y esto se hace general a partir del siglo XVI. Mientras en el XV se decía: ovo, oviste..., Cervantes sólo usa: huvo, hubiste...

2) En el otro proceso el tema de las formas fuertes se regulariza según el modelo de las formas débiles.

Ovo, forma verbal que, en este texto, funciona como auxiliar de «responder», formando una perífrasis verbal de infinitivo: «ovo a responder» de la que hablaremos una vez analizados todos sus componentes.

$$\boxed{(Ovo)li}$$

Ovo(li): «li» aparece en posición enclítica, ya que va detrás de la palabra que lleva el acento dominante en este grupo de intensidad. «Li» es una variante riojana de «le» empleada por Berceo, autor que se caracteriza por la utilización de las formas pronominales en -i.

● Etimo: ĬLLĪ, dativo, singular, masculino y femenino del pronombre demostrativo latino: ĬLLE, ĬLLA, ĬLLUD.

Le: forma no intensiva del pronombre personal de 3.ª pers. sing.

● Para la evolución del vocalismo así como para el tratamiento especial de la geminada latina en toda forma átona, cfr. «los» en «preguntólos».

$$\text{ĬLLĪ} > *\text{ele} > \text{le}$$

● Le: pronombre personal romance de 3.ª pers. del sing.

Para su origen, cfr. «los» en «preguntólos». A diferencia de «los» esta forma pronominal es invariable en cuanto al género, y está utilizada, en este texto, con su valor etimológico de dativo.

$$\boxed{Uno}$$

● Corominas: Uno, del lat. ŪNUS 'uno', 'uno solo', 'único'.

Etimo: ŪNUM, acusativo sing. del adjetivo numeral cardinal latino ŪNUS, -A, -UM.

335

Uno: pronombre indefinido, masculino, singular.

● Para la evolución del vocalismo, cfr. «los» en «preguntólos».

Pérdida de la nasal final en época latina temprana: ŪNUM > uno.

● En latín UNUS, -A, -UM era un adjetivo numeral de tres terminaciones que seguía la 1.ª y 2.ª declinación.

En romance, dado que el acusativo masculino y el neutro confluyen, los adjetivos latinos de tres terminaciones se reducen a dos.

Estos adjetivos son el origen de los adjetivos regulares en cuanto al género en castellano: -o / -a y -os / -as, salvo un reducido número de ellos que han pasado a ser invariables (doble, simple, firme...).

En nuestro texto «uno» está usado como pronombre indefinido, y sin dejar de ser indefinido aparece determinado por un complemento de núcleo pronominal, con el fin de hacer la anáfora más precisa: «pero óvoli uno d'ellos a responder».

$$\boxed{D'ellos}$$

De + ellos: preposición + pronombre personal de 3.ª pers. del plural.

Análisis de la preposición

● Corominas: De, del lat. DĒ 'desde arriba a bajo de', 'desde', '(apartándose) de'.

● Para la evolución del vocalismo, cfr. «los» en preguntólos». En cuanto a la consonante inicial d-: las consonantes iniciales simples se conservan, en general, inalterables.

● En el texto la -e final de la preposición aparece apocopada, debido a que la palabra siguiente empieza también por -e: «ellos».

En latín DĒ es una preposición de ablativo, que denota relación de: lugar, tiempo, procedencia u origen, partición, transformación, materia, asunto o causa.

Análisis del pronombre

● Etimo: ĬLLOS, acusativo, plural, masculino del pronombre demostrativo latino ĬLLE, ĬLLA, ĬLLUD.

336

Ellos: forma intensiva del pronombre personal de 3.ª persona, masculino, plural.

● Para la evolución del vocalismo, cfr. «los» en «preguntólos».

«Ellos» es una forma pronominal con tratamiento tónico, de ahí que la geminada latina -LL- se transforme en el fonema palatal: /ļ/, a diferencia de lo que veíamos con el artículo «los» y el pronombre átono de 3.ª pers. «los» en «preguntólos».

Según Lapesa en tierras cristianas hay desde el siglo X grafías indicadoras de palatalización. De todos modos, la palatal /ļ/ procedente de la geminada latina tuvo que ser distinta de la originada por los grupos /k'l/, /g'l/ y /l + yod/, pues ésta pasó a /ž/ en Castilla, mientras que la /ļ/ de caballo, por ejemplo, permaneció inalterada.

● Para el origen de «ellos», cfr. «los» en «preguntólos».

● En el texto aparece un genitivo partitivo latino eliminado por una construcción con «de»: «uno d'ellos».

En latín estas construcciones se hacían con genitivo o con ablativo precedido de la preposición «de». La construcción con «de» se hizo más frecuente en latín vulgar, hasta convertirse en el esquema habitual del romance.

$$\boxed{A}$$

● Corominas: A, preposición, del latín AD, 'a', 'hacia', 'para'.

● En este texto, la preposición «a» procedente de AD (preposición latina de acusativo) con pérdida de la dental final (cfr. «pero») se emplea como nexo de los elementos de la perífrasis verbal. En castellano actual tal perífrasis equivaldría a «hubo de responder».

$$\boxed{\textit{Responder}}$$

● Etimo: RESPŎNDĔRE, infinitivo de presente activo del verbo RESPONDEO.

Responder, infinitivo simple, forma no personal del verbo.

● Para la evolución del vocalismo, cfr. «los» en «preguntólos».

Pérdida de la -e final latina en el infinitivo, cfr. «seer».

● En este texto «responder» forma parte de la perífrasis verbal: «óvo(li) a responder». Esta unidad semántico-funcional está constituida por un núcleo binario indisoluble (aun cuando ambos constituyentes mantengan la posibilidad de funcionar, en otras circunstancias, como verbos plenos): el infinitivo «responder» y el auxiliar «haber», verbo que en este contexto ha experimentado un proceso de deslexicalización. Recordemos que hasta el siglo XVI «haber» mantiene su valor transitivo originario con la idea de poseer o lograr.

De esta perífrasis de infinitivo «óvo(li) a responder», equivalente a la del castellano actual «hubo de responder» nos valemos para expresar obligación, de manera menos enérgica e intensa que con «tener que».

Respecto al valor temporal de esta perífrasis verbal marcado por el auxiliar «óvo(li)», cfr. «tornó».

Disso

● Corominas: Decir, del lat. DĪCĔRE. 1.ª doc.: orígenes del idioma.

Etimo: DĪXIT, 3.ª pers. del sing. del pretérito de indicativo del verbo latino DĪCO, DĪCĔRE, DĪXI, DĪCTUM (3.ª conjugación, tema de perfecto).

Dijo: 3.ª pers. del sing. del perfecto simple o pretérito indefinido del verbo castellano «decir», de la 3.ª conjugación activa.

● No hay correspondencia entre la *conjugación* del verbo latino DĪCĔRE y la del castellano «decir».
La conjugación -ĪRE, que se distingue por llevar una yod derivativa en la 1.ª pers. del sing. del presente de indicativo y en todo el imperfecto de indicativo y presente de subjuntivo, atrajo a aquellos verbos en -ĔRE que llevaban esa misma yod. Sin la semejanza de la yod pasan otros verbos a la conjugación -ĪRE, como DĪCĔRE → decir. En otros casos la lengua vaciló entre las formas -er e -ir, prevaleciendo con el tiempo las en -ir, más afectas al castellano que en los otros dialectos.

● Para las desinencias de *número* y *persona*, cfr. «óvo(li)».

● Respecto al *modo*, cfr. «tornó».

● La forma verbal que estamos analizando es un perfecto fuerte, cfr. «óvo(li)». Pero a diferencia de «óvo(li)», «disso» es de los llamados en -SI, sigmáticos o aoristos.

DĪXIT > dijo

—Yod 4.ª: -ks- > i̯s̨ > [š] prepalatal fricativa sorda, grafías: «ss», «x» > [x] velar fricativa sorda «j».

—†-o, desinencia analógica con los perfectos débiles. Para el valor temporal de «disso», cfr. «tornó».

● Respecto a la *voz*, cfr. «tornó».

> La

Cfr. «la» en «la nodicia».

> *Verdad*

● Corominas: Verdad, del lat. VĒRITAS, -ĀTIS.

Etimo: VĒRITĀTEM, acusativo, sing. del sustantivo de la 3.ª declinación VĒRITAS, -ĀTIS.

Verdad, sustantivo, femenino, singular.

● Pérdida temprana de la nasal final -M. Sonorización de la consonante oclusiva sorda intervocálica: -T- > -d-, cfr. «saber».

Pérdida de la vocal protónica interna, causa de la formación del grupo romance: fenómeno bastante tardío. En este grupo romance, cuya primera consonante es continua, la segunda consonante había evolucionado ya como intervocálica antes de formarse el grupo, mientras que si éste es latino ambas consonantes se conservan generalmente intactas.

Pérdida de la -e final. La -e final se pierde siempre tras N, L, R, S, Z y D; esta pérdida es muy tardía, posterior a la pérdida de la vocal postónica interna. La pérdida de la -e no estaba aún generalizada en el siglo X. En la lengua antigua se perdía -e tras otras muchas consonantes. El castellano de los siglos XII y XIII admitía accidentalmente como finales otra porción de sonidos consonánticos. Esta apócope extrema se debió en gran parte a influencia francesa. En el siglo XIV ya se generaliza la tendencia a mantener la -e, de modo que a partir del XV el castellano no conoce más consonantes finales que: n, l, r, s, z y d no agrupadas con consonante ni con semiconsonante.

● Los sustantivos de la tercera declinación latina, después de sufrir el proceso de regularización (paso de los sustantivos imparisílabos con alternancia acentual a parisílabos, rehaciéndose el nominativo según el genitivo) tendieron a integrarse en uno de los dos paradigmas regulares, esto es, en -o, o en -a.

No obstante, la gran mayoría subsiste con su terminación siendo la fuente de la llamada tercera clase o paradigma romance: masculinos o femeninos terminados en -e o consonante.

Verdad: femenino terminado en consonante debido a la pérdida de la -e. Aparece mantenido al género etimológico.

Para ver a qué clase de sustantivo pertenece, cfr. «nodicia».

En cuanto a la categoría del número es singular. Este sustantivo, como la mayoría, puede entrar en la oposición singular/plural: verdad/verdades.

Los sustantivos que designan realidades no numerables, como «verdad» van generalmente en singular. Su plural «verdades» designaría diferentes manifestaciones de lo expresado por este sustantivo.

Toda

● Corominas: Todo, del lat. TŌTUS 'todo entero'. 1.ª doc.: orígenes.

Etimo: TŌTAM, acusativo, singular, femenino del adjetivo latino de tres terminaciones TŌTUS, -A, UM.

Toda, adjetivo indefinido, femenino, singular.

● Pérdida temprana de la nasal final. Para la evolución del vocalismo, cfr. «los» en «preguntólos». Para la sonorización de la oclusiva sorda latina, cfr. «saber».

● Adjetivo latino de tres terminaciones, que se reduce a dos en romance, porque el acusativo masculino y neutro confluyen, cfr. «uno».

El adjetivo es un elemento adyacente al sustantivo, no autónomo y por lo tanto su evolución se desarrolla siguiendo las pautas marcadas por éste.

El adjetivo «toda» concuerda en género y número con el sustantivo al que acompaña «verdad»; femenino, singular.

En cuanto al orden de colocación va pospuesto al sustantivo, cuando lo normal en castellano actual sería la anteposición por tratarse de un adjetivo cuantitativo.

● En romance TŌTUS además de conservar su sentido propio usurpó el de OMNIS.

Mas

● Corominas: Mas, contracción del antiguo «maes» y éste del lat. MAGĬS id. 1.ª doc.: h. 950, Glosas Emilianenses.

Con valor de conjunción adversativa, MAGĬS apareció ya en latín vulgar, donde primitivamente servía para agregar una circunstancia nueva, con el valor de 'hay más', 'es más', y después pasó a emplearse como hecho alegado en oposición a lo anterior; así aparece en castellano desde el Cid.

- Para la evolución del vocalismo, cfr. «los» en «preguntólos».

La -G-, al igual que la -J- suenan «y»; esta «y» se pierde ante vocal palatal ya en latín vulgar.

MAGĬS > mayes > maes > mas

Las dos formas, «maes» y «mas», existen en la Edad Media, e incluso «mes», si bien luego sólo sobrevivió «mas».

- «Mas», conjunción coordinativa equivalente a «pero». La coordinación es adversativa, ya que en la oración compuesta se contraponen una oración afirmativa y una negativa, es decir, dos juicios de cualidad lógica contraria: «disso la verdad toda *mas* non de so qerer».

Mas es hoy la adversativa más atenuada; su uso es casi exclusivamente literario. Sin embargo, en la lengua antigua fue mucho más frecuente que en nuestros días. A expensas de «mas» fue aumentando el empleo de la conjunción «pero».

Non

- Corominas: No, del lat. NŌN íd. 1.ª doc.: orígenes del idioma.

- Para la evolución del vocalismo, cfr. «los» en «preguntólos».

La -N final se pierde en NŌN, ant. «non», mod. «no»; sin embargo, se conserva en IN > en.

En el texto aparece la -N final mantenida. El idioma medieval conserva la forma plena «non», forma que se mantiene esencialmente hasta la primera mitad del siglo XV, quedando después anticuada. A partir de esta época, su uso responde a diferencias de detalle, al tono del lenguaje y al uso de frases libres o estereotipadas: así en la Celestina se observa ya esencialmente el uso moderno, mientras que otros autores coetáneos, más arcaizantes, todavía hacen uso de la forma antigua; en Cervantes y en Lope se emplea «non» como distintivo del estilo de los Libros de Caballerías o como propio del lenguaje rústico; aunque todavía quedaba alguna rara frase hecha donde «non» sale al parecer sin intención caracterizadora.

- Non: adverbio de negación latino que se mantiene como tal.

$$\boxed{So}$$

● Etimo: SŬUM, acusativo, singular, masculino del pronombre posesivo latino SUUS, -A, -UM.

So: forma corta o de adjetivo del pronombre posesivo de 3.ª persona para un solo poseedor.

● Para la evolución del vocalismo, cfr. «los» en «preguntólos».

$$\text{SŬUM} > \text{soo} > \text{so}$$

—Pérdida temprana de la nasal final.
—Simplificación de dos vocales iguales.

Esta forma etimológica del masculino «so» se conserva sólo hasta el segundo tercio del siglo XIII. En el XIV se generaliza ya la forma del posesivo femenino para ambos géneros: SŬAM > su̜am > sua > sue > *su*.

—Por disimilación de u̜ ante «a».
—Pérdida de la nasal final.
—Cerrazón de la «a» para acercarse a la «u» precedente (asimilación).
—Variante sincopada.

Luego éste puede ser un elemento importante para la cronologización del texto.

● Los posesivos tienden a comportarse más como adjetivos, de ahí que las formas romances procedan únicamente del caso acusativo.

Su: forma corta o de adjetivo del pronombre posesivo de 3.ª pers. del sing. para uno o varios poseedores.

Para evitar tal ambigüedad, se recurre en castellano al genitivo aclaratorio, pronombre personal de 3.ª pers. con la preposición «de» (igual que en latín).

$$\boxed{Qerer}$$

● Etimo: QUAERĔRE, infinitivo de presente activo del verbo QUAERO.

Qerer, infinitivo simple, forma no personal del verbo.

$$\text{QUAERĔRE} \rightarrow \text{QUAERĔRE} > \text{querer (cfr. «saber»)}.$$

● Para la evolución del grupo QU-, cfr. «quántos» y «qerié».

Monoptongación de AE, cfr. «preguntó». Pérdida de la -e final del infinitivo, cfr. «seer».

1.2. Análisis Sintáctico

Dada la innegable relación de la Morfología y la Sintaxis, incluso separadas metodológicamente, como aquí lo hemos hecho, nuestro texto nos servirá también de *estudio sintáctico;* algunos aspectos ya han sido adelantados, como aclaración o comentario de observaciones morfológicas.

1.ª Oración: «tornó»

> Está constituida por un verbo y un sujeto elíptico; dadas las terminaciones del verbo sabemos que éste es de tercera persona (él, ella...).

2.ª Oración: «preguntólos»

> Está constituida por un verbo «preguntó», un sujeto elíptico de tercera persona y un objeto indirecto «los» (loísmo).

Estas dos primeras oraciones están unidas por la conjunción copulativa «e», conjunción que se nos presenta como un nexo relacionante de incidencia funcional doble, ya que une dos unidades del mismo nivel de la estructura morfosintáctica. Hay una coordinación copulativa.

3.ª Oración: «quántos podrién seer»

> Está constituida por un verbo «podrién», un objeto directo, función que desempeña el infinitivo «seer» y un subordinador «quántos», relacionante de tipo pronominal, que aparece con función sustantiva (sujeto).
>
> Es una oración subordinada sustantiva de interrogación indirecta, que funciona como objeto directo del verbo principal «preguntó».

4.ª Oración: «ca qerié la nodicia e los nomnes saber»

> Está constituida por un verbo «qerié», un sujeto elíptico de tercera persona y un núcleo de objeto directo «saber», infinitivo del que dependen los sintagmas nominales (con función de objeto directo): «la nodicia», «los nomnes», sintagmas que están unidos por la conjunción copulativa «e»:

$$\text{saber} \underbrace{(\underline{\text{la nodicia}}_{\text{O.D.}} \text{ e } \underline{\text{los nomnes}}_{\text{O.D.}})}_{\text{O.D.}}$$

> Se trata de una oración subordinada adverbial causal, introducida por el nexo conjuntivo «ca»; expresa la causa o razón de la oración principal: «preguntólos».

5.ª Oración: «pero óvoli uno d'ellos a responder»

   Está constituida por un verbo «óvo a responder» (perífrasis verbal equivalente a la actual «hubo de responder»), un sujeto de tercera persona «uno d'ellos» y un objeto indirecto «li».

   Es una oración coordinada adversativa, introducida por el nexo conjuntivo «pero».

6.ª Oración: «disso la verdad toda»

   Está constituida por un verbo «disso», un sujeto elíptico de tercera persona y un objeto directo «la verdad toda».

   Es una oración yuxtapuesta.

7.ª Oración: «mas non de so qerer»

   Oración en la que hay que sobreentender el verbo «disso»; dicho verbo está modificado por el advervio «non» y tiene como complemento directo «(la verdad) de so qerer».

   Esta oración está introducida por la conjunción coordinativa «mas». Es, por tanto, una oración coordinada adversativa; se contrapone a una oración afirmativa («disso la verdad toda»). Así pues, en el último verso de la estrofa analizada se oponen dos juicios: «disso la verdad toda *mas* non de so qerer». Con despliegue de la segunda oración: «disso la verdad toda, mas non disso la verdad de so qerer».

1.3. Síntesis y cronología

El análisis lineal del texto nos permite tener una visión de conjunto de las leyes fonéticas de evolución, así como de los aspectos morfológicos, semánticos y sintácticos que operan en él.

De todos los fenómenos o resultados será necesario seleccionar aquellos que nos parezcan más interesantes para la cronologización del texto.

A continuación se señalan algunos de los datos que nos permiten establecer una datación provisional:

• En el texto aparece la conjunción: «e». La forma moderna: «y» tiende a predominar desde el S. XV. Luego el texto puede ser anterior al S. XV.

• La -e en la desinencia verbal aparece apocopada: seer, saber, responder, qerer. Esta pérdida en el infinitivo no se generalizó sino hacia fines del siglo XI.

• En el texto se distingue entre «seer» y «ser». «Seer» con sentido de 'estar ahí', 'permanecer', formando un eje seer, estar/ser.

344

● Aparece el grupo romance: m'n sin reajustarse. m'n > m-b-r. Todavía en el siglo XIII coexisten las formas: nomne, nomre y nombre.

● «Non»: la -N final aparece mantenida. Se conserva la forma plena esencialmente hasta la primera mitad del S. XV, pero después queda anticuada.

● Un elemento importante para la cronologización es la aparición de «so», que es la forma etimológica del pronombre posesivo masculino; se conserva sólo hasta el segundo tercio del S. XIII. Para el XIV se ha generalizado la forma del posesivo femenino: «su».

● Otro de los datos importantes es la presencia en el texto de la desinencia verbal: *ié* en «qerié» (imperfecto) y «podrién» (condicional). En la Edad Media el hiato «-ía» se pronunciaba también -íe- con acento etimológico en la *í*, pero luego se deshace el hiato formando un diptongo con trasposición de acento sobre la vocal más abierta. Las formas en *ié* dominaron en el siglo XIII, pero ya en el XIV perdieron terreno.

Teniendo en cuenta estos datos, y como resultado del estudio que antecede, este texto pertenece al siglo XIII.

NOTAS BIBLIOGRAFICAS

(1) DUTTON, B., «La vida de San Millán de la Cogolla» de Gonzalo de Berceo. Tamesis Books Limited, London, 1967.
(2) MENENDEZ PIDAL, R., *Manual de gramática histórica española*, Edit. Espasa-Calpe, Madrid, 1973. págs. 283-284.
(3) GILI GAYA, S., *Curso superior de sintaxis española*, Edit. Biblograf, Barcelona, 1961, pág. 149.
(4) BUSTOS TOVAR, E., «La asimilación de las consonantes intervocálicas» en *Estudios sobre asimilacípn y disimilación en el ibero-románico*, pág. 59.
(5) MENENDEZ PIDAL, R., *Op. cit.*, págs. 127-128.
(6) GONZALEZ OLLE, F., «Resultados castellanos de «kw» y «qw» latinos. Aspectos fonéticos y fonológicos» en B.R.A.E., tomo LII, 1972, pág. 300.
(7) MENENDEZ PIDAL, R., *Op. cit.*, pág. 284.
(8) REAL ACADEMIA ESPAÑOLA, *Esbozo de una Nueva Gramática de la Lengua Española*, Edit. Espasa-Calpe, Madrid, 1978, pág. 473.
(9) BUSTOS TOVAR, E., «La asimilación de las consonantes intervocálicas» en *Estudios sobre asimilación y disimilación en ibero-románico*, pág. 71.
(10) REAL ACADEMIA ESPAÑOLA, *Esbozo...*, pág. 548.
(11) LAPESA, R., «Los casos latinos: restos sintácticos y sustitutos» en B.R.A.E. XLIV, Madrid, 1964.

BIBLIOGRAFIA GENERAL

ALARCOS LLORACH, E., *Estudios de gramática funcional del español*, Edit. Gredos, Madrid, 1973. *Fonología española*, Edit. Gredos, Madrid, 1954.
ALEMANY BOLUFER, J., *Gramática histórica de la lengua castellana*, Edit. Rev. de Arch., Madrid, 1903.
ALONSO, A., *Estudios lingüísticos. Temas españoles*, Edit. Gredos, Madrid, 1961. *Estudios lingüísticos. Temas hispanoamericanos*, Edit. Gredos, Madrid, 1953. *De la pronunciación medieval a la moderna en español*, Edit. Gredos, Madrid, 1955. *De los siglos oscuros al de Oro*, Edit. Gredos, Madrid, 1958.
ALVAR, M., BADIA, A., *Enciclopedia Lingüística Hispánica*, C.S.I.C., Tomo I 1960, tomo II 1967, Supl. 1967.
BALDINGER, K., *La formación de los dominios lingüísticos en la Península Ibérica*, Edit. Gredos, Madrid, 1963.
BASSOLS DE CLIMENT, M., *Sintaxis latina*, 2 vol., C.S.I.C., Madrid, 1963.
BELLO, A., *Gramática de la lengua castellana*, Col. Edaf Universitaria, Madrid, 1978.
BOLAÑO E ISLA, A., *Manual de historia de la lengua española*, Edit. Porrua, México, 1971.
BOURCIEZ, E., *Eléments de linguistique romane*, Librairie C. Klincksieck, París, 1967.
CARBONERO CANO, P., *Deixis espacial y temporal en el sistema lingüístico*, Publicaciones de la Univ. de Sevilla, Sevilla, 1979.
CEJADOR, J., *Vocabulario medieval castellano*, Libr. Hernando, Madrid, 1929.
COROMINAS, J., *Diccionario Crítico Etimológico de la lengua castellana*, 4 vol., Edit. Gredos, Madrid, 1976.
COSERIU, E., *Teoría del lenguaje y lingüística general*, Edit. Gredos, Madrid, 1962.
ECHAIDE, A. M., «El género del sustantivo en español: evolución y estructura» en Ibero-romania I, 1969.
ECHENIQUE, E., M., *Leísmo, laísmo y loísmo en español antiguo*. Tesis Doctoral, Univ. Complutense, Madrid. «El sistema referencial en español antiguo: leísmo, laísmo y loísmo», RFE, LXI, 1981.
ERNOUT, A., *Morphologie historique du latin*, Librairie C. Klincksieck, París, 1953.
FENTE, R., FERNANDEZ, J., y otros, *Perífrasis verbales*, Edit. S.G.E.L., Madrid, 1972.
FERNANDEZ, S., *Gramática española*, Rev. de Occidente, Madrid, 1951.
GARCIA DE DIEGO, V., *Lecciones de lingüística española*, Edit. Gredos, Madrid, 1960. *Gramática histórica española*, Edit. Gredos, Madrid, 1961. *Manual de dialectología española*, Edit. Gredos, Madrid, 1959. *Diccionario etimológico español e hispánico*, Edit. S.A.E.T.A., Madrid, 1954.
GILI GAYA, S., *Curso superior de sintaxis española*, Edit. Bibliograf, Barcelona, 1978.
GILMAN, S., *Tiempo y formas temporales en el «Poema del Cid»*, Edit. Gredos, Madrid, 1961.
HANSSEN, F., *Gramática histórica de la lengua castellana*, Edit. El Ateneo, Buenos Aires, 1945.
IORDAN, I. y MANOLIU, M., *Manual de lingüística románica*, Edit. Gredos, Madrid, 1972.
KANY, CH. E., *Semántica hispanoamericana*, Edit. Aguilar, Madrid, 1963.

LAPESA, R., *Historia de la lengua española*, Edit. Gredos, Madrid, 1980. «Los casos latinos: restos sintácticos y sustitutos», B.R.A.E., XLIV, 1964. «Personas gramaticales y tratamientos en español», Rev. Univ. de Madrid, XIX, Madrid, 1970. «Las formas verbales de segunda persona y los orígenes del voseo», Actas del Tercer Congreso Internacional de Hispanistas, El Colegio de México, México, 1970. «Del demostrativo al artículo», N.R.F.H., 15, Madrid, 1961. «La colocación del calificativo atributivo en español» en Homenaje a la memoria de D. Antonio Rodríguez Moñino, Edit. Castalia, Madrid, 1975. «Sintaxis histórica del adjetivo calificativo no atributivo» en Homenaje al Instituto de Filología y Literaturas Hispánicas, «Dr. Amado Alonso» en su cincuentenario 1923-1973, Buenos Aires, 1975.

LAUSBERG, H., *Lingüística románica*, Edit. Gredos, Madrid, 1973.

LAZARO CARRETER, F., *Diccionario de términos filológicos*, Edit. Gredos, Madrid, 1953.

LORENZO, E., *El español de hoy, lengua en ebullición*, Edit. Gredos, Madrid, 1971.

MARCOS MARIN, F., *El comentario lingüístico* (metodología y práctica), Edic. Cátedra, Madrid, 1980.

MAYANS Y SISCAR, G., *Orígenes de la lengua española*, L. V. Suárez, Madrid, 1873.

MEILLET, A., *Linguistique historique et linguistique générale*, Librairie C. Klincksieck, París, 1936.

MENENDEZ PIDAL, R., *Manual de gramática histórica española*, Edit. Espasa-Calpe, Madrid, 1952. *Orígenes del español*, Edit. Espasa-Calpe, Madrid, 1950. *Cantar de Mio Cid*, Texto, gramática y vocabulario, Edit. Espasa-Calpe, Madrid, 1954. *Crestomatía del español medieval*, Univ. de Madrid, Madrid, 1965. *El idioma español en sus primeros tiempos*, Col. Austral, Madrid, 1951.

MEYER-LÜBKE, W., *Romanisches Etymologisches Wörterbuch*, Carl Winters Universitäts-buchhandlung, Heidelberg, 1935.

MORREALE, M., «Aspectos gramaticales y estilísticos del número». B.R.A.E., LI-CXCII, Madrid, 1971.

NAVAS RUIZ, R., *Ser y Estar. El sistema atributivo del español*, Acta Salmanticensia, XVII, 3, Salamanca, 1963.

OLIVER ASIN, J., *Historia de la lengua española*, Ed. Heraldo de Aragón, Zaragoza, 1938.

POTTIER, B., *Introduction à l'etude de la morphosyntaxe espagnole*, Ed. Hispanoamericanas, París, 1966.

REAL ACADEMIA ESPAÑOLA, *Esbozo de una Nueva Gramática de la lengua española*, Edit. Espasa-Calpe, Madrid, 1978. *Diccionario histórico de la lengua española*, Ed. Hernando, tomo I, Madrid, 1933, tomo II, Madrid, 1936.

ROCA PONS, J., *Estudio sobre las perífrasis verbales del español*, C.S.I.C., Madrid, 1958.

ROHLPS, G., *Manual de filología hispánica*, Inst. Caro y Cuervo, Bogotá, 1957.

ROJO, G., «La temporalidad verbal en español», Rev. Verba, Anuario gallego de filología, vol. I, Santiago de Compostela, 1974.

ROSENBLAT, A., «Morfología del género español. Comportamiento de las terminaciones -o, -a», N.R.F.H., XVI, Madrid, 1962. «Género de los sustantivos en -e y en consonante» en *Estudios dedicados a Menéndez Pidal*, III, Madrid, 1952.

SEIFERT, E., «Haber y tener como expresiones de la posesión en español», RFE, XVII, Madrid, 1930.

SERIS, H., *Bibliografía de la lingüística española*, Inst. Caro y Cuervo, Bogotá, 1964.

SZERTICS, J., *Tiempo y verbo en el Romancero Viejo*, Edit. Gredos, Madrid, 1974.

URRUTIA CARDENAS, H., «Aproximaciones metodológicas en el estudio y formación de palabras y análisis formal de los constituyentes inmediatos lexicogenéticos», en *Español Actual*, n.º 20, Madrid, 1971. *Lengua y discurso en la creación léxica*, Edit. Planeta, Barcelona, 1978. *Gramática transformacional del español*, Edit. Alcalá, Madrid, 1982.

VIDOS, B. E., *Manual de lingüística románica*, Edit. Aguilar, Madrid, 1963.

WEINRICH, H., *Estructura y función de los tiempos en el lenguaje*, Edit. Gredos, Madrid, 1974.

YLLERA, A., *Sintaxis histórica del verbo español: las perífrasis verbales*, Depart. de Filología Francesa, Univ. de Zaragoza, Zaragoza, 1981.

I N D I C E